中华人民共和国气象法规汇编

2023

中国气象局政策法规司　编

气象出版社
China Meteorological Press

图书在版编目（CIP）数据

中华人民共和国气象法规汇编. 2023 / 中国气象局政策法规司编. -- 北京 : 气象出版社, 2024. 11.

ISBN 978-7-5029-8346-8

Ⅰ. D922.179

中国国家版本馆 CIP 数据核字第 2024GR0998 号

中华人民共和国气象法规汇编 2023

Zhonghua Renmin Gongheguo Qixiang Fagui Huibian 2023

出版发行：气象出版社（内部发行）

地　　址：北京市海淀区中关村南大街 46 号　　**邮政编码**：100081

电　　话：010-68407112（总编室）　010-68408042（发行部）

网　　址：http://www.qxcbs.com　　**E-mail**：qxcbs@cma.gov.cn

责任编辑：陈　红　　**终　　审**：张　斌

责任校对：张硕杰　　**责任技编**：赵相宁

封面设计：詹　辉

印　　刷：三河市君旺印务有限公司

开　　本：850mm×1168mm　1/32　　**印　　张**：16.75

字　　数：420 千字

版　　次：2024 年 11 月第 1 版

印　　次：2024 年 11 月第 1 次印刷

定　　价：30.00 元

前　　言

为了适应气象法治建设和气象依法行政工作的需要，根据国务院《法规汇编编辑出版管理规定》和《中国气象局职能配置、内设机构和人员编制规定》确定的职责分工，中国气象局政策法规司于1987年起定期出版《中华人民共和国气象法规汇编》（以下简称《汇编》）。

本《汇编》收集了2023年1月1日至2023年12月31日发布的，并在2023年12月31日前仍然有效的气象法规、规章以及重要的政策性文件等共58件。其中，与有关部（委、局）联合发布的规范性文件1件，政策性文件23件，地方性法规和地方政府规章34件。

2023年1月1日至2023年12月31日应予废止的气象方面规章和规范性文件11件，列在书后。

在本《汇编》中收录的气象法规、规章以及重要的政策性文件目录先按照分类，然后按照发布实施的时间顺序排列。对规范的内容基本维持原状，仅对少数法规中的附录、附件部分进行了省略，并校正了有错误的用词、用字和标点符号。

本《汇编》在编辑过程中，得到中国气象局职能机构和各省、自治区、直辖市气象局的支持和协助，在此谨表谢意。

中国气象局政策法规司

2024年7月

目　录

地方性法规和地方政府规章

与有关部(委、局)联合发布的规范性文件

气象为农服务提质增效行动方案

中国气象局　农业农村部

（气发〔2023〕5 号）

2023 年 1 月 3 日

为深入贯彻党的二十大精神，落实《气象高质量发展纲要（2022—2035 年）》（国发〔2022〕11 号）要求，开展气象为农服务提质增效行动，实现气象为农服务高质量发展，中国气象局与农业农村部联合制定本行动方案。

一、总体要求

（一）指导思想

深入贯彻落实党的二十大精神，以习近平总书记关于"三农"工作的重要论述和对气象工作的重要指示精神为指导，按照党中央、国务院决策部署，认真落实《气象高质量发展纲要（2022—2035 年）》，坚持需求牵引，坚持系统观念，强化能力建设，深化部门合作，立足于防、着眼于早，不断提升气象为农服务质量和效益，推动气象为农服务高质量发展，为保障国家粮食安全、全面推进乡村振兴凝聚工作合力。

（二）工作目标

到 2025 年，气象为农服务供给能力和精细化水平显著提高，粮食生产全链条气象服务基本实现数字化，农业气象灾害风险预警体系更加完善，气象、农业农村部门合作工作机制进一步健全，气象服务在农业防灾减灾救灾、保障国家粮食安全中的作用进一步凸显。

到2035年，气象为农服务实现智能化，部门合作深度融合，实现面向新型农业经营主体的直通式气象服务全覆盖，农业防灾减灾第一道防线更加牢固，气象服务国家粮食安全、大食物安全、特色农产品生产等方面取得新突破。

二、重点任务

（一）强化农业生产气象服务，提升国家粮食安全保障能力

1. 做好农业生产全链条气象保障。围绕粮食生产和重要农产品供给，完善农业气象观测站网，开展"地面观测—遥感—模型"精合的作物长势监测与农业气象灾害损失评估，发展分区域、分作物、分灾种的精细化农业气象服务技术，构建全国小麦、水稻、玉米、大豆、棉花、油菜、马铃薯等大宗粮棉油作物产前、产中、产后无缝隙、趋利避害并举的农业气象服务体系。面向国家级制种大县和区域性良种繁育基地，开展种子全流程精细化气象服务。优化人工影响天气作业点建设，提高作业设备信息化水平，提升人工增雨抗旱防雹作业能力。

2. 做好农业气象灾害和病虫害防治气象保障。加强农作物生育进程、重要农事活动、作物苗情长势等信息共享，完善农业气象灾害会商工作机制，健全农业气象灾害风险联合预警机制，提高农业防灾水平。联合组派专家组和工作组指导农业抗灾救灾和灾后恢复生产，共同开展重大农业气象灾害影响调查与评估。针对突发、重发农作物病虫害，提供迁飞性流行性重大病虫发生防控关键时期实时气象服务，联合开展气象条件与农作物病虫害发生流行相关性研究，联合开展农作物重大病虫害发生趋势会商，发布病虫害预警信息和防控提示，提升病虫害精准防控能力。

3. 提升国内粮食产量时空精细化预报能力。充分共享利用气象、农业农村部门定点观测数据，融合气象、遥感和作物模型技术，加强农业生产形势会商研判，联合开展主要粮食作物产量精细化动态预报，做好农业生产关键期产量预测和重要农产品供需平衡表会商服务。

4. 建立全球粮食安全气象风险监测预警系统。加强与国家发展改革委、统计局、海关总署等部门会商，建立气象观测、农业环境、粮食产量、国际贸易等全球粮食安全服务大数据库。构建全球粮食安全气象风险监测预警服务系统，实现全球、区域、国家等不同空间尺度上的大宗粮油作物精准监测预报预警，提升全球粮食安全气象风险决策服务能力。

（二）强化特色产业气象服务，助力全面推进乡村振兴

5. 提升特色产业气象服务水平。联合推进特色农业气象服务中心建设，建立相关支持保障机制，完善管理考核办法。统筹规划、共同投入，聚焦特色农产品优势区等园区，建设特色农业气象观测装备，推进数据共享共用。建立健全糖、果蔬、畜禽、水产品等特色农业气象业务服务技术和指标体系，开展农产品气候品质评价等工作。

6. 加强海洋渔业安全气象服务。建立海洋渔业（含养殖）气象试验站，探索建立海洋渔业气象环境动态监测预警体系。开展渔业安全生产气象风险研究和气象灾害风险预报预警产品及服务系统研发，提升海洋渔业安全生产气象服务能力。构建渔船、海上养殖设施安全作业风险识别技术和预警发布体系，提升渔船、海上养殖设施风险预警与自救互救服务能力。

7. 强化畜牧业发展气象服务。依托不同地区牧草重要发育期生长发育指标，建立畜牧业气象条件分析诊断方法，实现牧草发育期动态监测和关键发育期预报。结合畜牧业气象灾害指标的历史反演，确定重大畜牧业气象灾害的发生概率和形成机理及危害

机制。研究畜牧业气象灾害风险识别技术，完善预警发布体系，开展畜牧业气象灾害综合风险预警和防控服务。

（三）强化智慧平台建设，提升气象服务覆盖面和影响力

8. 开发完善智慧农业气象服务平台。联合打造“农业＋气象”大数据平台，实时汇集作物苗情、灾情、病虫情、墒情等农情数据，融合共建直通式气象服务平台，实现新型农业经营主体气象服务全覆盖，努力做到预警信息到主体、防灾措施到地块，牢牢把握防灾减灾主动权。农业农村部门定期更新新型农业经营主体信息，联合开展服务需求调研和效益评估。支持农业农村部新型农业经营主体直报系统，直连气象服务平台，提供精准气象服务。

9. 联合建设智慧农业气象服务示范基地。在数字田园、数字灌区、智慧农场等现代农业发展核心区，联合建设100个智慧农业气象服务应用基地，实现农业气象试验、智能观测、智慧农业气象服务与科普、科研、技术成果转化示范、推广服务等功能。加强高标准农田农业生产气象服务，推进建设涵盖多要素气象站、农田小气候站、作物自动化观测、自动土壤水分站、农田遥感监测等设备的农业气象观测站网，开展基于位置、基于影响的农业气象灾害动态监测预报预警服务。

（四）强化联合科研攻关，提高农业气象服务科技含量

10. 联合开展农业气象技术研究。联合开展面向粮食安全、产业结构调整、农业防灾减灾、农业气候资源利用、空中云水资源开发等方面的理论研究和技术开发。联合设置提升农业气象业务自动观测与服务能力密切相关的科研项目，推动农业气象类科技创新平台发展，汇聚行业科技力量，开展农业气象关键科技问题联合攻关，提升农业气象观测装备自动化能力和水平。依托国家现代农业产业园、科技园和创业园，探索建立现代农业气象科技创新基地，建立产学研用协同创新机制，引导和利用农业企事业单位、高校、科研机构、高新企业的优势资源，形成农业气象技术创新

合力。

11. 联合开展中长期气候变化影响及农业适应性研究。针对气候变化背景下农业气候资源分布特征、气候生产潜力及其变化规律，研究提出区域农业气候资源高效利用和风险防范总体策略。开展极端气候事件对农业生产影响定量化评估和风险早期预警技术研究。联合开展第三次全国农业气候资源普查和区划工作，进一步摸清我国农业气候资源底数和变化规律，为我国的农业生产布局、种质资源保护、种植结构调整提供基础支撑。

12. 联合开展农业气象保险研究与服务。联合有关部门成立农业气象保险专家委员会，推进农业和气象灾害信息共享，发展农业气象灾害定损、天气指数保险产品设计等技术。针对大宗农作物、牧草和牲畜、水产品的政策性保险，联合研究天气指数保险技术和方法，支持气象服务深度融入农牧业保险产品设计和定损理赔，提升农业保险服务效率，并开展试点示范研究，探索农牧业生产风险托底保障气象服务模式。各地根据服务需求和能力，因地制宜开展特色农牧业天气指数保险服务。

三、保障措施

（一）加强组织领导

各级气象、农业农村部门作为气象为农服务提质增效行动工作的责任主体，全面掌握和深刻理解方案规定的目标和任务，结合本单位实际，细化各项具体任务，明确职责分工和进度安排。中国气象局、农业农村部加强总结和指导，及时掌握各项重点任务进展，深入研究实施中的新情况，破解新问题，确保各项任务有序、有效推进。

（二）强化资金保障

多渠道争取地方政府在项目立项、资金投入、政策配套等方面加大支持力度，确保气象为农服务提质增效行动各项重点任务有相应经费支持。积极争取相关科技计划、基金和专项投入，推进观测站网建设、关键技术研发与业务应用。优化气象为农服务科研成果转化机制，加强研究型业务成果转化应用。

（三）强化队伍建设

联合组建农业农村、气象跨部门、跨领域的气象为农服务专家团队，对农业气象服务、农业气象防灾减灾发展提供建议、指导与技术支持。加强农业农村与气象部门人员互动交流和培训，建立健全跨部门交流和访问机制。

（四）加强督促指导

将气象为农服务提质增效行动工作纳入年度重点工作，督促指导各单位健全领导机制，制定工作方案，将各项任务落实到岗，责任到人。

政策性文件

新时代气象高层次科技创新人才计划实施办法

（气发〔2023〕2 号）

2023 年 1 月 5 日

第一章　总　则

第一条　为深入贯彻落实党的二十大精神、中央人才工作会议精神和习近平总书记对气象工作的重要指示精神，全面贯彻落实《气象高质量发展纲要（2022—2035 年）》，深入实施人才强国战略，按照《气象人才发展规划（2022—2035 年）》的要求和部署，紧紧围绕气象高质量发展需要，培养打造一支热爱气象事业、勇于创新发展的优秀高层次气象科技创新人才梯队，进一步完善气象人才发现、培养、评价、使用、激励机制，加快建设高水平气象人才高地，中国气象局决定实施新时代气象高层次科技创新人才计划（简称气象"十百千"人才计划）。为完善组织实施机制，提升工作科学化规范化制度化水平，制定本办法。

第二条　实施气象"十百千"人才计划坚持以下原则：

（一）党管人才，重点培养。

（二）高端引领，梯次配备。

（三）评用结合，动态管理。

（四）强化支持，激发活力。

第三条 气象“十百千”人才计划是中国气象局实施的重点人才计划，由三个层次的梯队构成：第一梯队为气象战略科技人才；第二梯队为气象领军人才，包括科技领军人才和首席气象专家；第三梯队为气象青年人才，包括青年气象英才、西部和东北优秀气象人才。

计划到2035年，累积遴选培养气象战略科技人才20名左右；气象领军人才500名左右，其中科技领军人才200名左右，首席气象专家300名左右；气象青年人才1500名左右，其中青年气象英才1200名左右，西部和东北优秀气象人才300名左右。

根据气象事业发展和人才队伍建设需要，经中国气象局人才工作领导小组批准，可调整人才计划项目设置及规模。

第四条 中国气象局人才工作领导小组（以下简称人才领导小组）负责气象“十百千”人才计划实施的组织领导，及时研究解决实施中的重大问题，统筹推进各项工作。中国气象局人才工作领导小组办公室（设在人事司，以下简称人才办）负责气象“十百千”人才计划实施的日常管理工作，发挥牵头抓总作用，细化工作分工，强化任务落实和督促检查。各相关职能司按照职责分工，各司其职、密切配合，加强本领域高层次人才梯队建设。各省（区、市）气象局和各直属单位（以下简称各单位）认真做好本单位人才的培养、选拔、使用、评价、激励等工作，落实好入选人才支持保障管理服务主体责任。

第二章 遴选条件

第五条 气象“十百千”人才计划人选须具备以下基本条件：

（一）认真学习贯彻习近平新时代中国特色社会主义思想，心怀“国之大者”，具有强烈的社会责任意识和严谨的科学态度。

（二）热爱气象事业，奉献气象事业，立足岗位，勤奋进取，勇于创新。

（三）弘扬科学家精神，恪守学术道德和职业道德，学风正派，诚实守信，廉洁从业。

第六条 气象战略科技人才。推荐人选应在气象科技重点领域具有深厚的学术造诣，对本领域能够进行方向性、全局性、前瞻性思考，具有卓越科技组织领导才能，领衔国家级科研团队取得重大创新成果，或领衔国家重大气象业务工程取得突出成就，或在服务保障国家发展战略能力建设上成效卓著；有望在气象科技前沿取得更大突破、成为引领我国气象发展方向的战略科技人才；推荐时一般应为专业技术二级岗位专家。

第七条 科技领军人才。推荐人选应在气象科技重点领域具有很强的创新能力和领军才能，带领相关科研团队取得了重要创新性成果，或在国家重大气象业务工程建设取得重要成就，或在增强重大气象服务保障能力上做出创新性贡献；有望在气象科技发展前沿和气象高质量发展关键领域取得显著进展，成为引领气象科技重点领域发展、牵头重大气象业务工程建设和重要创新团队的领军人才；推荐时一般应为专业技术三级以上岗位专家，年龄不超过 55 周岁；具有主持国家重大科研项目、担任国家重大气象业务工程负责人员、牵头司局级以上创新团队的能力，并已带领相关团队取得重要成果或阶段性成果。

第八条 首席气象专家。推荐人选应在气象业务服务领域、重大气象业务工程建设等工作中发挥核心骨干作用，技术水平和能力在同类人员中处于领先地位，带领团队解决关键技术难题，形成了创新性科技成果，在气象高质量发展和服务保障经济社会发展上贡献突出，并在团队建设和人才培养方面成效显著；推荐时一般应具有正高级职称，年龄不超过 55 周岁，具有省级以上气象业务服务首席岗位经历、承担气象业务服务把关5年以上或具有主持省部级以上重点科研项目、重大气象业务工程的能力。

第九条 青年气象英才。推荐人选应在气象相关领域能够创造性地解决科学技术或业务应用难题，在气象科技研发工作中崭露头角，获得较突出的学术成果，具有突出的科技研发潜能，研究方向和技术路线具有重要创新前景，通过重点跟踪培养，有望成长为推动相关气象科技领域和气象高质量发展的带头人；推荐时一般应具有高级职称或博士学位，年龄不超过40周岁。

第十条 西部和东北优秀气象人才。推荐人选应扎根西部、东北气象事业，在科技研发、重大气象业务工程建设、气象业务服务等方面做出突出成绩；在团队建设和人才培养方面发挥骨干作用、成效显著；具有良好发展潜力，立志继续扎根西部、东北气象事业做出更大贡献；推荐时一般应具有高级职称或硕士以上学位，在西部、东北气象部门工作满5年，年龄不超过45周岁。

第十一条 对在气象关键核心领域取得重大突破，解决业务服务重大问题，作为第一完成人获得省部级二等奖以上科技奖励等；或在气象事业发展中取得显著业绩，做出突出贡献，入选国家重大人才计划（奖励）或获得国内外认可的优秀人才，可以直接参评科技领军人才或首席气象专家。

第三章 遴选方式、程序与要求

第十二条 气象"十百千"人才计划的遴选工作由人才领导小组统筹安排部署、分类实施。一般每年遴选一次。

第十三条 人才办按照人才领导小组的要求和部署组织遴选工作。遴选程序如下：

（一）公布信息。人才办印发推荐工作通知，并在综合考虑高层次气象人才队伍建设等情况的基础上，明确各单位各类人才推荐控制数。各单位应公布推荐选拔工作要求。

（二）单位推荐。各单位可组织申报推荐或直接推荐，对推荐人选资格和业绩材料的真实性进行审核，必要时可组织专家推荐评审；各单位党组（党委）在推荐控制数内研究确定推荐意见和推荐排序；对推荐人选业绩材料进行不少于5个工作日的公示；将推荐材料报人才办。

（三）资格审查。人才办组织对推荐人选的资格审查，必要时可组织初评，确定参加专家组评议的人员名单。

（四）专家组评议。区别不同类别人才特点，实施分类评价。人才办会同相关职能司遴选气象领域高水平专家组成专家组开展评议工作。评议工作坚持品德、能力、业绩导向，综合考虑推荐人选工作经历、创新能力、岗位贡献、业绩成果等因素，坚决破除“四唯”现象，不搞“一刀切”。

（五）审定公示。人才办根据专家组评议意见，提出拟定人选名单，报中国气象局党组审定。拟入选人员名单须进行不少于5个工作日的公示。对公示期内实名举报和有具体线索的匿名举报，组织有关单位和部门调查核实并提出意见。最终入选名单由中国气象局公布。

气象战略科技人才由人才办根据对气象高层次人才的日常分析研判，从气象领军人才和气象科技领域取得重要成果、有重要影响的高层次人才中择优确定候选人，组织同行专家评议形成建议名单，报中国气象局党组审定。

第四章　服务支持措施

第十四条　气象“十百千”人才计划支持期为3年。对入选人才一般支持1个支持期，其中气象战略科技人才和气象领军人才，根据支持期考核结果最多可连续支持2个支持期。入选人才在支持期内，只能获得本计划中单项人才项目支持。

第十五条 中国气象局为入选人才颁发证书。对气象战略科技人才入选者，授予涂长望学者称号。对科技领军人才入选者，授予气象相关领域的国家级首席科学家称号。对首席气象专家入选者，授予气象相关领域的国家级首席气象专家称号，其中气象预报预测领域的授予国家级首席预报员称号。对青年气象英才入选者，授予青年气象英才称号。对西部和东北优秀气象人才入选者，分别授予西部优秀气象人才、东北优秀气象人才称号。

第十六条 优先支持气象战略科技人才、气象领军人才领衔重大科技攻关项目和重大业务工程建设项目。所在单位应在选题立项、人员调配、经费使用等方面积极为入选人才及其科研团队提供支持，并支持入选人才根据需要自主选配学术助手。

第十七条 鼓励和支持入选人才牵头组建或骨干参与相关领域创新团队、专家组，在服务保障国家重大战略或重大活动气象服务保障任务中发挥积极作用。鼓励和支持入选人才定期到西部、东北地区以及基层气象部门开展学术技术交流，提升基层专业技术水平。青年气象英才、西部和东北优秀气象人才要积极参加“青年人才下基层”活动。

第十八条 在支持期内，具有正高级职称的气象领军人才可直接竞聘专业技术二级岗位；气象青年人才可破格参加上一级专业技术岗位竞聘或高一级职称评审。

第十九条 积极支持和鼓励入选人才与国内外科研院所、高等院校开展科技合作和学术交流。充分利用气象科技骨干出国（境）访问进修项目等多种平台，优先支持入选人才出国（境）研修，拓展科技视野，提高学术水平。

第二十条 优先支持入选人才招收访问学者；积极支持符合条件的入选人才担任硕士生、博士生导师，并在招收研究生方面给予倾斜。

第二十一条 积极支持和鼓励气象青年人才挑大梁、当主角。在重大科技项目、重大业务工程中吸纳优秀青年气象英才担任首席科学家助理、工程技术副总师等职务。增加参与重大科技活动机会，各级气象部门组织的职称评审、团队建设、学术委员会等工作，都要安排一定比例的青年人才参加。中国气象局为气象青年人才提供一定经费，支持其开展项目研发。

第二十二条 完善青年气象英才导师制。中国气象局负责组建青年气象英才导师组，统筹制订实施培养计划，开展分类指导和专题培训等工作，并根据需要组织召开青年气象英才学术交流会、气象科技前沿问题高级研修等活动。各单位要结合青年气象英才特长和专业方向，为其选聘学术导师，明确职责任务，由学术导师对青年气象英才量身打造发展规划并跟踪指导。

第二十三条 各单位对入选人才的支持保障负主体责任，要针对入选人才的优势和特点制定支持政策、保障计划，强化创新研究、团队建设、待遇保障的落实。多为入选人才办实事做好事解难事，关心关爱入选人才生活，在工作生活后勤保障等方面尽可能给予政策倾斜和帮助，让入选人才安身、安心、安业。鼓励各单位为入选人才提供相关配套支持政策，并积极争取地方人才支持政策。

第二十四条 各级党组（党委）要把党管人才落到实处，对入选人才政治上充分信任、工作上创造条件、生活上关心照顾。加大入选人才中先进典型选树和宣传力度，形成讲科学、爱人才、重创新的良好氛围。强化联系服务，将入选人才纳入各级党组（党委）直接联系专家范围，其中气象战略科技人才由中国气象局党组直接联系。加强对人才的政治引领、思想联系和感情交流，定期组织国情研修考察等活动，引导入选人才深入学习习近平新时代中国特色社会主义思想，坚定理想信念，弘扬爱国奉献精神和科学家精神、严守学术道德规范，为气象高质量发展贡献力量。

第五章　考核管理

第二十五条　落实中央改进人才评价考核的部署要求，对入选人才实行支持期考核。考核结果分为优秀、良好、合格、不合格四个等次，其中气象战略科技人才和气象领军人才的优秀等次比例不超过30%。

第二十六条　由入选人才所在司局级单位与入选人才签订合同，在创新能力、业绩贡献、领衔作用、人才培养和团队建设等方面明确工作目标、考核标准，相关指标应可量化、可考核，与入选人才日常工作有所区分。

第二十七条　支持期考核分级分类实施。

（一）气象战略科技人才和气象领军人才的支持期考核由人才办牵头组织或者授权入选人才所在司局级单位组织，对照合同约定的任务目标，重点从创新成果质量和水平、人才培养和团队建设成效，以及成果转化效益等方面进行考核，并对是否继续支持提出建议。人才领导小组确定支持期考核结果，并决定对考核结果为优秀等次的人才是否继续支持。

（二）气象青年人才的支持期考核由入选人才所在司局级单位组织。对照合同约定的任务目标，青年气象英才重点从创新思维、创新成果、持续创新能力等方面考核，西部和东北优秀气象人才重点从业绩贡献、牵头作用、人才培养和团队建设等方面考核。各单位根据考核情况确定考核等次，报人才办备案，并以适当方式通报。

第二十八条　实行以支持期考核评价结果为依据的激励方式，对支持期考核结果为合格以上等次的事业单位入选人才给予相应的创新津贴激励。

第二十九条　各单位要加强对入选人才日常管理，关注其履职情况和进展成效，并根据工作需要适时开展评估评价工作。

第三十条 入选人才凡在学术技术上有重要突破、获重要奖励的，涉及职务或岗位变化、工作调动以及健康、退休等情况的，所在司局级单位要及时报告人才办。

第三十一条 入选人才有下列情形之一者，所在司局级单位应当及时提出意见并报人才领导小组批准后，取消人才称号，包括：

（一）思想道德品质差，丧失社会公德、职业道德的。

（二）弄虚作假，学术不端，谎报荣誉、称号和成果的。

（三）违反相关规定，受到党纪、政务处分，不宜继续作为气象“十百千”人才计划人选的。

（四）在支持期内擅自调出气象部门，或擅自离开所聘岗位，造成科技资源损失、产生不良影响的；或西部和东北优秀气象人才在支持期内调离西部、东北地区的。

（五）支持期考核不合格的。

（六）其他应取消人才称号的情形。

此外，对于入选人才因调离相关专业技术岗位或因个人原因不能发挥应有作用的等情形，终止人才计划支持培养。

第六章　附　则

第三十二条 各单位要进一步优化实施本级“气象高层次科技创新人才计划”，择优确定本级的气象战略科技人才、气象领军人才和气象青年人才，与中国气象局“新时代气象高层次科技创新人才计划”各层次梯队有机衔接。各单位的气象高层次科技创新人才梯队建设方案和实施办法要及时报人才办备案。

第三十三条 本办法由人才办负责解释。

第三十四条 本办法自印发之日起施行。《新时代气象高层次科技创新人才计划实施办法》（气发〔2019〕75 号）同时废止。

加强全球气象观测数据质量控制工作方案

（气发〔2023〕3 号）

2023 年 1 月 4 日

为深入贯彻落实党的二十大精神，贯彻落实习近平总书记关于气象工作的重要指示精神，贯彻落实《气象高质量发展纲要（2022—2035 年）》以及中国气象局党组工作部署，进一步提高全球气象观测数据质量控制水平、健全质量控制业务、加强质量控制管理，全面提升数据使用价值，为“全球监测、全球预报、全球服务”提供高质量的全球观测数据，特制定本方案。

一、现状分析

中国气象局全球气象观测数据主要来源于 WMO 全球通信系统（GTS）、互联网、双边或行业交换等多种渠道，用好这些数据对全面提升全球精密监测、精准预报和精细服务能力，推进气象事业高质量发展具有重要意义。质量控制是数据可用好用的前提，直接关系到数据应用水平。2022 年以来，中国气象局组织推进全球气象数据资源挖掘、服务与应用工作，全面普查了 GTS 等国内国际交换资料，建立动态数据资源清单，对地面、高空、海洋、卫星等 7 大类 38 种观测数据和产品完成解码解析，并通过气象大数据云平台“天擎”开展共享服务，进一步提高全球气象数据实时收集、监控、质量控制和应用服务能力。

中国气象局已初步具备了全球观测数据质量控制能力。其中，探测中心开展了全国气象观测元数据管理、观测设备和数据质量控制，承担了 WIGOS 全球观测数据监测评估职责，承担了国际气象观测元数据建立与维护、数据质量控制、数据评估与改进的工作，研发了地面、高空、海洋、大气成分、风廓线、飞机等 6 大类气象观测数据产品的质量控制算法、10 余种标准观测数据集和数据评估实时业务平台。信息中心研发了多种观测类型全要素观测快速综合质量控制技术，构建了全球数据质量控制与评估业务系统，开展了全球地面、高空、海洋、风廓线、飞机等气象观测数据实时质量控制与评估工作，实现逐月向全国发布《全球气象数据资源月报》和《全球气象数据产品研发月报》，推动解决观测台站元数据质量和观测元数据质量问题，持续追踪分析全球数据收集和质量状况，为各相关单位和省局用好数据提供支撑。

二、存在问题

全球气象观测数据质量控制工作虽然具备了一定的基础，但业务流程、技术力量尚未得到整合，全球气象观测数据质量仍有待提高，制约了应用效益的发挥。具体表现如下：

（一）观测元数据信息有待进一步完善

根据 WMO 元数据信息标准，中国气象局获取的全球观测数据部分元数据仍然存在要素属性信息不完整、数据说明缺失、个别信息异常等问题，元数据数据格式和说明仍需进一步规整和标准化，元数据信息需要进一步订正。

（二）数据精度和自主性有待进一步提升

目前部分全球观测产品精度与国外同类产品精度尚存在一定差距，特别是缺乏针对设备端的质量控制手段，导致部分数据的一致性和系统偏差的问题仍未解决。部分气象业务应用的全球观测产品仍然依赖从互联网获取国外观测产品，制约了我国气象业务自主可控水平。

（三）数据质量控制业务尚未实现全流程覆盖

全球观测数据质量控制的业务基础能力仍需加强，各单位技术力量尚未形成合力，业务化机制有待完善。天气雷达、大气成分等全球观测数据产品质量控制尚未建立，急需建立一套集监视、评估、跟踪、反馈、解决的全流程质量控制业务体系。

三、总体要求

（一）指导思想

以习近平新时代中国特色社会主义思想为指导，深入贯彻落实党的二十大精神，贯彻落实习近平总书记关于气象工作的重要指示精神，贯彻落实《气象高质量发展纲要（2022—2035年）》中"提升全球气象资料获取及共享能力"的要求，以"质量提升年"行动为抓手，面向全球预报和全球服务需求，对标国际全球观测数据质量先进水平，不断提升全球观测数据质量控制能力，为全球气象业务提供高质量的数据和产品。

（二）主要目标

到2025年，面向全球气象业务发展需求，建立健全前期处理、实时质量控制、综合质量控制、数据集建设、评估改进等全流程全球观测数据质量控制体系，实现全球收集的观测数据质量控制全覆盖，数据更加标准、完整、准确、可信，数据正确率稳步上升，并及时提供服务。建立全球观测质量控制实时业务平台，建立完善观测能力评估、观测方法分析评估、产品质量改进等业务。建立实施长效联合工作机制，为全球灾害性天气监测分析服务、全球数值天气预报、全球气候预测等提供有效支撑。

四、重点任务

构建完善涵盖前期处理、数据质量控制、产品与评估的全流程质量控制业务体系，强化支撑能力建设。计划2023年、2024年、2025年分年度实施各项任务，最终实现工作方案目标。具体任务如下：

（一）前期处理

1.完善全球气象观测元数据标准数据库

发展全球气象观测元数据管理系统，实现涵盖地球系统多圈层的观测元数据、发现元数据、应用元数据等元数据及气象业务主数据的统一管理。建立主动发现全球气象观测数据元数据流程和质量控制流程，开展动态分析、自动更新、快速验证、动态整编，在完善观测类型、观测平台、地理位置、观测量、观测频次、资料来源、所属国家（地区、机构）等传统元数据固定属性的基础上，新增观测质量和应用稳定度等元数据动态释用信息，实现全球气象观测元数据集中统一管理与服务。建立健全观测元数据质量控制、对接用户的快速响应和疑误处理流程，保证数据质量，形成可靠可用可信的观测元数据收集、存储、服务支撑能力。

2.强化 WIGOS（北京）区域中心元数据管理能力

推进全球气象观测元数据业务能力建设，形成涵盖 GTS 国际交换站元数据管理、中国 GTS 交换站元数据更新维护与快速检验分类，以及全球观测元数据动态整理的多层级全球元数据业务体系，设计分类分级元数据管理及应用业务流程框架。建立以 WIGOS 国际业务为平台触发并追踪解决全球观测元数据改进业务方法及流程，建立 WIGOS 国际联动修正后元数据信息向应用部门的动态更新推送业务流程与制度。

3.提升全球基础观测数据供给能力

优化国际通信系统，多渠道动态获知全球观测数据供给更新信息并主动获取新增数据，重点加强“一带一路”、冰上丝路、青藏高原以及周边地区、国家等关键区域关键要素的获取提升，提升数据细化管理能力。在现有业务的基础上，优化全球多源多类观测数据解码，整合处理业务流程，不断提升全球观测数据完整性。完善全球观测数据信息发布机制，提升数据共享时效和便捷性。

4. 依托区域仪器中心(北京)(RIC-Beijing)提升计量标校能力

提升 RIC-Beijing 面向全球观测数据的计量标校能力,逐步建立地面、高空、海洋、大气成分、天气雷达、风廓线雷达等气象行业国家最高计量标准装置,开展国际比对试验和国际交叉检验,确保接收的全球观测数据的一致性和准确性。通过提供国际计量比对和溯源服务,帮助相关国家气象计量标准建立溯源性,保证其观测系统量值准确和单位制统一,从而提高全球观测数据的准确性。推进广西南宁东盟气象计量中心和新疆乌鲁木齐中亚气象计量中心建设,为东盟、中亚等"一带一路"沿线国家提供气象仪器校准服务,提升观测数据的一致性和准确性。

(二)数据质量控制

5. 构建科学高效覆盖全面的实时质量控制业务

根据不同来源、不同类型气象观测数据特点,对现有全球地面、高空、海洋、大气成分、天气雷达、风廓线雷达、飞机、卫星等气象观测数据实时质量控制算法进行优化,结合大数据分析和局地气候特征优化全球多圈层关键要素实时质量控制参数,发展多源及多要素协同的实时质量控制技术,建立规范、高效的全球气象观测数据实时质量控制业务体系。提升多平台多要素海洋气象数据实时质量控制能力。发展全球气象观测数据以及水文、生态、航空等行业观测数据的精细化质量监视、质量评估和质量判识能力,基于统一的数据环境和处理流程实现数据实时质量监视评估控制。逐月发布全球观测数据观测质量报告。

6. 完善综合数据质量控制体系

面向全球和区域天气气候监测、资料同化分析、气候变化等业务科研需求,在实时质量控制的基础上,依据全球气象观测数据特点,研发数据质量控制技术、偏差分析订正技术及数据插补技术,逐步构建多方法集成、面向多层次应用需求的综合质量控制技术体系。逐步建立主客观结合的多圈层长序列气象数据综合质量控制业务体系。建设全球气象观测系统综合质量控制及偏差订正系统，提升全球观测数据质量及典型灾害性等天气系统的立体跟踪观测能力。规范质量控制算法准入、推广应用和校验评估，定期发布质量控制算法评估报告。同步发展和完善标准规范体系，提升数据质量控制标准化水平。

7.优化全球观测数据同化预处理流程

优化面向数值模式同化应用的全球观测数据质量控制算法，改进背景场信息的水平一致性检查算法。研发全球观测数据同化黑名单生成技术，建立自动更新机制。综合考虑全球和区域模式水平及垂直分辨率，优化全球观测数据同化稀疏化算法和配置方法。研究全球和区域同化系统观测数据高效管理技术，改进全球和区域同化前处理流程的输入/输出接口，提高观测数据同化处理效率，建立全球和区域统一的数据准备处理流程。发展全球和区域同化反馈信息（观测减背景场、观测减分析场）的监视技术和系统，提高全球观测数据同化监视能力。

（三）产品与评估

8.扩充全球气象观测标准数据集

发展全球综合气象观测标准数据集算法，建立多层级标准数据集业务流程框架，强化全球观测数据标准化能力，建设技术标准、数据质量控制标准和标准数据集系统。结合各类观测设备特点，突破全球地面、高空、海洋、大气成分、天气雷达、风廓线雷达、卫星观测等元数据修订、多源校验、一致性连续性校验、数据加工处理等标准数据集的关键技术。优化建立全球地面气温、降水、风速、相对湿度、气压、能见度、天气现象及海表温度、风速、海气温差、海浪等业务亟须核心要素站点和格点形式的统计分析加工产品，研制覆盖全球大气、海洋、冰冻、陆地、生物等多圈层的长序列、高质量、标准化基础数据集。建立产品自动生产流程，实现产品动态更新，产品质量达到国际同类水平，有效支撑业务应用产品自主替代。

9.健全全球观测数据质量用户评估反馈机制

面向全球监测、全球预报、全球服务需求，聚焦观测数据要素、站点、频次、时效、空间分辨率、精度等完整性和业务适用性指标，分类建立数据质量评估指标体系。建立协同联动的气象数据质量反馈和响应机制，建立“异常事件处理启动—发布—追踪—解决—改进—信息推送”全球观测数据改进业务方法、流程及相关制度规定，用户单位定期制作数据质量评估报告，及时向供给端反馈。开展全球观测资料数值模式同化效果评估，评估不同资料在模式中的贡献率，分析诊断全球观测资料同化应用的薄弱区，通过反馈和响应迭代提升全球观测资料的同化应用水平。发布分类分级观测数据黑白名单，并根据用户单位反馈和评估结果近实时滚动更新，制作发布数据质量评估报告，为全球观测数据应用提供重要参考。

10.提升全球实况监测与服务水平

构建完整的实况监测与服务业务体系，形成规范化的全球监测业务报告撰写与发布服务业务流程，为全球预报提供服务支撑。加强灾害性天气监测与服务能力，构建多圈层、多尺度的全球三维综合观测产品体系。加强全球海洋实况监测与服务能力，发展全球海洋服务产品与分析报告，为“一带一路”、重点港口、重点（敏感）区域，国船导航等提供全球实况监测服务保障。

五、保障措施

（一）完善体制机制

建立需求导向机制，优先满足数值模式、预报服务等需求，优先研发气象业务急需的质量控制算法和评估方法等。建立专家智库，集中各业务单位优势力量，按照观测类型和应用领域，形成长期稳定的专家团队，负责质量控制各阶段任务。建立协调管理专班，观测司、预报司、科技司、计财司负责总体组织、协调和监督检查。

（二）加强保障支撑

加强全球观测数据质量控制领域人才培养，将全球观测数据质量控制贡献纳入科研绩效评价机制，造就更多质量控制科技领军人才和创新团队。加强对全球观测数据质量控制业务运行维护的经费保障，利用工程和科研等项目支撑和保障重点工作有序开展。

（三）加强宣传推广

加强全球观测数据质量控制工作的宣传，营造良好的舆论氛围，激发工作的积极性和创造性，形成工作合力。强化国际交流和培训，提升参与全球气象事业发展事务工作的影响力，增强全球监测、全球预报、全球服务能力，以满足履行气象国际义务需要和国家经济社会发展需求。

推进农业气象观测业务高质量发展工作方案(2023—2035年)

（气发〔2023〕17号）

2023年1月18日

为深入贯彻落实党的二十大精神，扎实推进国务院《气象高质量发展纲要（2022—2035年）》各项工作部署落实落细，加快推进农业气象观测业务高质量发展，进一步提升我国农业气象观测现代化水平和业务能力，为保障国家粮食安全、全面推进乡村振兴提供更好气象保障服务，特制定本方案。

一、发展现状

（一）农业气象观测站网基本建立

我国是世界上气象灾害最严重的国家之一，干旱、暴雨、洪涝、台风、冷冻害、冰雹、干热风、雪灾等不同程度地对我国农业发展造成了影响，由气象条件引发的农业生物灾害也成为影响农业生产的主要灾害之一。为提升农业气象防灾减灾能力，我国逐步建立起农业气象观测站网，农业气象观测基础能力有了较大提升。截至目前，全国已建成653个农业气象观测站、70个农业气象试验站、2700余个自动土壤水分观测站，开展了水稻、小麦、玉米、大豆、棉花、油菜等主要农作物和地方特色经济作物观测，以及土壤水分观测、畜牧观测和自然物候观测，基本覆盖了全国主要的粮食主产区大宗作物和特色经济作物。

（二）农业气象观测在气象为农服务中发挥重要作用

农业气象观测在农业气象预报服务和灾害监测预警等方面发挥着不可或缺的重要作用，为全面推进乡村振兴和保障国家粮食安全做出了重要贡献，取得了良好的经济社会效益。通过长期连续观测，积累了全国范围农业气象观测资料，为开展全国农业气象监测评估与预报预警服务、作物产量气象影响分析评估与预报、农田墒情服务、抗旱救灾服务等提供了重要支撑。全国卫星遥感综合应用体系初步形成，利用多源卫星资料开展了农作物长势、农作物产量和种植面积、农业气象灾害等方面的监测评估工作。

（三）农业气象观测运行保障能力增强

编制印发了《农业气象观测规范》，制定了作物生长发育观测、农业气象灾害评估和病虫害监测等行业标准和国家标准共50余项，形成了我国较为齐备的农业气象人工观测标准规范体系。建立了“国家—省—市—台站”的四级业务布局，形成了涵盖常规观测、对比试验、数据管理和应用分析业务于一体的农业气象观测业务体系。实现了农业气象观测资料采集、录入、传输、管理等业务流程的信息化，改变了农业气象观测手工记录、分析和统计方式，提升了农业气象观测数据的及时性和有效性。初步建立了农业气象观测人才队伍，全国从事农业气象观测的业务技术人员约1200人，其中本科学历约占80%，研究生学历约占10%，农业气象观测业务人员队伍学历水平和业务素质整体较高。

二、主要问题

目前，我国农业“靠天吃饭”的局面尚未得到根本性改变，尽管农业气象观测业务体系在支撑气象为农业生产服务和农业防灾减灾等方面发挥了重要的基础作用，但农业气象观测业务体系仍然存在诸多不足，具体包括以下几个方面：

（一）农业气象观测站网布局需要进一步优化

随着经济社会的快速发展和城镇化建设，我国农作物布局和种植结构也在不断调整，现有农业气象观测站网尚未完全覆盖我国主要的粮食生产功能区、重要农产品保护区、特色农产品优势区，迫切需要优化完善站网布局。同时，农业气象观测站承担任务相对单一，主要观测大宗粮食作物和主要经济作物，缺乏对当地特色农产品系统观测，迫切需要对农业气象观测站的观测任务进行调整。此外，全国农业气象试验站网布局也尚未完全覆盖现代农业发展的典型区域，技术辐射带动及示范作用还显不足，观测试验研究能力有待加强。

（二）农业气象观测自动化水平亟待提升

目前农业气象观测仍以人工观测为主，业务人员定期到田间地头手动测定和记录数据，手段落后，资料获取频次偏少、时间滞后。同时，我国各地区农业生产方式差异较大，农作物品种和观测要素数量多，需要综合利用自动观测设备、卫星遥感、图像智能识别等各类观测技术方法予以解决，但目前这些自动化的观测技术和方法尚不成熟，仍处于研制和试验阶段。

（三）农业气象观测资料应用水平需要进一步提升

目前气象部门已经积累了大量连续的农业气象观测资料，包括作物发育期、生长状况、产量结构要素、农业气象灾害和农田小气候等，但观测资料在为农服务和应对气候变化方面应用尚不充分。另外，多源卫星遥感数据加工处理能力薄弱、缺乏全国高时空分辨率的农业气象卫星遥感监测产品，限制了卫星遥感资料在农业气象业务服务中的应用。

（四）农业气象观测质量管理体系亟待完善

现行《农业气象观测规范》亟须修订，观测要素和频次需要进一步优化完善，需要增加关键农事期和重大天气过程中重要作物要素观测频次，取消部分使用频次低、服务效益不明显的观测项目。农业气象观测质量考核办法不完善，个别台站未严格执行观测规范要求，观测资料可用性不高。尚未建立健全覆盖农业气象观测全要素、全流程、全过程的质量管理体系。另外，农业气象观测科研与业务融合不够，从事科技研发队伍体量小、专家团队和观测人才队伍建设滞后，缺乏激励和奖励机制。

三、总体要求

（一）工作思路

以习近平新时代中国特色社会主义思想为指导，深入贯彻落实党的二十大精神和习近平总书记关于“三农”工作的重要论述和关于气象工作的重要指示精神，对标“监测精密、预报精准、服务精细”要求，按照《气象高质量发展纲要（2022—2035 年）》的总体部署，围绕推进农业农村经济发展、保障国家粮食安全、全面实施乡村振兴等国家重大战略对农业气象观测工作的需求，解决制约当前农业气象观测业务发展的瓶颈问题，结合现代技术发展与服务实际需求，大力推进农业气象观测业务高质量发展。

（二）工作目标

到 2025 年，全国农业气象观测站网布局进一步优化，适应现代农业生产发展的新型农业气象观测站网初步建成；开展农业气象自动观测站网建设，逐步建成覆盖水稻、小麦、玉米、棉花、油菜、大豆等主要农作物自动化观测网络；以农业气象自动化观测为主，人工观测为辅，与卫星遥感、无人机观测互补的综合立体农业气象观测业务体系基本构建，农业气象观测能力明显提升。

到 2035 年，农业气象观测高质量发展业务体系的建立，全国农业气象观测站网布局科学化，全面涵盖主要粮食作物和特色经济作物；农业气象观测手段全面实现自动化、智能化；卫星遥感、地基高光谱、无人机等观测技术手段全面融入农业气象观测业务；农业气象观测试验研究和资料应用水平极大提升，为农业气象防灾减灾、国家粮食安全、乡村振兴等提供坚实的基础支撑。

四、主要任务

(一)优化完善农业气象观测站网布局和观测任务

任务1:优化完善全国农业气象观测站网布局

根据全国农业气候区划、农业产业结构调整情况和气象为农服务需求,优化调整全国农业气象观测站网布局,编制印发《全国农业气象观测站网调整实施方案》。结合现有地面气象观测站网和气象为农服务需求,在作物代表性较好的重点地区增加农业气象观测站点,取消部分缺乏观测代表性的观测站点。助力乡村振兴,做好服务当地“土特产”发展大文章,提升特色经济作物观测能力。建立农业气象观测站网动态评估和分级统筹管理机制,及时优化调整农业气象观测站点,同时将农业气象观测站网分为国家级和省级农业气象观测站两类,实施分级管理。

任务2:优化调整农业气象观测站观测任务

围绕粮食生产和重要农产品供给,优化调整农业气象观测站观测任务,调减与当地农业种植结构不相适应的观测任务,并强化作物观测地段代表性审查,切实提高农业气象资料可用性。根据作物种植结构和种植方式的调整情况,合理确定农业气象观测站观测任务。为满足现代农业气象服务需求,在农业气象观测站传统大宗粮棉油作物观测的基础上拓展马铃薯、花生、枸杞、蔗糖、甜菜、橡胶等经济作物观测,同时针对蔬菜基地、特色农产品生产基地等设施和特色农业发展需求,增加相应作物观测和农田(设施)小气候观测任务。

任务3:推进全国农业气象试验站建设发展

按照国家主体功能区规划,以全国主要粮食产区、重点设施和特色农业生产区为重点,对全国农业气象试验站站网布局进行优化调整,同时加强农业气象试验站能力建设,进一步凝练总结农业气象试验站研究方向和重点任务,提升试验研究能力和水平,逐步建成具有农业气象观测方法和技术装备试验研发先进性、农业气象服务先导性和农业气象适用技术示范性等功能的农业气象试验站网。

（二）加强农业气象自动观测设备研发和业务应用

任务 4：大力推进农业气象自动化观测技术设备研发

修订作物观测和农田小气候观测设备功能规格需求书，规范农业气象自动观测装备研发。强化科技创新和开放合作，联合高校、科研院所和相关生产企业，持续开展农业气象自动化观测核心算法研究和关键技术攻关，推动农业气象观测自动化技术发展。重点推进业务急需的作物生长发育、土壤环境、地基遥感等观测技术设备研发和试点应用，为农业气象观测能力建设提供技术设备支撑。

任务 5：持续开展农业气象自动观测设备试验测试

加快制定完善农业气象观测自动化设备试验测试方法，建立农业气象设备观测试验测试规范和流程，并纳入中国气象局观测试验业务统一支撑和管理。依托中国气象局综合气象观测试验基地和农业气象试验站，选择部分典型区域开展自动化观测设备试验测试工作，持续推进农业气象自动观测设备技术发展。

任务 6：提升农业气象自动观测能力

根据农业气象自动观测技术发展，逐步开展农业气象自动观测站点建设，实时获取水稻、小麦、玉米、大豆、棉花、油菜等大宗粮油作物和特色经济作物的农事关键期作物生长发育信息和重大灾害性天气过程气象信息，实现在粮食生产功能区、重要农产品保护区、高标准示范基地等重要农业生产区农业气象观测自动化。在农业气象观测站配备叶面积指数仪等技术成熟的便携式仪器，减少人工观测带来的误差。

（三）加强农业气象观测资料产品开发和应用

任务 7：规范农业气象观测数据收集与整编

加强农业气象观测历史数据管理，梳理农业气象观测资料，编制观测数据及元数据清单，制定数据整编、汇交、审核及质量评估等相关标准规范，开展农业气象观测数据的收集、汇交、归档与整编，制作长序列农业气象观测数据集。推进农业气象观测历史长序列数据与常规气象观测数据融合应用，针对各类用户研制农业气象观测数据产品，充分发挥农业气象观测数据的应用价值。

任务8：建立完善农业气象作物监测评估业务

综合利用卫星遥感、无人机等技术手段，结合农业气象观测资料，开展水稻、小麦、玉米、大豆、棉花、油菜等大宗粮油作物和特色经济作物种植区面积和分布、作物长势监测、作物产量预测等工作。建立完善卫星遥感作物监测评估业务，开展作物生长气象条件影响分析评估，业务产品提交卫星遥感应用共享平台供相关单位共享使用，以农业气象专报或决策服务信息等形式向相关涉农部门提供作物遥感监测评估信息。

任务9：建立农业气象灾害、病虫害监测评估业务

加强卫星、天气雷达、自动气象站等多源数据融合应用，进一步完善农业气象灾害监测评估技术方法，建立农业干旱、渍涝、高温热害、低温冷害等农业气象灾害监测评估指标，提升卫星遥感、天气雷达、地基高光谱和无人机等技术手段在农业气象灾害、病虫害动态监测和灾情评估中的应用能力。完善卫星遥感土壤水分监测算法，制作高质量卫星遥感土壤水分监测评估产品，为指导农业生产提供服务。大力推进建立天气雷达虫鸟迁飞监测评估业务，在虫鸟重要迁飞通道，利用天气雷达开展虫鸟迁飞监测评估观测试验，坚持边研究、边应用，逐步形成业务能力。

（四）加强农业气象观测业务管理

任务10：修订农业气象观测规范和完善业务流程

制修订农业气象观测规范，明确农业气象人工观测和自动观测的内容与指标，细化农业气象观测地段选取、观测项目、观测技术与方法、数据格式和传输等技术要求。逐步建立以农业气象自动观测为主、人工观测为辅的现代化农业气象观测业务流程，减少

人工观测工作量。

任务 11:规范农业气象观测业务运行管理

制定农业气象观测数据采集、运行监控、质量控制、维护维修、计量标校、故障维修等业务规定和值班流程,强化观测业务运行管理。加强农业气象观测业务全流程监控,提高观测数据异常或装备故障的响应、诊断、处理与反馈效率,提升观测数据和元数据质量。适应农业气象观测业务需求,升级完善农业气象观测业务软件,完善台站端数据统计、查询和服务产品制作功能。加强农业气象观测业务运行情况监督检查,修订完善业务质量考核办法,提升农业气象观测业务质量。

任务 12:建立健全农业气象观测装备保障机制

探索建立以购买观测装备全生命周期质保服务为主、部门与社会力量相结合的农业气象观测保障体系,制定切实可行的农业气象观测装备社会化保障措施。加快制定农业气象观测装备标定标校技术方法,增强省、市级标定标校能力,同时因地制宜,统筹利用部门和生产企业的资源开展标定标校工作,确保农业气象观测数据质量。

任务 13:加强农业气象观测质量管理体系建设

按照 ISO9001 质量管理体系标准要求,运用 PDCA(策划—实施—检查—改进)方法,开展农业气象观测业务全流程规章制度及标准规范梳理,形成质量管理体系文件清单。优化整合农业气象观测质量管理相关文件,强化文件执行监督检查。梳理农业气象观测标准规范体系建设情况,加快农业气象观测业务亟须标准立项,健全农业气象观测标准体系。鼓励支持各级气象部门针对各地优势特色农产品和经济作物,研究制定地方、行业观测标准,并积极申报国家标准。

任务 14:探索建立农业气象社会化观测机制

制定面向全社会的农业气象观测业务技术标准和规范,开发农业气象观测便携式设备和移动端应用程序，依托气象协理员、农业部门技术人员、农业生产大户等，探索建立农业气象社会化观测机制，并开展农业气象社会化观测资料在业务服务中的应用，使之成为农业气象观测的重要补充。

（五）加快农业气象观测科技发展与人才培养

任务15：加强农业气象科技发展和成果转化

开展农业气象观测新技术新设备、农业气象灾害监测预警、卫星和雷达等多源数据融合在农业气象监测预报预警中应用、农作物生长发育观测等关键技术、气候变化和农业生产影响机制等方面科学研究。鼓励支持部门外高校、科研院所、企业等联合开展技术攻关。统筹国家科技计划项目、中央级科研院所专项、创新发展专项等中央财政经费，争取地方和横向科技资源，加强农业气象观测科技研发项目支持。加快农业气象观测方面的科技研发及成果转化，加强科技成果在观测服务中的应用。

任务16：加强农业气象观测人员队伍建设

加强农业气象观测领域复合型人才和业务带头人培养，优化农业气象观测人才布局。推动高校加大农业气象专业学生培养力度。在农业气象专家团队中充分考虑遴选农业气象观测方向的专家，发挥其在观测业务发展、科技创新、人才培养方面的重要作用。加强农业气象观测业务人员岗位培训，实行农业气象观测人员轮训制度，将农业气象观测业务培训纳入年度培训计划并强化业务培训考核，切实提升观测业务人员素质和技能水平。

五、保障措施

（一）加强组织领导

中国气象局各相关内设机构要高度重视农业气象观测高质量发展工作，加强与农业农村部等相关部门的沟通合作，并牵头组织抓好各项任务的推进落实。各省（区、市）气象局和有关业务单位要将本方案各项工作任务细化分解落实，制定与本方案衔接配套的实施方案,列入年度重点工作计划。各省(区、市)气象局要加强与当地农业农村、自然资源等部门的沟通协调,积极将提升农业气象观测能力纳入高标准农田建设、国家黑土地保护工程、草原生态保护等重大工程项目建设,形成合力。

(二)加强支撑保障

各级气象部门和业务单位要及时协调解决推进农业气象观测业务高质量发展存在的困难。各省(区、市)气象局要发挥双重计划财务体制优势,要加强与同级政府部门的联系沟通,积极争取地方财政投入,建立多元化的投入渠道,切实提升本省(区、市)农业气象观测能力和水平。各业务科研单位要不断从业务实践和需求中凝练技术和科学问题,加强与相关部门、科研院所、高校等单位技术合作与交流,多渠道争取国家、地方项目支持,加强农业气象观测业务高质量发展的科技支撑,促进农业气象观测业务质量提升。

(三)加强督促检查

各单位要将本方案的贯彻落实情况纳入督查检查清单,确保各项措施落到实处。相关省(区、市)气象局和国家级业务科研单位每年要对方案落实情况进行总结分析并报送中国气象局相关职能司。

气象观测业务检查员管理办法

（气发〔2023〕22 号）
2023 年 2 月 15 日

第一章　总　则

第一条　为深入贯彻习近平总书记关于气象工作重要指示精神，落实《气象高质量发展纲要（2022—2035 年）》，提高综合气象观测业务质量，充分发挥中国气象局气象观测业务检查员对气象观测业务调查研究、分析评估、技术指导、专项监督检查等职能，加强业务检查员队伍管理，结合全国综合气象观测业务发展实际，修订形成本办法。

第二条　本办法所称中国气象局气象观测业务检查员（以下简称“业务检查员”）是指经中国气象局统一聘任，受中国气象局指派，依据有关法律法规、标准及业务技术规定进行全国综合气象观测业务调查研究、分析评估、技术指导、重大气象观测业务事故调查等专项监督检查，承担相关业务技术指导工作的人员。

第三条　按照气象观测业务专业类别，业务检查员分为地面气象观测、高空气象观测、雷达气象观测、大气成分观测、农业气象观测、卫星遥感观测、空间天气观测、气象装备保障等不同类别，并根据业务发展实际适时拓展。业务检查员可在不同类别兼任。

第四条 中国气象局负责业务检查员的聘任、解聘等管理工作。综合观测司负责业务检查员聘任资格初审并报中国气象局审批，同时负责指派业务检查员参加相关业务活动。各省(区、市)气象局和直属事业单位负责业务检查员人选推荐以及支持业务检查员积极履职。

第二章 任职条件

第五条 中国气象局气象观测业务检查员一般应为从事气象观测业务管理人员或气象观测业务岗位技术骨干。应具备下列基本条件：

(一)热爱祖国，拥护中国共产党的领导，奉献气象事业，具有良好的职业道德和团队精神。

(二)遵纪守法，作风正派，素质优良，坚持原则，尊重科学，实事求是。

(三)一般应具有气象等相关专业大学本科及以上学历。

(四)具有承担业务检查工作专业技术能力，熟练掌握相关法律法规、技术标准、观测规范(方法)、业务规定等，熟悉相关气象仪器及探测装备的工作原理和性能。

(五)一般应具有气象观测质量管理体系省级以上内审员资格证书。

(六)具备履行业务检查员职责的身体条件。

(七)具备较强的观察分析、沟通交流、团队协作和文字、语言表达等能力。

第三章　职　责

第六条　业务检查员受中国气象局指派，承担综合气象观测业务改革发展工作的调查研究、分析评估、技术指导和专项监督检查等职责，针对观测业务中普遍性和典型性的问题开展检查并提出改进建议，同时在业务流程优化、标准规范制定、技术方法研发、体制机制改革等方面发挥作用，主要包括以下职责：

（一）参与气象观测业务发展规划、标准规范、业务技术规定和业务管理规定等文件制修订，协助开展观测业务技术培训。

（二）参与气象观测业务专项调研、分析评估和监督检查工作，对观测业务工作提出意见和建议。

（三）参与全国气象观测质量管理体系内审等工作。

（四）参与国家级台站站址变动勘察、探测环境保护情况检查工作。

（五）参与气象观测业务事故调查和认定工作。

（六）及时反映观测业务中存在的问题并就业务质量改进提出意见建议。

（七）参与气象观测新装备、新技术、新方法的研发和推广应用，协助对台站进行技术指导。

第四章　聘　任

第七条　业务检查员的选拔、聘任工作由综合观测司负责统一组织开展，根据被推荐人的政治素养、工作履历和专业技术水平等条件择优选拔后报中国气象局审批。

第八条　各省（区、市）气象局和直属事业单位按照任职条件择优推荐提名，填写《中国气象局气象观测业务检查员推荐表》（见附件)，在每届任期最后一年的 10 月底前上报综合观测司。根据气象观测业务发展和重要工作需要，综合观测司可提名检查人选。

第九条 业务检查员实行聘任制，由中国气象局颁发聘任证书，每届任期三年。

第十条 业务检查员调离相关观测工作岗位后，相关单位要及时上报综合观测司，其检查员任职自动解聘；对于工作积极、成绩突出的，可以连任。

第五章 监督考核

第十一条 业务检查员在任期内应至少参加 1 次由综合观测司组织的观测业务检查、监督和业务指导等技术活动。每年 12 月 10 日前，业务检查员向综合观测司报送年度工作总结，并于任期结束前报送任期工作总结。

第十二条 业务检查员应积极参加相关的业务培训或质量管理体系内审员培训等技术培训工作。

第十三条 综合观测司在聘任期结束前开展观测业务质量检查员考评，考评结果作为续聘的重要依据。

第十四条 综合观测司负责建立业务检查员信息库，对业务检查员年度工作和考核情况进行归档。

第十五条 业务检查员所在单位要加强对检查员的管理，支持其完成业务检查员工作任务。

第六章 附 则

第十六条 中国气象局组织业务检查员参与的有关业务活动经费由中国气象局业务主管部门承担。

第十七条 本办法由中国气象局综合观测司负责解释。各省

(区、市)气象局可根据本办法制定本单位气象观测业务检查员管理办法。

第十八条 本办法自发布之日起实施,《气象测报业务检查员管理办法》(中气测发〔2001〕14 号)同时废止。

附件

中国气象局气象观测业务检查员推荐表

<table>
<tr><td>姓名</td><td colspan="2"></td><td>性别</td><td></td><td>出生年月</td><td colspan="2"></td></tr>
<tr><td>民族</td><td colspan="2"></td><td>职务</td><td colspan="2"></td><td>职称</td><td></td></tr>
<tr><td colspan="2">现任工作</td><td colspan="2"></td><td>工作单位</td><td colspan="3"></td></tr>
<tr><td colspan="4">何时何校何专业毕业</td><td colspan="4"></td></tr>
<tr><td colspan="4">从事观测工作的时段</td><td colspan="4"></td></tr>
<tr><td colspan="4">推荐检查员拟任专业</td><td colspan="4"></td></tr>
<tr><td colspan="8">主要业绩：</td></tr>
<tr><td colspan="8">司局级单位意见：
（盖章）
年　月　日</td></tr>
</table>

中国气象局重大业务工程负责人员管理办法

（气发〔2023〕23 号）

2023 年 2 月 15 日

第一章　总　则

第一条　为深入学习贯彻党的二十大和中央人才工作会议精神，深入贯彻落实《气象高质量发展纲要（2022—2035 年）》部署，按照《气象人才发展规划（2022—2035 年）》和《中共中国气象局党组关于加强和改进新时代气象人才工作的实施意见》有关要求，进一步拓展气象部门专业技术人才发展平台，规范气象部门重大业务工程负责人员管理，确保重大业务工程顺利实施，实现重大业务工程出成果、出效益、出人才的目标，依据《中国气象局重点工程项目管理办法》有关规定，结合重大业务工程建设实际，制定本办法。

第二条　本办法所称的重大业务工程负责人员（以下简称工程负责人员）是指重大业务工程的行政指挥负责人和技术设计研发负责人，包括：工程正副总指挥、正副总设计师以及有明确科学研究目标的重大业务工程中设立的首席科学家。

根据工作需要，重大业务工程可以设立一级系统负责人员，包括一级系统正副总指挥、正副总设计师和首席专家。

第三条 凡经国务院、国家有关主管部门正式批复立项，并由中国气象局负责牵头实施的重大业务建设工程和项目，根据需要，可以设立负责工程、项目建设和实施工作的行政指挥负责人和技术设计研发负责人。中国气象局组织实施的重大业务建设项目和重大业务(科学)试验等，经中国气象局批准，可设立行政指挥负责人和技术设计研发负责人。

第四条 工程负责人员实行任命制或聘任制。工程负责人员的任免或聘任工作由中国气象局党组负责。

第二章 任职资格和条件

第五条 工程负责人员一般应具备以下任职资格和条件:

(一)政治素质好，坚持以习近平新时代中国特色社会主义思想为指导，深刻领悟“两个确立”的决定性意义，不断增强“四个意识”、坚定“四个自信”、做到“两个维护”，坚定贯彻党的基本理论、基本路线、基本方略，服务服从国家发展和气象现代化建设大局，以高度的责任感和使命感完成重大业务工程建设任务。

(二)有较强的组织领导和业务管理能力，熟悉国家和中国气象局有关工程建设实施方面的法规、政策、制度等，能够做到依法依规办事，善于科学管理、沟通协调、推动落实。工程总指挥、总设计师一般应具有相关工程或项目的管理工作经历，在重大业务工程实施工作中做出过较突出的贡献；工程首席科学家一般应主持完成过国家级科技项目或业务建设项目。

(三)有良好的专业素质，掌握相关专业技术领域国内外现状和发展趋势，有系统扎实的专业理论知识和专业技术知识。工程负责人员一般应具有正高级职称，工程一级系统负责人员一般应具有副高级以上职称。

（四）严格遵守纪律和规矩，作风优良，品行端正，廉洁自律，无违法违纪记录，群众威信高。

（五）身心健康，有充足的精力和时间从事重大业务工程建设管理和科技研发工作，能够认真履行工作职责，保证重大业务工程建设任务顺利实施。

第三章　主要职责

第六条　工程总指挥在工程领导小组或牵头业务司、工程法人单位（即项目法人单位，以下统称为工程法人单位）的领导下开展工作，接受工程法人单位的管理和监督，对工程法人单位负责。工程总设计师在工程总指挥的领导下开展工作，对工程总指挥负责。工程首席科学家侧重工程科学目标设计、组织研发与成果应用推广，在工程总指挥的领导下，与工程总设计师分工配合开展工作，对工程总指挥负责。

工程法人单位是重大业务工程建设的全过程管理单位，对工程实施全过程负责。工程法人单位是工程负责人员的管理单位和依托单位。工程法人单位授权工程负责人员行使职责，为工程负责人员顺利开展工作提供充分的支持和保障，并按照有关规定履行相应的管理和监督职责。工程负责人员须严格遵守法律法规和相关规章制度，按照要求，配合做好审计、决算、档案移交以及工程转业务等工作。

第七条　工程总指挥主要职责：

（一）经工程法人单位授权，对工程建设范围、进度、质量、安全等进行全面管理，明确工程负责人员的分工。

（二）负责拟订工程初步设计，组织编制实施方案和建设进度计划；负责组织计划调度，督促检查计划实施情况。

（三）根据工程任务要求，负责组织审定技术总体方案和技术流程；负责协调工程建设中跨单位、跨部门的重大协作问题。

（四）对工程及工程各系统的负责人员进行全面管理，按要求做好对工程负责人员的考核，并提出奖惩及调整建议。

（五）完成工程领导小组或牵头业务司、工程法人单位交办的其他涉及工程建设的工作任务，对需上级审批的重大事项提出意见和建议。

工程副总指挥协助工程总指挥工作，负责对有关分管工作进行组织和落实，对工程总指挥负责。

第八条 工程总设计师主要职责：

（一）在工程总指挥的领导下，负责工程建设的技术管理工作。

（二）根据工程任务要求，负责落实工程技术指标，组织总体技术方案和分系统技术方案论证。负责提出或编制技术设计标准与规范，提出技术系统划分、技术流程、技术接口参数。

（三）根据工程建设需要，主持编制系统或设备研制任务书，提出技术功能规格、可靠性、安全性等技术和质量要求；审定并签署工程建设中的重要技术文件。

（四）根据工程建设需要，主持编制或提出系统集成与调试方案；组织工程大型试验技术方案论证，提出制定试验大纲和试验细则；负责处理系统集成、调试和大型试验中的有关技术问题。

（五）协助工程总指挥协调解决工程建设中的重大问题。

工程副总设计师协助工程总设计师工作，负责对有关分管工作进行组织和落实，对工程总设计师负责。

第九条 首席科学家主要职责：

（一）在工程总指挥的领导下，负责工程建设的科学研究工作。

（二）提出并实现工程任务的科学目标，组织编写科学目标攻关方案报告，组织开展工程关键技术先期研究。

（三）负责协调解决工程建设中与科学目标有关的事宜，及时向工程总指挥和工程总设计师报告影响科学目标实现的重大问题。

(四)组织科研队伍,带领团队开展科学研究和技术开发,开展国际合作与交流。

第十条 工程一级系统总指挥是一级系统建设任务的行政负责人,在工程总指挥的领导下开展工作,对一级系统建设工作负责。工程一级系统总设计师是一级系统建设任务的技术负责人,在工程一级系统总指挥的领导下开展工作,主要职责根据一级系统建设任务具体确定。有明确科学研究目标的重大业务工程中的一级系统首席专家是一级系统科学目标与应用的负责人,在工程一级系统总指挥的领导下开展工作,主要职责根据一级系统科学研究和技术开发的任务具体确定。

第十一条 重大业务工程可设立总指挥和总设计师各 1 人;副职负责人员根据工程建设任务需要设立,一般副总指挥设立 1～2 人,副总设计师设立 1～3 人。有明确科学研究目标的重大业务工程,可设立首席科学家 1 人。

第十二条 根据工作需要,重大业务工程一级系统可设总指挥和总设计师;副职负责人员根据一级系统工程建设任务需要,按照从严控制原则设立。有明确科学研究目标的重大业务工程一级系统可设首席专家。

第十三条 工程负责人员的选任,在年龄上应形成合理的梯队,注重培养和使用中青年骨干。一般每个工程至少选拔 1 名 45 周岁以下的优秀中青年骨干担任工程负责人员。

第十四条 工程负责人员一般不在多个重大业务工程中交叉任职。确因工作需要,工程正副总指挥最多可在 2 个建设任务较为密切的工程中任职。

第十五条 从严把握司局级领导干部担任重大业务工程负责人员。一般不安排中国气象局机关司局级领导干部和直属单位主要负责人担任工程负责人员,确因工作需要的,应从严控制。

第四章　任职程序

第十六条　工程负责人员任职程序：

（一）在重大业务工程正式批复立项后，牵头业务司会同工程法人单位根据重大业务工程建设管理需要，商人事司提出工程负责人员组建方案和拟任人选。其中涉及的非气象部门人员，由牵头业务司与涉及部门沟通协调，征得涉及部门同意。涉密工程应按照保密规定和干部管理权限，对拟任人选进行保密审查。

（二）人事司会同牵头业务司按要求对拟任人选进行考察。

（三）人事司将考察情况及建议报中国气象局党组。

（四）中国气象局党组集体研究决定任用或聘任。

（五）人选确定后，中国气象局领导对新任职或聘用人员进行谈话。

（六）中国气象局发文任用。

第十七条　工程一级系统负责人员由工程法人单位商牵头业务司研究确定，报人事司备案。

第十八条　工程负责人员出现下列情况时，工程法人单位商牵头业务司向人事司提出工程负责人员调整建议，并按任职程序进行调整。包括：

（一）因工作单位转换、健康等原因不能继续履职的。

（二）在重大业务工程管理工作中出现重大差错，造成不良影响和后果的，包括：

(1)工程实施中，不认真履行岗位职责，不服从统一指挥调动，不执行上级决定。

(2)对科研和业务管理不善，玩忽职守，不能完成任务的，或因指挥不当、造成重大责任事故被追究责任的。

(3)决策失误或经费管理不严，造成重大经济损失的。

(4)违反廉洁自律有关要求，受到党纪、政纪处分，不适合继续担任工程负责人员的。

(5)保密工作管理不善，工程建设中发生失泄密事件的。

(6)经考核不适合继续担任工程负责人员的。

第十九条 经审批不再担任工程负责人员的，应在1个月内将工程前期资料全部移交接任人员。工程负责人员其所在工程完成竣工验收后，工程法人单位应在6个月内按照规定程序向任免机关为其报请免职。因工程建设和业务运行等需要，确须继续任职的工程负责人员，经批准后可继续任职。

第五章 考 核

第二十条 工程负责人员的考核内容应根据其工作职责任务确定，同时还应包括工作态度、工作能力、计划执行、质量管理、人才培养、安全保密、廉洁自律等方面的情况。

第二十一条 对工程负责人员应进行年度考核和工程验收综合考核。

年度考核可采取书面考核、述职考核等形式开展，由工程法人单位会同相关建设单位负责组织实施，其中工程负责人员要参与工程一级系统负责人员的年度考核工作。考核结果报人事司备案。

工程验收综合考核可采取会议述职考核、答辩考核等形式进行。综合考核工作由牵头业务司会同人事司组织实施。工程负责人员的考核结果由中国气象局党组审定。

第二十二条 工程负责人员的考核要坚持标准、注重实绩，考核结果分为优秀、称职(合格)、基本称职(基本合格)、不称职(不合格)四个等次。考核结果将作为对工程负责人员奖惩和任免的重要依据。

第六章　支持和管理

第二十三条　工程负责人员的培训工作由人事司统筹管理，工程法人单位具体组织实施。培训内容应结合重大业务工程建设需要，加强政策法规、质量与可靠性、项目管理、安全保密等专业知识的培训和实践锻炼，提高工程负责人员的政策理论水平和业务素质。

第二十四条　工程法人单位及相关建设单位可根据国家有关政策和本单位实际情况制定工程负责人员岗位津贴补助等规定。

第二十五条　工程负责人员在任职期间，原则上不得转换工作单位或长期离开工作岗位。

第二十六条　对推进重大业务工程建设取得显著进展、做出突出贡献的工程负责人员，所在单位应在人才遴选、岗位竞聘、评优评先等方面给予优先支持。

第二十七条　工程负责人员应执行国家退休制度。因工程建设任务需要确需延长退休年龄的，可执行国家关于高级专家适当延长退休年龄的有关管理规定，按程序报中国气象局审批。

第二十八条　工程法人单位及相关建设单位应当根据气象现代化建设需要，加强工程负责人员后备人才队伍培养，并形成合理的年龄、学历、专业结构；应建立工程负责人员后备人才管理信息库，加大对后备人才进行多岗位锻炼的指导和督促，努力创造后备人才优先承担与培养方向相关的工作任务、参与重大业务工程建设等实践锻炼的条件和机会。

第七章　附　则

第二十九条　国家有关部门管理的、涉及气象部门的工程负责人员，由牵头业务司提名，人事司审核并报分管局领导同意后，报国家有关部门审批。

国家有关部门有专门规定的，从其规定。

第三十条 各省（区、市）气象局和各直属单位可参照本办法，制定本单位重大业务工程负责人员管理制度。

第三十一条 本办法由中国气象局人事司负责解释。

第三十二条 本办法自印发之日起施行。《中国气象局重大业务工程负责人员管理办法（试行）》（气发〔2018〕34 号）同时废止。

中国气象局关于深化科研立项评审、科技成果评价、科研机构平台与人才团队评估改革的实施意见

（气发〔2023〕31 号）

2023 年 3 月 7 日

科研立项评审、科技成果评价、科研机构平台与人才团队评估（以下简称“三评”）改革是基础性、关键性的气象科技改革举措，在气象科技和业务技术体制改革中具有重要引领作用。为深入贯彻党的二十大和习近平总书记关于气象工作重要指示精神，加快落实科教兴国战略、人才强国战略、创新驱动发展战略和《气象高质量发展纲要（2022—2035 年）》部署要求，深化“三评”改革，现提出如下意见：

一、形势与需求

党的十八大以来，中国气象局党组深入贯彻国家科技体制改革重大决策部署，实施了一系列气象科技改革举措，体制机制不断完善，科研生态持续优化，创新能力显著增强。党的二十大强调必须坚持科技是第一生产力、人才是第一资源、创新是第一动力，完善科技创新体系，深化科技体制改革和科技评价改革。面对气象高质量发展的新要求，当前存在以质量、绩效、贡献为核心的科技评价导向尚未完全建立，科研立项的业务需求导向不突出，注重业务转化的成果评价导向不完善，以业务贡献为导向的创新主体评

估机制不到位等问题。奋进新征程、建功新时代，为实现气象高质量发展目标，亟须“破四唯”“立新标”，创新科技评价方式，改革资源配置机制，进一步塑造气象发展新动能新优势。

二、总体要求

（一）指导思想

以习近平新时代中国特色社会主义思想为指导，深入贯彻党的二十大精神，全面贯彻习近平总书记关于科技创新重要论述和对气象工作重要指示精神，以服务国家使命、自主创新贡献为导向，以完善强化评价“指挥棒”和“风向标”作用为重点，以增强创新能力、激发创新活力为目标，深化气象科技“三评”改革，加快构建导向明确、规范高效的科技评价制度，引导科技资源、科研力量聚焦解决气象事业发展重大科技问题，营造潜心研究、追求卓越、风清气正的科研环境，形成支撑业务、引领发展、开放协同的创新生态，强化科研与业务及科研活动各环节“主动、互动、联动”，为加快气象高质量发展提供强有力的科技支撑。

（二）基本原则

坚持“四个面向”。紧紧围绕气象高质量发展目标，面向世界科技前沿、面向经济主战场、面向国家重大需求、面向人民生命健康，统筹支持学科基础研究、前沿探索，重点支持业务关键领域攻关突破，创新评价机制，推动高水平气象科技自立自强。

坚持问题导向。聚焦气象现代化关键核心科技问题，针对目前气象科技创新评价存在的“四唯”倾向，坚持以质量、绩效、贡献为核心的“三评”工作导向，全面准确反映科技创新能力、成果创新水平、转化应用绩效和对业务发展的实际贡献。

坚持分类施策。根据不同创新活动、不同创新主体、不同创新领域和不同创新环节的特点和差异，实施差别化的分类考核评价，科学确定评价标准，避免评价指标单一化、评价标准模式化、方式流程“一刀切”等问题。

坚持客观公正。健全“三评”工作规则，完善评价专家及机构遴选使用机制和全过程监督检查机制，科学设立评价目标、指标、方法和周期，提高评价工作的独立性、公正性、科学性和客观性。

（三）工作目标

到2025年，通过深化气象科技“三评”改革，围绕业务需求的创新集聚效应更加凸显，“唯论文、唯职称、唯学历、唯奖项”的评价问题基本得到解决，“评什么、谁来评、怎么评、怎么用”的评价体系得到完善，以评价结果为主要依据的科研项目、创新平台和人才团队等资源一体化配置机制更加优化，为实现《气象高质量发展纲要（2022—2035年）》发展目标奠定坚实基础。

三、建立健全以业务需求为导向的科研立项评审机制

（四）健全围绕业务服务发展目标和布局的研发需求储备机制

紧紧围绕《气象高质量发展纲要（2022—2035年）》《中国气象科技发展规划（2021—2035年）》攻关任务，加强气象科研项目“谱系”的系统谋划和顶层设计，以业务服务能力提升为目标导向，与创新平台和人才团队建设发展有机协同，形成中远期发展目标“树状图”与年度任务“迭代更新”相结合的研发需求储备机制，更好发挥业务职能部门和业务单位的作用，提升各类气象科研项目指南的系统性、有效性和及时性。

（五）进一步明确各类科研项目定位

通过各类科研项目，对重点业务领域实现从基础前沿研究、应用技术开发到成果转化应用的全链条资源配置。国家重点研发计划指南聚焦核心业务高质量发展战略需求，充分发挥气象战略科技人才的领衔作用和重点创新团队的支撑作用，集聚力量进行原创性引领性科技攻关。气象联合基金项目重点支持针对气象业务科学难点和技术瓶颈的目标导向基础研究，鼓励科研人员争取常规国家自然科学基金资助，开展前瞻性、探索性基础研究。气象能力提升联合研究专项重点解决中国气象局各项业务服务能力提升工作方案部署的关键核心技术问题。中国气象局创新发展专项侧重打通科技研发到业务应用的“最后一公里”，支持直接面向业务服务的技术优化升级，特别是针对性解决复盘总结中发现的技术问题，加大向省级业务技术能力提升的倾斜。

（六）强化紧扣重大战略需求的科技攻关体制

在地球系统数值预报模式、灾害性天气预报、气候变化、人工影响天气、气象装备、气象信息等核心领域，组织实施依托国家重点研发计划重点专项、由战略科技人才领衔的重点攻关任务。用好用实局校合作等开放协同机制，用活用足国家和地方政策资源，牵头或参与实施一批交叉前沿领域科研攻关项目，促进人工智能、大数据、量子计算等前沿技术在气象领域的深度融合应用，加快推动合肥量子气象应用研究中心建设。

（七）完善科研项目分类立项评审机制

各类气象科研项目的立项评审注重发挥国家级业务单位的需求牵引作用，充分吸收业务专家参与，根据业务需求的轻重缓急确定重点领域优先支持方向。应用研究和技术开发类项目要有明确的业务应用要求，基础研究类项目在体现基础性、前沿性和鼓励自由探索的基础上，也要着重考虑其业务应用前景或对学科发展的贡献，强化目标导向，避免盲目立项。针对用户需求和应用场景明确的科研需求，探索实施“揭榜挂帅”“赛马制”立项方式，以最终用户为主导，用更加开放的方式加快解决业务关键技术问题。

四、建立健全以业务转化为导向的科技成果评价机制

（八）确立以业务应用效果为核心的科研项目绩效评价机制

强化科研项目绩效评价从“重数量、重指标”向“重质量、重结果”转变，以质量、绩效、贡献为评价导向，建立以项目成果业务应用情况及其在解决业务发展关键问题、支撑业务服务能力水平提升中的作用和贡献为核心的绩效评价体系。

（九）完善科技成果分类评价指标和组织方式

基础研究成果以同行评议为主，突出原创导向，重点评价在大气科学和相关领域解决重要科学问题的质量和贡献。应用研究与技术开发类成果以用户评价为主，注重评价其技术创新水平、业务转化应用效果或产业化情况，强化应用效果的评分权重。科普类成果以社会评价为主，注重评价其科学性、原创性、通俗性、艺术表现力、传播影响力。

（十）完善具有行业特色的科技成果奖励体系

落实国家科技奖励制度改革要求，支持气象领域相关学会、协会及企业等社会力量按规定设立气象科技创新奖项，着力培育高水平的社会力量科技奖励品牌，逐步构建定位准确、导向鲜明、公平自律、行业特色突出的气象科技奖励体系，强化科技奖励与气象高质量发展重大需求的紧密结合，加大对原创性重大气象基础研究成果和核心关键业务技术突破的奖励力度。

（十一）规范气象科技成果应用证明管理

建立气象部门“四统一两可”的科技成果应用证明管理制度，通过气象科技管理信息系统，建成统一标准、统一流程、统一格式、统一编码，可检索、可查新的气象科技成果应用证明管理平台，提升气象科技成果应用证明质量和效力。

（十二）健全促进成果业务转化的制度工具

完善科技成果中试制度，发挥中试基地在成果应用效果评价方面的平台工具作用。建立科技成果向标准转化衔接机制，以标准促进关键核心技术的业务化、产业化。加强科技成果业务准入管理，把应用技术类科技成果业务准入、科技成果标准转化作为判别气象科技成果转化应用效果的重要指标。健全科技成果转化应用的跟踪问效制度，不定期组织对成果应用情况的现场抽查和后评估。

五、建立健全以业务贡献为导向的科研机构平台与人才团队评估机制

（十三）建立突出使命完成情况的科研机构绩效评估机制

针对各类气象科研机构，建立综合评价与年度抽查评价相结合的评估制度，注重评估其科技创新能力、成果学术价值和对业务发展的贡献，注重建立中长期绩效导向。中国气象科学研究院是气象行业国家战略科技力量的“龙头”，着重评估其统筹学科布局的合理性、协同创新机制的高效性、重点学科方向的国际影响力以及前瞻性科研的业务预见性，并突出评估其在支撑国家重大需求和引领核心气象业务发展中的实际贡献。国家级专业气象科研院所是专业领域的全国研究中心，着重评估其在专业领域的创新能力、解决专业领域科技问题的成果绩效和对全国气象高质量发展的贡献。国家级业务单位的科研机构承担业务技术创新、科研成果中试、在全国范围内推广先进技术等职责，着重评估其凝练业务关键科技问题的准确性和预见性、支撑业务发展的技术创新能力和效果、成果转化和辐射推广的绩效。省级科研所要回归科研属性，着重评估其解决省级业务科技问题的能力和效果、特色优势方向的影响力和竞争力，特别是在成果转化、支撑核心业务发展等方面的绩效。

（十四）完善突出支撑服务能力和绩效的创新平台基地评估制度

根据各类创新平台的功能定位，分类评价其支撑服务气象科技创新重大需求、解决业务科技关键核心问题的作用和效果。依托气象部门设立的国家重点实验室（重组后的全国重点实验室）是国家战略科技力量，要按照科技部的评估要求，着重评估其在相应学科方向的原始创新能力、科学前沿国际竞争力、对国家重大需求的贡献等。中国气象局重点开放实验室是开展气象前沿科学研究、共性关键技术研发的重要创新平台，着重评估其发挥开放创新

平台作用，在优势学科领域的创新能力、成果价值和业务贡献。中国气象局野外科学试验基地是开展大气科学前沿基础研究、通过科学试验解决关键科技问题的重要基础平台，着重评估其科学试验能力、开放合作成效和对解决重要科学问题的贡献。中国气象局科技成果中试基地（平台）是开展成果检验测试与二次开发、加快成果转化应用的重要创新转化平台，支撑着科技成果从产出到应用的关键中间环节，着重评估其中试转化能力、成果转化效益、对接科研单位与业务平台情况等。

（十五）健全完善适应气象高质量发展的科技人才评价体系

突出品德、能力、业绩导向，健全以创新价值、质量、实效、贡献为核心，充分体现气象特色和岗位特点的气象科技人才评价体系。完善分类评价，对业务服务单位科技人才评价重点关注其解决业务服务难题、推动业务服务发展、提升业务服务效益的能力和成效，不将论文作为主要评价指标；对科研单位人才的评价重点关注其围绕业务服务发展需要开展创新的能力和水平，注重评价原创性贡献、学术影响力和研究能力，淡化论文数量要求。在职称评审、岗位竞聘、人才选拔等工作中全面推行代表性成果评价制度，建立体现思想品德、职业道德、专业能力、技术水平、创新成效、人才培养等多维度、“菜单式”评价指标体系，技术报告、复盘总结、规划计划、工程设计、标准专利、业务规范、咨询报告、系统研发、高价值数据产品、技术推广、成果转化、科普创作等均可以作为代表性成果。重点关注代表性成果的质量、贡献和影响，质量重于数量，不将科研项目、经费数量、获奖情况、论文期刊层次、头衔称号等作为人才评价的限制性要求。合理确定人才评价周期，对气象高层次科技创新人才计划入选人才实施支持期评价。

（十六）建立突出创新能力和业务贡献的创新团队评估机制

根据功能定位，对创新团队分类评价。中国气象局重点创新团队集中优势力量攻关气象科学前沿和重点业务领域关键科技难题，着重评估其对学科引领和事业发展的贡献，包括关键核心技术攻关能力、代表性成果的质量和影响、成果转化效益、科技领军人才造就和青年科技人才培养成效等，采取年度跟踪评价与阶段综合评估相结合的考核评估方式。中国气象局青年创新团队重点落实专项业务能力提升工作方案部署攻关任务，着重评估团队对气象业务的贡献成效，包括攻关任务目标完成质量、青年科技人才培养成效等，采取年度跟踪评价与期满综合评估相结合的考核评估方式。

六、建立健全气象科技评价结果应用激励机制

（十七）建立与评估结果挂钩的科研机构平台和创新团队动态管理机制

根据对科研机构平台和创新团队的年度抽查评价结果，及时诊断分析，采取改进措施，确保创新能力持续提升、聚焦主攻方向持续攻关。根据阶段综合评估结果，对于取得突破性进展、对业务发展做出重要贡献的科研机构、平台基地和创新团队给予经费支持和后续科研项目的倾斜支持，推动其在气象科技创新中更好地发挥带动作用；对于创新能力不强、人才培养不力、对气象业务发展无实质贡献的科研机构、平台和团队，责令其限期整改或予以淘汰。

（十八）强化科技成果评价结果应用

将科技成果评价结果作为绩效考核、评优评先、后续项目支持等工作的重要依据。中国气象局组织的年度科技成果评价结果为“优秀”等级的（每年不超过 20 项），所在单位对其研发团队给予每项 10 万元的奖励。对成果业务应用效益显著的项目负责人和创新团队，在后续项目组织中予以倾斜。对具有良好应用前景和推广价值的技术成果给予持续支持，促进技术研发纵向深化和成果应用横向延展。

（十九）健全衔接科技评价结果的收入分配激励机制

落实中央关于以增加知识价值为导向的分配政策。支持各事业单位进一步完善内部分配机制，重点向做出突出贡献的科研关键岗位和业务科技骨干倾斜，保障科技人员把主要精力投入聚焦业务发展的科技创新和研发活动。支持各事业单位按规定落实高层次人才单列绩效工资激励政策，加大高层次领军人才的培育力度。

（二十）建立弘扬科学家精神常态化工作机制

开展“守正创新　奉献气象”新时代弘扬科学家精神主题实践活动，大力宣传在“三评”活动中脱颖而出的重大成果、模范人物和优秀团队，注重宣传长期在科研一线从事科技攻关和成果转化的典型人物事迹及其业务贡献，激励和引导科技人员以支撑气象高质量发展为己任，多出战略性、关键性、实用性重大科技成果，不断攻克气象关键核心技术，加快实现高水平科技自立自强。

七、建立健全科技评价全流程监督管理机制

（二十一）建立“三评”支撑专家库

按照统一建设、科学管理、规范使用的原则，建立“三评”工作共享共用的中国气象局科技评价专家库，遴选专业技术水平高、贴近业务服务一线、业内公认、公道正派的专家担任评审专家，完善专家推荐遴选、培训考核、信用记录、退出惩戒等机制，加大对评审专家履职尽责的考核力度。建立健全公平公正、代表性强、权威性高的同行评价机制。细化专家领域和研究方向，更好地满足小同行评议需要。实行专家库动态管理，及时补充高层次专家，定期更新入库专家信息。建立专家使用评价机制，健全利益关联回避制度。

（二十二）加强用户评价和第三方评价

强化气象业务单位在“三评”过程的参与度，对有明确应用要求的科研立项评审、成果评价、项目验收，以及对有支撑业务职责任务的创新主体评估，要以用户单位推荐专家的评价为主。着力培育独立、专业、负责的第三方气象科技评价机构，广泛组织专家参与“三评”工作，逐步形成气象管理部门、社会组织、相关企业、行业专家共同参与的多元评价机制。

（二十三）建立健全气象科研诚信体系

将科研诚信监管关口前移，强化各单位科研诚信主体责任，完善诚信管理内控制度。将科研诚信建设要求落实到“三评”工作全过程，建立健全诚信承诺、失信行为记录和责任追究制度，严重失信行为责任主体一定期限、一定范围内禁止申报气象部门科技项目和获得“三评”结果优良等级。

（二十四）建立覆盖“三评”全过程的监督机制

加强“三评”活动事前、事中、事后监管，确保评价过程规范高效，评价结果公平公正。事前实行诚信承诺制度，事中强化重点环节监督，事后加强绩效评估和“三评”结果应用。及时收集受评对象意见反馈，对脱离业务需求、未充分体现对事业发展贡献的“三评”结果及时予以纠正。

八、保障措施

（二十五）加强组织协调

中国气象局科技司要发挥主管职能作用，牵头负责气象科技“三评”改革工作的组织领导和统筹协调。各相关职能司要积极主动协调配合，细化分管领域的业务导向要求，把关科技成果业务准入关口，监督指导成果业务应用工作。各省（区、市）气象局和国家级业务科研单位要深刻认识气象科技“三评”改革的导向性作用，积极探索和推动本地区本单位的气象科技评价改革，及时发现和推广“三评”工作先进经验。

（二十六）落实主体责任

各科研活动单位要强化主体责任和担当意识，加强政策解读宣传，从科研活动源头上强化引导和把关，切实推进气象科技“三评”改革政策措施落地落实。用户单位要建立科技成果应用成效总结和反馈机制，及时凝练气象业务服务中的科研需求。气象学会、气象服务协会等社会组织要充分发挥联系气象科技工作者的桥梁和纽带作用，鼓励广大气象科技工作者支持和参与气象科技“三评”改革，在科技创新和科技评价活动中加强学术自律建设。

（二十七）强化统筹推动

衔接国家科技体制改革要求，结合新型业务技术体制改革、事业单位改革和科研院所改革实际，加强气象科技“三评”与科研项目管理、创新体系建设、成果转化激励、创新生态培育等科技管理各环节的工作统筹。各单位要加强与科研协作单位、地方科技部门的沟通，积极争取地方政府的政策支持，引导各类资源、各方力量统筹支持气象科技创新，共同营造创新驱动气象高质量发展的良好氛围。

中央气象台气象灾害预警发布办法

（气发〔2023〕34号）

2023年3月17日

第一章　总　则

第一条　为了规范中央气象台气象灾害预警发布工作，防御和减轻气象灾害，保护国家和人民生命财产安全，依据《中华人民共和国气象法》与《国家气象灾害应急预案》，制定本办法。

第二条　本办法适用于中央气象台根据中国气象局授权发布的台风、暴雨、强对流、暴雪、寒潮、大风、沙尘暴、低温、高温、干旱、霜冻、冰冻、大雾和霾等14类气象灾害预警。

第三条　根据气象灾害可能造成的危害和紧急程度，每类气象灾害预警最多设为Ⅰ级、Ⅱ级、Ⅲ级、Ⅳ级，分别以红、橙、黄、蓝四种颜色对应Ⅰ级至Ⅳ级标示，Ⅰ级为最高级别。

第二章　气象灾害预警标准

第四条　台风预警按以下标准发布：

（一）红色预警：预计未来48小时将有强台风（中心附近最大平均风力14～15级）、超强台风（中心附近最大平均风力16级以上）登陆或影响我国沿海。

（二）橙色预警：预计未来48小时将有台风（中心附近最大平均风力12～13级）登陆或影响我国沿海。

（三）黄色预警：预计未来48小时将有强热带风暴（中心附近最大平均风力10～11级）登陆或影响我国沿海。

（四）蓝色预警：预计未来48小时将有热带风暴（中心附近最大平均风力8～9级）登陆或影响我国沿海。

第五条 暴雨预警按以下标准发布：

（一）红色预警：过去24小时2个以上省（区、市）部分地区已经出现100毫米以上降雨，且上述地区有至少5站出现日雨量超过250毫米的降雨，预计未来24小时上述地区仍将出现100毫米以上降雨；或者预计未来24小时2个以上省（区、市）部分地区将出现250毫米以上降雨，并有分散的400毫米以上降雨。

（二）橙色预警：过去24小时2个以上省（区、市）部分地区已经出现100毫米以上降雨，预计未来24小时上述地区仍将出现100毫米以上降雨；或者预计未来24小时2个以上省（区、市）部分地区将出现250毫米以上降雨。

（三）黄色预警：过去24小时2个以上省（区、市）部分地区已经出现100毫米以上降雨，预计未来24小时上述地区仍将出现50毫米以上降雨；或者预计未来24小时2个以上省（区、市）部分地区将出现100毫米以上降雨。

（四）蓝色预警：预计未来24小时2个以上省（区、市）部分地区将出现50毫米以上降雨，且南方地区有成片（5个县级行政区以上）或北方地区有分散的超过100毫米的降雨；或者已经出现并可能持续。

第六条 强对流预警按以下标准发布：

（一）橙色预警：预计未来24小时3个以上相邻省（区、市）部分地区将出现10级以上雷暴大风或冰雹，且局地可能出现12级以上雷暴大风或直径50毫米以上冰雹或强龙卷风；或者80毫米/小时以上强度的短时强降水，并伴随成片（5个县级行政区以上）雷暴大风或冰雹；或者已经出现并可能持续。

（二）黄色预警：预计未来24小时3个以上相邻省（区、市）部分地区将出现9级以上雷暴大风或冰雹，且局地可能出现11级雷暴大风或直径20毫米以上冰雹或龙卷风；或者50毫米/小时以上强度的短时强降水，并伴随成片（5个县级行政区以上）雷暴大风或冰雹；或者已经出现并可能持续。

（三）蓝色预警：预计未来24小时3个以上相邻省（区、市）部分地区将出现8级以上雷暴大风或冰雹，且局地可能出现10级雷暴大风或直径10毫米以上冰雹；或者20毫米/小时以上强度的短时强降水，并伴随成片（5个县级行政区以上）雷暴大风或冰雹；或者已经出现并可能持续。

第七条　暴雪预警按以下标准发布：

（一）红色预警：过去24小时2个以上省（区、市）部分地区已经出现20毫米以上降雪，预计未来24小时上述地区仍将出现10毫米以上降雪；或者预计未来24小时2个以上省（区、市）部分地区将出现30毫米以上降雪。

（二）橙色预警：过去24小时2个以上省（区、市）部分地区已经出现10毫米以上降雪，预计未来24小时上述地区仍将出现10毫米以上降雪；或者预计未来24小时2个以上省（区、市）部分地区将出现20毫米以上降雪。

（三）黄色预警：过去24小时2个以上省（区、市）部分地区出现5毫米以上降雪，预计未来24小时上述地区仍将出现5毫米以上降雪；或者预计未来24小时2个以上省（区、市）部分地区将出现10毫米以上降雪。

（四）蓝色预警：预计未来24小时2个以上省（区、市）部分地区将出现5毫米以上降雪，且有成片（5个县级行政区以上）超过10毫米的降雪。

第八条 寒潮预警按以下标准发布：

（一）橙色预警：预计未来48小时，有4个以上省（区、市）的大部分地区日平均气温或日最低气温将下降12 ℃以上，且其中2个以上省（区、市）的部分地区日平均气温或日最低气温下降16 ℃以上，且冬季长江中下游地区（春、秋季江淮地区）最低气温降至4 ℃以下。

（二）黄色预警：预计未来48小时，有4个以上省（区、市）的大部分地区日平均气温或日最低气温将下降10 ℃以上，且其中2个以上省（区、市）的部分地区日平均气温或日最低气温下降14 ℃以上，且冬季长江中下游地区（春、秋季江淮地区）最低气温降至4 ℃以下。

（三）蓝色预警：预计未来48小时，有4个以上省（区、市）的大部分地区日平均气温或日最低气温将下降8 ℃以上，且冬季长江中下游地区（春、秋季江淮地区）最低气温降至4 ℃以下。

第九条 大风预警按以下标准发布：

（一）橙色预警：预计未来48小时，有3个省（区、市）以上大部地区将出现平均风力达7级，且部分地区阵风11～12级的大风天气；或者预计未来48小时我国海区将出现平均风力达11级以上，且阵风达13级以上的大风天气；或者已经出现并可能持续。

（二）黄色预警：预计未来48小时，有3个省（区、市）以上大部地区将出现平均风力达6级，且部分地区阵风9～10级的大风天气；或者预计未来48小时我国海区将出现平均风力达9～10级，且阵风11～12级的大风天气；或者已经出现并可能持续。

（三）蓝色预警：预计未来48小时，有3个省（区、市）以上大部地区将出现平均风力达5级，且阵风7～8级的大风天气；或者预计未来 48 小时我国海区将出现平均风力达 8 级，且阵风 9～10 级的大风天气；或者已经出现并可能持续。

第十条 沙尘暴预警按以下标准发布：

（一）橙色预警：预计未来 24 小时 3 个以上省（区、市）的成片（5 个县级行政区以上）地区将出现强沙尘暴，或者已经出现并可能持续。

（二）黄色预警：预计未来 24 小时 3 个以上省（区、市）的成片（5 个县级行政区以上）地区将出现沙尘暴，或者已经出现并可能持续。

（三）蓝色预警：预计未来 24 小时 3 个以上省（区、市）的部分地区将出现扬沙或浮尘天气，或者已经出现并可能持续。

第十一条 低温预警按以下标准发布：

（一）黄色预警：过去 48 小时 5 个以上省（区、市）的大部地区日平均气温或日最低气温已经较常年同期持续偏低 5 ℃以上，预计未来 72 小时上述地区日平均气温或日最低气温仍将偏低 5 ℃以上，同时日最低气温江淮地区将下降到 2 ℃以下，江南地区将下降到 5 ℃以下；或者预计未来 72 小时 5 个以上省（区、市）的大部地区日平均气温或日最低气温较常年同期将持续偏低 7 ℃以上，同时日最低气温江淮地区将下降到 2 ℃以下，江南地区将下降到 5 ℃以下。

（二）蓝色预警：过去 48 小时 5 个以上省（区、市）的大部地区日平均气温或日最低气温较常年同期已经偏低 5 ℃以上，预计未来 48 小时上述地区日平均气温或日最低气温仍将偏低 5 ℃以上，同时日最低气温江淮地区下降到 4 ℃以下，江南地区下降到 7 ℃以下；或者预计未来 72 小时 5 个以上省（区、市）的大部地区日平均气温或日最低气温较常年同期将持续偏低 5 ℃以上，同时日最低气温江淮地区将下降到 4 ℃以下，江南地区将下降到 7 ℃以下。

第十二条 高温预警按以下标准发布：

（一）红色预警：过去48小时4个以上省（区、市）的部分地区连续出现日最高气温达40 ℃以上，预计上述地区仍将持续出现40 ℃以上高温天气；或者预计未来48小时有4个以上省（区、市）大部地区日最高气温将持续达到40 ℃以上。

（二）橙色预警：过去48小时4个以上省（区、市）的大部地区连续出现日最高气温达37 ℃以上，且有2个以上省（区、市）部分地区连续出现日最高气温达40 ℃以上，预计上述地区仍将持续出现37 ℃以上高温天气，且部分地区40 ℃以上；或者预计未来48小时有4个以上省（区、市）大部地区将持续出现日最高气温达37 ℃以上，且有2个以上省（区、市）大部地区将持续出现日最高气温达40 ℃以上。

（三）黄色预警：过去24小时有4个以上省（区、市）的大部地区已经连续出现日最高气温达37 ℃以上，预计上述地区的高温天气将发展；或者预计未来48小时4个以上省（区、市）大部地区将持续出现日最高气温达37 ℃以上的高温天气。

第十三条　干旱预警按以下标准发布：

（一）红色预警：5个以上省（区、市）的大部地区达到气象干旱重旱等级，且至少2个省（区、市）部分地区或2个大城市达到气象干旱特旱等级，预计干旱天气或干旱范围将进一步发展。

（二）橙色预警：3～5个省（区、市）的大部地区达到气象干旱重旱等级，且至少1个省（区、市）部分地区或1个大城市达到气象干旱特旱等级，预计干旱天气或干旱范围将进一步发展。

（三）黄色预警：2个省（区、市）的大部地区达到气象干旱重旱等级，预计干旱天气或干旱范围将进一步发展。

第十四条　霜冻预警按以下标准发布：

蓝色预警：

秋季霜冻（8月下旬至10月上旬），在我国北方地区，预计未来24小时2个以上相邻省（区、市）将出现霜冻天气。

春季霜冻（3月中旬至6月上旬），在我国华北、西北、黄淮及长江流域，预计未来24小时2个以上相邻省（区、市）将出现霜冻天气。

冬季霜冻（11月中旬至翌年3月上旬），在我国华南和西南热带、亚热带地区，预计未来24小时2个以上相邻省（区、市）将出现霜冻天气。

第十五条 冰冻预警按以下标准发布：

（一）红色预警：过去72小时3个以上省（区、市）的部分地区已持续出现冰冻天气，预计未来48小时上述地区仍将出现冰冻天气。

（二）橙色预警：过去48小时3个以上省（区、市）的部分地区已持续出现冰冻天气，预计未来24小时上述地区仍将出现冰冻天气。

（三）黄色预警：预计未来24小时3个以上省（区、市）的部分地区将出现冰冻天气。

第十六条 大雾预警按以下标准发布：

（一）红色预警：预计未来24小时3个以上省（区、市）的部分地区将出现能见度不足200米的强浓雾，且有成片（5个县级行政区以上）的能见度小于50米的特强浓雾；或者已经出现并可能持续。

（二）橙色预警：预计未来24小时3个以上省（区、市）的部分地区将出现能见度不足500米的浓雾，且有成片（5个县级行政区以上）的能见度小于50米的特强浓雾；或者预计未来24小时我国近海海区将出现能见度不足500米的浓雾；或者已经出现并可能持续。

（三）黄色预警：预计未来24小时3个以上省（区、市）的大部地区将出现能见度不足1000米的大雾，且有成片（5个县级行政区以上）的能见度小于200米的强浓雾；或者预计未来24小时我国近海海区将出现能见度不足1000米的大雾；或者已经出现并可能持续。

第十七条 霾预警按以下标准发布：

（一）红色预警：预计未来24小时3个以上相邻或相近省（区、市）的部分地区霾天气将达到持续6小时以上能见度小于1000米且$PM_{2.5}$浓度值大于等于500微克/立方米，或者已经出现并可能持续。

（二）橙色预警：预计未来24小时3个以上相邻或相近省（区、市）的部分地区霾天气将达到持续6小时以上能见度小于3000米且$PM_{2.5}$浓度值大于等于250微克/立方米，或者已经出现并可能持续。

（三）黄色预警：预计未来24小时3个以上相邻或相近省（区、市）的部分地区霾天气将达到持续6小时以上能见度小于3000米且$PM_{2.5}$浓度值大于等于150微克/立方米，或者已经出现并可能持续。

第三章 气象灾害预警发布及解除

第十八条 以中央气象台名义发布（或解除）各级预警的原则如下：

（一）蓝色、黄色气象灾害预警由制作单位值班首席预报员直接签发（或解除）。

（二）橙色气象灾害预警由制作单位值班首席预报员提出建议，经单位值班领导审核后签发（或解除）。

（三）红色气象灾害预警由各制作单位首席预报员提出建议，经单位主要负责人审核后签发（或解除）。

第十九条 当变更（升级和降级）气象灾害预警等级时，由制作单位值班首席预报员提出建议，并根据变更后的预警等级，按照

第十八条之规定审核签发。

第二十条 当解除气象灾害预警时，由制作单位值班首席预报员提出建议，根据解除前的预警等级，按照第十八条之规定解除。

第二十一条 各类预警按照规定签发（或解除）后由制作单位报送至中国气象局值班室。

第二十二条 各制作单位向中国气象局值班室报送气象灾害预警，等同于制作单位向中国气象局值班室报送相应等级的应急响应建议。如：报送橙色预警表示建议启动Ⅱ级应急响应，以此类推。

第二十三条 中央气象台发布气象灾害预警时，须加强与即将受气象灾害影响的省级气象单位的会商与沟通，并达成一致的预报意见。

第二十四条 根据实际情况，当某种气象灾害未达到预警标准的规定，但可能造成严重灾害，或某种气象灾害已经引起社会严重关注，并且该种气象灾害接近预警标准时，经由制作单位值班首席预报员和值班主任商定，可以发布相应预警或气象灾害预报。

第二十五条 制作单位发布的预警信息除过程结束后一次性解除外，中间不对已经发过但影响减弱或已经结束区域解除预警，即上次预警中提到、而本次预警中未提到的区域，该区域预警自然解除。

第四章 附 则

第二十六条 本办法所称的"以上""以下"，包括本数。

第二十七条 本办法由国家气象中心、国家气候中心按职责分工负责解释。

第二十八条 本办法自印发之日起施行，《中央气象台气象灾害预警发布办法》（2018年）同时废止。

中国气象局关于印发支持气象行业企业创新能力提升若干措施的通知

（气发〔2023〕45号）
2023年4月27日

气象行业企业特别是科技型企业是国家气象科技创新体系的重要组成，是推动构建科技领先、监测精密、预报精准、服务精细、人民满意的现代气象体系的重要力量。为深入贯彻党的二十大精神和习近平总书记关于气象工作的重要指示精神，贯彻落实《气象高质量发展纲要（2022—2035年）》《中国气象科技发展规划（2021—2035年）》有关部署，加快提升气象行业企业（以下简称“企业”）创新能力，推动气象高质量发展，提出以下措施：

一、总体要求

以习近平新时代中国特色社会主义思想为指导，深入贯彻党的二十大精神，加快实施创新驱动发展战略，以增强气象科技自主创新能力、促进气象产业健康持续发展为目标，以促进企业深度融入国家气象科技创新体系为导向，以推动创新链产业链资金链人才链深度融合为关键，更好发挥气象行业主管部门作用，聚焦企业创新能力关键环节，统筹资源配置，强化成果转化应用，优化创新管理服务，引导企业围绕气象高质量发展需求，增强自主创新能力，强化原创技术供给，为实现高水平气象科技自立自强、加快推进气象高质量发展提供有力支撑。用5～10年时间，部分科技领军企业打造为国家气象战略科技力量，一批龙头企业成为气象科技创新体系的重要组成，若干企业具有显著科技优势和全球竞争力，形成“政产学研用”深度融合的气象产业创新生态，科技成果转化和产业化水平不断提高，产业重点领域创新发展能力显著增强。

二、主要措施

（一）建立企业充分参与气象科技创新谋篇布局机制。在气象科技创新规划计划等顶层设计中充分考虑强化企业创新能力的任务安排。加大《气象高质量发展纲要（2022—2035年）》和气象有关规划、工作方案向企业的宣贯力度，引导企业聚焦气象事业发展需求，增强自主创新能力，提升国际竞争力。在中国气象局组织的研发任务指南设计、科研项目立项评审、科研机构和科技成果评价中，广泛听取企业意见，积极吸纳符合条件的企业科技专家进入科技专家库。依托气象学会、气象服务协会等社会组织，建立中国气象局与企业关于创新工作的常态化联系机制，鼓励企业为加快气象科技创新建言献策。

（二）支持企业参与气象关键核心技术攻关。聚焦监测精密、预报精准、服务精细，引导鼓励企业在新型气象探测设备和观测方法、气象数据分析技术、人工智能气象应用技术、气象服务技术、气象专用软件开发、气候资源开发利用等重点领域实施技术攻关，支持企业布局量子科学气象应用、人工智能气象融合应用等前沿技术研究。针对涉及国计民生和重大安全的关键核心技术领域，加大对国有企业的创新能力培育力度。推进企业打造气象雷达、气象卫星、气象专用软件、高价值气象数据产品研发应用等原创技术策源地。鼓励企业自主开展或与国家级气象科研院所、中国气象局重点开放实验室（以下简称部级重点实验室）、中国气象局野外科学试验基地等联合开展基础研究和应用基础研究。中国气象局

"揭榜挂帅"科研项目向企业开放。探索由气象业务科研单位与企业共同设立气象产业技术发展研究项目，围绕气象事业发展方向和企业发展需求开展共性技术攻关。

（三）支持企业建立高水平创新平台。支持企业围绕气象高质量发展目标建设研发机构，或与气象部门共建联合实验室、工程技术中心、新型研发机构，作为原创性引领性科技攻关和成果转化的重要载体。在气象装备、气象软件、人工智能气象应用等领域，依托企业或企业参与布局建设一批部级重点实验室。支持企业通过共建共享参与有关全国重点实验室、部级重点实验室建设。鼓励企业牵头建设或运营重大科技基础设施与平台。鼓励企业加大研发投入，积极申报高新技术企业，用好研发费用加计扣除、企业所得税减免等创新优惠政策。面向国家重大战略，集合部门智力支持，在重点领域发展若干个具有国际竞争力的科技领军企业，打造成为气象战略科技力量。

（四）支持建设一批国家级气象创新联合体。在远洋气象导航、雷达设备研发、新能源气象服务、气象信息服务、气象工程技术、气象科普等重点产业领域，构建一批由企业牵头、产学研各类创新主体协同参与的体系化、任务型、市场化的气象创新联合体。依托创新联合体，探索科技创新组织新形态，形成关键核心技术协同攻关新机制，发展创新型产业集群，提升成果转移转化效率，推动产业链供应链创新链迭代升级。中国气象局将改进行业管理服务方式，对国家级气象创新联合体做好跟踪服务和动态管理。

（五）深化气象产学研用融合发展。加强产学研用一体化平台机制建设，支持企业牵头，联合气象科研业务单位和有关高校、科研院所，建设一批产学研合作创新示范基地，在技术创新、标准制修订与实施应用、知识产权应用与保护、成果孵化转化等方面广泛开展合作。充分发挥国家级和省级气象成果转化中试基地作用，引导企业将最新创新成果在气象部门进行转化应用。畅通高价值气象数据产品准入认定和推广转化渠道，与气象科研业务单位同等对待，鼓励企业独立或者联合有关科研业务机构加大优质数据产品研发力度。在气象科技成果评价中对企业牵头的创新成果在同等条件下予以倾斜性支持。规范成果登记管理，加大成果宣传力度，支持企业、科研业务单位根据需求有序开展成果转化。用好用足国家和地方科技成果转化激励政策，完善气象科研成果产业转化激励机制。

（六）推动企业融入气象人才高地建设。支持企业参加全国气象科教融合创新联盟，共同推进气象教育、科技、人才一体化发展。产业发展相关领域的中国气象局和省级气象部门创新团队，要积极吸纳企业科技人才参与。鼓励支持气象部门科研业务单位与企业建立定常沟通和交流机制。支持企业用好国家激励科技创新和人才发展的有关政策，促进高水平人才和青年人才发展。鼓励企业人才申报气象专业职称。

（七）引导企业大力弘扬创新精神。鼓励企业将弘扬科学家精神和工匠精神融入企业创新文化建设，将增强自主创新能力和国际竞争力、实现气象关键核心技术自主可控作为企业发展目标。加大对企业重大科技创新成果、先进人物典型事迹的宣传力度，形成企业深度融入气象创新发展的良好氛围。支持企业建立青年科技人员创新创业平台，开展企业人才科学素质提升行动。引导企业加强科研诚信建设，加强企业、事业单位合作攻关成果的知识产权保护，确保企业创新活动健康有序。

三、保障措施

（一）强化组织实施。各省（区、市）气象局、各职能部门、气象行业学会协会要深刻认识加快发展气象科技产业的重要意义，不断强化企业在产业技术创新中的主体地位，按各自职责，明确任务、主动推进，助力各项措施落地生效。做好与《中国气象局关于促进气象产业健康持续发展的若干意见》的统筹实施。

（二）加强资源保障。建立健全技术、项目、人才、资金等各类创新要素一体化配置机制，支持创新要素向科技型企业聚集。推动国家级和省级气象科技创新平台对企业研发活动开放服务。支持企业依法使用科研基础设施、气象数据资源、科学仪器平台等科技资源开展创新活动。

（三）完善配套制度。在考核气象部门国有企业时，加大对企业研发投入、重大创新成果产出、科技人才队伍建设、成果技术转化应用的考核比重，在经济效益指标考核时根据有关规定将原创技术研发投入视同利润加回。鼓励气象国有企业优化科技人才薪酬分配制度，加大科技人才薪酬分配激励力度。加快中国气象科技产业园建设，鼓励气象产业集聚发展。各级气象部门要坚持"两个毫不动摇"，积极构建"亲""清"新型政商关系，进一步营造风清气正的高质量发展环境。

中国气象局关于支持云南气象高质量发展助推我国面向南亚东南亚辐射中心建设的实施意见

（气发〔2023〕48 号）

2023 年 5 月 6 日

为认真贯彻落实国务院关于支持云南加快建设我国面向南亚东南亚辐射中心的意见和《气象高质量发展纲要（2022—2035年）》，支持云南气象高质量发展，服务保障云南加快建设我国面向南亚东南亚辐射中心，制定本实施意见。

一、总体要求

（一）增强面向南亚东南亚气象辐射能力。加快建设我国面向南亚东南亚辐射中心对气象服务保障提出新任务、新要求。要积极融入和服务国家战略，着力提升云南气象业务服务能力和水平。

（二）提升云南防灾减灾救灾气象服务质量。云南是我国气象灾害多发频发的省份之一。气象已日益成为防灾减灾的先决条件、服务安全发展的重要力量。要坚持人民至上、生命至上，着力提高气象灾害监测预报预警能力，筑牢气象防灾减灾第一道防线。

（三）推动气象全面融入云南经济发展全链条。气象是经济社会各行各业趋利避害不可或缺的前瞻性生产要素，经济发展对气象的敏感性和关联性越来越强。要推动气象全面融入经济发展各行各业，为云南经济高质量发展提供全方位气象服务。

（四）加强民族团结进步示范区气象服务保障。气象服务与民生福祉休戚相关，是各族群众最关注的普惠性公共服务。要推进基本公共气象服务无缝隙全覆盖，丰富公共气象服务产品种类，提高气象服务实用性和便捷性，增强各族群众的获得感、幸福感。

（五）强化生态文明排头兵建设气象支撑。云南气候资源丰富多样，同时也是气候变化影响的敏感区、脆弱区。要加强云南气候资源保护和开发利用、气候变化应对能力建设，为云南打造生态文明建设的国际典范提供坚实的气象科技支撑。

二、加快建设面向南亚东南亚气象服务中心

（六）支持面向南亚东南亚气象服务中心基础能力建设。支持建设面向南亚东南亚气象服务中心，积极推进综合气象业务实践平台、综合观测基地、技术应用平台、公共服务平台、学术交流平台和业务用房等建设。建设面向南亚东南亚气象基础数据库，开展天气气候机理研究和需求分析，增强气象监测预报服务能力，为南亚东南亚地区的中资机构、中国公民提供便捷准确的气象服务。支持打造面向南亚东南亚的广播电视天气节目，在云南主流媒体发布南亚东南亚天气预报。为云南发展跨境农业和建设粮食、甘蔗、天然橡胶等境外生产基地提供气象服务保障。

（七）支持开展面向南亚东南亚的气象国际合作。探索与周边国家边境地区建立气象监测预报、跨境大气污染防治、应对气候变化、森林草原防火等合作机制，支持与南亚东南亚气象信息共享。鼓励云南气象部门依托国家级气象综合应用国际平台，与区域内国家有关地区结对子，形成国、省对外合力，提供业务能力支持。支持云南通过平台推广、合作开发、产品应用等，推动国家级气象监测预报、人工影响天气、防灾减灾、新能源服务等技术和标准在周边国家借鉴应用。

三、大力加强云南气象防灾减灾救灾能力建设

（八）加强气象监测能力建设。支持云南开展气象及相关观测站网布局统筹规划，探索将各部门各行业自建气象探测设施纳入国家气象观测网络，推进气象观测及相关数据高效利用和共建共享。加大对云南边境地区天气雷达建设的支持力度，大幅提升云南地面气象观测站数量、雷达探测有效覆盖率和气象卫星应用水平。支持建设智能安全的气象信息支撑系统，推进云南边境气象台站北斗应急通信全覆盖。

（九）提升气象预报精准度。支持构建云南智能数字预报业务体系，依托国家级区域高分辨率数值预报模式建设云南高精度快速更新集成预报系统，提高预报更新频次、预报准确率、预警时间提前量。建设协同、智能、高效的气象综合预报预测业务平台，提升面向敏感地区、敏感行业、敏感人群的气象灾害影响预报和风险预警能力。

（十）健全以气象灾害预警为先导的应急联动机制。支持建立完善云南分地域、分灾种、分行业气象灾害及次生、衍生灾害预警标准，完善高级别气象灾害预警叫应流程，建立致灾风险联合研判、风险预警联合发布、极端天气防灾避险等制度，完善与气象灾害预警为先导的全社会响应法规体系。支持与应急管理、水利、自然资源、地震等部门合作，建设以山洪、地质灾害防御及地震救灾为重点的应急气象服务保障系统，提高突发事件应急救援气象服务保障能力。加强气象灾害防御地方标准体系建设。建立气象灾害鉴定评估制度。推动气象防灾减灾救灾知识进企业、进乡村、进社区、进校园、进家庭，增强公众气象灾害风险意识和避灾自救能力。

（十一）发挥人工影响天气趋利避害作用。支持云南加强人工影响天气能力建设，增设高性能增雨飞机，建设飞机作业保障基地

和高原防雹实验示范基地。支持申报云南省人工影响天气科学重点实验室。实施科学高效精准人工影响天气联动机制，鼓励与烟草、水利、能源、保险等行业开展人工影响天气服务领域深度合作，充分发挥人工影响天气在抗旱救灾、烟草防雹、库塘蓄水、能源保供、森林防灭火、生态保护等方面的作用。加大人工影响天气科技创新支持力度，为作业条件识别、效果评估、效益评价等提供技术、人才支撑。

四、积极促进云南经济高质量发展气象保障服务

（十二）强化高原特色农业产业发展气象服务。支持开展农业气候资源普查、区划和评估工作，强化农业防灾减灾气象服务能力建设。加强云南省高原特色农业气象服务中心建设，发展分作物、分灾种、分时段、分区域的精细化高原特色农业气象服务。支持开展茶叶、花卉、水果、咖啡等云南特色农产品气候品质认证和农业气候好产品评估服务。提升玉米、水稻等大宗粮食生产全过程气象灾害精细化预报能力和产量预报能力。推进烤烟气象服务中心建设，为云南重塑烟草产业新优势提供优质气象服务保障。

（十三）加强交通和能源大通道建设气象保障。支持加强云南交通气象数字智能化服务系统和航空气象服务保障系统建设，建立健全分灾种、分路段、分航线的精细化交通气象服务体系。开展澜沧江—湄公河流域水电气象服务，提升电网安全运行和电力调度精细化气象服务水平。针对大型风光电基地建设、与周边国家风能太阳能等清洁能源合作开发，建立风能太阳能资源监测评估、预报预测业务，开展新能源精细气象服务。强化中缅油气管道气象灾害风险评估和预警。

（十四）实施“气象＋”赋能行动。推动气象服务深度融入生产、流通、消费等环节。支持气象与水利共建共享气象及有关设施，服务保障滇中引水等重大水利工程建设，提升水资源调度气象服务保障能力。支持气象服务云南区域性国际旅游中心建设，完善云南旅游气象服务系统，开展主要旅游景区天气预报服务。利用国家级气象媒体宣传推介云南旅游资源，支持开发云南旅游气象资源，打造云南特色气象景点，助力云南旅游强省建设。为中国企业“走出去”及跨境经济合作提供“伴随式”气象服务保障。

五、持续优化民族团结进步示范区公共气象服务

（十五）促进公共气象服务普惠共享。支持实施云南基本公共气象服务均等化工程，建立基本公共气象服务清单制度，健全保障公共气象服务体系运行的长效机制。建设覆盖城乡的气象服务体系，增强云南农村、高寒山区和“直过民族”、人口较少民族聚居地区群众获取气象信息的便捷性，满足个性化需求，促进各民族群众共享气象发展成果。加强边境州（市）及有关边境口岸的气象服务。

（十六）实施乡村振兴气象服务行动。加大对乡村振兴重点帮扶县和易地扶贫搬迁集中安置区的气象服务保障力度。支持将农村气象防灾减灾纳入美丽乡村建设行动，持续推进农村防雷减灾示范工作。构建行政村（社区）全覆盖的气象预警信息发布体系。充分利用云南独特的农业气候资源，为农业生产和农业结构调整提供气象支撑，服务“一县一业”“一村一品”产业发展。

六、全面助力云南打造生态文明建设气象服务的国际典范

（十七）强化生态气象服务保障。支持实施云南生态保护和修复气象服务工程，构建生态气象服务保障体系，重点针对滇池和洱海等高原湖泊、哀牢山和高黎贡山等自然保护区以及创建亚洲象、香格里拉等国家公园提供气象服务保障。支持云南依法开展重大规划、重大项目、重大基础设施、重点经济开发区气候可行性论证，合理开发利用气候资源，防范气候风险。支持云南创建“中国天然氧吧”“避暑旅游目的地”“中国气候宜居城市（县）”等气候生态品牌。

（十八）助力云南绿色低碳发展。支持建立和完善温室气体监测站网布局，在西双版纳新建国家气候观象台，升级建设大理国家气候观象台和香格里拉国家大气本底站。支持中国气象局温室气体及碳中和监测评估中心云南分中心建设。强化国家级气候模式研发对云南温室气体监测评估业务的支撑，建设温室气体及碳中和监测评估业务系统，实现对云南森林、湖泊、湿地等不同生态系统碳源汇动态评估。开展气候资源开发潜力研究及潜在风险评估预估，为云南绿色低碳发展提供科技支撑。

七、加大云南气象科技人才支持力度

（十九）增强气象科技创新能力。支持云南建设中国气象局横断山区（低纬高原）灾害性天气研究中心，纳入青藏高原气象研究院科研体系，开展准静止锋和山地强降水协同观测试验及智能预报算法研究，为改进数值模式模拟和释用提供支撑。统筹科技资源支持云南加强复杂地形背景下灾害性天气预报、气候变化、人工影响天气、生态气象等领域的科学研究和技术攻关。推动国家级气象先进科技成果等优先在云南转化应用。

（二十）加强气象人才队伍建设。加大云南气象高层次人才培养支持力度，增加入选中国气象局高层次人才计划人数。通过“青年人才下基层”等活动选派国家级单位青年人才到云南锻炼，安排云南骨干人才到国家级单位访问进修。充分发挥全国气象科教创新联盟机制作用，支持加强与云南大学在气象人才培养、科技创新等方面深化合作。推动云南建立以创新价值、能力、贡献为导向的气象人才评价体系。鼓励用好地方党委政府高层次人才引进政策，引进高层次人才。

八、保障措施

（二十一）加强组织领导。把党的领导贯穿到云南气象高质量发展全过程，持续深化与云南省人民政府的省部合作共建，加强对云南气象高质量发展助推面向南亚东南亚辐射中心建设的统筹协调、政策指导。

（二十二）加大支持力度。加强对云南气象高质量发展政策、项目、平台、人才、资金等支持。支持东部气象部门与云南气象部门开展干部交流、科研合作、技术推广。支持将云南气象特色优势领域列为全国气象高质量发展试点。

（二十三）完善实施机制。建立上下贯通、多方协同的落实机制。中国气象局办公室要加强督促指导，动态掌握本实施意见的落实情况。有关职能部门要及时研究解决云南气象高质量发展遇到的重大问题，有效推进实施意见落地见效。

气象部门财会监督工作协调机制实施方案

（气发〔2023〕70号）
2023年7月5日

按照财政部《关于深入学习贯彻落实中共中央办公厅、国务院办公厅〈关于进一步加强财会监督工作的意见〉的通知》（财监〔2023〕4号）文件要求，气象部门以贯彻落实《气象高质量发展纲要（2022—2035年）》为抓手，强化财会监督工作，建立健全财会监督工作协调机制，促进气象部门财会监督工作有力有序开展，制定本方案。

一、指导思想

以习近平新时代中国特色社会主义思想为指导，深入贯彻落实党的二十大精神，结合深入开展学习贯彻习近平新时代中国特色社会主义思想主题教育，贯彻落实习近平总书记关于财会监督的重要指示精神。面向气象事业高质量发展需求，对标加强财会监督的总体要求，进一步完善财会监督工作协调机制，加强信息沟通和成果共享，强化重点领域财会监督力度，提升气象部门财会监督工作的效能。

二、主要目标

围绕推动新时代气象部门财会监督工作高质量发展，建立健全分级管理、职责清晰、目标明确的财会监督工作协调机制；构建内外监督同步开展，中央与地方上下联动，财会监督与巡视巡察、纪检、审计、统计监督等有机融合的贯通协调工作机制；强化保障重大政策落实、强化财经纪律刚性约束、规范财务管理和提高会计信息质量等重点领域的监督力度、进一步提升气象部门计划财务管理水平，在气象事业高质量发展方面发挥支撑和保障作用。

三、工作要求

（一）建立协同机制。各级气象部门要根据本单位计划财务工作情况，针对财会监督工作需求，统筹考虑巡视巡察、审计、财会监督年度任务，互相协同，相互补充，强化财会监督工作。

（二）构建贯通机制。各级气象部门要围绕监督检查工作，统筹谋划各类监督工作的有机结合，立足巡视巡察、纪检、审计、统计等监督工作属性和特点，构建与财会监督工作的融合贯通工作机制，实现各类监督工作效益最大化。

（三）完善联动机制。各级气象部门要创新思路，精心组织内部财会监督力量，合理引入社会中介机构，强化对所属单位的财会监督工作。要建立上下联动的工作机制，加强财会监督工作的制度建设和统筹协调。

四、重点任务

（一）建立内外联动机制。各级气象部门依法依规强化对所属单位财会监督工作的督促指导，内设计财管理机构牵头组织开展所属单位财会监督工作。综合运用重点检查、交叉检查，利用会计师事务所、资产评估机构、税务师事务所等外部中介机构等方式开展重点监督。进一步加强对财务管理、会计行为的监督，督促指导相关单位规范计财管理工作，提高会计信息质量。

（二）强化上下联动机制。压实各级气象部门财会监督责任，加强上下联动。中国气象局计划财务司加强气象部门财会监督工作的制度建设和统筹协调，指导推动各省级气象部门组织实施。

县级以上气象部门依法依规组织开展本行政区域内气象部门财会监督工作。各级气象部门要畅通财会监督信息渠道，建立财会监督重大事项报告机制，及时向上级主管部门反映财会监督中发现的重大问题。各级气象部门要全面推进信息系统的部署应用，依托互联网、大数据等新技术，提升财会监督的效能。

（三）建立监督协同机制。加强财会监督与巡视巡察、审计机构的协同性。财会监督机构在开展年度财会监督工作时，统筹考虑巡视巡察、审计的工作内容和单位范围，合理确定财会监督重点内容和单位范围，提升监督效益。财会监督部门需要巡视巡察、审计机构在实施监督工作时关注的问题，应及时商相关机构研究确定。各省级气象部门在开展巡察、审计、财会监督工作时，应统筹考虑所属单位接受监督的频次，实现监督工作对所属单位三年全覆盖。充分发挥财会监督专业力量作用，根据需要选派财会业务骨干参加巡视巡察、纪检、审计、统计等监督工作。

（四）健全信息共享机制。加强与巡视巡察机构协作，完善巡前通报涉及被巡视巡察单位财会监督情况。纪检、审计、统计机构开展监督工作时，根据需要可提请财会监督机构提供相关资料。巡视巡察、纪检、审计、统计等机构在开展监督工作发现涉及财会工作的重大漏洞和问题时，及时通报财会监督工作承担机构，财会监督工作承担机构及时采取措施，完善制度，堵塞漏洞。财会监督工作承担机构在开展财会监督工作时，发现涉及纪检、审计、统计机构监督范围内的问题，及时向相关机构通报。

（五）构建成果共用机制。财会监督机构应加强各类监督融合，探索贯通协调机制。推动财会监督与其他各类监督贯通协调，探索深化贯通协调有效路径。加强与巡视巡察机构协作，完善财会监督情况通报工作，协助审核被巡视巡察党组织（单位）整改进展情况，研究办理巡视巡察移交的问题和建议，积极采取有效措施，提升财会监督的工作水平。要建立完善财会监督、行政监督与纪检监督在贯彻落实中央八项规定精神、重大违规违法问题方面协调机制。财会监督要加强对贯彻落实中央八项规定精神方面涉及财会领域事项的监督检查。

（六）建立线索移送机制。线索移送方面厘清责任权属。财会监督工作中发现违规违法线索和问题，要及时与纪检机构共同研判。涉及党员涉嫌违纪或违法的问题线索，依法依规及时移送纪检机构。纪检、审计、统计监督机构在开展监督时，发现应由财会监督机构处理的线索和问题，应及时移交财会监督机构。

（七）建立宣传互训机制。各级气象部门要加强财会监督相关政策、制度、规章等的宣传和业务培训，将财会监督的业务理念传达、灌输到开展财会监督工作的所有工作人员。特别要在财会、巡视巡察、纪检、审计、统计业务培训中加入相关领域重点工作培训内容，加强专业人员对相互工作的认识和了解，建立对财会违规违纪事项的统一认识和处理标准。

五、保障措施

（一）加强组织领导。各级气象部门要加强对财会监督工作的领导，推进本单位各类监督融会贯通，强化对所属单位财会监督工作的指导和检查，加强财会监督队伍建设，提高财会监督信息化水平，建立健全适合本单位的科学、合理、高效的财会监督协调工作体系。

（二）加强人才培养。各级气象部门要强化财会监督队伍培养和能力建设，要配备与财会监督职能任务相匹配的人员。单位内部应明确承担财会监督职责的机构或人员，负责本单位经济业务、财会行为和会计资料的日常监督检查。加强财会监督人员的培训教育，将财会监督人才与高层次会计人才培养相结合，不断提高财会监督人员的业务素质。定期开展财会监督人才的考核评价工作，完善财会监督人才的激励机制。

（三）开展警示教育。进一步加强财经政策的宣传贯彻，强化会计人员职业操守。强化财会监督工作的宣传力度，定期凝练违规案例，开展警示教育，组织开展典型人物典型案例的宣传，营造财会监督工作良好的工作环境。

中国气象局工作规则

（气发〔2023〕71 号）
2023 年 7 月 5 日

第一章　总　则

第一条　根据《国务院工作规则》《中国气象局职能配置、内设机构和人员编制规定》等有关规定，结合中国气象局工作实际，制定本规则。

第二条　中国气象局工作坚持以习近平新时代中国特色社会主义思想为指导，坚决维护党中央权威和集中统一领导，全面贯彻落实党的二十大精神和党中央、国务院决策部署，深入贯彻落实习近平总书记关于气象工作重要指示精神，严格遵守宪法和法律法规，完整、准确、全面贯彻新发展理念，融入和服务新发展格局，着力推动气象高质量发展，加快推进气象现代化建设，努力构建科技领先、监测精密、预报精准、服务精细、人民满意的现代气象体系，充分发挥气象防灾减灾第一道防线作用，全方位保障生命安全、生产发展、生活富裕、生态良好，更好地满足人民日益增长的美好生活需要，建设让党中央放心、让人民群众满意的模范机关，为全面建成社会主义现代化强国、实现第二个百年奋斗目标，以中国式现代化全面推进中华民族伟大复兴提供坚强支撑。

第三条 中国气象局工作人员要旗帜鲜明讲政治，深刻领悟“两个确立”的决定性意义，增强“四个意识”、坚定“四个自信”、做到“两个维护”，坚持用习近平新时代中国特色社会主义思想武装头脑、指导实践、推动工作，胸怀“两个大局”、牢记“国之大者”，自觉在思想上政治上行动上同以习近平同志为核心的党中央保持高度一致，不断提高政治判断力、政治领悟力、政治执行力，把党的领导贯彻落实到气象工作全过程各领域。

第二章 职能分工

第四条 中国气象局是国务院气象主管机构，为国务院直属事业单位，经国务院授权，承担全国气象工作的政府行政管理职能，领导全国气象系统工作。

第五条 中国气象局实行局长负责制。

局长领导中国气象局的工作，并代表中国政府、中国气象局进行相关外事活动。副局长协助局长工作，按分工分管相关领域工作；受局长委托，负责其他方面的工作或者专项任务；根据统一安排，代表中国气象局进行外事活动。总工程师负责或协助做好技术管理等相关工作。

副局长、总工程师对工作中的重要情况和重大事件应及时向局长报告；对带有方针政策性的问题，应认真调查研究并及时向局长提出建议。

第六条 局长出访、出差、休假和脱产学习期间，授权一位副局长主持工作，代行局长职责。副局长出访、出差、休假和脱产学习期间，分管工作实行代管制度，按局领导分工安排执行。

第七条 各内设机构实行行政领导负责制，按照业务和职能分工，坚决贯彻落实中国气象局各项工作部署，确保政令畅通。强化职能管理，加强对本领域和归口管理工作的计划统筹、协调督导，强化主动、互动、联动，加强与相关对口部门的联系和交流，建立良好的互动协作关系。

第三章　工作原则

第八条　坚持党的领导。坚决在以习近平同志为核心的党中央坚强领导下开展工作，全面贯彻党的路线方针政策，全面落实党中央、国务院决策部署。坚持和完善党领导气象发展的体制机制，完善党中央、国务院重大决策部署和党中央、国务院领导同志指示批示落实机制，健全和落实请示报告制度，重大决策、重大事项、重要情况及时向党中央、国务院请示报告。

第九条　坚持人民至上。坚持以人民为中心的发展思想，把人民群众的根本利益和国家需要作为气象工作的出发点和落脚点，把保护人民生命财产安全放在首位，把老百姓的安危冷暖放在心上，把全心全意为人民服务的根本宗旨落实到积极推进气象服务供给侧结构性改革等方面，不断扩大服务领域、提升服务品质、丰富服务内涵，增强各类群体获取气象信息的便捷性，不断提高气象服务均等化水平，让人民群众越来越切实地感受到气象现代化建设的成效、气象服务的温度、气象为民的情怀。

第十条　坚持依法行政。坚决维护宪法和法律权威，加强法治机关建设。完善气象法规与标准体系，对不相适应的气象法律法规提出修改或废止建议，及时制修订部门规章。严格规范公正文明执法，强化执法监督，把气象工作全面纳入法治轨道，依法行使权力、履行职责、承担责任。

第十一条　坚持科学民主。强化系统观念，增强工作的前瞻性、整体性、协同性。全面落实重大决策程序制度，加强调查研究、科学论证、风险评估、合法性审查，广泛听取各方面的意见和建议。

涉及社会公众切身利益的重要规划、重大政策和措施、重大建设项目等，应当充分评估论证，采取论证会、听证会或者其他方式听取专家和社会公众意见。建立健全重大决策跟踪反馈制度，加强后评估，不断提高决策质量。

第十二条 坚持守正创新。坚持党的基本理论、基本路线、基本方略，坚持求真务实、开拓创新，突出问题导向、效果导向，想问题、作决策、办事情一切从实际出发，适应新形势新要求，创服务水平之新、创能力建设之新、创发展动力之新、创发展活力之新，着力解决气象高质量发展中的突出问题，推动气象高质量发展。融入数字政府建设，推动流程优化、模式创新，不断提高工作效能。

第十三条 坚持清正廉洁。落实全面从严治党要求，严格落实中央八项规定及其实施细则精神和中国气象局相关规定，严格执行廉洁从政的各项规定。坚持从严治局，对越权办事、以权谋私等违规、违纪、违法行为，要严肃查处。坚持廉洁从政，严格执行领导干部个人有关事项报告制度和插手干预重大事项记录报告制度等有关规定。全面加强廉洁机关建设，推动形成清清爽爽的同志关系、规规矩矩的上下级关系、亲清统一的新型政商关系。

第四章　监督制度

第十四条 中国气象局要自觉接受国务院办公厅及其督查督办机构的监督，认真负责地报告工作，接受询问和质询；自觉接受民主监督，虚心听取意见和建议。

中国气象局各内设机构要认真办理全国人大代表建议和全国政协委员提案。加强与代表委员沟通，严格落实办理责任和时限，主动公开办理结果。

第十五条 中国气象局工作人员要自觉接受国家监察机关的监督，要依照有关法律的规定接受司法监督。自觉接受干部监督机构和审计等部门的监督。对监督中发现的问题，要认真查处和整改，重大问题向国务院报告。

中国气象局应强化对地方气象主管机构行政行为的监督。主动征询、认真听取地方政府及有关部门对中国气象局工作的意见和建议，不断改进自身工作。

第十六条 中国气象局要自觉接受社会各界和新闻舆论的监督，依法及时准确公开政务信息，加强政策解读，认真调查核实处理有关情况，及时回应社会关切。

第十七条 中国气象局要认真倾听人民群众的建议、意见和要求，自觉接受人民群众的监督。领导同志要亲自阅批群众来信，接待群众来访，督促解决涉及人民群众切身利益的重大问题。

第五章 会议制度

第十八条 中国气象局实行局务会议、局长办公会议、局领导专题会议等日常政务会议制度。政务会议讨论和决定事项清单见附件，并根据情况及时进行动态调整。

第十九条 局务会议由局长或委托副局长召集和主持，局长、副局长、总工程师和各内设机构主要负责人参加，会议召集人可根据需要指定有关人员列席会议。局务会议的主要任务是讨论、决定重大事项，研究部署重要工作。

第二十条 局长办公会议由局长或委托副局长召集和主持，局长、副局长、总工程师、办公室主任及与议题相关的内设机构主要负责人参加，会议召集人可根据需要指定有关人员列席会议。局长办公会议的主要任务是研究讨论日常工作重要问题，讨论决定重要事项。

第二十一条 局领导专题会议由局领导召集，其他有关局领导、有关单位负责人及有关人员参加。局领导专题会议的主要任务是研究需提交局党组会议、局务会议、局长办公会议审议的事项或根据局党组会议、局务会议、局长办公会议作出的决定和部署的任务，研究、协调和处理日常工作中的专门问题或具体事项。

第二十二条 局务会议和局长办公会议的组织工作由办公室负责。

（一）议题由内设机构提出，以局签报形式报局领导审批，办公室按程序列入待议议题。

（二）办公室视情况提出召开会议的建议，报经局长同意后召开。

（三）议题主办内设机构会同有关单位准备会议文件和有关背景材料，于会前 2 个工作日向办公室提交纸质会议材料并分送参会人员。

（四）议题一般由议题主办内设机构主要负责人汇报，汇报发言应简明扼要、突出重点，时长一般不超过 8 分钟。

（五）会议纪要由办公室负责起草，按程序报局长签发。

第二十三条 局领导专题会议的组织工作由议题主办内设机构负责、办公室协助。

（一）议题和会议方案由内设机构提出，报经局领导同意后召开。

（二）主办内设机构会同有关单位准备会议文件和有关背景材料，于会前 2 个工作日分送参会人员。

（三）议题一般由主办内设机构负责人汇报，汇报发言应简明扼要、突出重点、观点明确，时长一般不超过 15 分钟。

（四）会议纪要由主办内设机构负责起草，按程序报出席会议的局领导签发，涉及重大事项报局长审定。

第二十四条 中国气象局全国性会议主要包括全国气象工作会议、全国气象工作研讨会议、全国性业务工作会议和专题座谈会议。制订并严格执行全国性年度会议计划，主汛期（每年 6 月至 9

月）一般不安排召开全国性会议。

全国气象工作会议由中国气象局领导和气象部门司局级单位主要负责人参加。会议原则上每年召开一次，会前报国务院审批，经请示国务院同意后，可邀请国务院领导同志出席会议。会议主要任务是落实党中央、国务院重大决策部署，总结全国气象部门上一年度工作，分析形势，部署下一年度或未来一段时间工作。

全国气象工作研讨会议由中国气象局领导和气象部门司局级单位主要负责人参加。会议原则上每年召开一次。会议主要任务是学习贯彻党中央、国务院重大决策部署，谋划研究气象事业发展重大思路、重要举措、重点任务以及全局性重大问题。

全国性业务工作会议和专题座谈会议由中国气象局内设机构组织召开，一般只安排分管局领导参加。根据工作需要，一般可三到五年召开一次。

第二十五条 中国气象局及各内设机构召开的会议，应严格执行中央和国家机关及中国气象局会议管理有关规定。各内设机构负责职责范围内有关会议的组织工作。

第二十六条 要坚持精简务实、节约高效的原则，加强会议管理。严格会议审批，减少数量、控制规模、压缩时间。尽量通过视频方式召开会议。各类会议都要充分准备，严肃会风会纪，提高效率和质量。

严格控制和规范国际会议、节庆、论坛、展会等活动，各类会议活动经费要纳入预算管理。

第二十七条 中国气象局领导和有关单位参会人员应提前做好工作安排、按时参会，确有特殊情况不能参加的要履行请假手续。会前应认真研究会议文件，会中严格遵守会议纪律，确保会议效果、保持良好形象。

第二十八条 中国气象局建立学习制度，一般两个月安排一次专题学习，学习活动由局长主持，局领导及各内设机构、直属单位主要负责人参加。学习主题由局长确定，重点围绕贯彻落实习近平总书记重要讲话、指示批示要求和党中央、国务院决策部署，增强知识本领、提升履职能力；学习采取自学交流、集体研讨、安排有关单位负责人汇报或邀请专家作讲座等多种形式开展。局领导要做加强学习的表率，中国气象局及各内设机构要建设学习型机关。

第六章　公文处理

第二十九条　中国气象局及各内设机构、各议事协调机构的行文，应当符合《党政机关公文处理工作条例》的规定，按照《中国气象局公文处理工作办法》执行，严格遵循行文规则和程序。

行文应当确有必要，讲求实效；未经批准不得越级行文，不得多头报文；请示应当一文一事，报告不得夹带请示事项。除中国气象局领导交办事项和必须直接报送的机密级事项外，一般不得直接向中国气象局领导个人报送公文。

第三十条　中国气象局及各内设机构要严格执行党中央、国务院精简文件要求，加强发文统筹，从严控制发文数量、发文规格和文件篇幅。从严控制配套类、分工类发文。除有明确规定外，不得要求制定贯彻落实意见和实施细则等配套文件。分工方案原则上应与文件合并印发，不单独发文。

中国气象局公文一般使用电子公文，通过电子公文系统流转。

第三十一条　以中国气象局名义的行文，以及履行中国气象局管理职能的中国气象局办公室行文，一般应由局领导签发。

（一）中国气象局报送党中央、国务院的文件，中国气象局颁布的命令、决定，重要干部任免和重大工作部署的文件，经分管局领导审核后由局长签发，特殊情况可由局长授权分管局领导签发。

（二）其他发文，一般由分管局领导签发，涉及其他局领导分管事项的请其他局领导核签，根据需要报请局长签发。

（三）程序性、内容已经审定或已授权的局发文，可由中国气象局办公室负责人按照例行文签发。

第三十二条 各省（自治区、直辖市）气象局、各直属单位、各内设机构报送中国气象局的请示性公文，凡涉及其他单位职权的，必须主动与相关单位充分协商，由主办单位主要负责人与相关单位负责人会签或联合报中国气象局审批。单位之间有意见分歧的，主办单位负责人要主动协商；协商仍不能取得一致意见的，主办单位应列明各方理据，提出办理建议，与相关单位负责人会签后报中国气象局决定。

局内征求意见或会签文件时，主办单位应当针对所办事项的紧急程度提出会签或回复时限要求，一般不应少于3个工作日；协办单位应当积极配合，在规定时间内及时、明确表达本单位意见。

局外单位征求中国气象局意见或会签文件时，除来文单位另有时限要求外，一般应在7个工作日内回复；特殊情况不能按期回复的，应主动与来文单位沟通并商定回复时限及方式，逾期不回复来文单位可视为无不同意见。

第三十三条 中国气象局收文一般由中国气象局办公室直接批转内设机构办理，重要文件提出拟办意见报局领导阅批。内设机构收文由各内设机构综合处批办（拟办）。

（一）党中央、国务院来文，一般由中国气象局办公室公文管理处室提出拟办意见，办公室负责人批办，涉及需办理和回复的重要文件可呈报局领导阅批。

（二）外交部来文或国（境）外来函、来电，一般转国际司阅办，重要文件报局领导批办。

（三）其他局外单位来文，一般由中国气象局办公室公文管理处室负责人批转对口或有关内设机构阅办，重要文件可先呈有关局领导阅示。

（四）省（自治区、直辖市）气象局、直属单位报中国气象局的请示和报告，一般由中国气象局办公室公文管理处室负责人批转有关内设机构阅办。重要文件可先呈有关局领导阅示。

（五）各内设机构收文，一般由各内设机构综合处负责人批办。有局领导或中国气象局办公室批办意见的文件，由各内设机构综合处负责人提出拟办意见后报内设机构负责人批办。

第三十四条　中国气象局制定规章和行政规范性文件，要符合宪法、法律、行政法规和国务院有关决定、命令的规定，严格遵守法定权限和程序，严格合法性审查。

涉及其他部门职权范围的事项，要充分听取相关部门的意见，并由中国气象局和有关部门联合制定规章或规范性文件。其中，涉及公众权益、社会关注度高、敏感性强的重要公共政策、重大民生事项等，应当事先请示国务院。部门规章和规范性文件应当依照有关规定及时报国务院备案。

第三十五条　加强工作简报信息管理，严格控制简报种类，规范报送程序，提高简报质量。

各内设机构、各直属单位应及时主动报送政务信息。按时高质量完成中央办公厅、国务院办公厅等政务信息约稿，为党中央、国务院领导决策提供信息支撑。

第七章　工作落实

第三十六条　中国气象局要自觉对标对表，坚决贯彻落实党中央、国务院重大决策部署和习近平总书记重要指示批示，坚持系统观念，加强研究部署，压实主体责任，完善工作机制，强化跟踪督办，及时报告办理进展，确保见到实效。局领导要亲力亲为抓落实，指导、推动、督促分管领域和部门，加强协调推进，确保党中央、国务院政令畅通、令行禁止。

第三十七条　中国气象局各内设机构要坚决贯彻落实党中央、国务院决策部署,严格落实工作责任制,加强组织领导,全面履职尽责,主动担当作为,细化任务分工,制定具体措施,强化协同配合,强化跟踪问效,确保各项决策部署落到实处。

第三十八条　中国气象局要充分发挥督查抓落实促发展的作用,完善督查工作机制,创新督查方式,加强统筹规范、联动协同,增强督查的针对性和实效性,防止重复督查、多头督查,减轻基层负担。

中国气象局办公室要加强对全国气象系统督查工作的指导。

第八章　工作纪律和自身建设

第三十九条　中国气象局要贯彻落实全面从严治党要求,切实加强自身建设。要严格遵守政治纪律和政治规矩,严格落实廉洁从政各项规定,严格落实中央八项规定及其实施细则精神。中国气象局领导要以身作则、以上率下,抓好分管领域和部门的党风廉政建设。

第四十条　中国气象局及各内设机构要大兴调查研究,深入群众、深入基层,多到困难多、情况复杂、矛盾尖锐的地方开展实地调研,掌握实际情况,了解民情民意,研究解决问题。要积极为基层服务,帮助解决工作中的困难和问题。加强面向社会的调查研究,了解社会各界对气象工作的需求和意见,形成有情况、有分析、有建议的调研报告,并抓好调研成果的转化。

第四十一条　中国气象局要严格执行请示报告制度,工作中涉及气象事业全局的重大政策、重大行政措施、重要规划计划,必须向国务院请示报告。发布涉及政府和本部门重要工作部署、经济社会发展重要问题的信息,要经过严格审定,重大情况要及时向国务院报告。

中国气象局领导出访、出差回京后，要书面或口头向局党组汇报工作情况。

各内设机构工作中的重大事项、重要情况应及时向中国气象局请示报告。各内设机构主要负责人出访、出差回京后，要书面或口头向分管局领导汇报工作情况，重大问题向局长报告。

第四十二条 中国气象局工作人员要严格遵守各项工作纪律，坚决执行中国气象局的决定，不得有与中国气象局决定相违背的言论和行为。

中国气象局领导考察调研、出席会议活动要严格执行中央规定要求，减少陪同人员，简化接待工作，规范新闻报道。局领导不为地方举办的气象有关会议活动发贺信、贺电，不题词、题字，特殊情况必须严格按照有关规定报批。局领导代表中国气象局发表讲话，个人发表署名文章，必须严格按照有关规定执行。

要严格执行请假报告制度。按照《中国气象局领导干部请假报告规定》，局长出访、出差、休假前，应向中央办公厅、国务院办公厅报告。副局长出访、出差和休假前，应向局长请假。如有特殊规定，按要求做好报备工作。各内设机构主要负责人离京出访、出差和休假，应提前3个工作日报局领导审批，遇临时或紧急任务等特殊情况，要立即报告，并确定主持工作的负责人。

要严格执行财经纪律，厉行勤俭节约，严格执行办公用房、住房、用车等方面的规定，坚决反对特权、不搞特权。严格控制因公出国（境）团组数量和规模。

要严格遵守保密纪律和外事纪律，严禁泄露国家秘密、工作秘密或因履行职责掌握的商业秘密等，坚决维护国家的安全、荣誉和利益。

第四十三条 中国气象局工作人员要弘扬伟大建党精神，牢记“三个务必”，强化责任担当，勤勉干事创业，敢于斗争、善于斗争，真抓实干、埋头苦干。坚持反“四风”、树新风，纠治形式主义、官僚主义，推进作风建设常态化长效化。

中国气象局进一步建立健全激励与约束机制，为担当者担当，为负责者负责，为干事者撑腰，努力营造干事创业的良好氛围。

第九章　附　则

第四十四条　各省（自治区、直辖市）气象局、各直属单位根据本规则，结合实际制定本单位工作规则，报中国气象局备案。

第四十五条　本规则由中国气象局办公室负责解释。

第四十六条　本规则自印发之日起施行。2021 年 12 月 20 日印发的《中国气象局工作规则》（气发〔2021〕148 号）同时废止。

附件：中国气象局局务会议和局长办公会议讨论和决定事项清单

附件

中国气象局局务会议和局长办公会议讨论和决定事项清单

一、局务会议讨论和决定事项清单

（一）传达学习并部署落实国务院有关会议、文件精神和国务院领导同志的指示批示；

（二）审议中国气象局代全国人大或国务院起草的法律法规草案及重要文件；

（三）审定由中国气象局或联合其他部委制定的部门规章；

（四）讨论、审议、决定、通报中国气象局重大事项；

（五）审定《中国气象局工作规则》；

（六）研究决定局领导专题会议提请局务会议审议的事项及其他需要局务会议研究决定的事项。

二、局长办公会议讨论和决定事项清单

（一）传达学习和研究落实国务院有关会议、文件精神及国务院领导同志的指示批示；

（二）研究部署业务服务科研管理等重要专项任务；

（三）研究部署部际合作、省部合作、局校合作、局企合作以及国际合作等开放合作有关事项；

（四）研究部署其他重要专项工作；

（五）审议事关气象事业改革发展重要指导意见；

（六）审议气象发展规划体系及纳入规划体系的国家级规划、重大项目立项；

（七）审定由中国气象局或联合其他部委制定的行政规范性文件；

（八）审议上报国务院的重要请示、报告，中国气象局重要普发性文件、公告；

（九）审议涉及履行重要行政管理和社会管理职能的气象标准；

（十）审定全局性重要内部政务管理制度；

（十一）审议中央财政和中国气象局自筹资金安排的1000万元以上、3000万元以下工程项目可行性研究报告；审议中央财政和中国气象局自筹资金安排的3000万元以上工程项目初步设计概算；

（十二）审议气象教育培训重要事项，包括但不限于年度重点气象教育培训计划、气象教育培训规划；

（十三）审议气象部门事业单位管理有关重要政策事项，包括但不限于气象事业单位公开招聘制度、人员招录专业设置办法等；

（十四）审议重要业务改革方案和直属单位、省（自治区、直辖市）气象局重要改革方案；

（十五）审议离退休人员管理服务重要事项；

（十六）讨论、审议、决定、通报气象工作中的重要事项；听取重要工作进展、重点工作事项督查情况汇报；

（十七）研究决定局领导专题会议提请局长办公会议审议的事项及其他需要局长办公会议研究决定的事项。

中国气象局关于推进全国特色农业气象服务高质量发展的指导意见

（气发〔2023〕75号）

2023年7月17日

为全面贯彻党的二十大精神，深入贯彻习近平总书记关于“三农”工作的重要论述，落实党中央、国务院关于乡村振兴战略重大决策部署，稳步实施《气象高质量发展纲要（2022—2035年）》，加快特色农业气象服务高质量发展，做好“土特产”气象保障服务，助力乡村振兴，现提出如下指导意见：

一、发展现状和总体要求

（一）发展现状

党的十九大以来，为贯彻落实乡村振兴战略，提高特色农业气象服务的针对性，国、省两级气象部门陆续成立了102个特色农业气象服务中心（以下简称特色中心），其中15个国家级、33个省级特色中心为气象部门与农业农村部门联合认定，54个为气象部门自建。各级特色中心针对当地特色农业发展需求，狠抓管理与服务、业务与科研、技术与产品、产出与效益“四个并行”，建立健全了业务管理和运行服务机制，取得了数百个气象服务关键核心技术成果，建立了特色服务平台，健全了服务技术和指标体系，开展了全生育期精细化服务，服务模式日渐智能化、多元化、品牌化，经济社会效益明显，为特色农业气象服务的全面铺开提供了多个特色样板和特色经验。但同时，特色农业气象服务仍面临一些突出问题，一是特色农业气象观测支撑能力不足，预报服务体系尚未建立完善，复杂下垫面或复杂场景的预报预警能力与用户需求存在较大差距；二是特色农业气象科技创新和成果转化应用能力还有待加强，新一代气象信息技术与特色农业发展融合不够，服务数字化、智慧化、融入式发展较为欠缺；三是气象服务与特色农业产业全链条黏性不强，服务变现能力偏弱，市场化水平不高，可持续发展能力亟待提高；四是特色农业气象服务发展不平衡，人才储备不一，科技和项目支撑不稳定，特色服务架构尚未建立完善等。

当前，我国正举全党全社会之力全面推进乡村振兴，加快农业农村现代化，推进农业强国建设，做好"土特产"文章气象服务保障意义重大。我们要主动顺应乡村振兴战略要求，从气象视角深挖"土"的资源，放大"特"的优势，延伸"产"的链条，提升特色农业气象服务水平，为全面推进乡村振兴贡献气象力量。

（二）总体要求

1. 指导思想

坚持以习近平总书记新时代中国特色社会主义思想为指导，全面贯彻落实党的二十大精神，深入贯彻落实习近平总书记关于"三农"工作的重要论述，以及对气象工作的重要指示精神，按照党中央、国务院关于乡村振兴战略、农业强国建设的决策部署，认真落实《气象高质量发展纲要(2022—2035 年)》，坚持以用户需求为牵引、以用户评价为导向、以用户满意为目标，开展特种观测、研究特殊指标、开发特定产品、提供特色服务，以"千万工程"经验为指导，锚定目标真抓实干，一张蓝图绘到底，推进特色农业气象服务高质量发展，不断提升特色农业气象服务质量和效益，为保障"土特产"发展、全面推进乡村产业振兴、建设农业强国提供有力支撑。

2. 基本原则

用户为本，特色为要。坚持以用户为中心，以“千万工程”经验为指导，以专业、精细、特色、个性、科技、智能服务发展为要义，针对不同区域、不同规模的特色农产品生产，构建不同层次的特色农业气象观测预报服务网。

创新驱动，数字赋能。坚持创新驱动发展战略，围绕特色农业产业链发展，完善科技创新体系，加强技术攻关和成果转化应用，促进新一代气象信息技术与特色农业发展深度融合，推进特色农业气象服务数字化、智慧化。

公益为先，市场为径。在确保完成公益性基本服务和决策支撑的前提下，积极挖掘特色农业气象服务市场需求，推进市场化服务模式，拓展市场化服务领域，延长特色农业气象服务链条，保障特色农业气象服务可持续发展。

统筹谋划，协同联动。强化顶层设计和系统谋划，明确发展重点和路径，建立协调推进机制，强化部门合作，形成国、省、市、县四级联动、部门协同的特色农业气象服务高质量发展新局面。

3. 主要目标

2025 年，国、省、市、县四级联动、部门协同的特色农业气象服务架构基本建立，国家级特色中心基本覆盖全国性主要特色农业产业，省级特色中心覆盖区域性的优势特色农业产业，气象服务供给能力和均等化水平、可持续发展能力和产业影响力显著提高。

2035 年，“一县一品”的全国特色农业全产业链条气象服务架构基本建成，国家级和省级特色中心基本覆盖主要全国性、区域性特色农业产业，基本实现数字化、智慧化，气象服务延伸至农业生产全链条，特色农业气象服务市场化格局基本形成，综合服务效益大幅提升。

二、以用户需求为中心，构建特色农业气象观测预报服务体系

（一）健全特色农业气象观测体系

通过部门自建和联建，持续推进特色农业气象自动观测站网建设。根据特色种养殖区域分布和用户需求，结合农业产业结构调整情况，合理设计特色农业气象观测站网布局和各级观测任务，补充制定特色种养殖分品类的农业气象观测规范。制定特色农业气象社会化观测标准规范，依托种养大户、农业服务组织等探索开展社会化观测，丰富特色农业气象观测站网。编制特色农业气象观测数据及元数据清单，制定不同特色作物人工和自动观测数据传输、汇编、审核及质量评估、考核管理等标准规范，构建长序列特色农业气象观测数据集和高清图像集。探索发展天气雷达在特色农业病虫害中的监测应用。

（二）构建特色农业气象服务指标体系

依托国、省两级特色农业气象服务中心，结合农业气象数据共享平台，整合特色农业气象科技资源，构建特色作物全生产周期关键节点农业气象适宜指标和灾害指标，明确关键影响气象要素，确定关键生长期阈值，完善农业气象指标和阈值体系。依托现有农业气象试验站、特色农业气象服务示范基地和社会企业，开展特色农产品气象灾害影响机理试验研究，补充完善致灾农业气象指标。结合试验数据和历史灾情，构建不同气象灾害场景下灾损定量评估模型。

（三）健全特色农业全产业服务链条

加大科研业务和服务需求融合，围绕特色作物全生育周期、储运及市场营销环节，从需求端开发产中、产后各环节精细化气象影响监测评价、发育期预报、灾害影响预报、灾害风险评估、灾害风险预警、种植（养殖）气象适宜度预报、气象条件监测预报预警等服务产品，建立业务流程与规范，开展分作物、分品种、分生育期、分灾种伴随式气象服务。联合农业农村、林业、科研院所、高校等部门，

开展特色农业气候资源普查和区划，开发特色农业品种选育、繁育及引种气象服务产品，做好产前服务。强化人工影响天气服务在特色农业生产防灾减灾中的保障作用。

（四）实现特色农业气象服务数智化

推进特色农业气象服务数字化、智慧化转型。开发基于“天擎”的特色农业气象服务统一的数据接口、产品接口，构建数算一体的特色智慧农业气象业务平台，实现服务产品的自动化制作，为新型经营主体、种养殖大户、中小农户、新型农业社会化服务组织等提供基于位置、基于场景、基于农产品特性的定制化、个性化智慧服务。研发面向用户的特色农业数智服务中台，开发融入式产品供给接口，融入特色农业产业链各环节，拓宽服务渠道，实现为农服务数字化转型，提升服务质效。建立信息反馈渠道，智能化调整供给侧产品加工内容和时效。

（五）开展特色农业气象服务效益评估

针对涉农部门、新型农业经营主体、农户等不同服务对象，综合考虑特色农业气象服务的经济效益、社会效益、生态效益，建立分类型的评估指标体系和评估模型，制定特色农业气象服务效益评估方法。采用问卷调查、实地考察等方法收集相关数据，检验效益评估的科学性，实时优化效益评估指标和模型。开展服务效益动态评估，建立“产品研发＋服务效益＋动态反馈”机制，为特色农业气象服务的优化和改进提供重要参考。

三、以特色发展为根本，构建特色农业气象科技创新体系

（一）提升特色农业气象观测科技水平

联合高校、科研院所和有关企业，研发完善特色农业自动化监测核心算法和关键技术，编制特色农业气象自动化系列观测规范和标准。推进自动化观测设备研发和示范应用，实现特色农业气象观测小微型、低成本、轻维护、自动化、标准化和规范化。发展卫星遥感、雷达、无人机、小气候自动站等监测资料综合融合应用技术，建立基于卫星遥感、无人机航测和地面普查的特色农产品种养殖本底调查、长势动态监测评估技术。研制“天—空—地”多源资料融合的气象灾害影响监测评估技术，建立协同监测评估业务流程与规范，开展特色农产品生态气象环境监测和灾害影响评估业务。

（二）开展特色农业气象服务关键核心技术研究

研发不同特色农业生产场景下融合多源数据的精细化实况数据生成技术、智能预报和智慧服务关键技术。针对不同特色作物生长关键期、风险点，研制特色农产品生长发育机理和致灾机理模型、损失定量评估、不同生产场景防灾减损、提质增效技术，以及关键生长期气象指标阈值、关键影响气象要素、病虫害发生发展指标、灾害预警指标等。基于全国气象灾害风险普查成果，研究特色农业气象灾害影响预报、风险预估技术。研发特色农产品气候品质评价、定量化效益评估技术。开展特色农业数字化、智慧化气象服务技术研发。

（三）推进特色农业气象服务技术应用及成果转化

积极推进特色中心开展技术交流，鼓励支持与高校、科研院所、企业等联合开展技术攻关，建立研究成果共享机制，加快特色农业气象服务技术研发及成果转化应用。推进与农业、企业、科研院校等部门联合建立特色农业气象专家联盟，形成技术研发合力。建设气象科技小院，建成面向特色农业种植大户、农民合作社、家庭农场等新型农业经营主体的气象科技成果转化前沿阵地，开展零距离、零门槛科技成果转化应用服务。

（四）开展特色农业气象科技创新基地建设

依托重要农产品（大豆、棉花、油菜、糖料、天然橡胶等）保护区、特色农产品优势区和毗邻现代农业产业园、科技园、创业园，发挥气象科研院所、实验室、野外科学试验基地、农业气象试验站等科技创新平台作用，建设特色农业气象服务创新示范基地，开展面向特色农业的新技术、新标准研究、集中展示和示范推广。探索建立多种模式、多方合作、多元投入的特色农业气象服务科技创新示范基地。

四、深化开放合作，构建特色农业气象服务可持续发展支撑体系

（一）强化特色农业气象服务部门合作

加强与农业农村、林草等部门和有关企业的合作，联合推进特色中心建设，联合推动部门数据共享，联合制定重大灾害性天气过程和关键农事季节部门会商机制，联合开展农情与灾情调查，联合制定防灾、减灾、救灾指导意见，联合发布特色服务产品，提升特色服务能力和影响力。加强与高校、科研院所的科研合作，拓宽现有科研成果业务应用渠道，开展特色农业气象服务难点联合攻关。构建多源经费投入保障机制，积极争取中央、地方财政、部门、院所或企业资金投入和项目支持。

（二）拓展特色农业气象服务市场

积极挖掘特色农业气象服务市场需求，推进特色农业气象服务产品商品化，实现服务价值可量化、可转化。调动部门内外两方面的气象技术供给资源，引导高校、科研院所、龙头企业、社会化公司、科技型中小农户以及供销社、期货公司等，通过合作、授权等多种方式，共同开展服务产品开发和服务交易，形成特色农业气象服务“大市场”。推进特色农业上下游产业服务融入，加强气象与特色农产品加工、农资农机等第二产业及物流、金融、电商、生态、旅游、文化等第三产业的融合，加快拓展特色农业气象服务市场。

（三）挖掘特色农业气候资源生态价值

加强气象与保险企业合作，大力推进特色农产品气象保险，联合开发气象指数、气候品质等新型险种。开展特色作物气候品质评价，规范推进气候优选品牌建设，为优质特色作物提质增效进行气候赋能。推动建立气候品质评价等增值服务融入“天然氧吧”品

牌价值实现机制，推进面向农业电子商务、农业采摘、农业观光的乡村旅游气象服务，为旅游区的农产品贴上气象“身份证”，实现气象增值服务的“一揽子”方案。

（四）打造特色农业气象服务品牌

联合农业农村部门共同为区域农业品牌赋能，打造“千县千品”的农业气候品牌。分析特色区域作物独特气候特征，讲好气象服务与地方农业发展的科学故事。遴选一批优质品牌进入中国天气农业品牌金名片工程，利用中国天气的全媒体矩阵广泛宣传。利用中国天气节气助农和各省、市、县相关的直播平台，推动气候好产品等品牌进入产品直播带货，提高产品的市场转化能力。

五、强化组织管理，构建国、省、市、县四级联动、部门协同的特色农业气象服务保障体系

（一）加强特色农业气象服务工作的组织领导

提高特色农业气象服务高质量发展工作的重要性和紧迫性认识，强化责任担当，层层压实责任，细化工作举措，推动各项工作落细落地。国家级气象部门发挥主动性，加强全国性特色作物决策气象服务、部委联动、数据平台建设与技术指导等；省级气象部门发挥特色农业气象服务的核心主体作用；市、县级气象部门积极参与各级特色中心建设，深入特色农业生产主体，充分了解服务需求，开展针对性服务。

（二）建立完善特色农业气象服务运行管理机制

围绕用户需求、用户评价和用户有效覆盖等指标，强化四级联动，完善特色农业气象服务中心考核评估和退出等机制。优化不同区域、不同品种、不同场景的特色农业气象服务业务布局，明确国、省、市、县四级气象部门业务分工，规范年度建设方案、周年服务方案、业务服务流程等。建立部门、科研院所、企业融入融合发展机制，协同开展核心技术攻关，完善相关工作机制。

（三）推进特色农业气象服务中心建设

加强国、省两级特色农业气象服务中心建设，根据服务需求适时开展国家级特色中心遴选认定工作，鼓励和推动省级气象部门联合农业农村、林业等部门共建省级特色中心，促进双方在特色中心建设运行、评估考核、支撑保障等方面的深度融合。加强特色中心经验总结凝练，强化特色中心服务品牌建设和典型示范案例成果推广应用。

（四）加强特色农业气象服务人才队伍建设

加强特色农业气象服务领域领军人才、业务带头人培养和基层特色农业气象服务队伍建设。组建国、省两级特色农业气象科技创新团队，加强青年人才的培养。在全国农业气象专家组团队适时增补特色农业气象服务专家。加强特色农业气象业务人员岗位培训，并纳入年度培训计划，形成特色农业气象服务人员定期培训机制，切实提升特色农业气象业务人员素质和技能水平。

附件：特色农业气象服务高质量发展指标

附件

特色农业气象服务高质量发展指标

一级指标	二级指标	2025年	2035年
以用户需求为中心，构建特色农业气象观测预报服务体系	健全特色农业气象观测体系	国家级特色中心特色作物观测网建设基本支撑服务	国家级特色中心特色观测网建设合理，省级特色中心特色观测网建设基本支撑服务
	构建特色农业气象服务指标体系	国家级特色中心建成特色作物气象服务指标体系；省级特色中心初步形成关键物候期或关键农事活动服务指标	建成涵盖全国性、区域性主要特色农产品全生产周期气象服务指标体系，夯实精细化气象服务业务基础
	健全特色农业全产业服务链条	国家级特色中心建成特色作物全产业服务链条；省级特色中心形成全生育期监测预报服务能力	全产业链气象服务关键核心技术取得突破，建成特色农业全产业链气象服务体系，业务服务进一步规范，气象供给能力显著提高
	实现特色农业气象服务数智化	国家级特色中心基于天擎的数智化服务平台和中台运行稳定，实现基于位置、场景和农产品特性的智慧气象服务，以及气象信息服务产品在特色农业产业链各环节的数字化融入	基于大数据云平台，建成覆盖主要特色作物的数智化服务平台和中台，实现基于反馈信息的智能化信息加工与智慧服务，以及气象信息服务产品在特色农业产业链各环节的全方位数字化融入
	开展特色农业气象服务效益评估	国家级特色中心率先开展多维度、系统性、可量化的气象服务效益评估和追踪性研究，明确投入与产出比，形成带头示范作用	国家级特色中心建立“产品研发＋服务效益＋动态反馈”机制，农业气象服务效益评估体系进一步完善，省级特色中心农业气象服务效益评估正常开展

续表

一级指标	二级指标	2025 年	2035 年
以特色发展为根本，构建特色农业气象科技创新体系	提升特色农业气象观测科技水平	特色作物发育期、长势、气象灾害、病虫害等自动观测核心技术与算法有新突破	主要特色作物自动化观测业务实现规范化和标准化，观测设备实现小微型、低成本、轻维护、自动化、标准化和规范化
	开展特色农业气象服务关键核心技术研究	国家级特色中心基本完成关键核心气象服务技术指标研究	具备不同特色农业生产场景下的精细化实况数据场快速生成及精细化预报能力，气象数据实现与农业产业数据充分融合，国、省关键核心气象服务指标完成研究
	推进特色农业气象服务技术应用及成果转化	建立与高校、科研院所或企业联合攻关机制，初步形成成果共享和转化机制	特色中心与高校、科研院所和企业联合攻关、成果共享和成果转化机制更加完善，服务技术市场化转化机制建立
	开展特色农业气象科技创新基地建设	30%的国家级特色中心建立特色农业气象科技创新基地	80%的国家级特色中心建立特色农业气象科技创新基地
深化合作借助外力，构建特色农业气象服务可持续发展支撑体系	强化特色农业气象服务部门合作	建立与农业农村、林业等部门的常态化合作机制，与高校、科研院所等科研合作取得示范性成果	与农业农村、林业等部门形成深度合作，与高校、科研院所全面开展科研联合攻关和项目合作
	拓展特色农业气象服务市场	50%的国家级特色中心开展了市场化服务，形成了3～4种可推广、可示范的市场化服务模式	各个特色农业气象服务中心基本具备“自我造血”能力

续表

一级指标	二级指标	2025 年	2035 年
深化合作借助外力，构建特色农业气象服务可持续发展支撑体系	挖掘特色农业气候资源生态价值	构建了 2～3 种保险、期货等特色农业气候资源产品，气候品质评价等品牌影响力明显增强	建立较完善的气候品质评价等增值服务机制，特色作物保险、期货等气候产品成熟并进入市场
	打造特色农业气象服务品牌	遴选 100 个农业气候品牌进入中国天气农业品牌金名片工程，品牌初步具备影响力	特色农业气象服务的品牌不断丰富，形成服务品牌矩阵，实现品牌价值外溢，气象增值服务成为特色作物不可或缺的“身份证”

人工智能气象应用工作方案（2023—2030年）

（气发〔2023〕78号）

2023年7月20日

人工智能是引领科技革命和产业变革的战略性技术，具有溢出带动性很强的"头雁"效应，正在对经济发展、社会进步、国际政治经济格局等方面产生重大而深远的影响。为贯彻落实《气象高质量发展纲要（2022—2035年）》，加快推进人工智能技术在气象领域的深度融合应用，制定本方案。

一、现状和存在问题

（一）国际发展趋势

在战略规划方面，主要机构和发达国家纷纷出台人工智能发展计划，强化战略布局，抢占发展先机。2021年WMO发布了《天气和气候预测未来白皮书》，高度重视人工智能和机器学习带来的技术创新，寻求在观测系统、数据同化、数值模式和后处理等领域可能的技术突破。美国国家大气海洋局在2021年发布了《NOAA人工智能战略》，提出建立人工智能气象应用的管理机构和流程，强化人工智能研究整体性和先进性，加速人工智能研究向业务应用转化。欧洲中期天气预报中心发布了《ECMWF机器学习：未来10年发展路线图》，提出分阶段开展人工智能气象应用，到

2031 年以后实现人工智能与气象观测、预报和服务深度融合，推动气象业务新变革。英国气象局在 2022 年发布了《在天气和气候科学中嵌入机器学习和人工智能》战略计划，从能力、人才与合作三个方面设计总体框架以利用人工智能推动天气和气候科学和服务达到全球领先。日本气象厅在面向 2030 年的数值预报专项规划里，着重强调了加强人工智能基础设施建设，在危险天气气候服务决策支持系统中推动人工智能技术的融合创新。

人工智能在短临预报、气候预测等传统数值模式预报能力较弱的领域已经体现出一定的优势。在预报预警领域，谷歌公司在 2020 年、2021 年首次将注意力机制引入，发展了“MetNet”系列预报模型，实现了 1 公里空间分辨率、2 分钟时间分辨率的 12 小时时效降水预报，回报性能超过了 NOAA 的高分辨率快速更新天气模式（HRRR）。英伟达公司凭借其强大的算力资源，构建了“FourCastNet”全球预报模型，实现预报性能与欧洲中期天气预报中心（ECMWF）的综合预报系统（IFS）相当。在数值预报模式领域，人工智能模块与传统物理模块相比，在精度相当的情况下，前者能够极大地提高运算速度。

（二）国内发展现状

我国人工智能工作主要集中在自动识别、短临预报、监测预警、智慧服务和信息技术等场景。主要表现为：

人工智能气象应用基础支撑能力逐步形成。气象大数据云平台“天擎”统筹管理全球、国内及行业等多来源、多变量、长序列数据资源，数据日增量达 41 TB。整编形成了超过 16 万个天气过程的强对流天气个例，构建了可直接应用于智能模型训练的超过 24 万个样本的短时强降水、雷暴大风基准数据集，初步建立了全国 10 种气象灾害致灾因子数据集。开展了基于多源监测数据、集成多种训练模型的机器学习开发平台建设，可提供 327TFlops 的双精度浮点运算的 GPU 资源。在数据插补和重构、质量控制以及实况产品研发、产品质检等领域开展了人工智能气象应用算法的试探性研究。

人工智能气象监测预报预警应用方兴未艾。国、省气象部门发展了基于图像识别、特征工程等海量数据挖掘诊断分析技术，开展了空间天气、三维大气、灾害天气识别等应用。发展了基于循环神经网络的临近预报模型。研发了基于随机森林技术的单点精细预报模型、智能网格预报、灾害性天气概率预报技术、灾害风险预评估模型与深度学习—模式结合的汛期预测技术等。开展了偏微分方程数值求解、模式辐射等人工智能替代方案和模式产品智能订正探索。华为云计算团队发展了考虑三维空间结构特征的“盘古”全球预报大模型，参数量达到2.56亿个。上海人工智能实验室发布全球中期天气预报大模型“风乌”，实现30秒生成未来10天全球气象高精度预报结果。人工智能气象预报大模型研发展示出很好的预报潜力。

人工智能气象服务应用场景初步建立。在公众气象服务方面，实现了气象灾害舆情自动收集、智能分析和报告生成，开展了基于用户、场景和天气的个性化气象服务，基于用户反馈订正和实景采集的分钟降水临近预报服务等工作。在专业气象服务方面，开展了面向交通、物流、旅游和航空应用的高影响天气智能识别和预警，基于高清地图的光伏发电站智能识别、定位和面积估算，预警信息智能质控和多媒体预警材料自动生成等工作。

人工智能赋能信息平台潜力巨大。气象大数据云平台在运行和服务中积累了大量的算法调度、产品元数据、用户行为等信息样本，初步开展了用户画像、数据服务智能推荐等技术研发和应用。“天镜”初步开展了监视和告警信息智能分析，探索建立智能运维流程。在网络安全态势感知中，初步开展人工智能在百万量级安全告警信息分析技术研究，提升安全告警与运营的精准性。

（三）存在问题

总体而言，我国人工智能在气象领域的深度融合应用研究起步较晚，管理保障机制不健全，研究不够深入且系统性不强。主要表现在：

基础支撑能力不强。缺乏多场景、可直接应用于人工智能训练的基准数据集，在样本容量、时空分辨率、场景类型、数据质量等方面远远满足不了智能气象技术研发的需求。海量数据调用能力不够。面向多种计算规模的资源规格供给不足，GPU 算力和存储资源对人工智能算法模型训练的供给有待加强。缺少人工智能模型检验平台。

算法原理研究不深。人工智能应用模型尚未加入合理的物理约束，物理意义还不够清晰。人工智能作为通用技术在气象领域的特有算法和技术体系亟须建立，其算法稳定性和气象预报效果可解释性等方面需加强。

前沿技术创新不高。人工智能气象应用存在分散、重复和不深入等问题。尚未建立不依赖国外数据的人工智能预报大模型技术研究。对人工智能预报预测不确定性的表征，以及完全基于异构观测数据训练的研究较少。人工智能模型与数值预报的融合缺少明确的技术路线。

智能信息水平不足。气象大数据云平台、网络安全等信息领域开发和监管主要依靠传统方式，利用人工智能方法支撑气象应用的云化改造和云原生开发、运行监视信息智能化分析和处置，以及网络威胁攻击精准识别和自动防御等方面的管控能力比较欠缺，管理规范性不足。

智慧气象服务不够。当前的气象服务存在信息冗余和针对性不强，大片用户、不分场景、批量推送无关气象服务信息等突出问题。定制服务系统小而散，资源利用效率不高，用户查找和使用信息不便捷。缺少针对性的用户影响分析和处置措施建议，尚未建立面向预报和服务的自然语言模型，离按需供给的智慧气象服务还有较大差距。

政策环境亟待完善。人工智能气象应用尚未形成发展路线图，缺乏统一布局。气象部门内从事人工智能开发和应用的技术人员总量少且分散，面临高层次人才匮乏、专项研究团空缺等问题。研发应用成果转化机制尚未建立。不能有效吸引高校、科研院所、企业等外部研发力量资源共同攻关解决大模型构建等问题。

二、总体思路和目标

（一）指导思想

以习近平新时代中国特色社会主义思想为指导，全面贯彻落实党的二十大和习近平总书记关于气象工作重要指示精神，以推动气象高质量发展为根本目的，对标国际先进水平，加快布局国产人工智能气象应用技术体系建设，强化人工智能技术应用基础支撑能力，建立健全人工智能气象应用政策环境，推动人工智能技术在气象观测、预报和服务中的深度融合应用，为精密监测、精准预报、精细服务提供新的技术支撑。

（二）基本原则

——在“统”字上下功夫，坚持统筹谋划。加强人工智能融合应用顶层设计，积极发挥规划引导和政策支持作用。加快大数据、新算法、超级算力等前瞻性布局，加强国际交流，强化局校合作、局企合作以及与科研院所的合作，推进产学研用一体化发展。

——在“融”字上做文章，坚持需求导向。加强人工智能技术在监测预警、预报预测、数值预报、专业服务等领域的融合应用。坚持技术攻关、产品应用和业务培育齐头并进，不断探索人工智能在气象领域的深度融合应用。

——在“新”字上求突破，坚持创新引领。加强前沿理论研究，牢牢把握人工智能技术的新发展和新规律，将人工智能技术属性和气象科学属性贯通，增加智能算法及气象物理机制的研究，推动前沿新技术突破，构建人工智能融合气象业务应用的协同创新体系。

——在“深”字上见成效，坚持集成应用。推动人工智能数据、算法和算力的深入发展，加快构建各类“人工智能＋”业务模式，探索建立数据驱动与物理模型驱动的应用新路径，推动人工智能在气象领域的深度集成应用。

（三）目标任务

到2025年，确定人工智能气象应用发展路线图，形成“542”整体框架布局。初步建立人工智能大数据库、算力环境、算法模型、开放平台和检验评估的“五大基础”支撑；启动气象预报大模型等新兴技术研发，开展人工智能新兴技术与监测预警、预报预测、数值预报和专业服务“四大领域”的融合；优化人工智能创新合作和人才培养，成果转化和知识产权保护的“两大保障”环境。

——基础能力方面：提升气象大数据云平台的标准化、自动化、智能化能力。初步构建人工智能应用基础数据库、多场景应用基准数据集和标准化算法库。GPU算力规模达到2～30PFlops，实现多元算力资源动态统筹分配和智能弹性调度。初步搭建技术研发开放平台和检验平台，提供软硬件协同的人工智能支撑能力。

——新兴技术方面：完成1～2个智能气象预报大模型的本地试用和评估，完成第一代人工智能气象预报大模型原型系统构建。建立基于人工智能技术的会话式气象预报和服务网络机器人原型系统。实现人工智能算法与气象机理结合，缓减人工智能应用黑匣子问题。

——智能监测方面：完成艇载气象雷达的台风智能联合探测试验，初步实现人工智能技术在观测系统的运行的监控评估、空间天气监测、卫星和雷达观测以及多源新型探测技术领域的融合应用，实现人工智能技术在主业务系统嵌套，形成智能观测产品，提升协同观测和天气事件智能图像识别能力。初步构建适应气象业务安全场景的主动安全防御体系。

——智能预报方面：完成人工智能中短期天气预报模型、次季节—季节气候预测模型研发。研发一系列智能预报预测技术，推进相关技术成果融入智能网格预报业务体系，提高短临监测预警、次季节气候预测准确率。形成基于机器学习算法的偏微分方程求解等数值模式核心技术，提升数值预报的精度和计算效率。

——智慧服务方面：构建人工智能技术融入综合业务分析应用平台，初步实现人工智能在交通、生态、农业和新能源等不同场景的分众化服务应用。初步构建预警制作、发布、传播、复盘和评估一体化的智能业务系统。

——政策环境方面：组建专项工作组，建立人工智能气象应用协调管理机制，形成国、省布局，确定国家级"1＋1＋N"任务分工。建立人工智能气象应用重点实验室，成立创新研发团队，举办年度高层技术论坛和技术培训。制定面向部门内外合作研发的大数据使用政策，引进和培养人工智能气象应用专业人才。建立人工智能气象业务应用成果中试、转化管理规范。

到2030年，人工智能气象应用发展水平进入世界前列，业务能力建设取得重大进展。实现人工智能全面赋能气象业务发展，建立较为完善的人工智能气象应用"五大基础"支撑，GPU算力规模达到30～200PFlops。融合天基、空基、地基等异质多维网络，实现全球三维立体气象观测大规模智能协同接入与响应，构建气象协同感知体系，完成多源数据智能融合应用，打造数字孪生大气。建立与人工智能深度融合地球系统数值预报业务体系，实现人工智能气象预报大模型上线运行，建立观测直接映射到特定产品的新型气象预报业务，助力预报预测准确率接近国际先进水平。实现人工智能会话式气象服务网络机器人系统上线运行。实现人工智能技术与气象预报和服务业务系统全面融合，基本建立智慧气象服务系统。实现智能辅助开发、智能监控运维、智能安全防御体系等信息领域新应用。人工智能成为气象新业态创新变革的重要引擎。

三、加强人工智能气象应用基础支撑能力建设

任务1.研制人工智能气象应用大数据库

发展基于机器学习的数据质量判识技术，推进人工智能在历史数据重构、数据降尺度、数据产品误差分析和订正的技术应用，建立长序列、高时空分辨率、高质量的基础数据集。建立全球和区域数值预报的同化、模式关键中间变量和产品的格点数据集。建立可供人工智能模型学习和训练的再分析数据集和空间天气大数据集。研发面向智能网格“零时刻”训练数据集，发展数据驱动与物理机理结合的网格实况融合产品。建设强对流、东北冷涡等预报及长序列卫星遥感气候数据集等专项训练基准数据集。建立人工智能气象应用大数据库。推动气象大数据云平台智能化升级，优化数据管理、共享应用和业务云化支撑能力。

任务2.建设人工智能气象应用统一算力环境

统筹气象高性能算力资源和社会化算力资源，做好面向气象大数据挖掘、人工智能气象应用的算力资源规划布局。建设或筹集GPU算力超过30～200PFlops，逐年提升算力生产供应。发展基于人工智能的多元算力资源智能调度系统，实现资源智能化、弹性化调度和高效利用。建立多元异构数据训练的环境通信机制，提升大规模分布式训练调度能力。

任务3.构建人工智能气象应用综合算法库

集成包含卷积神经网络、决策树、迁移学习、特征工程等基础算法，建立面向不同研究和应用场景的标准化算法，用于人工智能模型的可靠性、可用性、可信度等对比评估。集成多源数据融合、多种要素融合、关键敏感天气系统客观辨识、多种服务场景融合等专项人工智能算法。集成关键区域降尺度技术、观测数据质量控制、极端天气识别与预报样本不平衡问题等特殊算法。基于协同

开放框架，众创建立人工智能气象应用综合算法库，完善算法调用接口，打造人工智能气象应用落地引擎。

任务4.建设人工智能气象应用开放平台

建设集成数据处理、算法开发、模型训练的人工智能开放平台。集成深度学习计算框架，提供从基础异构算力、多源异构数据、国内外主流框架、通用和专用模型到智能应用、软硬件协同的人工智能支撑能力，提供大模型训练和调优支撑能力。集成多场景气象预训练模型，提供开放服务，提升人工智能气象应用能力。建设气象人工智能协同开放框架，支撑低代码快速协同创新。

任务5.建立人工智能气象应用标准检验算法和评估流程

制定不同人工智能预报模型的标准检验评估流程，从统计评分、个例分析、主观应用等多个维度开展检验评估。通过人工智能气象预报模型在不同业务应用场景下的测试评估，确定各类模型的优缺点和适用性。建立模型标准评估体系，开展针对不同预报任务、要素和时效的人工智能模型应用比较和优化，推动人工智能模型在各个业务环节中的应用，打造全链条的业务流程。

四、开展人工智能气象应用前沿科技研究

任务6.大数据驱动的人工智能气象预报大模型

引进1～2个智能气象预报大模型，开展基于自主再分析资料的本地试用和评估。应用自主高分辨率实况分析资料，建立模型网络结构，加强大模型预报不确定性信息表征能力，融入物理约束机制，完成模型参数方案监督学习和训练，对标“盘古”“风乌”等模型，建立第一代大数据驱动的人工智能气象预报大模型。试验发展基于多源异构观测数据的“端到端”人工智能大模型。在人工智能气象预报大模型的基础上，面向不同灾害性天气、不同时效智能网格预报、重大气象保障，构建多个精细化人工智能预报专项模型。发展基于多种机器学习的滚动建模和智能优选算法，开发适用于不同保障场景的多要素间协同和决策结论智能生成技术。

任务7.会话式气象预报和服务智能网络机器人系统

建立一套气象预报和服务的智能网络机器人系统，通过分析和研发用户画像、需求和场景的智能识别技术，采用最新的语音识别、多轮问答和自然语义理解技术，实现对用户特征、气象产品需求和场景信息的智能辨识，智能生成面向预报人员的气象预报产品和面向决策、公众等不同用户个性化气象服务产品。面向气象新媒体平台，提供基于位置、场景的个性化智能语音服务，提高用户体验和服务水平。通过动态资源调度管理技术，实现资源优化配置，提高服务效能。

任务8.人工智能算法的机理解释研究

开展大气科学规律、气象预报预测特点与人工智能算法的适用性分析，研发适合各类气象应用的人工智能专有算法和模型、气象科学领域人工智能专有框架及专用处理器。加强深度学习算法气象可解释性研究，逐步弱化深度学习模型气象预报预测的黑箱特性，解决极端天气样本不平衡问题，提高预报稳定性与可信度。探索量子计算等前沿科学技术在人工智能气象应用领域的研究。

五、统筹推进人工智能研发和气象业务应用

（一）加强监测领域人工智能应用技术研发

任务9.加强人工智能的气象观测应用

联合开展艇载气象雷达的台风智能探测试验。建设基于大数据云平台的“云＋端”下一代智能地面观测系统。实现适用于复杂天气过程的最优协同观测策略动态配置技术，研发利用边缘计算的观测网交叉验证技术，提高气象探测精度。推动人工智能在雷达装备、运行控制、数据质控、偏差订正和产品快速生成中的全链条应用。研发多波段雷达融合组网拼图、精细化反演降水及相态、风暴识别、追踪和智能外推等人工智能技术。利用人工智能技术提升风云卫星分钟级和百米级的时空分辨率。建立“实时＋定时”的全流程风云卫星数据智能质检业务模式。开展台风等灾害性天气事件的智能监测，实现卫星云图清晰状态下台风智能定位精度达到10公里级。开展空间天气智能监测预警研究，研发中国区域电离层电子浓度总含量监测预报模型。加强三维空间观测数据智能处理，构建天空地物联网气象协同感知体系。

任务10.人工智能在网络安全业务中的应用

发展基于大数据分析的高效网络威胁攻击精准识别技术，运用深度学习算法实现各种网络安全要素和百万量级的安全风险数据的归并融合、关联分析。开展人工智能对抗攻防技术研究，应对包括深度伪造篡改、智能口令猜测等智能化带来的技术挑战和安全风险。结合当前威胁情报和现有安全策略，研发智能优化算法，开展针对恶意软件、网络入侵、网络钓鱼和垃圾邮件等智能检测，自主设立安全基线，主动快速调整安全防护策略，辅助构建全面感知、适应协同、智能防护、优化演进的主动安全防御体系。开展气象业务全链条监控运维大数据分析，实现风险隐患识别、故障自愈、系统健康预警等。

（二）加强天气气候人工智能应用技术研发

任务11.人工智能算法在短临和智能网格预报的应用

研发动态择优融合订正、数据驱动和物理机理结合的短时临近预报技术。发展卫星、雷达和数值模式等多源资料融合的局地强对流天气分类分级短临智能预报技术，实现12小时内10分钟滚动更新、10分钟间隔的预报信息。研发分钟级、百米级的降水、气温和阵风等要素智能预报技术。开展基于深度学习的三维全时效全覆盖数字预报，形成新一代智能网格天气预报技术和产品。研发复杂地形条件下能见度降尺度预报模型和精细化单点气象保障预报模型。

任务12.人工智能在灾害性天气预警的应用

发展基于雷达、卫星等分钟级高频次观测的人工智能冰雹强度识别技术。基于人工智能，优化预报预警信息生成技术，实现两小时内逐10分钟滚动更新预报预警信息。研发融入极端暴雨形成机理的分区域分等级极端强降水预报技术。基于台风关键特征提取技术，融合基础大模型和数值模式，以及卫星观测资料，发展台风路径和强度预报技术。利用图像识别、时空降尺度和非线性预报能力，发展沙尘、雾霾等灾害性天气识别和预报预警技术。发展基于人工智能和大数据的灾害性空间天气事件的识别和追踪技术。

任务13.人工智能气候预测业务的应用

发展基于气候模式数据和再分析数据的次季节尺度和季节尺度气温、降水要素的深度学习预测模型，提升精细化网格预测和概率预测技术，融合人工智能信息挖掘技术到动力—统计预测和多模式集合预测等现有的客观化预测方法中，研发高分辨率、高技巧的智能网格预测产品，实现主要气候要素次季节预测全国达到5公里、全球达到10公里，预测技巧在模式水平上提升5%左右。改进气候核心业务系统智能化程度，集成无缝隙智能网格气候预测技术和产品，实现气候业务产品智能制作和发布。

任务14.人工智能在灾害风险管理和气候变化业务的应用

研究建立历史气象灾害事件库，为人工智能技术在灾害风险管理业务发展中的应用提供最全“样本”。利用人工智能技术，发展建立暴雨、干旱、高温、低温、台风、大风、雪灾等气象灾害事件快速识别模型及客观化、精细化、定量化、智能化的气象灾害风险评估模型，提升气象灾害风险预评估业务能力。开展人工智能方法在生态、水资源和农业等气候变化早期预警和气候变化评估中的应用研究。加强气候变化适应策略制定的人工智能应用研究。建立客观化、智能化的气候灾害风险管理和气候变化业务。

（三）加强数值模式领域人工智能应用技术研发

任务15.实现人工智能在数值模式组件的融合应用

研制人工智能的大规模线性方程组并行求解器，求解精度达到模式要求并提高计算效率。研究物理过程的人工智能替代方案，开展人工智能融入边界层、云微物理、对流、辐射等参数化方案的技术研究，实现替代方案与传统计算语言的高效耦合，发展人工智能算法与传统数值模式的链接技术，实现人工智能组件与传统数值模式组件高效、稳定的数据交换。

任务 16. 发展基于人工智能的资料同化和误差溯源技术

建立人工智能的常规观测、雷达和卫星等资料预处理算法，实现观测资料的质量控制、偏差订正高效处理。研究高效人工智能观测算子，降低观测算子的开发工作量和计算复杂度。基于对抗网络模型研究三维或四维变分人工智能同化系统，降低计算成本并在同化精度关键指标上取得提高。研究集合同化样本快速生成的人工智能算法，搭建高分辨率快速更新数值预报智能原型系统。利用人工智能技术进行数值模式偏差溯源研发，追踪极端天气预报误差成因。

任务 17. 研发人工智能集合预报和误差订正

开展基于人工智能技术的集合预报初值扰动模型研发，增强数值模式不确定性的定量评估能力。针对数值模式系统性误差和随机误差影响等问题，研究人工智能技术和模式扰动融合算法，发展集合预报人工智能后处理技术及概率预报技术，大幅提升集合预报运行效率，构建新一代集合预报系统。研究天气和气候模式产品的人工智能误差订正、降尺度和多模式融合技术。发展适用于复杂地形、面向高影响天气过程的人工智能后处理方法。

（四）加强服务领域人工智能应用技术研发

任务 18. 建立人工智能赋能的多场景专业气象服务

研发人工智能气象灾害预报模型，实现气象影响预报及灾害风险模拟和预演。研发多场景、精细化三维风险地图产品，构建基于智能感知、数字孪生等技术的气象风险智慧服务业务。开展风能太阳能智能预报技术、风能太阳能功率智能预测和智能服务技术研发。应用深度学习超分辨率网络技术，开发交通和森林草原火险领域次小时级、公里级实况、短临预警和短期预报气象服务产品。研发不同农业生产场景下高时空分辨率的实况数据场及精细化智能预报产品。研发农业气象灾害精细化产量损失评估方法、精细化农业气象灾害和产量预测模型、农业气象智能决策算法和产品。

任务 19. 研发基于人工智能的精细化服务技术和产品

基于深度学习超分辨率、生成对抗网络等时空降尺度技术，按需生成高时空分辨率格点服务产品和系统。研发网格到定点、网格到沿线、网格到特定区域的多源数据融合的深度学习降尺度方法，研发融合实况的预报订正技术、实时高频次滚动服务产品快速加工制作等关键技术。研发面向定点、沿线、区域精细化气象实况和预报服务产品。

任务 20. 建立智慧型气象预警信息处理技术和系统

开展多媒体预警产品智能生成技术研究，实现对预警信息、关联气象信息及风险影响信息的智能化处理及预警产品智能生产。开发预警大语言模型，实现综合预警信息在线互动式精准服务。研发天空地一体化的智能预警信息精准靶向发布技术，实现北斗定位的天空地信号智能互补交叉应用，实现渠道自动触发的互联网端预警信息精细化精准传播。基于智能算法建立受众人群主观感受指标体系，构建突发重大灾害预警、叫应、联动、灾情等信息智能报送，实现灾害过程实时检验和灾后 24 小时快速复盘生成检验评估。建立预警信息制作、发布、传播、复盘、评估一体的智慧型气象预警信息综合处理系统。

任务 21. 人工智能人工影响天气业务应用

发展人工影响天气模式预报的宏微观云场误差订正和检验技术，提升云宏微观产品和作业条件预报准确率。构建基于人工智能同化技术的三维云降水场监测产品，在人工影响天气预报、监测和评估业务中开展应用。研发基于人工智能技术的云粒子及冰晶图像识别模型，提升机载云物理探测数据质量。将大数据分析、人工智能建模等技术应用于人工播云效果定量评估，建立人工影响天气作业效果智能评估模型。研发基于虚拟现实、智能感知等技术的作业装备、弹药和站点安全管理产品，提升人工影响天气作业安全管理信息化和智能化水平。

六、强化创新合作和人才队伍建设

任务 22. 加强国内外跨学科科技创新合作

定期举办人工智能高层技术论坛，围绕基础理论、大数据挖掘等人工智能先进技术开展研讨和交流，开展多学科交叉合作，及时掌握国际人工智能气象应用最新研究动态。加强与交通、农业、自然资源等部门的数据共享与合作，优化人工智能云。联合具备技术优势的高校、科研院所和企业技术力量，建立科教资源共建共享、专业创新人才联合培养等机制。

任务 23. 组建人工智能气象应用重点实验室

组建人工智能气象应用重点实验室。实验室协助职能部门制定人工智能气象应用年度工作方案，开展人工智能气象预报大模型等前沿技术研究，开展科技成果转化和开放合作交流等，加速人工智能气象应用。明确阶段性研发目标，边研发边应用，强化科研与业务紧密结合。

任务 24. 加强骨干团队和技术培训建设

打造多种形式的高层次人才培养平台。优化配置人工智能核心骨干力量，建立人工智能气象应用创新团队，重点攻关人工智能气象预报大模型构建。加强人工智能气象应用人才引进和培养，在国省打造梯队清晰、专业能力过硬的人工智能应用技术攻关队伍。加强人工智能气象应用技术培训体系和培训资源建设，将人工智能气象应用技术培训纳入局重点培训范畴，加大基础理论和技术应用培训力度。加强产学研用合作，促进知识互补和人才培育，带动气象与人工智能新技术等交叉学科融合发展。

七、优化人工智能气象应用政策环境

任务 25.加强人工智能气象应用规范建设

加强数据安全管理，制定面向部门外合作研发的大规模数据使用政策。规范人工智能气象业务应用算法和技术的架构、接口、语言等标准，设计统一、通用的人工智能大模型主客观检验评估方法；制定人工智能气象预报基础大模型在预报服务平台开发中的集成规范。

任务 26.加快技术成果转化和知识产权保护

打造人工智能气象应用中试基地，设计人工智能技术测试、评估、转化和认证流程，完善成果转化机制，创新成果转化激励措施，加快人工智能技术成果在业务中的转化应用。加强人工智能领域知识产权溯源保护，健全人工智能气象领域技术创新、专利保护与标准化互动支撑机制，促进人工智能应用创新成果的知识产权化。

八、完善组织保障措施

加强组织领导。预报司和科技司联合组建人工智能气象应用专项工作组，做好顶层设计，做好人工智能气象应用组织协调工作。国家级业务单位和省（区、市）气象局作为落实人工智能气象应用工作的责任主体，全面掌握和深刻理解方案确定的目标任务，制定切实可行的工作举措，确保各项任务有序、有效推进。各级管理部门要强化监督检查，抓好跟踪督办，建立定期评估机制，确保任务落到实处。

优化分工布局。人工智能气象应用实行国、省两级集约的工作布局。国家级采用“1＋1＋N”任务分工，即承担 1 个大模型，1 套基础支撑系统和 N 项专项任务建设。气象中心牵头人工智能气象预报大模型评估和研发，信息中心牵头人工智能气象应用基础支撑能力建设，气候中心、卫星中心、数值预报中心、探测中心、公共服务中心、气科院、人影中心和干部学院等分别承担专项研发或培训任务。省级气象部门承担人工智能在本地气象业务中的融合应用。各级单位利用已有资金、技术等资源，细化工作具体任务，做到责任到位、措施到位、落实到位。

加强经费支持。将人工智能技术气象应用纳入科研和业务发展规划。海洋、雷达、卫星等工程经费优先支持。积极争取国家科技计划项目支持，在气象联合基金和创新发展专项中将人工智能气象应用技术研发设为重点领域，给予优先支持，推进政策、资金、项目、平台、人才一体化配置，引导相关科研机构和高校优势力量开展联合攻关，推进人工智能、大数据与气象深度融合应用。省级单位结合自身优势，加强与本地科技部门沟通，争取地方政府的政策、人才、资金支持。

加强沟通协调。上下游业务单位要积极实践“主动互动联动”机制，切实发挥各单位力量和资源优势，推进研发资源合理配置、高效利用和开放共享。要加强协调配合，建立健全数据共享、技术共建、成果共用的协同发展机制，形成工作合力。

附件：1. 人工智能气象应用发展路线图（略）

2. 目标任务工作表（略）

中国气象局议事协调机构管理办法

（气发〔2023〕80 号）

2023 年 7 月 24 日

第一章　总　则

第一条　根据党中央、国务院关于议事协调机构有关规定，为进一步规范中国气象局党组和中国气象局议事协调机构（以下简称议事协调机构）管理，促进议事协调机构的设置更加精简科学，运行更加规范高效，制定本办法。

第二条　本办法所称议事协调机构，是指中国气象局党组和中国气象局为完成某项跨部门、跨领域的综合性、临时性、阶段性任务而设立的具有议事研究、统筹协调、督促落实等职责的工作协调机构，包括委员会、领导小组、指挥部、协调小组、联席会议等。

第三条　议事协调机构的设立、运行、变更、合并、撤销和监督管理，适用本办法。

第四条　议事协调机构管理遵循依法依规、从严从紧、精简高效、务实管用的原则。

第二章　设　立

第五条　严格控制设立议事协调机构，工作任务可由现有机构承担或现有机构进行协调可以完成的，原则上不设立议事协调机构。

第六条　符合下列条件之一的，可申请设立议事协调机构：

（一）党中央、国务院或法律法规明确规定必须设立的；

（二）党中央、国务院或相关工作上级归口管理部门设置了议事协调机构，确需对应设置以更好推进工作的；

（三）工作任务跨部门、跨领域，需要经常组织协调的；

（四）工作任务重大，一个单位难以承担和协调的。

第七条　具有下列情形之一的，不得设立议事协调机构：

（一）工作任务已明确由有关内设机构承担或者根据“三定”规定属于其职责范围的；

（二）工作任务涉及多个单位，但事项较为具体明确，不需议事，只需协作配合，可以由有关内设机构或者分管局领导牵头协调的；

（三）工作任务与已设立的议事协调机构职责相同或相近的；

（四）其他原因不需要设立的。

第八条　设立议事协调机构，按以下程序办理：

（一）拟承担议事协调机构日常工作的内设机构（以下称主办部门）与办公室、人事司及有关单位沟通，提出议事协调机构组建方案，明确机构名称、职责任务、组成人员、运行机制等，并说明设立的依据、理由和必要性、设立期限和撤销条件等，根据职责任务确定为中国气象局党组议事协调机构或中国气象局议事协调机构；

（二）主办部门将议事协调机构组建方案报请有关局领导审核

同意后，正式向局党组呈报请示；

（三）局党组批准设立议事协调机构后，由人事司按程序发文。

第九条 各单位在起草或者制定文件时，原则上不得提出议事协调机构设立要求，中国气象局党组、中国气象局印发的文件中原则上不表述未经审批同意的议事协调机构设立事宜。涉及议事协调机构设立事宜应当按上述程序专项报批。

第十条 议事协调机构一般设置 1 名组长（主任、召集人等），1～2 名副组长（副主任、副召集人等），承担综合性或重大工作任务的可适当增加。

承担重大工作任务的议事协调机构，原则上由中国气象局主要负责同志担任组长，有关局领导担任副组长，相关单位主要负责人为成员。其他议事协调机构，原则上由分管局领导担任组长，主办部门及关联密切单位的主要负责人担任副组长，相关单位负责人为成员。成员一般只明确单位和职务，不定人员名单。

第十一条 议事协调机构原则上不设立实体办事机构，不定机构规格，不单独核定人员编制和领导职数。议事协调机构办公室一般设在主办部门，承担议事协调机构日常工作，原则上由主办部门主要负责人担任议事协调机构办公室主任。承担重大工作任务的议事协调机构办公室主任可以由有关局领导担任。

第三章 运 行

第十二条 议事协调机构应认真履行承担的职责任务，制定工作规则，细化明确职责分工和权限，建立相应的议事协调工作机制，严格按职责规范履职尽责；统筹研究重要任务事项，研究审议重大政策措施，协调解决重点难点问题，指导督促议定事项推进落实。

第十三条 议事协调机构不得超越规定任务和职责范围开展

工作；不得替代职能部门的规定职责；不得要求下级部门对口设置相应议事协调机构。议事协调机构应当按照规定向中国气象局党组、中国气象局请示报告工作，不得对重大原则、重大政策、重大体制等进行决策。

第十四条　议事协调机构一般不刻制印章（含电子印章）或增设发文字号，履行公务、印发文件分别由主办部门、文件印发机构代章；确需刻制印章、增设发文字号的，应当按程序报批。经批准刻制印章的，应当建立用印审批和登记制度，加强印章使用管理，不得用于其职责任务以外的事项。

第十五条　议事协调机构办公室应当主动开展工作，认真履行沟通协调、汇集信息、提出建议、督促检查、宣传引导等职责，充分保障议事协调机构发挥作用。

第四章　变更、合并与撤销

第十六条　议事协调机构确需变更名称、调整主要负责人、组织架构、主要任务、运行机制等，由主办部门按照议事协调机构设立程序办理。

第十七条　议事协调机构其他组成人员因职务变化相应调整的，或因工作任务确需增减组成人员的，主办部门应当与相关单位沟通，报议事协调机构主要负责人批准后由人事司发文变更。

第十八条　议事协调机构工作职责相同或相近、相互交叉或涵盖，或者成员单位大量交叉或相近的，应当予以合并。

第十九条　议事协调机构具有下列情形之一的，应当予以撤销：

（一）主要任务已经完成的；

（二）因情况变化设立依据已不充分的；

（三）主要任务已经转为常规化、常态化工作，已经形成长效工作机制，无须专设议事协调机构的；

（四）党中央、国务院或上级归口管理的议事协调机构已经撤销，对应职责任务可以由有关内设机构承担的；

（五）长期未正常开展工作或职能作用发挥不明显的；

（六）其他原因需要撤销的。

第二十条 议事协调机构需要合并或撤销的，由主办部门提出意见，报请议事协调机构主要负责人批准，由人事司发文明确。合并后需要成立新的议事协调机构的，按照设立程序办理。

办公室、人事司定期开展议事协调机构清理工作，会同有关单位提出合并或撤销建议，按程序报批办理。

第五章 附 则

第二十一条 本办法由中国气象局办公室和人事司负责解释。

第二十二条 本办法自印发之日起施行。

气象部门事业单位公开招聘人员管理办法

（气发〔2023〕81号）

2023年7月26日

第一章　总　则

第一条　为进一步规范气象部门事业单位公开招聘工作，切实把好人员入口关，根据《事业单位人事管理条例》《事业单位公开招聘人员暂行规定》等法规和规章的规定，结合气象部门实际，制定本办法。

第二条　气象部门事业单位新进工作人员，除国家政策性安置、按干部人事管理权限由上级任命及涉密岗位等确需使用其他方法选拔任用人员外，一律实行公开招聘。

第三条　公开招聘工作坚持党管干部、党管人才原则；坚持事业为上、突出气象主业；坚持公开、平等、竞争、择优；坚持统一规范、分类指导、分级管理。

第四条　各省（区、市）气象局和中国气象局各直属单位（以下统称各单位）负责本部门本单位公开招聘工作的组织实施。

人事司负责全国气象部门公开招聘工作的政策指导、监督检查以及招聘计划审核、拟聘用人员审核备案等工作。

第五条 公开招聘采取考试、考察的方法，并按照下列程序进行：

（一）制订招聘计划；

（二）发布招聘公告；

（三）报名与资格审查；

（四）考试、考察；

（五）体检；

（六）确定并公示拟聘用人员名单；

（七）签订聘用合同，办理聘用手续。

第二章 招聘范围与条件

第六条 气象部门事业单位公开招聘人员以应届高校毕业生为主（以下简称应届毕业生招聘），也可根据需要面向社会适当招聘有一定工作经历的人员（以下简称社会招聘）。

第七条 本办法中的应届毕业生是指参照人力资源社会保障部门规定，纳入国家统一招生计划、持有毕业生就业协议且在择业期内未落实工作单位的普通高校毕业生，以及根据国家有关政策可报考应届毕业生岗位的相关人员（含职业院校毕业生）。

第八条 应聘人员必须具备下列基本条件：

（一）具有中华人民共和国国籍，遵守中华人民共和国宪法和法律；

（二）拥护中国共产党领导和社会主义制度，政治立场坚定；

（三）具有良好的品行和职业道德，热爱气象工作；

（四）具有与招聘岗位要求相符的学历、学位、专业或技能条件；

（五）具有正常履行职责的身体条件和心理素质；

（六）岗位所需的其他条件。

第九条 气象部门事业单位公开招聘人员一般应具有本科以上学历。对于可放宽学历条件的岗位，按中国气象局有关规定执行。

第十条 气象部门事业单位公开招聘的应届毕业生的年龄应符合国家有关规定，社会招聘的人员的年龄一般不超过40周岁。对于特定岗位急需的优秀人才，经审批同意后年龄可适当放宽。

第十一条 用人单位要根据招聘岗位需求，科学设置招聘岗位条件，不得设置指向性或与岗位无关的歧视性条件。

专业设置须与招聘岗位相匹配，并严格执行气象部门人员招聘岗位专业设置的有关规定。

第十二条 下列人员不得列入招聘范围：

（一）因犯罪受到刑事处罚的；

（二）被开除中国共产党党籍的；

（三）被开除公职的；

（四）被列为失信联合惩戒对象的；

（五）人事档案等相关重要材料造假的；

（六）涉嫌违纪违法正在接受有关专门机关审查尚未作出结论的；

（七）受处分期间或者未满影响期限的；

（八）法律、法规规定不得招聘为事业单位工作人员的其他情形。

第三章　招聘计划、公告发布与资格审查

第十三条 各单位应当围绕主责主业，根据事业发展需要和人才队伍现状，科学制订招聘计划。招聘计划主要包括招聘单位编制情况、岗位空缺情况、招聘时间（时限）、拟招聘人员数量、招聘

岗位和所需资格条件以及相应的招聘方案等。

各省(区、市)气象部门事业单位招聘计划和中国气象局所属在京单位面向社会招聘计划,经本单位党组(党委)集体研究后,报人事司审核。

中国气象局所属在京单位的应届毕业生需求计划,由本单位党组(党委)集体研究提出,经人事司审核汇总后报人力资源社会保障部。人事司根据人力资源社会保障部批复情况落实在京单位计划,并按有关要求进行岗位对接。

经批复后的招聘计划一个招聘年度内有效。因机构编制变动、职能调整、新增重点任务以及其他客观原因确需调整的,按程序重新报批。

第十四条 招聘计划确定后,各单位应通过中国气象局门户网站、气象人才招聘网、本单位门户网站等规定的媒体渠道向社会公开发布招聘公告;还可以在人力资源市场网站或其他媒体上发布。招聘公告发布时间不少于7个工作日。

招聘公告内容应包括用人单位情况简介、招聘岗位、招聘人员数量,参考专业目录,应聘人员资格条件,招聘程序,报名方式方法、时间和地点、联系方式,考试方式、时间(时限)、内容、范围、回避要求以及最低服务年限等其他需要说明的事项。

招聘公告一经发布,应当严格执行,未经同意不得擅自更改。经同意确需更改的,应通过同一渠道提前发布变更或补充公告。

第十五条 各单位应在公告规定的时间、地点组织报名,报名方式可以采取网上报名、现场报名或两者相结合的方式进行。网上报名时间原则上不少于7天,现场报名时间原则上不少于半天。

第十六条 应聘人员应按照招聘的有关规定,如实提供应聘岗位所需要的相关材料,不得弄虚作假。实施网上报名的,应聘人员应在资格复审阶段提供相关材料原件。

第十七条 各单位应严格按照有关政策规定和招聘公告确定

的招聘条件进行资格审查，准确把握审查标准，统一审查尺度。

对没有通过资格审查的人员，各单位有义务接受其询问并告知其原因。资格审查工作中，要重视和加强与应聘人员的沟通，做好政策宣传解释工作，及时化解争议，增强招聘工作的公信力。

资格审查贯穿招聘全过程，任何环节发现资格条件不符合者，均可以取消其报考资格或者聘用资格。

第四章　考试、考察与体检

第十八条　中国气象局直属单位的考试由其人事部门组织。省以下气象部门事业单位的考试原则上由省(区、市)气象局人事部门统一组织，确有需要的，经省(区、市)气象局同意，可授权市(地、州、盟)气象局组织实施，并报中国气象局人事司备案。

第十九条　考试一般应采取笔试和面试等方式进行，主要测试岗位所需的专业知识、业务能力和综合素质。各单位要根据专业和岗位特点合理确定考试的科目和内容。

第二十条　各单位应规范考试工作，增强考试公正度，加大笔试、面试题目委托公正权威第三方机构的组织参与力度。

第二十一条　气象部门事业单位招聘气象类专业本科以上应届毕业生的，艰苦边远地区、国家和省级乡村振兴重点帮扶县气象局及县以下气象台站招聘本科以上应届毕业生的，可采取直接面试的考试方式。急需引进的高层次、短缺专业人才，经本单位党组(党委)研究同意，可采取直接面试的考试方式。直接面试的招聘岗位应在招聘公告中予以明确。

第二十二条　采用笔试加面试考试方式的，应根据笔试人员的成绩由高到低依次确定入围面试人员名单，并及时公布。

各单位应根据招聘岗位特点合理确定笔试和面试成绩的权重，其中笔试成绩权重一般不低于40%。若综合成绩相同，一般以笔试成绩从高到低排名。

根据应聘人员实际考试成绩和岗位需要，各单位可合理确定相应笔试、面试合格线。

第二十三条 面试可以采取现场答辩、结构化面试、无领导小组讨论等方式进行。面试评委人数应为奇数，不少于5人，原则上应有一定比例的外系统或外单位人员参加。

第二十四条 各单位根据考试成绩由高到低确定考察、体检人员名单。

各单位应当制定考察方案，明确考察的内容、方法等，考察可以采用个别谈话、实地走访、查询社会信用记录、同本人面谈等形式，也可信函委托有关单位进行考察。采取委托考察的，考察材料应加盖被委托单位公章。重点对考察对象的思想政治表现、道德品质、综合素质、学业成绩、研究论文、社会实践、业务能力、工作实绩以及需要回避的情况等进行考察，并对其资格条件进行复查，对其档案进行审核。

体检项目和标准一般参照现行的公务员录用体检通用标准确定。因岗位要求确需采用其他体检标准，或者需增加心理测试等内容的，应当在公开招聘公告中载明。

第二十五条 对于公开招聘中资格审查、笔试、面试、考察等环节的进展情况应当面向社会公布，并确保及时、全面、准确。

第五章 公示与聘用

第二十六条 各单位的拟聘用人员名单应根据考试、考察和体检结果由本单位党组（党委）集体研究确定。中国气象局所属在京单位的拟聘用应届毕业生还应符合人力资源社会保障部有关要求。

第二十七条 各单位应在招聘公告发布的范围内对拟聘用人

员信息进行公示，公示时间不少于 7 个工作日。公示内容包括招聘单位、岗位名称、拟聘用人员基本情况、监督举报电话等。

公示期间，对拟聘用人员有反映的，各单位应进行调查核实并提出相应处理意见。

第二十八条 因下列情形导致招聘岗位出现空缺的，可以从同一岗位考试合格人员中，按照考试成绩由高到低依次递补。

（一）应聘人员体检或者考察不符合要求的；

（二）拟聘用人员公示的结果影响聘用的；

（三）拟聘用人员明确放弃聘用的；

（四）导致拟聘岗位空缺的其他情形。

没有递补人员的，可从符合招聘岗位要求的同类岗位考试成绩合格的人员中进行调剂。调剂岗位的人选，应从服从调剂且符合条件的考生中根据考试成绩由高到低确定，并按要求进行公示。

第二十九条 各省（区、市）气象局拟聘用的应届毕业生名单报人事司审核备案。中国气象局所属在京单位拟聘用的应届毕业生名单，由人事司审核后统一报人力资源社会保障部备案。各单位面向社会招聘的拟聘用人员名单报人事司审核备案。

第三十条 拟聘用人员应在规定的时间内持国家认可的学历证、学位证等材料原件按要求到人事部门报到。对于不符合条件的拟聘用人员，不得办理报到手续。

第三十一条 用人单位法定代表人或者其委托人与受聘人员签订聘用合同，确立人事关系。受聘人员按照规定实行试用期制度，试用期包括在聘用合同期限内。试用期满合格的，予以正式聘用；不合格的，取消聘用。

第三十二条 各单位应按规定为拟聘用人员办理入编手续，填写《国家气象系统事业单位补充人员入编登记表》，并按人事管理权限存入个人档案。

第六章　纪律与监督

第三十三条　公开招聘要严格执行《事业单位人事管理回避规定》等确定的岗位回避和履职回避有关规定。

第三十四条　对违反公开招聘规定的招聘单位、工作人员、应聘人员，严格按照《事业单位公开招聘违纪违规行为处理规定》等相关规定明确的情形和程序处理。

第三十五条　用人单位或组织招聘的部门应妥善保管招聘工作中各个环节形成的资料，以备必要时调查取证，保管时间一般不少于五年。

第三十六条　招聘工作要做到信息公开、过程公开、结果公开，接受社会及有关部门的监督。人事司对各单位公开招聘工作情况进行定期检查和不定期抽查。各单位公开招聘工作情况纳入巡视巡察、选人用人进人专项检查。

第三十七条　用人单位违反本办法第二条不进行公开招聘，擅自聘用人员的，对相关责任人给予处分。

第七章　附　则

第三十八条　符合条件的博士后出站人员、留学回国人员可视同应届毕业生进行公开招聘，并严格执行国家和地方关于博士后出站人员就业和留学人员回国就业工作的有关规定。

第三十九条　地方政府委托气象部门管理的地方气象事业单位工作人员的招聘，参照本办法执行。地方政府对公开招聘另有规定的，从其规定。

第四十条　各单位可依据本办法制定本实施细则，并报人事司备案。

第四十一条 本办法由人事司负责解释。

第四十二条 本办法自印发之日起施行。《气象部门事业单位录用编外用工人员管理办法(试行)》(气发〔2011〕11 号)、《气象部门事业单位公开招聘高校应届毕业生管理办法(试行)》(气发〔2015〕53 号)同时废止。

中国气象局关于加快推进防雷安全监管数字化改革的意见

（气发〔2023〕90 号）

2023 年 8 月 22 日

为贯彻落实《国务院关于加强数字政府建设的指导意见》（国发〔2022〕14 号）和《国务院关于印发气象高质量发展纲要（2022—2035 年）的通知》（国发〔2022〕11 号），以数字化改革推动防雷安全监管效能提升，有效防范化解安全风险。现就加快推进防雷安全监管数字化改革提出以下意见：

一、总体要求

（一）指导思想

坚持以习近平新时代中国特色社会主义思想为指导，全面贯彻党的二十大精神，深入贯彻习近平总书记关于安全生产和气象工作重要指示精神，认真落实“放管服”改革和安全生产“三管三必须”要求，大力推行数字化监管，推动平台集约、数据共享、流程再造、模式创新、机制重塑，实现治理模式变革和监管效能提升，以数字化改革助力政府职能转变，为推进气象治理体系和治理能力现代化提供有力支撑。

（二）基本原则

坚持问题导向。以破解安全监管难题、堵点为着力点，注重顶层设计与基层探索有机结合、技术创新和制度创新双轮驱动，以数字化改革助力管理效能提升。

坚持数据赋能。强化多元数据汇聚融合和开发利用，促进信息开放共享，提升安全监管部门在风险感知、科学决策和行政执法等方面的能力。

坚持整体协同。强化统筹集约，全面提升数字化监管集约化水平。加强系统集成，推进平台对接，提升跨层级、跨系统、跨部门协同监管能力。

坚持依法监管。将数字化监管纳入法治框架，推动安全监管法治化与数字化深度融合，强化相关法规、标准和配套制度建设，促进监管模式创新与依法治理相结合。

（三）主要目标

到 2025 年，防雷安全监管数字化改革取得重要进展，全国一体化数字监管系统基本建成，配套制度基本健全，数字化监管体系基本形成，监管效能明显提升。

到 2030 年，整体协同高效、数据共享融合、应用场景丰富的全国一体化数字监管系统更加成熟，数据共享机制、监管制度和标准体系更加完善，与国家治理体系和治理能力现代化相适应的数字化监管体系更加完备，监管更加高效。

二、构建智能集约的数字化监管平台

（一）统筹建设一体化数字监管平台

选取试点省，开展防雷安全监管数字化改革示范。深入推进信息系统整合，将试点省数字监管平台与全国防雷减灾综合管理服务平台全面整合成全国一体化数字监管平台。增强平台的开放性，为未来扩充其他气象社会管理事项监管功能预留空间。全国一体化数字监管平台投入使用后，全国气象部门不再进行重复开发建设。

（二）加快推进平台对接和数据共享

以一体化建设为目标，整合对接各级平台和系统。各省（区、市）气象局要推进数字监管平台与地方相关平台的对接，建立数据资源共享机制和清单，明确共享范围、流程、渠道和方式，纵向畅通气象部门国、省、市、县级监管数据循环通道，横向畅通气象部门与本级政务服务平台、“双随机、一公开”“互联网＋监管”等相关部门监管平台数据共享通道，实现一平台录入、多平台互通共享。强化审管协同，实现审批和监管信息系统互联互通。

（三）建立健全监管数据体系

建立健全防雷安全重点单位、雷电防护装置检测资质单位人员、设备、活动、监管等基础信息数据库，建立健全隐患整改、信用信息、执法检查、跨部门共享归集等过程数据库，构建标准统一、布局合理、管理协同、安全可靠的数字监管大数据体系。利用全国组织机构统一社会信用代码及自然人身份代码，创建全国统一的监管数字码，构建数字化档案，实现“一企一档”“一户一档”。

（四）切实加强监管数据质量和安全管理

建立数据质量监控机制，建立包含数据收集、存储、加工、使用、维护等全生命周期的数据质量管理流程，确保数据的完整性、准确性和一致性。明确监管各主体的信息权限和相应责任，推进监管数据授权开放，明确数据使用权限、适用范围、安全保障措施。加大对涉及国家秘密、商业秘密、个人信息等重要数据的保护力度，建立雷电防护装置检测机构检测报告、个人信息等数据信息保护制度，确保信息安全。

（五）大力推动监管数据开发利用

加强防雷安全活动全过程、全生命周期的数据统计监测和综合分析，强化安全风险研判和监测预警。加强数据智能分析，探索行政处罚裁量自动化精准匹配，降低非理性、专业知识储备不足等因素的干扰。加强行业数据融合应用，汇聚多源数据资源，拓展应用场景，运用多源数据为市场主体精准“画像”。

三、构建协同高效的数字化监管模式

（一）强化溯源管理

建立健全防雷安全活动全过程、全生命周期、全要素溯源管理体系，实现全过程数字化留痕和全链条数字化追溯。依托数字化监管平台和监管数字码，综合运用扫码、人脸或指纹识别、北斗卫星或 GPS 定位、物联上传等手段，实现对重点单位防雷安全风险防控、隐患排查、防雷装置检测及执法检查等活动全过程记录。

（二）强化风险治理

优化防雷安全风险指标算法模型，赋予重点单位安全风险码，强化风险研判、隐患分级分类监测预警和精准推送。重点单位根据推送信息及时落实整改要求，监管单位根据推送信息实施差异化监管、督促整改。加强检测报告线上异常管理，及时发现和处置虚假检测。构建隐患排查与整治工作闭环，设计隐患“查、整、消”闭环处置应用场景，实现安全隐患智能识别报警，实时动态跟踪隐患治理情况，推进问题隐患精准发现、及时整改和动态消除。

（三）强化信用监管

加强信用监管体系建设，将信用监管贯穿于资质单位的整个生命线。完善信用信息归集共享机制，建立信用信息归集、共享、应用、评价、监管闭环体系。建立信用评价模型，依托监管数据库和信用评价子系统，对资质单位进行在线信用评价。加强信用评价结果应用，根据资质单位信用等级实施差异化监管，促进市场主体规范市场行为。

（四）强化监管协同

建立线上线下协同的动态监管机制。对多次出现风险隐患的单位，实施线下重点执法检查；对共性的风险隐患，实施线下专项执法检查。建立落实主体责任排名指标体系，分类排名，对多次排名靠后的单位，采取提醒、约谈方式，督促整改。依据信用等级、历史检查结果等分类分级实施线上线下监管，对信用好、历史检查不存在问题的实施“码上检查”和互联网远程检查；对信用差，历史检查存在问题的实施现场重点检查。

四、保障措施

（一）完善配套制度

完善相关法律法规制度，及时修订《防雷减灾管理办法》等法规规章中与数字化监管不相适应的条款，将实践检验行之有效的做法及时上升为制度规范，解决数字化监管合理性和合法性的问题。完善适应数字化监管的管理制度，制定运用新技术进行安全监管的制度规则，健全监管数据治理、场景应用、隐私保护、数字档案、平台运行管理等制度。

（二）健全标准规范

强化数字化监管标准设计和建设，加快推进行业数据融合、数据质量管理、数据安全管理、监管场景应用、隐患监测预警等标准制定。强化标准的制度属性，加大数字化监管相关标准推广执行力度，提升应用水平，以标准化促进数字监管规范化。

（三）加强统筹管理

法规司负责数字化监管统筹设计和组织协调；办公室负责将数字化监管项目纳入气象管理信息化统筹规划，纳入相关考核；计财司负责统筹数字化监管平台建设和维持经费保障；预报司负责将数字化监管平台纳入网络安全监督检查。各省（区、市）气象局要明确年度工作任务和职责分工，积极主动做好系统对接、平台运行、创新应用、宣传推广、制度与机制建设等工作。

（四）加强试点示范

坚持整体部署与试点带动相促进，集中整合资源，鼓励基层探索创新，重点聚焦行业数据融合、数据开发利用、监管制度设计、线上线下协同等方向，形成可推广、可复制、可借鉴的数字化监管经验与做法。

(五)加强考核评估

建立常态化考核机制,将数字化监管纳入目标管理、气象高质量发展、改革与气象法治建设考核,重点考核平台运行、数据共享、应用成效、配套制度机制建设等情况。加强系统应用评估,分析应用堵点和典型案例,持续优化系统性能和配套措施,提升系统应用水平。

中国气象局专家访问进修管理办法

（气发〔2023〕96 号）

2023 年 9 月 7 日

第一章　总　则

第一条　为深入贯彻落实党的二十大精神、中央人才工作会议精神和习近平总书记关于气象工作重要指示精神，围绕《气象高质量发展纲要（2022—2035 年）》的部署和要求，加快推进高水平气象人才队伍建设，着力做好专家访问进修工作，积极促进专业技术人才交流学习，规范访问学者管理，制定本办法。

第二条　专家访问进修是指国家级科研业务单位接收下级气象部门优秀中青年人才，开展的短期学术访问进修活动。参与访问进修的中青年人才称为访问学者，接收访问学者的国家级科研业务单位称为接收单位，访问学者所在省（区、市）气象局称为选送单位。

第三条　开展专家访问进修工作坚持党管人才原则，坚持“四个面向”，坚持全方位培养用好人才，坚持聚天下英才而用之，重点围绕气象高质量发展需要，努力实现培养中青年人才、促进学术技术交流、推动业务科研发展、提升气象业务服务能力的目标。

第四条 中国气象局人事司(以下简称“人事司”)负责专家访问进修的归口管理和组织协调工作。国家级科研业务单位和各省(区、市)气象局人事部门负责本单位专家访问进修工作的具体实施。

第二章 接收单位和指导老师

第五条 人事司根据中国气象局年度重点任务确定各接收单位招收访问学者的指标数。接收单位负责制订年度访问学者招收计划,明确招收访问学者的数量规模、专业方向、研修时限、指导老师等,一般在每年第一季度对外发布招收访问学者公告,也可根据工作需要不定期发布。

第六条 接收单位应为访问学者配备指导老师,提供必要的学习、工作和生活条件,承担日常管理和考核工作。接收单位应主动关心访问学者的思想状况,帮助解决访问学者研修期间的实际困难。访问学者为中共党员的,接收单位应按规定协助其转移党组织关系,并安排其参加党组织活动。

第七条 指导老师负责访问学者研修期间的培养,包括但不限于协助制订研修计划、跟踪研修进展、指导业务科研工作、开展研修工作总结等。指导老师应学风优良,事业心和责任感强,能认真负责承担指导工作,具有较高的学术造诣或业务科研水平,一般应具有正高级职称。

第三章 访问学者和选送单位

第八条 访问学者应具备以下基本条件:

(一)政治素质好,有强烈的事业心和良好的职业道德。

（二）气象基础理论和专业知识扎实，具有较强的业务科研工作能力，在本专业方向业务科研方面有代表性成果，有明确的研修目标，具备按要求完成研修任务的能力，从事的业务科研专业方向与所申请的接收单位主要业务科研工作方向基本一致。

（三）身心健康，参加工作3年以上，年龄一般不超过45周岁。

（四）一般应具有硕士研究生以上（含）学历或副高级以上职称。

对于西部、东北地区或艰苦边远地区台站优秀青年人才，可适当放宽申请条件。

第九条 访问学者在指导老师的指导下，按照研修计划开展业务服务、科技创新、技术开发等工作，研修时限一般为半年或一年。

第十条 选送单位要系统梳理本单位人才队伍情况，根据业务科研和人才队伍建设需要，建立优秀中青年人才培养档案，制订专家访问研修培养计划，鼓励和支持承担业务服务重点工作、有发展潜力的中青年人才参加专家访问研修。访问学者所在法人单位（以下简称访问学者所在单位）应督促其完成研修计划任务。研修期间，访问学者所在单位不得安排访问学者承担本单位业务科研工作和出国任务。

第四章　访问学者申请和审批程序

第十一条 访问学者申请及审批程序如下：

（一）选送单位根据本单位专家访问研修培养计划，有针对性地选派优秀中青年人才参加专家访问进修，填写《访问学者申请表》，并向接收单位提出申请；或者拟参加访问研修的中青年人才按照接收单位发布的招收公告，填写《访问学者申请表》，经所在单位、选送单位审核同意后，向接收单位提出申请。

（二）接收单位汇总审核申请信息，按照招收计划遴选访问学者人选，必要时可以组织专家遴选，并经指导老师确认后，由接收单位研究确定访问学者人选。接收单位向访问学者、选送单位发送接收通知，明确研修时限和报到时间。

（三）访问学者应按照通知要求到接收单位报到，因特殊原因不能按时报到者，应由选送单位出具相关证明，经接收单位同意后办理延期手续。逾期不报到且未办理延期手续者，视为自动放弃访问学者资格。

第五章　管理与考核

第十二条　访问学者在研修期间应遵守国家法律法规和接收单位相关规章制度，服从接收单位工作安排和日常管理。对违反国家法律法规及接收单位相关规章制度情节严重者，可由接收单位取消访问学者资格，并函告选送单位。

第十三条　访问学者应在指导老师指导下制订研修计划，填写《访问学者研修计划表》，明确研修任务和时间节点，经指导老师同意后报接收单位、访问学者所在单位和选送单位备案。

第十四条　访问学者应定期向指导老师汇报工作进展，指导老师应及时督促检查访问学者研修计划执行情况，确保按时完成研修任务。

第十五条　接收单位应安排访问学者参加业务服务和科技创新工作，参与学术交流、工作研讨等活动，拓展访问学者的学术视野，提升其专业技术能力和水平。访问学者应服从接收单位的业务科研工作安排，集中精力在接收单位工作学习。

第十六条　接收单位可以根据业务科研工作需要，经访问学者、选送单位同意，适当延长访问学者研修时限，一般只能延长一次，时长不超过 3 个月。

第十七条 研修期间,访问学者在公休日、国家法定节假日或因病、因事离开接收单位所在城市的,应按照接收单位有关规定履行请销假手续。其中,因病请假的应向接收单位出具医院诊断证明;研修时限为半年的访问学者原则上不得在研修期间带薪年休假。研修时限为半年、累计请病事假超过三周者或者研修时限为一年、累计请病事假超过六周者,视为影响研修计划实施,不得参加访问学者考核,不发放《专家访问进修证书》。人事司应不定期抽查访问学者到岗情况,未履行请销假手续或无正当理由不到岗的访问学者,取消访问学者资格。

第十八条 研修结束前,访问学者应系统总结研修期间的工作、学习情况,填写《访问学者考核表》,由指导老师签署考核评价意见后报接收单位。接收单位可按年度组建不少于5人的考核组,对照《访问学者研修计划表》《访问学者考核表》等对访问学者开展考核,考核内容包括研修任务完成情况、思想政治和工作学习表现情况、业绩成果等。考核等次分为优秀、合格、不合格,其中优秀等次不超过30%。考核等次为合格以上的,由接收单位颁发《专家访问进修证书》;对考核等次为优秀的访问学者及其指导老师,接收单位可推荐其参评年度优秀访问学者、优秀指导老师。接收单位应及时将访问学者考核情况反馈选送单位和访问学者所在单位。

人事司每年组织优秀访问学者、优秀指导老师评选,颁发荣誉证书。对于获评的优秀指导老师和访问学者,在职称评审、岗位竞聘、人才选拔等工作中给予优先推荐或同等条件下予以倾斜支持。

第十九条 自动放弃或取消访问学者资格的,三年内不得申请参加专家访问研修。因访问学者个人原因无法完成预定研修任务的,应终止其访问进修,三年内不得申请参加专家访问进修。因接收单位疏于管理或指导老师不认真负责,造成访问学者不能完成研修任务的,暂停接收单位和指导老师招收访问学者资格。

第二十条 人事司定期组织检查国家级科研业务单位专家访问进修工作情况。对专家访问进修工作组织有力、成效显著的单位予以通报表扬；对组织不力、履责不到位的单位予以约谈问责。

第二十一条 访问学者在指导老师指导下取得的业务科研成果，原则上归属接收单位所有，接收单位和选送单位签有协议的按照协议执行。访问学者取得的职务科研成果实现转化的，访问学者作为主要贡献者可享受成果转化分配政策。

第六章 保障措施

第二十二条 研修期间，访问学者工资、福利待遇保持不变，由访问学者所在单位发放。

第二十三条 研修期间，访问学者往返接收单位所在地和家庭主要居住地的交通费由访问学者所在单位承担。研修时限为半年的，访问学者所在单位承担不超过 3 次交通费(往返为 1 次，下同)；研修时限为一年的，访问学者所在单位承担不超过 6 次交通费；选送单位或访问学者所在单位对此有相关规定的可按照规定执行，交通费标准按照国家有关规定执行。由接收单位安排的公务活动，所产生的差旅费由接收单位承担。

第二十四条 国家级科研业务单位按照人事司确定的访问学者招收指标接收的访问学者由中国气象局机关服务中心统一安排住宿。

第七章 附 则

第二十五条 国家级科研业务单位接收部门外高校、科研院所及其他行业单位派出的访问学者，参照本办法执行。接收单位与选送单位签署访问学者相关协议的按照协议约定执行，协议约定之外的要求按照本办法执行。

第二十六条 各省(区、市)气象局、各直属单位可根据本办法制定本单位专家访问进修相关实施细则。

第二十七条 本办法由中国气象局人事司负责解释。

第二十八条 本办法自印发之日起施行。《中国气象局国内高级访问进修实施办法(试行)》(气发〔2010〕149号)同时废止。

中国气象局会议活动管理办法

（气发〔2023〕108号）
2023年10月13日

第一章　总　则

第一条　为加强和规范中国气象局会议活动管理，提高会议活动质量与效果，根据《中共中国气象局党组工作规则》《中国气象局工作规则》《中国气象局党组贯彻落实中央八项规定及其实施细则精神若干规定》等有关文件，结合实际，制定本办法。

第二条　本办法适用于中国气象局及其内设机构、议事协调机构、直属单位举办的会议活动，省（区、市）气象局举办并邀请中国气象局领导出席的会议活动，以及工作人员出席部门外会议活动的管理。

第三条　中国气象局会议分类如下：

一类会议是指以党中央和国务院名义召开的，要求省、自治区、直辖市、计划单列市或中央部门负责同志参加的会议。

二类会议是指中国气象局召开的，要求各内设机构、各直属单位和省、自治区、直辖市、计划单列市气象局负责同志参加的会议。

三类会议是指中国气象局及其所属内设机构召开的，要求省、自治区、直辖市、计划单列市气象局、各直属单位和内设机构有关人员参加的会议；中国气象局直属事业单位召开的，要求省、自治区、直辖市、计划单列市气象局相关业务部门及业务单位有关人员参加的会议；省、自治区、直辖市、计划单列市气象局召开的要求各地（州、盟）、县（旗）气象局以及直属单位和内设机构负责同志参加的会议。

四类会议是指除上述一、二、三类会议以外的其他业务性会议，包括小型研讨会、座谈会、评审会等。

第四条 按照精简、规范、节俭、高效的原则，加强会议活动的管理与组织实施。

第五条 中国气象局会议活动由办公室负责统筹管理和组织协调。

第二章 总体要求

第六条 精简各类线上线下会议活动数量。能不开的会议坚决不开、能不举办的活动坚决不办。能以文件、电话、网络等形式部署工作的，原则上不召开会议。加强对同一领域会议活动的统筹，能合并的会议活动坚决合并，会议活动人员相同或交叉且时间相近的多个会议活动应衔接举办。

第七条 严格控制会议活动规格，确需邀请中国气象局领导出席的，要严格按程序报批。严格控制会议规模，二类会议不超过300人，三类会议不超过150人，四类会议一般不超过50人。

第八条 严格控制会议会期。二、三、四类会议会期不超过1天半（其中传达、布置类会议会期不得超过1天）；会议报到和离开时间，二、三类会议合计不超过1天半，四类会议合计不超过1天。

第九条 会议活动应当到定点场所举办。严禁到党中央、国务院明令禁止的风景名胜区举办，确需到风景名胜区召开的专业性会议，从严控制、严格审批。未纳入定点范围，价格低于会议综合定额标准的内部会议室、礼堂、宾馆、招待所、培训中心，可优先考虑。参会人员以在京单位为主的会议不得到京外召开。无京外代表参加的会议活动，原则上在局内部场所安排。

第十条 要积极运用现代信息技术手段改进会议形式，降低成本，提高效率。不需集中讨论和当面互动的非涉密会议，尽可能用电视电话会议、网络视频会议形式召开，一般不请外地同志到主会场参会。

第三章 计划和方案报批

第十一条 加强会议活动计划管理。各内设机构应于每年10月底前报批下一年度三、四类会议和重要活动计划；应充分利用气象政务管理信息系统，于每月25日前填报未来3个月内拟邀请局领导出席的会议活动，每周五15时前细化填报经审批同意的下一周需要局领导出席的会议活动。局领导临时决定召开的会议或同意出席的会议活动，应及时在政务管理信息系统中补充填报。

直属单位、省（区、市）气象局应提前谋划、制订年度会议活动计划，并于每年10月底前将下一年度需邀请中国气象局领导出席的会议活动计划报中国气象局办公室备案并抄送归口管理内设机构。

第十二条 内设机构提出的三类会议和重要活动计划，由办公室审核汇总提交局长办公会审定后严格执行。内设机构提出的四类会议计划经分管局领导审定后执行。未经中国气象局批准，不得召开全国性会议。每年主汛期（6—9月）原则上不举办全国性会议活动。

会议活动计划一经批准，原则上不得调整。确需临时增加的会议，需另行报批。

第十三条 会议活动举办前，主办单位需制定详细方案并报批，涉及经费支出的要会签计财管理部门、涉外的要会签外事管理部门，获批后方可组织实施。方案一般应包括会议活动名称、时间地点、参加人员、主要议程、筹备事项、任务分工等内容。

（一）召开二类会议（全国气象工作会议），会议方案须经国务院分管领导同志同意并经财政部会签，至少提前10个工作日呈报国务院审批。

（二）召开三类会议，会议方案应提前10个工作日报中国气象局审批。

（三）内设机构确因特殊情况，需要临时组织召开，并邀请省（区、市）气象局和直属单位负责同志参加的全国性会议，会议方案应提前一周报中国气象局审批。

（四）中国气象局议事协调机构一般不召开全国性会议，确因工作需要召开的，需由其办事机构提出方案，报中国气象局审批。

（五）内设机构、直属单位组织召开的各类小型会议或举办的活动，原则上不邀请中国气象局领导和省（区、市）气象局负责同志出席。确需邀请中国气象局领导或邀请4个及以上省（区、市）气象局负责同志出席的会议活动，应提前一周将会议活动方案报中国气象局审批。

（六）省（区、市）气象局拟邀请中国气象局领导出席会议活动，应提前两周将会议活动方案报中国气象局审批。

（七）省（区、市）气象局、直属单位拟邀请局领导出席节庆、论坛、展会活动，应提前1个月将活动方案报中国气象局审批。

第十四条 除单位委派外，在职领导干部、专家参加部门外会议活动需向上级领导报批；需要讲话、发言或作报告的，相关材料应提前报所在单位审核；会议活动结束后及时向单位报告有关情况。

省（区、市）气象局主要负责同志参加与职务工作无关的部门外会议活动，直属单位、内设机构主要负责同志参加部门外会议活动，应报中国气象局分管局领导批准。

第四章　组织实施

第十五条　会议活动主办单位应牵头组织做好筹备和服务保障工作，负责印发通知、组织报名、准备材料、议程安排、布置会场、检查安全、签到考勤、维持秩序、会议记录、印发纪要、归档材料、宣传报道、落实议定事项等工作。相关单位密切配合、分工协作，确保会议活动组织务实高效、规范简朴、安全有序。

第十六条　切实提高会议效率。会前应充分准备，广泛听取意见建议，科学安排议程。提倡开短会，发言时要紧扣主题、简明扼要，讲短话、讲实话，力戒空话、套话；讨论发言时多提建设性意见建议，避免汇报工作式发言和一般性表态发言。

第十七条　厉行勤俭节约。会议活动现场布置要务求简朴实用，工作会议一律不摆花草、不制作背景板、不张贴悬挂标语横幅。能通过电子拷贝的会议材料，不印发纸质材料。会议活动就餐一般采用自助餐，不安排集体会餐和宴会。严禁以任何名义发放纪念品。减少不必要的形式与排场，一般不安排与会议活动无关的表彰、颁奖、合影等。会见外宾的形式、地点可灵活安排，不可奢华。

第十八条　规范会议活动宣传报道，提高宣传报道质量和效率。局领导参加的会议活动结束后，要及时进行宣传报道，新闻稿要严格按程序审核把关。

第十九条　各会议参加单位要坚决贯彻落实中国气象局重要会议精神和议定事项，加强研究部署，压实主体责任，完善工作机制，强化跟踪督办，及时报告推动落实情况，确保取得实实在在的成效。

第五章　纪律要求

第二十条　严肃会议活动纪律。主办单位应在会议活动通知中明确提出纪律要求，重要会议活动开始前进行再次强调。各会场负责单位要加强会场管理和监督检查，对违反会议活动纪律的单位和个人进行通报，对情况严重的按照有关规定严肃处理。

第二十一条　严格请假手续。凡是会议活动已明确参会对象的，原则上不准请假。确因特殊情况不能参加的，应提前向主办单位请假。

第二十二条　不得迟到早退。参加人员要按时出席，重要会议活动应提前10分钟到达会场，按指定位置就座，不得无故迟到、早退，不得无故长时间离场。确因重要紧急事项离场的，须经会议活动主持人或主办单位负责人同意。

第二十三条　遵守现场秩序。会议活动期间，参加人员不得随意走动、大声喧哗、交头接耳、打瞌睡，不得阅读与会议活动无关的材料，不得处理与会议活动无关的事项。

第二十四条　严格手机管理。倡导不带手机进入会议活动现场。参加重要和涉密会议活动，不得携带手机入场。参加其他会议活动，如确需携带手机，要自觉将其关闭或调至静音状态，不得在会场内接打电话、浏览手机。必须接听的重要紧急电话，应在不影响会议活动进行的情况下，到场外接听。

第二十五条　遵守保密纪律。未经允许不得将会议活动材料、音像等资料在网络公开传播。标明“会后收回”的会议材料，不得带离会场。参加需要保密的会议活动，不得将带有录音录像功能的设备违规带入会场。会议决定事项以正式文件或会议纪要为准，未允许传达的内容不得对外泄露。

对于重要会议活动，主办单位或服务保障单位要事先做好应急预案和会场安全检查，排查隐患点，确保安全。

第六章　附　则

第二十六条　举办国际会议按照《在华举办国际会议经费管理办法》等有关规定执行。

第二十七条　涉密会议活动保密要求按照《中国气象局涉密会议活动保密管理办法》执行。

第二十八条　会议活动经费管理按照《气象部门会议费管理办法》执行。

第二十九条　本办法由中国气象局办公室负责解释。

第三十条　本办法自印发之日起施行。

气象部门会议费管理办法

（气发〔2023〕111号）

2023年10月20日

第一章　总　则

第一条　为进一步加强和规范气象部门会议费管理，精简会议，改进会风，提高会议效率和质量，节约会议经费开支，根据《关于印发〈中央和国家机关会议费管理办法〉的通知》（财行〔2016〕214号）和《财政部关于〈中央和国家机关会议费管理办法〉的补充通知》（财行〔2023〕86号）制定本办法。

第二条　气象部门会议的分类、审批和会议费管理等，适用本办法。

本办法适用于气象部门各级行政、事业单位，以下简称“各单位”。

本办法适用于气象部门召开的一类、二类、三类、四类会议，包括线上会议和线下会议。线上会议是指采取电视电话、网络视频等方式召开的会议，含线上与线下相结合的会议。

第三条　各单位召开会议应当坚持厉行节约、反对浪费、规范简朴、务实高效的原则，加强对会议内容相近、参会人员范围相同会议的统筹，严格控制会议数量和各类会议规模，简化办会形式，合理确定参会人员范围，减少参会人员数量，减少陪会，规范会议费管理。

第四条 各单位召开的会议实行分类管理、分级审批。

第五条 各单位应当在规定的开支范围和开支标准内从严从紧核定会议费预算，控制会议费预算规模，节约会议经费开支。会议费预算应当细化到具体会议项目，执行中不得突破。会议费应当纳入部门预算，并单独列示。

第二章 会议分类和审批

第六条 气象部门会议分类如下：

一类会议是指以党中央和国务院名义召开的，要求省、自治区、直辖市、计划单列市或中央部门负责同志参加的会议。

二类会议是指中国气象局召开的，要求各内设机构、各直属单位和省、自治区、直辖市、计划单列市气象局负责同志参加的会议。

三类会议是指中国气象局及其所属内设机构召开的，要求省、自治区、直辖市、计划单列市气象局、各直属单位和内设机构有关人员参加的会议；中国气象局直属事业单位召开的，要求省、自治区、直辖市、计划单列市气象局相关业务部门及业务单位有关人员参加的会议；省、自治区、直辖市、计划单列市气象局召开的要求各地（州、盟）、县（旗）气象局以及直属单位和内设机构负责同志参加的会议。气象部门三类会议主要包括全国性业务工作会议、各省（区、市）气象工作会议等。

四类会议是指除上述一、二、三类会议以外的其他业务性会议，包括小型研讨会、座谈会、评审会等。

第七条 气象部门会议按以下程序和要求进行审批：

一类会议。应当由主办单位报经党中央和国务院批准。会议总务、经费预算及费用结算等工作分别由中共中央直属机关事务管理局(以下简称中直管理局)和国家机关事务管理局(以下简称国管局)负责。

二类会议。中国气象局办公室(以下简称办公室)应当于每年11月底前,将下一年度会议计划(包括会议名称、召开的理由、主要内容、时间地点、代表人数、工作人员数、所需经费及列支渠道等)报中国气象局审议,审议通过后由中国气象局计划财务司(以下简称计财司)送财政部审核会签,办公室按程序报国务院办公厅审核。气象部门召开二类会议原则上每年不超过1次。

三类会议。中国气象局机关各内设机构组织召开的会议应于每年10月底前将下一年度会议计划(包括会议数量、会议名称、召开的理由、主要内容、时间地点、代表人数、工作人员数、所需经费及列支渠道等)报局办公室审核,局办公室将审核结果报中国气象局审议后批复执行。

中国气象局直属事业单位和各省、自治区、直辖市、计划单列市气象局组织召开的会议应于每年10月底前将下一年度会议计划(包括内容同上)报经单位领导班子集体审议后批复执行。

四类会议。中国气象局机关各内设机构组织召开的会议应于每年10月底前将下一年度会议计划(包括内容同三类会议)由内设机构主要负责同志审核后报分管局领导审定执行。

中国气象局直属事业单位和各省、自治区、直辖市、计划单列市气象局组织召开的会议审批流程同其三类会议规定。

会议计划一经批准,原则上不得调整。对党中央、国务院、中国气象局、各单位交办确需临时增加的会议,按上述程序申请调整会议计划,其中:对各单位临时增加的会议,原则上不增加年度预算。

第八条　一类会议会期按照批准文件,根据工作需要从严控制;二、三、四类会议会期原则上不得超过1天半;传达、布置类会议会期不得超过 1 天。

会议报到和离开时间,一、二、三类会议合计不得超过 1 天半,四类会议合计不得超过 1 天。

会议通知由各主办单位印发。

第九条 各单位应当严格控制会议规模。

一类会议参会人员按照批准文件,根据会议性质和主要内容确定,严格限定会议代表和工作人员数量。

二类会议参会人员不得超过 300 人,其中,工作人员控制在会议代表人数的 15%以内;不请省、自治区、直辖市和中央部门主要负责同志、分管负责同志出席。

三类会议参会人员不得超过 150 人,其中,工作人员控制在会议代表人数的 10%以内。

四类会议参会人员视内容而定,一般不得超过 50 人。

第十条 各单位召开会议,在符合保密和网络信息安全要求的前提下,提倡采用线上会议形式,降低会议成本,提高会议效率。线上会议的主会场和分会场参会人数合计不得超过本《办法》第九条规定的相应会议类别参会人数上限,不请外地同志到主会场参会。

线上会议优先选择单位内部电视电话、电子政务内网视频会商等现有应用系统。单位现有应用系统无法保障的,应当结合工作性质、保密要求等,选择专用系统、运营商服务系统、第三方软件服务系统等。

第十一条 不能够采用电视电话、网络视频召开的会议实行定点管理。各单位会议应当到定点会议场所召开,按照协议价格结算费用。未纳入定点范围,价格低于会议综合定额标准的单位内部会议室、礼堂、宾馆、招待所、培训中心,可优先作为本单位或本系统会议场所。

无外地代表且会议规模能够在单位内部会议室安排的会议,

原则上在单位内部会议室召开，不安排住宿。

第十二条 参会人员以在京单位为主的会议不得到京外召开，以本省单位为主的会议不得到省外召开。各单位不得到党中央、国务院明令禁止的风景名胜区召开会议。

第三章 会议费开支范围、标准和报销支付

第十三条 会议费开支范围包括线下费用和线上费用。

线下费用开支范围包括会议住宿费、伙食费、会议室租金、交通费、文件印刷费、医药费等。

前款所称交通费是指用于会议代表接送站，以及会议统一组织的代表考察、调研等发生的交通支出。

会议代表参加会议发生的城市间交通费，按照差旅费管理办法的规定由所在单位报销。

线上费用包括能够明确对应具体会议的设备租赁费、线路费、电视电话会议通话费、技术服务费、软件应用费、音视频制作费等。

第十四条 会议费线下费用以实际发生的费用项目分项定额标准总额为上限，结合线下实际参会人数、会议时间进行核算。各项费用之间可以调剂使用，未实际发生的费用项目不得参与调剂。

会议费综合定额标准如下：

单位：元/人天

会议类别	住宿费	伙食费	其他费用	合计
一类会议	500	150	110	760
二类会议	400	150	100	650
三、四类会议	340	130	80	550

线上费用不纳入综合定额标准内核算，凭合法票据原则上在单位年度会议费预算内据实列支。

各单位应当按照厉行节约、提高效率的原则，优先选择气象部门内部线上会议应用系统召开会议，确需选择气象部门外的线上会议应用系统的，应通过市场调研、充分议价，合理选择线上会议应用系统，细化完善线上会议支出标准。

第十五条 一类会议费在部门预算专项经费中列支，二、三、四类会议费原则上在各单位部门预算公用经费中列支。

会议费由会议召开单位承担，不得向参会人员收取，不得以任何方式向下属机构、企事业单位转嫁或摊派。

第十六条 根据《关于进一步完善中央财政科研项目资金管理等政策的若干意见》（中办发〔2016〕50 号）相关规定，气象部门一院八所因教学、科研需要举办的业务性会议（如学术会议、研讨会、评审会、座谈会、答辩会等），会议次数、天数、人数以及会议费开支范围、标准等，按照实事求是、精简高效、厉行节约的原则由一院八所制定相关办法规定。会议代表参加会议所发生的城市间交通费，原则上按差旅费管理规定由所在单位报销；因工作需要，邀请国内外专家、学者和有关人员参加会议，对确需负担的城市间交通费、国际旅费，可由主办单位在会议费等费用中报销。

第十七条 各单位在会议结束后应当及时办理报销手续。线下会议费报销时应当提供会议审批文件、会议经费预算表、会议通知及实际参会人员签到表、会议费结算表、定点会议场所等会议服务单位提供的费用原始明细单据、电子结算单等凭证。线上会议费应当提供费用清单和使用相关应用系统所开具的合法票据，签署服务合同的，需一并提供相关合同。财务部门要严格按规定审核会议费开支，对未列入年度会议计划，以及超范围、超标准开支的经费不予报销。

第十八条 各单位会议费支付应当严格按照国库集中支付制度和公务卡管理制度的有关规定执行，以银行转账或公务卡方式结算，禁止以现金方式结算。

第四章　会议费公示和年度报告制度

第十九条　各单位应当将非涉密会议的名称、主要内容、参会人数、经费开支等情况在单位内部公示或提供查询，具备条件的应向社会公开。

第二十条　各二级预算单位应当于每年 2 月底前，将本单位及下属预算单位上年度会议计划和执行情况（包括会议名称、主要内容、时间地点、代表人数、工作人员数、经费开支及列支渠道等）汇总后报中国气象局。

第二十一条　中国气象局应当于每年 3 月底前，将本级和下属预算单位上年度会议计划和执行情况（包括会议名称、主要内容、时间地点、代表人数、工作人员数、经费开支及列支渠道等）汇总后报财政部，同时抄送国管局。

第二十二条　中国气象局对各单位报送的会议年度报告进行汇总分析，针对执行中存在的问题，及时提出加强监管的措施。

第五章　管理职责

第二十三条　计财司主要职责是：

（一）会同办公室制定或修订会议费管理办法，并对执行情况进行监督检查；

（二）负责与财政部协调，会签报送国务院办公厅审核的气象部门二类会议年度计划；

（三）负责提出加强会议费管理的措施，并加强对本单位会议费使用的内控管理。

第二十四条　办公室主要职责是：

（一）负责气象部门会议的分类管理；

（二）配合计财司制定或修订会议费管理办法；

（三）负责中国气象局机关年度会议计划编制，向中国气象局报送中国气象局机关三类会议年度计划，管理机关四类会议；

（四）负责提出气象部门二类会议年度计划，报送中国气象局审议，按程序报国务院办公厅审核；

（五）负责中国气象局召开的二类会议的总务工作；

（六）配合计财司对会议费执行情况进行监督检查。

第二十五条 各单位主要职责是：

（一）负责制定本单位会议费管理的实施细则；

（二）各省、自治区、直辖市、计划单列市气象局和各直属事业单位负责单位年度会议计划的编制和三类、四类会议的审批管理；

（三）负责安排会议预算并按规定管理、使用会议费，做好相应的财务管理和会计核算工作，对内部会议费报销进行审核把关，确保票据来源合法，内容真实、完整、合规；

（四）加强对本单位会议费使用的内控管理。

第二十六条 各单位应当加强涉密会议安全和保密管理，落实网络安全工作责任制，强化网络安全技术防护措施，选择安全可靠的应用系统，督促系统服务供应商严格落实安全保密责任，加强对运维人员、技术服务人员日常保密教育和监督，定期开展终端设备和涉密场所保密检查，妥善保管会议音视频等材料，切实做好安全保障工作。

第六章 监督检查和责任追究

第二十七条 计财司、办公室和审计室对各单位会议费管理和使用情况进行监督检查。主要内容包括：

（一）会议计划的编报、审批是否符合规定；

（二）会议费开支范围和开支标准是否符合规定；

（三）会议费报销和支付是否符合规定；

（四）会议会期、规模是否符合规定，会议是否在规定的地点和场所召开；

（五）是否向下属机构、企事业单位转嫁、摊派会议费；

（六）会议费管理和使用的其他情况。

第二十八条 严禁各单位借会议名义组织会餐或安排宴请；严禁套取会议费设立“小金库”；严禁在会议费中列支公务接待费。

各单位应严格执行会议用房标准，不得安排高档套房；会议用餐严格控制菜品种类、数量和份量，安排自助餐，严禁提供高档菜肴，不安排宴请，不上烟酒；会议会场一律不摆花草，不制作背景板，不提供水果。

不得使用会议费购置电脑、复印机、打印机、传真机等固定资产以及开支与本次会议无关的其他费用；不得组织会议代表旅游和与会议无关的参观；严禁组织高消费娱乐、健身活动；严禁以任何名义发放纪念品；不得额外配发洗漱用品。

第二十九条 违反本办法规定，有下列行为之一的，依照本规定追究会议举办单位和相关人员的责任：

（一）计划外召开会议的；

（二）以虚报、冒领手段骗取会议费的；

（三）虚报会议人数、天数等进行报销的；

（四）违规扩大会议费开支范围，擅自提高会议费开支标准的；

（五）违规报销与会议无关费用的；

（六）其他违反本办法行为的。

有前款所列行为之一的，由计财司会同有关部门责令改正，追回资金，并经报批后予以通报。同时，通知其上级主管单位，按照有关规定对直接负责的主管人员和相关负责人予以责任追究。涉嫌违法的，移交司法机关处理。

内部宾馆、招待所、培训中心有关工作人员违反规定的，按照财政部定点会议场所管理的有关规定处理。

第七章　附　则

第三十条　各单位应当按照本办法规定，结合本单位业务特点和工作需要，制定会议费管理具体实施细则。

第三十一条　气象部门民间非营利组织会议费管理参照本办法执行，其中气象学会举办的全国性的气象学术会议，会议可以适当扩大规模和延长会期。

第三十二条　本办法由中国气象局负责解释，自印发之日起施行。原《气象部门会议费管理办法》（气发〔2018〕126 号）同时废止。

中国气象局关于进一步加强气象台站安全防范工作的指导意见

（气发〔2023〕115 号）

2023 年 10 月 25 日

为全面贯彻党的二十大精神，深入落实习近平总书记关于总体国家安全观的重要论述，落实党中央、国务院关于安全稳定工作决策部署，全面提升气象台站安全防范能力，为气象高质量发展提供坚强安全保障，根据《国家安全法》《反恐怖主义法》《企业事业单位内部治安保卫条例》等法律法规，提出如下指导意见：

一、发展现状

2022 年，中国气象局印发《“十四五”气象台站基础能力提升规划》（以下简称《规划》），明确提出补短板、强弱项等重点任务，着力提升台站各项安全设施性能，确保台站安全可靠运行。《规划》印发以来，各地气象部门因地制宜，围绕台站安全防范能力提升，采取有效措施，取得明显成效。但对标新安全格局保障新发展格局的要求，制约气象台站安全发展的问题仍然较为突出，台站安全防范意识薄弱、制度缺失、责任模糊和设施有短板、联动未建立等问题都在一定程度上影响气象台站监测精密能力的进一步提升，不能有效满足气象保障生命安全、生产发展、生活富裕、生态良好的客观需求。

二、总体要求

坚持以习近平新时代中国特色社会主义思想为指导，全面贯彻落实党的二十大精神，深入贯彻落实习近平总书记关于总体国家安全观的重要论述以及对气象工作的重要指示精神，立足新发展阶段，紧密围绕保障气象高质量发展，聚焦落实《规划》要求，以完善标准为基础，以落实责任为抓手，以健全制度为支撑，以强化联动为保障，全方位加强气象台站安全防范能力，为发挥气象防灾减灾第一道防线作用提供有力支撑。

三、主要内容

（一）坚持统筹发展和安全。深入学习贯彻习近平总书记关于总体国家安全观的重要论述，深刻理解总体国家安全观的核心要义，准确把握统筹发展和安全的实践要求，切实增强底线思维和极限思维，把安全防范工作从最坏处着眼，向最好处发力。集中组织学习《国家安全法》《反恐怖主义法》《企业事业单位内部治安保卫条例》等法律法规，将总体国家安全观和相关法律法规纳入干部培训内容，有针对性地开展宣传活动。

（二）全面落实安全防范工作责任。严格落实《国家安全法》《反恐怖主义法》《企业事业单位内部治安保卫条例》等法律法规规定，对台站工作人员安全防范工作职责进行逐一明确，主要负责人作为安全防范第一责任人负总责，重点部位负责人和其他岗位人员对所属责任区域负责，把责任细化到个人、落实到岗位，让职工清楚了解自身安全职责。要建立安全责任人和责任要求公示制度，强化群众监督，倒逼责任履行。严格台站所属出租房屋安全管理，明确租赁双方安全责任。

（三）健全气象台站安全防范制度体系。坚持制度引领，围绕气象台站安全职责分工、值班巡查、隐患排查、应急处置等方面建立较为完善的安全管理制度体系，做到有法可依。要针对极端天气气候事件、电力通信中断失联、遭遇网络攻击或恐怖袭击等各类突发情况制定防范和应急处置预案，定期进行人员培训和演练。

（四）强化与公安部门协同联动。加强与属地公安部门沟通协调，按照《反恐怖主义法》《企业事业单位内部治安保卫条例》等关于防恐和安全保卫重点单位有关规定，争取将本级气象部门特别是气象台站列入当地防范恐怖袭击重点目标单位（治安保卫重点单位），依托当地公安部门力量，开展治安联动，并按照重点单位管理要求，强化内部安全管理，配备相关设备，提升台站事前预防和应急处突能力。

（五）制定气象台站安全防范标准。按照公安部门安全防范工作要求，结合本地区实际，制定气象台站安全防范标准，明确包括监控系统、周界报警系统、电子门禁系统、电子巡查系统、消防系统、防雷（防静电）系统、大门、围墙周界等在内的各项具体建设标准，对“人防、物防、技防”要求作进一步细化，全面推进台站安防标准化建设。

（六）加强台站安全基础建设。深入推进《规划》落实落地，以项目建设为依托，强化气象台站安全防范基础设施建设。要建设全覆盖、无死角的视频监控和入侵报警系统，重点部位和主要出入口可根据场景需要，配置全彩超清或红外监控设备，提升夜视效果，所有监控设备应当满足法定存储时长，确保事后可追溯。县级台站视频监控控制平台应当与业务系统在同一空间建设和管理，台站视频监控图像除在本地保存和使用外，还应实时传输至所在地市级气象局业务监控平台，地市级业务值班人员随时观察台站安全状况，做到及时发现、及时处置。有人值守或确定为当地防范恐怖袭击重点目标单位（治安保卫重点单位）的，应当配齐配强保卫力量，配备必要的通信设备和安全防护器材，加强安全防范和巡查值守；人工影响天气弹药存储点、大气本底站和偏僻孤设的雷达站等可探索采取“犬防”措施，加强安防力量。要根据安全环境，改造提升门禁、围墙、护坡、堡坎、消防、防雷等物防设施性能，有效提高台站灾害防御和风险防范能力。安全防范有特殊要求的地区气象台站，要按照当地党委政府的要求做好相关工作。

四、保障措施

（一）加强组织领导。各级气象部门要结合当前国际国内复杂环境，深刻学习领会总体国家安全观精神内涵，充分认识抓好气象台站安全防范工作的重要性，全面强化组织领导，明确各方责任，科学合理安排，推进工作落实。中国气象局安委办要发挥综合协调作用，定期调度工作进展；观测司要加强气象台站安全运行业务指导，消除业务安全运行风险；省级气象部门要加大对下指导力度，采取有效措施，切实提升气象台站安全防范能力。

（二）加强资金投入。各级气象部门要严格落实《规划》要求，强化统筹规划，立足本地区气象台站安全防范工作实际，统筹考虑台站建设和运行维护，建立相对稳定的安全防范资金投入机制，为台站风险防范提供持久有效的资金保障。中国气象局计划财务司要加大台站安全项目支持力度，强化资金使用监管；省、市、县各级气象部门要做好本地区统筹管理，积极争取地方财政资金投入。

（三）加强督导检查。各级气象部门要定期调度本地区台站安全防范工作推进情况，实地督导重点难点问题解决落实，对工作不落实、敷衍了事等行为要及时督查整改，确保工作有序高效推进。中国气象局也将气象台站安全防范工作纳入业务检查、安全督导重点内容，助力工作开展和责任落实。

中国气象局科研项目立项和管理暂行规程

（气发〔2023〕118 号）

2023 年 11 月 1 日

第一章　总　则

第一条　为深入实施《气象高质量发展纲要（2022—2035 年）》和《中国气象科技发展规划（2021—2035 年）》，有序部署《气象科研项目谱系资源配置 2030 规划》任务，落实国家深化科技管理体制改革要求，完善气象关键核心技术攻关体制，优化气象科技研发资源配置，加强各类气象科研项目的组织整合，切实提升实施绩效，在关键领域尽快形成核心竞争力，加快实现高水平气象科技自立自强，特制定本规程。

第二条　立足"四个面向"，围绕国家战略需求和气象高质量发展需要，聚焦气象关键核心科学问题和"卡脖子"技术重大难题以及制约气象业务服务能力提升的技术"难点""堵点"，充分发挥行业主管部门作用，在中国气象局决策部署下推进实施。

第三条　中国气象局归口管理的气象领域国家科研项目（包括国家科技重大项目、国家自然科学基金气象联合基金等）、中国气象局主导设立的部级科研项目(包括中国气象局创新发展专项、气象能力提升联合研究专项、风云卫星应用先行计划、中国气象局“揭榜挂帅”项目等)以及定位相符、应纳入本规程管理的其他气象科研专项。

第四条 中国气象局科研项目的组织实施遵循以下原则:

——坚持系统布局和统筹集约。发挥行业部门组织优势,统筹规划气象科研项目谱系攻关任务,建立实现气象科技自立自强的科研攻关组织“作战图”“时间表”“清单制”,强化部门、国省、军民、局校、局企协同,促进产学研用深度融合,更加高效配置资源。

——坚持需求牵引和目标导向。落实“主动、互动、联动”工作机制,建立业务需求“出题”、科研攻关“答题”、创新链业务链深度融合的气象科研项目储备和部署制度,切实发挥科技创新对气象高质量发展的战略支撑作用。

——坚持多元投入和分类管理。统筹用好中央财政科技资源,积极争取地方财政、企业资金和其他社会资源多元投入,广泛调动各方优势力量。完善差异化项目评审和成果分类评价机制,加强评估问效和动态调整。

第五条 组建中国气象局科研项目工作专班(以下简称工作专班)和科研项目指南编制工作组(以下简称指南工作组)。

——工作专班由中国气象局分管科技的局领导任组长,中国气象局科技与气候变化司、应急减灾与公共服务司、预报与网络司、综合观测司、计划财务司、人事司、政策法规司、国际合作司和中国气象科学研究院(以下使用规范化简称)负责人作为成员,负责中国气象局科研项目的总体协调和组织。工作专班办公室设在科技司。

——指南工作组由气科院主要负责人任组长,各直属业务单位负责人为成员,统筹负责中国气象局科研项目指南编制。工作组办公室设在气科院。

第二章 立项流程

第六条 有序部署《气象科研项目谱系资源配置2030规划》（以下简称项目谱系规划）任务，建立中远期发展目标任务图谱与年度研发任务迭代更新相结合的项目储备制度，定常开展前沿技术预测和突破方向研判，定期对项目谱系规划进行滚动修订。

第七条 以项目谱系规划为蓝本形成项目指南，完善"自上而下"和"自下而上"相协同的选题凝练机制。

——以"自上而下"为主，指南工作组基于项目谱系规划，结合年度资金规模，开展各类气象科研项目年度指南编制。

——以"自下而上"为辅，各直属单位、各省（区、市）气象局、行业单位可从业务服务急需出发，研究提出必要的选题动议，经指南工作组研究、工作专班审议后纳入相应渠道项目年度指南，并相应补充调整项目谱系规划任务布局。

——加强青年人才培养力度，在部级科研项目中设立青年项目，支持40岁以下青年人才开展探索性、颠覆性、交叉性技术创新预研。

第八条 项目按照以下程序审议决策，并与气象部门预算管理工作相衔接：

——中国气象局作为主责部门的国家科技重大项目总体布局或实施方案，由工作专班（以中国气象局领导专题会议形式，下同）进行审议，并提请中国气象局党组会议审定后，报送中央科技办。

——气象领域国家科研项目年度指南，经工作专班审定后，按相应项目渠道报送。

——部级科研项目指南经工作专班审定后发布，立项结果由相应项目归口管理职能司依据项目管理办法报批立项。

——对于需求紧迫的项目动议，建立快速响应、灵活部署的机制，采取“一事一议”原则报工作专班或中国气象局审定指南或审批立项。

——中央级科学事业单位稳定支持经费设立的研发任务、中央企业出资的合作科研项目，应围绕项目谱系规划立项实施，立项情况报工作专班办公室备案。

——各类项目立项应体现对青年气象科技人才的倾斜，支持其“挑大梁”“当主角”，45 岁以下青年人才担任项目负责人比例原则上不低于 50%。

第九条 对于直属单位、省级气象部门、科技领军企业、全国气象科教融合创新联盟成员单位等布局设立的区域、流域、产学研协同气象科研专项，可向工作专班办公室提出申请，经工作专班研判后按部级科研项目管理，并按照“一视同仁”的原则提供政策支持。

第三章 组织实施、成果转化与验收评价

第十条 根据任务特点和需求，中国气象局科研项目的组织实施实行分类分级管理。

——主责单位负责制。各省（区、市）气象局、中国气象局直属事业单位以及行业单位作为主责单位，对本单位或本单位下设独立法人单位承担科研项目的规范管理和实施总体绩效负责。

——专项攻关总承单位负责制。对于需要广泛调动部门内外资源、多单位协同攻关、多渠道项目支持的重大气象科研攻关专项任务，由攻关任务总承单位作为主责单位，对专项下所有项目实施集群管理，对攻关总体绩效负责。

——职能归口管理。中国气象局职能司对职能分管领域的气象科研项目实施进行跟踪指导和督导检查，对其最终成果和业务贡献进行审核把关，对分管领域科研项目整体绩效负责。

——专业机构支撑。培育气象科技科研项目管理支撑机构，支持工作专班和职能司开展管理工作，负责项目申报受理、形式审查、评审咨询、过程管理、结题验收、跟踪问效等管理环节的具体组织实施工作。根据项目管理需要，可确定相应单位作为专业机构，并视工作成效动态调整。

第十一条 主责单位要提高项目管理能力，既减少不必要的检查干预，又全面掌握项目实施进度。建立科研项目实施年度报告制度，主责单位应按年度对负责的各类科研项目实施整体情况、取得主要成果和业务应用成效等进行总结评估，形成年度报告报送工作专班办公室。

第十二条 健全项目验收绩效评价指标体系，探索项目实施与成果转化相衔接的评价制度。

——项目验收评价遵循所属支持渠道管理规定。部级科研项目验收评价以应用绩效和业务贡献为核心，突出成果用户单位的关键作用和业务职能司的审核把关作用，精简验收流程和材料报送。

——对于中国气象局创新发展专项等以解决业务实际问题为目标定位的项目，探索“2 年实施＋1 年转化应用”评价模式，实现既定业务应用目标后方可申请结题验收，结题验收前项目负责人一般不得再承担同类科研项目。

——对于成果转化应用成效优异的项目，在后续研发方面给予持续滚动支持。

第十三条 主责单位要充分用好成果转化中试基地等平台机制，加快推动项目成果转化应用。建立重点项目成果跟踪问效机制，主责单位应在项目验收后 3 年内不定期组织对成果应用情况开展跟踪评价并进行报告，工作专班适时通报后效评价结果，并根据评价结果奖优罚劣。

第十四条 构建中国气象局科研项目管理平台，加强全口径项目信息管理。主责单位要建立健全流程清晰、责任明晰的全口径科研项目信息管理机制，及时通过中国气象局科研项目管理平台汇总更新各类气象科研项目信息，支撑统一调度和项目查重。

第四章　多元化投入与经费管理

第十五条　科技司要会同计财司，多渠道统筹资源，发挥好中央财政资金的杠杆效应，根据项目类型特点，有效引导地方、高校、企业等多元资源共同投入，形成投入共担、成果共用、收益共享的新机制。

第十六条　结合项目定位和组织实施需要，可通过前补助、后补助等方式分类支持。工作专班根据任务特点、研究进度、资金需求等，合理制订年度经费拨付计划。

第十七条　中央财政科研项目经费按照放管结合、权责对等的原则，采取简化预算编制、试行“包干制”和“负面清单制”等多种形式，加大科研人员激励力度，扩大科研经费管理自主权。其他渠道项目经费遵循来源渠道相关管理规定。

第五章　监督与检查

第十八条　主责单位要加强内部制度建设，对项目进展以及管理和实施中相关主体的行为规范、工作纪律、履职尽责情况等进行检查督导，发现违规违纪问题的，按程序依规依纪进行处置。

第十九条　针对实施周期 3 年及以上的重点项目，科技司会同计财司及相关业务职能司，定期或不定期对项目实施和资金使用情况进行督导检查和阶段评估，对项目能否完成预定任务目标作出判断，并根据实施成效提出限时整改、动态调整、滚动实施或终止撤销的建议，报工作专班决策。

第二十条 评估评价和监督检查形成的结论及意见在一定范围内公开，作为各类科研项目组织实施遴选和动态调整的重要依据，建立健全守信激励和失信惩戒机制。

第六章 附 则

第二十一条 本规程是中国气象局归口管理或主导设立的各类科研项目立项和管理的总体制度规定。气象领域国家科研项目管理遵循来源渠道项目管理规定；部级科研项目应在本规程指导下制定修订各自管理办法和细则。

第二十二条 本规程由科技司负责解释，自发布之日起实施。

中国气象局关于气象部门基层台站开展职称“定向评价定向使用”工作的指导意见

（气发〔2023〕119 号）

2023 年 11 月 2 日

基层人才队伍是气象人才队伍的重要组成部分，基层人才工作是气象人才工作的重要方面，做好基层人才工作对于筑牢气象防灾减灾第一道防线、推进气象高质量发展具有重要作用。为贯彻落实《气象高质量发展纲要（2022—2035 年）》（国发〔2022〕11 号）、《人力资源社会保障部办公厅关于进一步做好职称评审工作的通知》（人社厅发〔2022〕60 号）有关要求，进一步夯实基层气象人才基础，拓展基层气象人才发展空间，在征得人力资源和社会保障部有关职能司同意后，现就气象部门基层台站开展职称“定向评价、定向使用”（以下简称职称“双定向”）工作提出如下指导意见：

一、总体要求

（一）指导思想

以习近平新时代中国特色社会主义思想为指导，深入贯彻落实党的二十大精神、中央人才工作会议精神和习近平总书记对气象工作的重要指示精神，全面落实国务院《气象高质量发展纲要（2022—2035 年）》的部署和要求，坚持党管人才原则，聚焦气象部门基层专业技术人员岗位少、层级低、评聘难等问题，健全完善基层气象人才评价使用激励政策，畅通基层气象人才发展通道，引导和鼓励基层气象人才根植基层、奉献基层，建设一支政治立场坚定、业务素质过硬的基层人才队伍，为基层气象防灾减灾和乡村振兴提供强有力的人才支撑和智力保障。

（二）适用范围

按照职称“双定向”基本原则，气象部门职称“双定向”政策适用人员范围为艰苦气象台站及“三区三州”气象部门（以下简称艰苦气象台站）从事专业技术工作的事业单位工作人员，并根据基层人才队伍建设需要动态调整适用范围。公务员（包括参照公务员法管理的事业单位人员）、已办理离退休手续及达到国家法定退休年龄的专业技术人员不得参加定向评价职称（以下简称定向职称）评审。

气象部门定向职称仅限于气象专业工程系列职称，定向职称层级为中级和副高级职称，并根据工作需要，逐步拓展到正高级职称。

（三）基本原则

坚持定向评价原则。定向职称限定在艰苦气象台站范围内有效。取得定向职称的专业技术人员流动到适用范围之外时，需取得相应的常规职称后方可聘用。

坚持自愿申报原则。艰苦气象台站专业技术人员可结合自身实际，自主申报参加常规职称评审或者定向职称评审，两种职称评审在同一年度不得同时申报。具有常规职称的专业技术人员可以申报高一级定向职称；具有定向职称的专业技术人员不能申报高一级常规职称，可以申报平级常规职称或高一级定向职称。

坚持平等对待原则。具有定向职称的专业技术人员，可聘任到单独核定的定向使用专业技术岗位（以下简称定向岗位），不得聘用到常规专业技术岗位（以下简称常规岗位）。聘任到定向岗位后，与同级别常规岗位享受同等待遇。定向职称及聘用情况可作为申报平级常规职称或高一级定向职称的依据。对取得定向职称后，申报评审并取得常规职称的，同一层级的职称任职年限合并计算。

二、落实定向职称评审工作要求

（一）明确定向职称评审权限

各省（区、市）气象局依托现有的中级、副高级职称评审委员会，开展本区域内艰苦气象台站专业技术人员定向职称评审工作，不再单独组建定向职称评审委员会。对定向职称申报人员实行单独分组、单独评审、单独确定通过率。定向职称评审通过率参照常规职称评审通过率，并保持在合理水平，坚决不搞“人人都有”“到点就上”。

（二）完善定向职称评价标准

各省（区、市）气象局可参照当地人力资源和社会保障部门或气象部门基层台站职称“双定向”政策试点单位制定的定向职称评审条件，制定符合本省（区、市）气象部门实际的定向职称评审条件。定向职称评审条件要坚持德才兼备、以德为先，突出品德评价，把政治品行和道德品质作为基层专业技术人员评价的首要条件；突出能力评价，对基层专业技术人员应注重综合评价其岗位适应、实践操作、成果推广和服务群众能力；克服“唯学历、唯资历、唯论文、唯奖项”倾向，适当放宽学历、任职年限要求；对论文、科研等不作硬性要求或限制性条件，用能够体现专业技术工作业绩和水平的工作总结、案例、技术推广、工程项目方案成果等代替；提高履行岗位职责的实践能力、工作业绩、工作年限、历史贡献等评价权重；加大爱岗敬业表现权重，注重完成本职工作的一贯表现。

（三）定期开展定向职称评审

定向职称评审工作每年开展一次，与各省（区、市）气象局常规职称评审同时开展，由职称评委会严格按照评审条件进行评审。

各省(区、市)气象局应结合定向岗位空缺情况,采取逐年逐步到位的方式合理确定定向职称申报人数。职称评委会应积极吸纳具有基层工作经验、熟悉基层业务服务工作的专家参与评审工作。评审结果报省(区、市)气象局党组审定,由省(区、市)气象局统一向中国气象局人事司(以下简称人事司)报备。取得定向职称的专业技术人员,由评审单位发放标注"定向评价、定向使用"的专业技术资格证书。

三、做好定向岗位聘用工作

(一)单独核定定向岗位

人事司根据各省(区、市)气象局所属艰苦气象台站的数量、人员结构等单独核定中级、副高级定向岗位比例。定向岗位实行总量控制、比例单列、动态调整,不占各省(区、市)现有专业技术岗位数量,与常规岗位分开设置、单独管理。

(二)加强定向岗位聘用管理

定向岗位由各省(区、市)气象局统筹使用,岗位可以不分配到具体艰苦气象台站,提高岗位使用效益。具有定向职称的专业技术人员只能聘任到对应层次的最低等级岗位,副高级职称定向聘任至专业技术七级岗位,中级职称聘任至专业技术十级岗位,不得晋升调整岗位等级。取得常规职称、聘任常规岗位后,取消其定向聘任资格。加强定向岗位聘用人员聘期考核管理,合理设置定向岗位履职条件,进一步完善以岗位职责为依据的考核制度,结合年度考核和聘期考核结果,对不符合岗位要求、不能履行岗位职责或年度考核不合格的,按有关规定调整岗位或解除聘用。

四、组织实施

(一)加强组织领导

建立职称"双定向"制度,是党中央、国务院关心关怀气象部门基层专业技术人员的重要举措,是引导和鼓励专业技术人员向基层流动的重要抓手,是提升基层业务服务能力、夯实基层气象人才基础的重要方式。各单位要高度重视，坚持党管人才原则，加强组织领导，强化责任担当，认真研究谋划，明确工作分工，细化保障措施，坚持分类推进、稳步实施，为建立职称“双定向”制度营造良好氛围。人事司负责艰苦气象台站职称“双定向”工作的统筹规划、指导监督和综合管理工作。各省（区、市）气象局负责本区域艰苦气象台站职称“双定向”工作的统筹规划、综合管理和组织实施工作。

（二）规范评价工作

各省（区、市）气象局要深刻认识开展职称“双定向”工作的重要意义，按照责任分工主动认领工作任务，积极与地方人力资源和社会保障部门对接，认真研究政策，制定符合实际的定向评价标准，细化评审细则，规范评审程序，创新评价方式，灵活采用材料评审、个人述职、面试答辩、实践操作、成果展示等多种评价方法进行综合评价，推动和指导定向评价工作深入开展。

（三）强化监督指导

人事司要认真贯彻落实国家职称制度改革精神，有序指导各单位开展职称“双定向”工作。各级纪检监察部门要落实好监督职责，盯紧职称“双定向”工作的各个环节，确保工作在公平公开公正的环境下开展。

中国气象局创新团队建设与管理办法

（气发〔2023〕132 号）

2023 年 12 月 22 日

第一章　总　则

第一条　为深入贯彻党的二十大战略部署和习近平总书记关于气象工作重要指示精神，全面落实《气象高质量发展纲要（2022—2035 年）》和中国气象局党组《关于加强和改进新时代气象人才工作的实施意见》部署要求，深入实施科教兴国战略、人才强国战略、创新驱动发展战略，全面提升气象创新团队建设效能，加快推动高水平气象科技自立自强，为实现监测精密、预报精准、服务精细夯实科技人才队伍支撑，制定本办法。

第二条　中国气象局创新团队（以下简称创新团队）是面向国家重大需求，面向世界科技前沿，面向气象现代化建设，开展气象科技研发和战略研究活动的国家级创新群体，包含重点创新团队和青年创新团队两个层级。重点创新团队以高层次人才为核心，以骨干人才和优秀青年人才为主体，以解决气象科学前沿和业务服务发展重点领域关键科技难题为主要目标；青年创新团队以气象青年英才为核心，以 35 岁以下青年人才为主体，以培养青年科技后备力量和更好发挥青年人在气象业务服务科技攻关中的作用为主要目标。

第三条 创新团队建设坚持以下原则：（一）顶层设计，资源统筹；（二）集智聚力，开放协同；（三）严格标准，明确导向；（四）注重绩效，动态激励。

第四条 中国气象局党组负责创新团队建设的组织领导，研究解决创新团队建设中的重大问题，统筹推进各项工作。由科技司、人事司牵头，会同相关职能司组建中国气象局创新团队工作专班（以下简称工作专班），负责创新团队建设和管理的组织协调。组建中国气象局创新团队科学指导委员会，负责开展团队评审和期满考核，为团队建设和发展提供科学咨询。创新团队主管职能司负责团队建设的业务指导和把关。创新团队依托单位负责其日常管理服务和年度考评，为团队攻关研发和人员激励提供配套支持保障，优化创新环境，激发团队活力。

第二章　建设条件和要求

第五条 创新团队应依托中国气象局直属单位、省（区、市）气象局或省部级以上气象科技创新平台（包含与行业高校、院所、企业等共建平台）进行建设。其所从事科技研发工作应符合服务国家、服务人民的根本方向和气象现代化建设的核心需求，具有明确的阶段性发展目标和研发计划，具有较强的研发能力和良好的发展潜力。

第六条 创新团队应秉持开放合作理念，有合理的人才梯队结构和学术技术结构，既注重充分发挥国家级、省级优秀气象科技骨干的作用，又注重吸引集聚急需紧缺的气象行业科技力量和海外高层次人才。

（一）重点创新团队一般设 1 位首席科学家，原则上团队成员总数不超过 15 人，其中 40 岁以下青年人才占比不少于 40%。与部门外高校、院所、企业等联合共建的团队，可根据需要设立双首席科学家；

（二）青年创新团队一般设 1 位带头人，原则上团队成员总数不超过 20 人，其中 35 岁以下青年人才占比不少于 60%。引导和鼓励地方青年科技人才积极参与团队建设。国省统筹共建、业务科研单位共建、部门内外共建团队，可根据需要设立双带头人。

第七条 团队首席科学家（带头人）应德才兼备、学风优良，有较强的创新思维，组织协调能力强，有主持省部级以上科研项目或重大业务工程的经历，只能担任一个创新团队的首席科学家（带头人）。团队成员应在相关领域具有扎实的专业基础和较强的研发实力，有良好的团队协作精神和发展潜力；原则上不能同时参加两个（含）以上的创新团队。

（一）重点创新团队首席科学家应具有正高级职称，在相关专业领域有较高的学术技术影响力，一般应当是国家级人才或中国气象局领军人才，原则上年龄不超过 57 岁；

（二）青年创新团队带头人应具有高级职称，在相关专业领域有良好的发展潜力，一般应当是中国气象局青年气象英才，原则上年龄不超过 40 岁。

第三章　建设方式和程序

第八条 重点创新团队原则上采用组织确定的方式组建，青年创新团队原则上采用推荐遴选方式确定，支持期一般为 3 年。

第九条 重点创新团队的组织确定程序：

（一）根据国家重大战略气象服务保障和推动气象科技自立自强需要，工作专班适时酝酿研提重点创新团队组建建议，包括建设规模、建设方向、目标任务、依托单位和总体要求，以及团队首席科学家人选建议等。

（二）依托单位会同首席科学家，根据目标任务和总体要求，编制团队建设任务书草案，由工作专班组织科学指导委员会进行评审，根据评审结果提出建议名单，报中国气象局党组审定后批准建设。

（三）创新团队获批后一个月内，依托单位会同首席科学家完善团队建设任务书，报送科技司审核签署。

第十条 青年创新团队的推荐遴选程序：

（一）根据气象业务服务能力提升和培养青年科技人才队伍需要，工作专班适时酝酿研提青年创新团队建设规模和建设方向，组织编制建设指南并公开发布。

（二）学科方向和业务定位与指南相符、前期已有在建运行良好的司局级创新团队、具有竞争优势的依托单位可按遴选要求组织推荐申报青年创新团队。

（三）工作专班对推荐材料进行审查，组织科学指导委员会对推荐团队进行评审，根据评审结果择优形成建议名单，报中国气象局党组审定后批准建设。

（四）创新团队获批后一个月内，依托单位会同团队带头人编写团队建设任务书，组织专家咨询论证完善后，报送科技司审核签署。

第四章 管理与考核

第十一条 创新团队实行首席科学家（带头人）负责制。团队首席科学家（带头人）对依托单位和主管职能司负责，主要职责：

（一）会同依托单位组织制定团队日常运行管理办法和团队内部绩效分配细则。

（二）按照创新团队目标任务要求，制定研发任务技术路线，确定团队骨干成员分工。

（三）制定创新团队年度任务计划，组织开展研发工作。

（四）组织团队成员年度考核，根据考核结果或工作需要动态调整团队组成。

（五）定期向主管职能司和依托单位汇报进展情况。

第十二条 青年创新团队实行指导专家跟踪责任制。每支青年创新团队选派 2 位指导专家，主要职责：

（一）参与其指导团队的建设方案咨询论证，帮助团队聚焦有限目标，完善攻关方案，凝练有突破、可量化的考核指标。

（二）发挥“传帮带”作用，全程跟踪其指导团队建设进程，参与重要节点考核评价和进展交流活动，提出咨询指导意见。

第十三条 创新团队实行目标导向与过程管理贯通机制，开展年度跟踪评估和期满综合评估。

年度跟踪评估。依托单位负责对团队首席科学家（带头人）和团队的年度工作进展、创新成果、目标完成等情况组织开展年度考核和跟踪评估；团队首席科学家（带头人）负责对团队成员的年度工作绩效组织开展考评。依托单位应于年度考核完成后一个月内将团队年度绩效报告和考核结果报送工作专班。

期满综合评估。创新团队支持期满后，工作专班组织科学指导委员会，对创新团队的目标任务完成情况、取得创新性成果、业务贡献成效、人才培养情况等进行期满综合评估。评估结果分为优秀、良好、合格、不合格四个等次。

第十四条 创新团队实行基于考核评估的动态调整和压力传导机制。

（一）根据年度跟踪评估结果，团队首席科学家（带头人）不能完成目标任务和履行职责时，依托单位或主管职能司有权提出调整建议。团队首席科学家（带头人）有权根据年度跟踪评估结果，以及团队研发任务的需要，提出团队成员动态调整建议。

（二）期满综合评估不合格的，取消首席科学家（团队带头人）3年内、依托单位1年内申报新的创新团队、申报中国气象局归口管理或推荐的科研项目资格。

第十五条 创新团队实行重要事项报告制度。创新团队运行过程中，涉及主要任务目标、团队成员等事项调整或变更时，团队首席科学家（带头人）通过依托单位按程序报送工作专班核批后执行。

撤换团队首席科学家（带头人）等重大事项，依托单位提出申请，工作专班审查后，报局批准。

第十六条 创新团队实行协同管理。团队成员之间应密切合作，须经常性开展技术交流，促进协同攻关，坚决杜绝各自为政现象。重要问题需逐级报告，分层化解。

第十七条 团队成员出现下列情形之一者，团队首席科学家（带头人）应通过依托单位报工作专班核批后，将其调出团队：

（一）违法犯罪；或不遵守职业道德、弄虚作假，有学术不端行为；或严重失职，违反相关规章制度并造成重大损失的。

（二）出国逾期不归，或长期（一年内累计4个月以上）因病或其他原因不能正常履行团队职责的。

（三）缺乏协作精神，不服从工作安排；或团队年度考评不合格或团队内部阶段性检查无显著工作进展；或偏离攻关任务整体要求，且拒不听从劝说或指导的。

第五章　支持措施

第十八条 依托单位为气象部门预算渠道内的创新团队，中国气象局在研发经费、团队绩效激励等方面给予经费支持，依托单位相应给予配套支持。依托单位为气象部门预算渠道外的创新团队，研发经费和绩效激励全部由依托单位按同等标准自筹。

（一）中国气象局为符合条件的重点创新团队提供绩效激励经费支持，每支团队每年 20 万元（支持期为 4—5 年的团队，按 60 万元总额平均分配至每年），依托单位给予 1∶1 绩效激励经费配套。每年先拨付绩效激励的 30%，剩余的 70%作为后补助绩效统筹发放，后补助绩效与团队年度考核和期满综合评估结果挂钩。

（二）中国气象局为符合条件的青年创新团队提供研发经费支持，每支团队每年 10 万元，依托单位按不低于 1∶1 比例给予研发经费配套。依托单位对所属每支青年创新团队给予总额 30 万元绩效激励经费支持，分年度发放比例由依托单位确定。依据期满考核结果，中国气象局对优秀档次按每个团队 10 万元、良好档次按每个团队 5 万元给予一次性绩效奖励。

第十九条 创新团队实行差异化绩效激励分配制度。团队首席科学家（带头人）根据团队成员任务职责和实际贡献提出团队绩效激励分配方案，报依托单位审定后实施。团队首席科学家（带头人）绩效奖励应体现其主要贡献作用，但一般不超过团队成员平均绩效奖励的 3 倍。团队绩效不受所在单位年度工资总额限制。

第二十条 中国气象局对取得重大突破的创新团队在支持期满后给予奖励，对其中有重要贡献的团队成员在职称评审、人才计划评选等人才评价工作中给予破格考虑。

第二十一条 中国气象局优先支持创新团队在其优势研究方向承担科研项目。优先支持团队成员开展国内外学术交流和培训。优先支持创新团队聘请海内外优秀专家指导团队工作。

第二十二条 团队成员所在单位应全力支持并确保其工作时间。在职称评审、岗位竞聘等人才评价工作中，注重个人评价与团队评价相结合，尊重和认可团队所有参与者的实际贡献。

第二十三条 依托单位应为创新团队提供良好的工作条件和科研环境，充分尊重团队带头人在团队管理方面的自主权，及时了解团队工作开展情况。依托单位应建立和完善创新团队专项经费管理责任制，确保专项经费合规、有效使用。

第二十四条 依托单位要按照国家和中国气象局对科技成果认定、评价和转化的要求，结合本单位实际，制定科技成果认定、评价和转化实施细则，对突破重大核心技术和成果转化应用产生重要影响的技术报告给予认定，对开展的科技创新活动给予评价，对完成、转化科技成果作出重要贡献的团队成员给予奖励。

第六章 附 则

第二十五条 各省(区、市)气象局、各直属单位可参照本办法制定本单位创新团队建设与管理办法，做好司局级创新团队建设工作。

第二十六条 本办法由科技司、人事司负责解释。

第二十七条 本办法自印发之日起施行。原《中国气象局创新团队建设与管理办法》(气发〔2021〕11 号)同时废止。

地方性法规和地方政府规章

河北省实施《中华人民共和国气象法》办法

（2002 年 7 月 30 日河北省第九届人民代表大会常务委员会第二十八次会议通过，根据 2004 年 7 月 22 日河北省第十届人民代表大会常务委员会第十次会议《关于第一批废止地方性法规中若干行政许可规定的决定》第一次修正，根据 2005 年 1 月 9 日河北省第十届人民代表大会常务委员会第十三次会议《关于第二批废止地方性法规中若干行政许可规定的决定》第二次修正，根据 2018 年 5 月 31 日河北省第十三届人民代表大会常务委员会第三次会议《关于修改部分法规的决定》第三次修正，根据 2023 年 11 月 30 日河北省第十四届人民代表大会常务委员会第六次会议《关于修改〈河北省体育设施管理条例〉等九部法规的决定》第四次修正）

第一条　为发展本省气象事业，规范气象工作，为经济建设、国防建设、社会发展和人民生活提供气象服务，根据《中华人民共和国气象法》，结合本省实际，制定本办法。

第二条　在本省行政区域内从事气象探测、预报、服务和气象灾害防御、人工影响天气、气候资源利用、气象科学技术研究等活动，应当遵守本办法。

第三条 县级以上人民政府气象主管机构在上级气象主管机构和本级人民政府的领导下，负责本行政区域内的气象工作。

其他部门所属的气象台站，应当接受同级人民政府气象主管机构对其气象工作的指导、监督和行业管理。

第四条 县级以上人民政府应当加强对气象工作的领导和协调，将气象事业纳入本级国民经济和社会发展计划及财政预算，并适当增加投入，以保障气象事业充分发挥为社会公众、政府决策和经济发展服务的功能。

县级以上人民政府根据当地社会经济发展的需要所建设的地方气象事业项目，其投资主要由本级财政承担，其运行经费由本级财政安排支持。

第五条 地方气象事业项目主要包括：

（一）为当地服务需要建立的气象台站天气预报实时业务、服务系统，以及电视天气预报制作，天气、气候监测及其资料、信息加工、处理、分析和服务所需要的气象事业项目；

（二）为当地服务需要建立的气象通信系统、天气预警系统和其他通信系统所需的气象事业项目；

（三）为当地农业综合开发、预测农作物产量、开发利用农业气候资源、气象科技扶贫、节水节能和保护生态环境而增加的气象服务所需的气象事业项目；

（四）为增强当地防灾、抗灾和减灾的气象服务能力所需的人工影响天气和雷电灾害防御等气象事业项目；

（五）根据当地需要建立的城市和农村气象服务体系的气象事业项目；

（六）国家和本省规定的其他地方气象事业项目。

第六条 任何组织或者个人不得侵占、损毁或者擅自移动气象探测设施、气象信息专用传输设施以及气象专用技术装备等气象设施。

第七条 未经依法批准，任何组织或者个人不得迁移气象台站。因实施城市规划或者国家以及本省重点工程建设确需迁移国家基准气候站、基本气象站的，应当由建设单位或者项目法人报经所在地设区的市人民政府气象主管机构签署意见，经省人民政府气象主管机构审核后，报国务院气象主管机构批准；确需迁移其他气象台站的，应当由建设单位或者项目法人所在地县（市）人民政府气象主管机构签署意见，经设区的市人民政府气象主管机构审核后，报省人民政府气象主管机构批准。所需迁建费用全部由建设单位承担。

第八条 省人民政府气象主管机构应当依照国务院气象主管机构规定的技术要求，加强对气象专用技术装备的监督管理。禁止使用未经审查或者审查不合格的气象专用技术装备。

第九条 气象计量器具的使用单位应当依照有关规定及时送检，未经检定、检定不合格或者超过检定有效期的气象计量器具，不得使用。

第十条 任何组织和个人都有保护气象探测环境的义务。

县级以上人民政府应当依照国务院气象主管机构规定的气象探测环境保护范围的划定标准，划定气象探测环境的具体保护范围，并纳入当地城市规划或者城镇规划。

新建、扩建、改建建设工程应当避免危害气象探测环境。确实无法避免的，应当依照《中华人民共和国气象法》的规定，征得省人民政府气象主管机构同意，并采取相应的措施后，方可建设。

气象台站的气象探测环境不符合国家和本省规定的保护标准的，经省人民政府气象主管机构认定后，当地人民政府应当组织改善或者建设新的气象探测场地。

禁止在气象探测环境保护范围内从事爆破、打桩、采石、取土、挖沙，以及设置障碍物、安装影响气象探测设施工作效能的高频电磁辐射装置等危害气象探测环境的活动和其他影响气象探测的行为。

第十一条 省人民政府气象主管机构对公众气象预报和灾害性天气警报实行统一发布制度。

气象主管机构所属的气象台站应当按照规定的职责，向社会发布公众气象预报和灾害性天气警报，并根据天气变化情况及时补充或者订正。其他任何组织或者个人不得向社会发布公众气象预报和灾害性天气警报。

第十二条 县级以上人民政府气象主管机构及其所属的气象台站，应当推广先进的气象科学技术，提高公众气象预报和灾害性天气警报的准确性、及时性和服务水平，并根据需要和条件，制作或者发布农业气象预报、城市环境气象预报、火险气象等级和大气污染气象潜势预报等专业气象预报。

第十三条 县级以上广播、电视播出单位和设区的市以上人民政府指定的报纸应当安排专门时间或者版面，每天播发或者刊登同级气象台站发布的公众气象预报和灾害性天气警报。广播、电视播出单位应当根据当地的视听习惯和收视效果，与同级气象台站协商确定气象预报节目的播发时间。因特殊情况确需改变播发时间的，应当事先征得气象台站同意。对气象台站临时发布的对国计民生可能产生重大影响的灾害性天气警报和补充、订正的气象预报，应当及时增播或者插播。

电视气象预报节目由发布该气象预报的气象台站制作。

第十四条 广播、电视、报纸、电信、互联网等传播媒体向社会传播气象预报、灾害性天气警报等气象信息，必须使用气象主管机构所属的气象台站直接提供的适时气象信息，并标明发布的时间和气象台站的名称。

各类传播媒体通过传播气象信息获得的收益，应当按照与提供气象信息的气象台站确定的比例支付给气象台站，用于发展气象事业。

第十五条 县级以上人民政府应当健全人工影响天气安全责任体系和投入保障制度，加强对人工影响天气工作的领导和协调，将人工影响天气工作纳入当地防灾减灾计划，所需经费列入该级人民政府的财政预算。县级以上人民政府气象主管机构应当加强对人工影响天气工作的管理和指导，负责制定人工影响天气作业方案并组织实施。水利等有关部门应当按照职责分工，配合气象主管机构做好人工影响天气的有关工作。

实施人工影响天气作业，必须具备省人民政府气象主管机构规定的条件，并使用符合国务院气象主管机构要求的技术标准的作业设备。

在实施人工影响天气作业中发生的人身伤亡事故，由事故发生地县级以上人民政府依照国家和本省有关规定处理。

第十六条 下列场所或者设施必须安装雷电灾害防护装置：

（一）建筑物防雷设计规范规定的一、二、三类建（构）筑物；

（二）石油、化工等易燃易爆物品生产或者贮存场所以及大型娱乐场所；

（三）电力生产设施和输配电系统；

（四）通信设施、广播电视系统、计算机信息系统；

（五）国家和本省规定必须安装防雷装置的其他场所和设施。

安装的雷电灾害防护装置必须符合国务院气象主管机构规定的使用要求。

第十七条 县级以上人民政府气象主管机构应当加强对雷电灾害防御工作的组织管理，依法负责其职责范围内雷电防护装置的设计审查和竣工验收。其他有关主管部门负责相应领域内建设工程的防雷管理。

各类建（构）筑物、场所和设施安装雷电防护装置应当符合国家有关防雷标准的规定。新建、改建、扩建建（构）筑物、场所和设施的雷电防护装置应当与主体工程同时设计、同时施工、同时投入使用。投入使用后的雷电防护装置应当按规定进行定期检测。

第十八条 县级以上人民政府气象主管机构应当加强气象法律、法规和气象科学知识的宣传，普及防灾减灾知识，增强全社会的防灾减灾意识。

第十九条 县级以上人民政府气象主管机构应当组织开展重大灾害性天气、气候灾情调查评估和灾情气象成因鉴定，并及时向本级人民政府报告。

第二十条 省人民政府气象主管机构负责全省气候资源的综合调查、区划工作，组织进行气候监测、分析、评价以及气候变化的研究和应用，适时发布全省的气候状况公报。

第二十一条 城市建设规划、国家和本省重点建设工程、重大区域性经济开发项目以及大型太阳能、风能等气候资源开发利用项目，应当由设区的市以上人民政府气象主管机构进行气候可行性论证。

第二十二条 具有大气环境影响评价资质的单位进行工程建设项目大气环境影响评价时，必须使用符合国家气象技术标准的气象资料。

诉讼、保险和科学技术研究等活动所需的气象资料应当由气象主管机构所属的气象台站直接提供。

向中华人民共和国境外的组织或者个人提供有关气象国际公约约定范围之外的气象资料，必须遵守有关法律、法规的规定，并报省级以上人民政府气象主管机构批准。

第二十三条 违反本办法第六条、第八条、第十条第五款、第十一条第二款、第十四条第一款、第二十二条第一款规定的，由县级以上人民政府气象主管机构按照权限责令改正，给予警告，可以并处一千元以上一万元以下的罚款；情节严重的，处以一万元以上五万元以下的罚款；造成损失的，依法承担赔偿责任；构成犯罪的，依法追究刑事责任。

第二十四条 违反本办法第十五条第二款规定的，由县级以上人民政府气象主管机构按照权限责令改正，给予警告，可以并处五千元以上三万元以下的罚款；情节严重的，处以三万元以上十万元以下的罚款；给他人造成损失的，依法承担赔偿责任；构成犯罪的，依法追究刑事责任。

第二十五条 违反本办法第十六条、第十七条第二款规定的，由县级以上人民政府气象主管机构按照权限责令改正，给予警告，可以并处一千元以上一万元以下的罚款；情节严重的，处以一万元以上五万元以下的罚款；使用不符合要求的雷电灾害防护装置给他人造成损失的，依法承担赔偿责任；构成犯罪的，依法追究刑事责任。

第二十六条 县级以上人民政府气象主管机构及其所属气象台站的工作人员由于玩忽职守，导致重大漏报、错报公众气象预报、灾害性天气警报，以及丢失或者毁坏原始气象探测资料、伪造气象资料等事故的，依法给予行政处分；构成犯罪的，依法追究刑事责任。

第二十七条 县级以上人民政府气象主管机构和其他有关部门的工作人员违反本办法规定，有下列行为之一的，由其所在单位或者上级主管机构对直接责任人员给予行政处分；构成犯罪的，依法追究刑事责任：

（一）违反规定通过雷电防护装置设计审核或者竣工验收的；

（二）擅自向中华人民共和国境外的组织或者个人提供有关气象国际公约约定范围之外的气象资料的。

第二十八条 本办法自 2002 年 9 月 1 日起施行。

河北省气象灾害防御条例

（2013 年 5 月 30 日河北省第十二届人民代表大会常务委员会第二次会议通过，根据 2023 年 11 月 30 日河北省第十四届人民代表大会常务委员会第六次会议《关于修改〈河北省体育设施管理条例〉等九部法规的决定》修正）

第一章　总　则

第一条　为了加强气象灾害的防御，避免、减轻气象灾害造成的损失，保障人民生命财产安全，改善和保护生态环境，促进经济和社会科学发展，根据《中华人民共和国气象法》《气象灾害防御条例》等法律、行政法规，结合本省实际，制定本条例。

第二条　本省行政区域内的气象灾害防御活动，适用本条例。

本条例所称气象灾害，是指干旱、暴雨（雪）、连阴雨、雷电、冰雹、高温、低温、寒潮、霜冻、冰冻、冻雨、大风（沙尘暴）、台风、龙卷风、大雾和霾等所造成的灾害。

因气象因素引发的衍生、次生水旱灾害、地质灾害、海洋灾害、森林草原火灾等灾害的防御工作，法律、行政法规有规定的，从其规定。

第三条 气象灾害防御工作应当坚持以人为本、科学防御、政府主导、部门联动、社会参与的原则。

第四条 县级以上人民政府应当加强对气象灾害防御工作的领导，成立气象灾害防御指挥机构，完善气象灾害防御体系，建立健全气象灾害防御工作协调机制和责任制，将气象灾害防御纳入本级国民经济和社会发展规划，所需经费纳入本级财政预算。

第五条 县级以上人民政府气象主管机构负责本行政区域内气象灾害的监测、预报、预警和防御工作，依法组织管理气候可行性论证、气象灾害风险评估等工作，协助本级人民政府有关部门及时做好气象衍生灾害、次生灾害的监测、预报、预警和防御工作。

县级以上人民政府有关部门应当按照职责分工，共同做好气象灾害防御工作。

第六条 县级以上人民政府有关部门应当加强农村和边远贫困地区气象灾害预防、监测、信息传播等基础设施建设和防灾物资储备，做好农村和边远贫困地区气象灾害防御工作。

第七条 县级以上人民政府应当组织气象主管机构和有关部门，向社会宣传气象灾害防御法律法规，普及气象灾害防御知识，增强社会公众气象灾害防御意识，根据本地气象灾害的特点组织应急演练，提高社会公众避险、避灾、自救、互救能力。

村民委员会、居民委员会、企业、事业单位应当协助本地人民政府做好气象灾害防御知识的宣传和气象灾害应急演练活动。

学校应当把气象灾害防御知识纳入教育内容，培养和提高学生的气象灾害防范意识与自救互救能力。

第八条 县级以上人民政府应当按照国家有关规定，对在气象灾害防御工作中做出突出贡献的组织和个人，给予表彰和奖励。

第二章　灾害预防

第九条　县级以上人民政府应当组织气象主管机构和有关部门对本行政区域内发生的气象灾害的种类、频次、强度和造成的损失等情况进行普查，建立气象灾害数据库，按照气象灾害的种类进行气象灾害风险评估，编制气象灾害风险区划，划定气象灾害风险区域，予以公告，并在气象灾害易发区域、重点防御区域设立警示标志。

第十条　县级以上人民政府应当根据上一级人民政府气象灾害防御规划，结合本行政区域经济和社会发展实际、气象灾害特点、风险区划，编制本行政区域的气象灾害防御规划，并组织实施。

第十一条　县级以上人民政府有关部门编制土地利用、区域建设、海域开发、环境保护、交通运输、农业、林业、水利、旅游、能源、通信等规划，应当适应气象灾害防御的要求。

第十二条　县级以上人民政府应当根据气象灾害防御规划和气象灾害防御需要，编制本行政区域的气象灾害应急预案，并报上一级人民政府、有关部门备案。

第十三条　县级以上人民政府有关部门在国家和省重大建设工程、重大区域性经济开发项目和大型太阳能、风能等气候资源开发利用项目以及城乡规划编制中，应当依法开展气候可行性论证，并将论证结果纳入项目可行性研究报告。

县级以上人民政府有关部门对前款规定的建设项目和规划编制依法进行审核时，应当将气候可行性论证结果纳入审查内容。

第十四条　县级以上人民政府应当根据本地实际需要，整合现有气象灾害防御救助资源，建立或者确定应急救援队伍，组织应急演练，提高气象灾害应急处置能力。

第十五条　省人民政府应当制定气象灾害应急准备工作

标准。

县级以上人民政府气象主管机构应当指导乡镇人民政府、街道办事处、村民委员会、居民委员会、企业、事业单位、社会团体按照标准做好气象灾害应急准备工作。

第十六条 学校、医院、商场、旅游景区、交通枢纽、文化体育场(馆)等人员密集场所,矿山、尾矿库、易燃易爆以及危险物品生产、存储场所和其他遭受气象灾害破坏易造成人员伤亡的重要设施,其产权单位或者管理单位应当考虑气象灾害的风险性,制定气象灾害应急预案,定期进行排查,采取措施消除隐患。

第十七条 县级以上人民政府有关部门和单位应当根据本地气象灾害特点,有针对性地组织修建抗旱、防洪、除涝工程,及时疏通河道和城市排水管网,加固病险水库,加强堤防、避风港、防护林、应急避难场所等工程设施的建设和维护,提高气象灾害防御能力。

第十八条 各级人民政府有关部门和单位应当根据暴雨(雪)、冰冻、冻雨、大风(沙尘暴)、台风、龙卷风等灾害性天气情况及预测,加强对山洪易发区、地质灾害易发区等地巡查,做好道路、通信、电力、供水、供气、供热设施的维护以及群众基本生活必需品的储备、牲畜转移等工作。

有关产权单位和个人应当做好危旧房屋、临时建筑物、临时构筑物和户外宣传牌的除险加固。

第十九条 省、设区的市人民政府气象主管机构和环境保护行政主管部门应当建立空气质量监测信息共享、预报会商和信息发布制度,及时向公众发布大雾、霾灾害监测信息和空气质量监测信息。

县级以上人民政府有关部门和单位应当加强对机场、车站、港口、高速公路、航道、渔场等重要场所和交通要道的大雾、霾的监测,做好交通疏导、调度等工作。

县级以上人民政府有关部门应当加强对大气污染源的监管，做好大气污染物排放的控制工作，确保控制在国家规定的大气污染物排放标准之内。

第二十条 各级人民政府有关部门和单位应当在高温天气来临前做好供电、供水和防暑医药供应的准备工作，并合理调整工作时间。

各级人民政府有关部门和单位应当在低温、寒潮、霜冻天气来临之前，采取应对措施，做好农业生产防寒、防冻等工作。

第二十一条 县级以上人民政府气象主管机构应当加强对雷电灾害防御工作的组织管理，提高雷电灾害监测、预报以及风险评估能力。

应当安装雷电防护装置的新建、扩建、改建的建筑物、构筑物、场所和设施，建设单位应当将雷电防护装置的建设纳入主体工程或者整体项目，同时设计、同时施工、同时投入使用。县级以上人民政府住房和城乡建设主管部门应当将雷电防护装置竣工验收资料纳入建设项目档案，并加强监督管理。

油库、气库、弹药库、化学品仓库和烟花爆竹、石化等易燃易爆建设工程和场所，雷电易发区内的矿区、旅游景点或者投入使用的建筑物、构筑物、设施等需要单独安装雷电防护装置的场所，以及雷电风险高且没有防雷标准规范、需要进行特殊论证的大型项目，其雷电防护装置的设计审核和竣工验收由县级以上人民政府气象主管机构负责。未经设计审核或者设计审核不合格的，不得施工；未经竣工验收或者竣工验收不合格的，不得交付使用。

房屋建筑、市政基础设施、公路、水路、铁路、民航、水利、电力、核电、通信等建设工程的主管部门，负责相应领域内建设工程的防雷管理。

本省行政区域内大型建设工程、重点工程、爆炸和火灾危险环境、人员密集场所等项目，应当进行雷电灾害风险评估。

第二十二条 县级以上人民政府有关部门应当加强农村雷电灾害防御工作，指导农村新建学校、民居、大型畜禽养殖场所安装雷电防护装置，提高农村雷电灾害防御能力。

第二十三条 县级以上人民政府气象主管机构应当在本级人民政府领导和协调下，根据实际情况组织开展人工增雨、防雹、防霜、消雾等人工影响天气作业，预防或者减轻气象灾害的影响。

第二十四条 县级以上人民政府应当增加经费投入，组织开展气象灾害防御科学技术研究，推广和应用气象灾害防御先进技术，积极开展区域合作与交流，制定气象灾害防御地方标准和技术规范，提高气象灾害防御的科技水平。

第三章 灾害监测预警

第二十五条 县级以上人民政府应当完善气象灾害监测体系，根据气象灾害防御需要，建设应急移动气象监测设施，在气象灾害易发区、农作物主产区加大气象灾害监测、预警设施建设密度。

重点矿区、林区、渔区、旅游区和重要交通、通信、电力、输油(气)线路沿线以及国家、省重点建设工程项目，应当根据气象灾害防御需要配套建设气象监测设施，配备气象灾害预警信息接收和播发设施，保证气象灾害预警信息接收与传播畅通。

气象监测设施应当符合气象标准和规范，并向省人民政府气象主管机构汇交所获得的气象探测资料。

第二十六条 县级以上人民政府应当建立跨地区、跨部门的气象灾害联合监测网络和气象灾害监测信息共享平台，完善气象灾害监测信息共享机制。

县级以上人民政府有关部门和单位应当及时、准确向气象灾害监测信息共享平台提供气象、水情、旱情、森林草原火险、地质灾害、植物病虫害、环境污染等与气象灾害有关的监测信息。

第二十七条 县级以上人民政府应当建立和完善气象灾害预警信息的发布、传播、接收体系，提高预警信息发布的时效性和覆盖面。

第二十八条 县级以上人民政府气象主管机构及其所属的气象台站应当提高公众气象预报的准确性、及时性和服务水平，完善灾害性天气监测、预报系统，提高灾害性天气预报、警报的准确率和时效性，做好灾害性、关键性、转折性天气预报、警报和灾害趋势预测。

第二十九条 县级以上人民政府气象主管机构所属的气象台站应当按照职责统一发布灾害性天气警报和气象灾害预警信息，及时向本级人民政府报告，并向有关气象灾害防御、救助部门和单位通报。其他任何组织和个人不得向社会发布灾害性天气警报和气象灾害预警信息。

第三十条 广播、电视、报纸、电信、网络等信息传播单位，应当及时、准确地向社会播发或者刊登当地气象主管机构所属的气象台站提供的气象灾害预警信息，不得拒绝、延误传播或者擅自更改气象灾害预警信息。

第三十一条 县级以上人民政府有关部门和单位应当根据气象灾害防御需要，在学校、医院、商场、旅游景区、交通枢纽、文化体育场(馆)、社区等人员密集场所以及气象灾害易发区域配备气象灾害预警信息接收和播发设施，保证气象灾害预警信息接收与传播畅通。

各级人民政府有关部门应当加强农村气象灾害预警信息接收终端建设，因地制宜地利用有线广播、高音喇叭等有效方式及时传播气象灾害预警信息。

第三十二条 乡镇人民政府、街道办事处、村民委员会、居民委员会和学校、医院、商场、旅游景区、交通枢纽、文化体育场(馆)、社区等人员密集场所的管理单位应当确定气象灾害防御协理员、信息员或者联络员。

气象灾害防御协理员、信息员或者联络员应当协助开展气象灾害防御知识宣传、应急联络、信息传递、灾害报告和灾情调查等工作。

第三十三条 气象灾害监测、预警、信息播发等气象灾害防御专用设施受法律保护，任何单位和个人不得侵占、损毁或者擅自移动。

第四章 灾害应急

第三十四条 县级以上人民政府应当根据灾害性天气警报、气象灾害预警信息和气象灾害应急预案启动标准，及时作出启动相应应急预案的决定，向社会公布，并报告上一级人民政府。必要时，可以越级上报，并向当地驻军和可能受到危害的毗邻地区的人民政府通报。

第三十五条 气象灾害应急预案启动后，县级以上人民政府气象主管机构应当组织所属的气象台站对气象灾害进行跟踪监测，开展现场气象服务，及时向本级人民政府和有关部门报告灾害性天气实况、变化趋势，为组织防御气象灾害提供决策依据。

第三十六条 县级以上人民政府应当根据灾害性天气的性质、强度、危害程度和影响范围，将可能造成人员伤亡或者重大财产损失的区域临时确定为气象灾害危险区域，并及时予以公告。

第三十七条 县级以上人民政府可以根据气象灾害应急处置的需要，依法采取下列措施：

（一）实行交通管制；

（二）封闭危险区域；

（三）决定停工、停业、停课；

（四）组织人员疏散、撤离；

（五）控制或者限制容易导致危害扩大的公共场所的活动；

（六）组织有关部门和单位抢修损坏的道路、通信、供电、供水、供气、供热、排水等设施；

（七）对群众基本生活必需品和药品的生产、供应采取特殊管理措施；

（八）法律、行政法规规定的其他措施。

第三十八条 县级以上人民政府有关部门应当按照气象灾害应急预案的要求，做好相应的气象灾害应急处置工作。

气象灾害发生地的乡镇人民政府、街道办事处、村民委员会、居民委员会和有关单位应当组织群众开展自救、互救，协助维护好社会秩序。

气象灾害发生地的有关单位和个人应当服从当地人民政府的决定、命令，配合政府和有关部门采取应急处置措施，做好应急避险工作。

第三十九条 县级以上人民政府气象主管机构所属的气象台站在气象灾害影响不再扩大或者趋于减轻时，适时变更或者解除气象灾害预警信息。

第四十条 县级以上人民政府应当根据气象主管机构提供的灾害性天气发生、发展趋势以及灾情发展情况，按照有关规定适时调整气象灾害应急响应级别或者作出解除气象灾害应急措施的决定。

第四十一条 县级以上人民政府气象主管机构应当加强灾后气象监测和变化趋势的分析，为救灾减灾和灾后重建、恢复生产和生活秩序提供决策依据。

第四十二条 县级以上人民政府在气象灾害应急处置工作结束后，应当组织有关部门对气象灾害造成的损失进行调查评估，制订恢复重建计划，组织实施，并向上一级人民政府报告。

第五章　法律责任

第四十三条　违反本条例规定，各级人民政府、气象主管机构和有关部门及其工作人员有下列行为之一的，由其上级机关或者监察机关责令改正；情节严重的，对直接负责的主管人员和其他直接责任人员依法给予处分；构成犯罪的，依法追究刑事责任：

（一）未按照规定编制气象灾害防御规划或者气象灾害应急预案的；

（二）未按照规定采取气象灾害预防措施的；

（三）隐瞒、谎报或者由于玩忽职守导致重大漏报、错报气象灾害预警信息的；

（四）未及时采取气象灾害应急措施的；

（五）不依法履行职责的其他行为。

第四十四条　违反本条例规定，有下列行为之一的，由县级以上人民政府或者有关部门责令改正；构成违反治安管理行为的，由公安机关依法给予处罚；构成犯罪的，依法追究刑事责任：

（一）未按照规定采取气象灾害预防措施的；

（二）不服从所在地人民政府及其有关部门发布的气象灾害应急处置决定、命令，或者不配合实施其依法采取的气象灾害应急措施的。

第四十五条　违反本条例规定，有下列行为之一的，由县级以上人民政府气象主管机构责令改正，给予警告，可以处五万元以下罚款；构成违反治安管理行为的，由公安机关依法给予处罚：

（一）擅自向社会发布灾害性天气警报、气象灾害预警信息的；

（二）广播、电视、报纸、电信、网络等媒体单位未按照要求播发或者刊登灾害性天气警报和气象灾害预警信息的；

（三）编造、传播虚假的或者通过非法渠道获取的灾害性天气信息和气象灾害灾情的。

第四十六条 违反本条例规定，侵占、损毁或者未经批准擅自移动气象灾害监测设施，由县级以上人民政府气象主管机构责令停止违法行为，限期恢复原状或者采取其他补救措施；逾期拒不恢复原状或者采取其他补救措施的，由气象主管机构依法申请人民法院强制执行，并对违法单位处一万元以上五万元以下罚款，对违法个人处一百元以上一千元以下罚款；造成损失的，依法承担赔偿责任；构成违反治安管理行为的，由公安机关依法给予处罚；构成犯罪的，依法追究刑事责任。

第六章 附 则

第四十七条 本条例自 2013 年 7 月 1 日起施行。

河北省暴雨灾害防御办法

（2012年8月1日河北省人民政府令〔2012〕第3号公布，根据2020年10月31日河北省人民政府令〔2020〕第2号第一次修正，根据2023年1月20日河北省人民政府令〔2023〕第1号第二次修正）

第一章　总　则

第一条　为避免和减轻暴雨灾害造成的损失，保护人民生命财产安全，根据《中华人民共和国突发事件应对法》《中华人民共和国气象法》《气象灾害防御条例》等有关法律、法规，结合本省实际，制定本办法。

第二条　本省行政区域内的暴雨灾害防御工作，须遵守本办法。

第三条　暴雨灾害防御应当坚持以人为本、科学防御，以防为主、防抗救结合，分级负责、属地为主，政府主导、部门联动、社会参与的原则。

第四条　县级以上人民政府应当加强暴雨灾害防御工作的组织、领导和协调，将暴雨灾害防御工作所需经费列入本级财政预算。

暴雨灾害防御工作实行行政首长负责制，政府主要负责人为第一责任人，分管负责人为主要责任人。

第五条 县级以上人民政府气象灾害防御指挥部应当健全暴雨灾害防御工作协调机制，气象灾害防御指挥部办公室负责暴雨灾害防御的日常工作。

县级以上人民政府有关部门按照职责分工，做好暴雨灾害防御相关工作。

第六条 各级人民政府及有关部门应当采取多种形式，向社会宣传普及暴雨灾害防御知识，提高公众的防灾减灾意识和能力。

学校应当把暴雨灾害防御知识纳入有关课程和课外教育内容，培养和提高学生的暴雨灾害防范意识和自救互救能力。

第二章　预警发布

第七条 暴雨预警信息实行统一发布制度。

县级以上气象主管机构负责本行政区域内暴雨预警信息的发布、解除与传播管理工作，其所属的气象台按照发布权限发布暴雨预警信息，内容包括发布单位、发布时间、级别、起始时间、影响范围、防范措施建议等。

其他任何组织或者个人不得向社会发布暴雨预警信息。

第八条 县级以上气象主管机构所属的气象台应当严密监视天气变化，提高暴雨预报、预警的准确率和时效性，及时调整和解除暴雨预警。

第九条 根据降雨强度、降雨总量和持续时间，暴雨预警级别从高到低分为红色、橙色、黄色、蓝色四级，具体分级标准由气象主管机构制定，并向社会公开发布。

第十条 各媒体单位根据暴雨预警级别，按照下列规定传播预警信息：

（一）蓝色和黄色预警：电台、电视台、政府门户网站和新闻网站，通过应急广播直播、滚动字幕、网页新闻等多种方式进行传播，直至解除预警；

（二）橙色和红色预警：河北广电网络集团、电台、电视台、政府门户网站、新闻网站和基础电信运营企业，通过应急广播直播、滚动字幕、网页新闻、网络推送和手机短信群发等多种方式进行传播，直至解除预警。

第十一条 社区、学校、医院、商场、体育场馆、机场、车站、港口、码头、旅游景区（点）等公共场所和人员密集场所，应当做好暴雨预警信息接收与传播工作。

村（居）民委员会应当利用广播、高音喇叭、鸣锣吹哨等多种方式，及时将暴雨预警信息传递给受影响人员。

气象灾害防御信息联络人员收到暴雨预警信息后，应当及时向受影响的公众传播。

第三章 应急响应

第十二条 县级以上气象主管机构应当及时向本级人民政府气象灾害防御指挥部报告暴雨预警信息，并向有关部门通报。

第十三条 暴雨灾害应急响应按照可能造成的危害程度、范围，设定为Ⅰ级（特别重大）、Ⅱ级（重大）、Ⅲ级（较大）、Ⅳ级（一般）4 个响应等级。

县级以上人民政府气象灾害防御指挥部应当根据暴雨预警信息，组织有关部门和单位进行会商，决定启动相应级别的应急响应。

第十四条 Ⅳ级应急响应：

县级以上人民政府主要负责人负责本行政区域应急响应的组织落实，并做好抢险救灾各项准备。

乡镇人民政府、街道办事处通知居住在低洼地带、各类危旧住房、厂房、工棚和临时建筑物内的人员注意可能出现的房屋漏雨、水浸等情况，并组织排查安全隐患。

教育部门及时将暴雨预警信息通报辖区各幼儿园和学校，暂停室外教学活动。

工业和信息化部门检查储备药品。

公安部门组织警力，加强对城市地道桥、下凹式立交桥、低洼路段和高速公路等重点路段的实时监控；根据道路积水状况，及时疏导交通；实行24小时备勤，应急队伍随时准备投入抢险救灾。

住房和城乡建设部门加强对城市道路、桥梁等设施的巡查和检修，及时排除故障和隐患，确保道路安全畅通；督导建筑施工单位及时调整施工计划；组织检查公共场所积水情况，做好管渠清淤，检修维护泵站，抢修损坏的市政设施、设备。

自然资源部门组织做好预警区域地质灾害的监测、巡查和预警，协助做好危险区域人员转移避险准备。

交通运输部门在危险路段设立警示标志，配合公安部门划定应急交通管制线路。

轨道管理部门做好城市轨道交通等公共交通防汛准备。

水利部门密切关注雨情，加强防汛值守，重点监视山洪灾害易发区雨情变化，及时发布预警信息。

商务部门加强生活必需品市场监测，及时掌握市场动态和供求信息。

应急管理部门加强防汛值守，做好适时启动防汛应急响应的准备；组织矿山、危险化学品、烟花爆竹等生产企业，开展隐患排查治理。

文化和旅游部门组织对旅游景区（点）进行隐患排查，监督各旅行社、旅游宾馆（饭店）和旅游景区（点）做好暴雨灾害防御工作。

人防部门组织对人防工程进行排查，筹集防汛物资器材，对人防工程重点部位进行防护。

通信管理部门组织做好通信线路维护，保障通信畅通。

文物部门对古建筑、古遗址和古墓葬实时监控、巡查，做好应急抢险准备。

机场向进出港航班通报暴雨预警信息。

第十五条 Ⅲ级应急响应：

县级以上人民政府主要负责人负责本行政区域应急响应的组织落实，各部门和单位在Ⅳ级应急响应的基础上，做好抢险救灾各项准备。

教育部门安排危险区域的学校停课，组织师生转移。

工业和信息化部门核对药品储备情况，做好补充准备。

公安部门对城区道路中心区域积水深度超过25厘米的路段施行交通管制，限制车辆通行；对水毁、严重积水路段及时制定绕行路线，各路段警力应当疏导车辆绕行积水路段，及时组织拖离涉水熄火的机动车辆；对辖区高速公路进行巡查。

自然资源部门组织做好预警区域地质灾害的监测、巡查和预警，根据需要协助组织危险区域人员转移避险。

住房和城乡建设部门检查必要的物资和器材储备，做好应急抢险准备；督导建筑施工单位做好预防坑壁坍塌和基坑排水工作准备，暂停户外作业；对城市立交桥下、地下构筑物、城乡结合部的棚户区、危旧房等重点区域进行检查和维护。

交通运输部门做好转移危险区域人员和物资的运输准备。

轨道管理部门做好城市轨道交通等公共交通防涝排涝等工作。

水利部门密切关注雨水情变化，加密洪水监测预警，做好山洪灾害防御工作，及时发布预警信息；科学调度水利工程，指导水利工程管护巡查，做好防汛抗洪抢险的水利技术支撑工作。

商务部门启动生活必需品日监测、日报告制度。指导大型商贸流通企业备足货源。

农业农村部门组织农户抢收成熟作物，抢排田间积水；鱼池水位较高的适当排水。

应急管理部门会同有关方面组织协调危险区域群众紧急转移、安置准备工作，做好基本生活救助的准备工作；组织人员对地质勘探、油气井场、尾矿库等场所进行巡视排查。

文化和旅游部门发布关闭山地、湖泊等暴雨灾害风险较大的旅游景区（点）的紧急通告，组织旅游景区（点）经营管理单位安全转移、疏散游客。

人防部门组织人防工程权属及使用单位定时巡查，重点部位防汛物资器材到位。

通信管理部门组织做好通信线路维护，保障通信畅通。

文物部门组织人员对存在隐患的古建筑、古遗址和古墓葬进行重点巡查，做好应急抢险准备。

铁道部门密切关注路轨安全，监视列车运行。

机场加强对进出港航班运行的监控。

供电、供水和供气等单位做好暴雨灾害的应急准备。

武警部队做好抢险救灾的相应准备。

当地同级军事机关组织民兵应急分队收拢人员，24 小时备勤，做好出动准备；通报驻地现役、预备役部队，做好备勤准备。

第十六条 Ⅱ级应急响应：

县级以上人民政府主要负责人负责本行政区域应急响应的组织落实，各部门和单位在Ⅲ级应急响应的基础上，做好抢险救灾各项准备。

教育部门安排辖区各幼儿园和小学停课，中学和中等职业学校随时做好停课准备，采取有效措施保护在校学生安全。

工业和信息化部门及时补充药品储备。

公安部门对城区道路中心区域积水深度超过 35 厘米的路段

施行交通管制，禁止车辆及人员通行；关闭水毁和积水严重的高速公路路段；协助危险区域人员撤离或者转移；取消大型活动和群众集会，疏散与会人员。

自然资源部门组织人员重点巡查预警区域内的地质灾害易发区，分析地质灾害风险，适时提高地质灾害预警等级，协助采取防护措施，及时撤离危险区域人员。

住房和城乡建设部门监督建筑施工单位停工；对城市内涝严重区域组织排涝；在城市危险路段和危险建筑物附近设立警示标志，并加强警戒。

交通运输部门协助做好人员、设备、物资运送，做好抢修水毁公路交通设施的准备。

轨道管理部门做好受灾严重区域内的城市轨道交通封站调停、线路停运。

水利部门督促水库、河道、闸涵管理单位加强巡查，重点监视病险水库、险工险段等重点部位；加强水利工程重点部位巡查防护，做好山洪灾害防御工作，及时发布预警信息；科学调度水利工程，发现险情，第一时间应急处置。

商务部门组织商贸流通企业动用商业库存保障市场供应。

农业农村部门指导组织农户对畜禽圈舍加固，对蔬菜、食用菌棚室墙体使用塑料布进行苫盖。

卫生健康部门组织医疗卫生应急队伍，实行24小时备勤，随时开展抢救伤员工作。

应急管理部门会同有关方面组织协调转移、安置危险区域人员；责令矿山、危险化学品生产储运、烟花爆竹等企业视情停产；冶金、有色金属、建材等其他行业视情采取应急措施，做好应急抢险准备工作。

文化和旅游部门责令关闭各旅游景区（点），安全转移或者妥善安置旅游景区（点）游客。

人防部门停止使用受到暴雨灾害威胁的人防工程，将人防工程内的人员疏散转移至安全区域。

通信管理部门组织做好通信线路维护，保障通信畅通。

文物部门对发生轻度险情、局部损坏的古建筑、古遗址和古墓葬采取抢险保护紧急措施，防止险情扩大。

铁道部门增加巡查力量，加强隧道口、长大路堑、路堤、桥头、涵洞等防洪薄弱地段的检查监控，提前部署抢险准备和险情排查。

机场及时调整或者取消航班，做好滞留旅客的安置准备。

供电、供水和供气等单位采取必要措施避免设施、设备损坏，对危险区域的设施、设备进行防护加固。

武警部队做好抢险救灾的相应准备。

省军区组织民兵、预备役部队做好抢险救灾准备，协调省级现役部队应急专业力量备勤，做好出动准备。

第十七条 Ⅰ级应急响应：

县级以上人民政府主要负责人负责本行政区域应急响应的组织落实，各部门和单位在Ⅱ级应急响应的基础上，做好抢险救灾各项准备。

教育部门安排辖区中小学校停课，中小学校及高等院校采取有效措施保护在校学生安全。

工业和信息化部门及时向国家医药储备部门报告信息，补充专用药品。

公安部门适时封闭危险路段，禁止车辆及人员通行；组织涉水熄火的机动车辆驾驶员和乘客迅速撤离积水区域。

自然资源部门密切关注预警区域内的地质灾害易发区，协助及时撤离危险区域人员，对已发生的地质灾害抢险救灾工作提供技术支持。

住房和城乡建设部门组织建筑施工单位撤离施工人员，转移施工物资、设备。

交通运输部门做好人员、设备、物资运送，抢修水毁公路交通设施。

轨道管理部门做好城市轨道交通乘客疏散、封站调停、全线停运。

水利部门密切关注水利工程重点部位，加密洪水监测预报频次，做好山洪灾害防御工作，及时发布预警信息；科学调度水利工程，发现险情，第一时间应急处置，及时派出专家做好防汛抗洪抢险的技术支撑。

商务部门组织商贸流通企业从周边未发生市场波动的地区紧急调运商品，进行异地商品余缺调剂。

农业农村部门组织农户转移处于危险区域的大牲畜、鱼苗和养殖设施，对河流、水库等自然水体中布设的养殖设施进行加固。

卫生健康部门做好医疗救护、疫情防治等准备。

应急管理部门会同有关方面组织协调紧急转移、安置危险区域人员，开放紧急避难场所，并提供基本生活救助；责令矿山、危险化学品生产储运、烟花爆竹等企业立即停产；冶金、有色金属、建材等其他行业视情停产；将受到暴雨灾害威胁的地质勘探、油气井场、尾矿库等场所周边人员转移至安全区域，同时对矿（库）区、厂区进行巡查，发现事故立即上报。

文化和旅游部门监督检查各旅游景区（点）关闭及游客转移或者安置情况，做好受灾旅游景区（点）的救灾工作。

人防部门停止使用所有人防工程，抢修出现险情的人防工程。

通信管理部门组织做好通信线路维护工作，抢修受损通信线路，保障通信畅通。

文物部门对发生严重损坏的古建筑、古遗址和古墓葬采取抢救保护措施。

铁道部门适时调整列车运行调度计划，监护列车运行，抢修受损路轨，确保旅客安全。

机场根据险情评估情况组织运行调整，做好滞留旅客的安置工作，并根据需要配合开展抢险救灾运输工作。

供电、供水和供气等单位迅速调集力量，投入抢修抢险。

武警部队做好抢险救灾的相应准备。

省军区组织民兵、预备役部队协助地方专业分队做好防汛工作，协调驻冀现役部队备勤。

第十八条 工矿企业、建筑施工单位应当及时调整工程施工计划，采取措施，严防暴雨灾害，如有险情，立即停产和组织人员迅速撤离。

公共交通工具、公共场所和其他人员密集场所的经营管理单位应当配备报警装置和必要的应急救援设施、设备，注明其使用方法，并标明安全撤离的通道、线路，保障安全通道、出口的畅通。

第十九条 暴雨灾害发生地的村(居)民委员会和其他组织应当按照当地人民政府的决定、命令，进行宣传动员，组织群众开展自救互救，协助维护社会秩序。

受到暴雨危害的单位应当立即组织本单位应急救援队伍和工作人员营救受害人员，疏散、撤离、安置受到威胁的人员。

暴雨灾害发生地的其他单位应当服从人民政府发布的决定、命令，配合人民政府采取应急处置措施，做好本单位的应急救援工作，并积极组织人员参加所在地的应急救援和处置工作。

第二十条 公众应当注意收听、收看暴雨预警信息，随时了解暴雨动态，避免到暴雨发生的区域活动，尽量减少外出，户外人员应当寻找安全地带避雨。

公共场所、沿街店铺等应当积极为公众提供避雨场所。

第四章 法律责任

第二十一条 对违反本办法的行为，有关法律、法规已经规定法律责任的，依照法律、法规的规定处理。

第二十二条 各级人民政府和县级以上人民政府有关部门不按规定履行职责的，由其上级行政机关或者监察机关责令改正；有下列情形之一的，根据情节对直接负责的主管人员和其他直接责任人员依法给予处分：

（一）未按规定采取应急响应或者处置不当，导致人员伤亡或者财产损失的；

（二）未按规定及时发布、传播暴雨预警信息，导致损害发生的；

（三）不服从上级人民政府对暴雨灾害应急处置工作的统一领导和指挥的。

第二十三条 单位或者个人违反本办法规定，不服从所在地人民政府及其有关部门发布的决定、命令或者不配合其依法采取的措施，构成违反治安管理行为的，由公安机关依法给予处罚。

第五章 附 则

第二十四条 各设区的市人民政府和省人民政府有关部门应当根据本办法的规定，制定实施细则。

第二十五条 本办法自公布之日起施行。

鄂尔多斯市气象管理办法

（2023 年 2 月 22 日鄂尔多斯市人民政府令第 2 号公布，2023 年 2 月 11 日鄂尔多斯市人民政府第 2 次常务会议审议通过，自 2023 年 5 月 1 日起施行）

第一条　为规范气象活动，推进气象事业高质量发展，提高气象服务保障能力，促进经济建设、社会发展、生态文明建设和国防建设，根据《中华人民共和国气象法》《内蒙古自治区气象条例》等法律法规规定，结合我市实际，制定本办法。

第二条　在本市行政区域内从事气象探测、气象预报预警、气象服务、气象灾害防御、气候变化应对和气候资源保护利用、人工影响天气、气象科学技术研究、气象教育与科普宣传等活动，适用本办法。

第三条　市、旗区人民政府应当加强对气象工作的领导和协调，组织编制气象事业发展规划，并将其纳入本级国民经济和社会发展规划，所需经费纳入本级财政预算。

第四条　市、旗区气象主管机构在上级气象主管机构和本级人民政府的领导下，负责本行政区域内的气象工作。

市、旗区人民政府有关部门应当按照各自职责，协同气象主管机构做好气象工作。

第五条　本市行政区域内从事气象活动的单位和个人，应当接受市、旗区气象主管机构的指导、监督和行业管理。

第六条 市、旗区人民政府及其有关部门应当鼓励和支持气象科学技术研究，宣传普及气象科学、气象法律法规和气象防灾减灾知识，增强公众气象科学、气象法治和气象防灾减灾意识。

对在气象工作中做出突出贡献的单位和个人，市、旗区人民政府或气象主管机构按照有关规定给予表彰和奖励。

第七条 市、旗区人民政府应当依照相关标准划定气象探测环境保护范围，气象主管机构设立保护标志，标明保护要求。

禁止在气象探测环境保护范围内进行对气象探测有不利影响的工程建设或者其他活动，因特殊情况确需进行工程建设的，发展和改革、自然资源、住房和城乡建设等部门在办理相关审批手续前，应当书面征求市气象主管机构的意见。

第八条 禁止任何单位和个人损毁、侵占或擅自移动气象探测场地、仪器设备、通信线路等设施。

气象设施因不可抗力遭受破坏时，当地人民政府应当采取紧急措施，组织力量修复，确保气象设施正常运行。

第九条 市、旗区气象主管机构应当会同本级自然资源部门制定气象设施和气象探测环境保护专项规划，报本级人民政府批准后依法纳入国土空间规划。

市、旗区人民政府组织编制或者修改国土空间规划时，涉及调整气象设施和气象探测环境保护范围的，规划编制部门应当书面征求同级气象主管机构的意见。

第十条 市、旗区气象主管机构所属的气象台站按照职责向社会公开发布公众气象预报和灾害性天气警报，并根据天气变化情况及时补充或者订正。

其他任何组织或者个人不得以任何方式向社会发布公众气象预报和灾害性天气警报。

第十一条 市、旗区人民政府指定的媒体和单位，应当安排专门的时间、频率、频道或者版面，每天播发或者刊登公众气象预报或者灾害性天气警报。

广播、电视播出单位应当根据本地区公众的视听习惯和收视效果确定气象预报节目的播发时间，因特殊情况确需改变播发时间的，应当事先征得有关气象台站的同意。对国计民生可能产生重大影响的灾害性天气警报和补充、订正的气象预报，应当及时增播或者插播。

第十二条 市、旗区人民政府指定的媒体和单位，向社会传播本地区气象预报和灾害性天气警报的，应当使用气象主管机构所属的气象台站直接提供的适时气象信息，并标明发布时间和气象台站的名称。

通过传播气象信息获得的收益，应当提取一部分支持气象事业的发展。

第十三条 市、旗区气象主管机构所属的气象台站应当根据社会发展和群众生产生活需要，发布农牧业气象预报、交通气象影响预报、森林草原火险气象等级预报、空气污染和花粉浓度气象扩散条件预报等专业专项气象预报。

第十四条 气象台站在确保公益性气象无偿服务的前提下，根据用户需要，可以依法开展以下气象科技有偿服务：

（一）专业专项气象预报、警报，气象情报；

（二）为诉讼、保险等技术鉴定提供气象资料；

（三）应用气候分析、气候资料加工、专业气候区划、气候资源利用和气候可行性论证；

（四）为工程项目设计、建设和大气环境影响评价提供气象资料；

（五）对非气象机构气象探测数据的鉴定；

（六）气象专用计量器具、设备的维修；

（七）防雷、防静电相关工程的服务；

（八）充灌、施放升空气球；

（九）气象科技培训、咨询，气象科研成果转让；

（十）其他气象科技实用技术服务。

第十五条 无线电管理机构和有关电信运营单位应当保障气象通信畅通，准确、及时地传递气象情报、气象预报和灾害性天气警报。

气象无线电专用频道和信道受法律保护，任何组织或者个人不得挤占和干扰。

第十六条 市、旗区人民政府应当组织有关部门根据需要编制气象灾害防御规划，制定气象灾害应急预案和应急方案，组织开展气象灾害应急演练，健全气象灾害防御体系并纳入综合防灾减灾体系，融入基层网格化社会治理及其基本公共服务。

第十七条 市、旗区气象主管机构对跨地区的重大灾害性天气，应当组织跨地区、跨部门的联合监测、资料收集、预报会商，提出气象灾害防御措施，报告本级人民政府和上级气象主管机构。

市、旗区人民政府应当及时组织实施气象灾害应急预案，避免或者减轻气象灾害损失。

第十八条 市、旗区人民政府应当组织气象、工业和信息化、公安、自然资源、生态环境、住房和城乡建设、交通运输、水利、农牧、林业和草原、文化和旅游、应急管理等有关行政主管部门和单位，建立气象灾害预警信息快速发布和传播机制。

电信运营单位应当无偿及时发送气象灾害预警信号，协助有关部门和社会公众做好气象灾害防御工作。

第十九条 市、旗区人民政府有关部门应当根据气象灾害应急预案，采取停工、停产、停课、停业、停运以及交通管制、关闭旅游景点、强制人员撤离等防范应对措施。

苏木乡镇（街道）应当通过多种途径和形式及时向本辖区公众广泛传播气象灾害预警信号。

第二十条 发生自然灾害、公共卫生等重大突发公共事件，气象主管机构根据需要组织开展气象跟踪监测、预报，为有关部门应急处置工作做好服务。

第二十一条 市、旗区人民政府有关部门应当按照职责分工，做好人工影响天气相关工作。

旗区人民政府应当加强人工影响天气作业队伍建设，按照规定落实人工影响天气作业人员的津补贴政策。

苏木乡镇（街道）应当依据有关法律法规，协助旗区人民政府做好人工影响天气作业装备和弹药的运输、存储工作。

第二十二条 实施人工影响天气作业的组织应当建立健全作业人员劳动保护、人身意外伤害和公众责任保险等保障制度。

实施人工影响天气作业时，必须具备自治区气象主管机构规定的条件，使用符合国家规定技术标准的作业设备，遵守作业规范和操作规程，并在飞行管制部门批准的空域和时限内进行作业。

第二十三条 从事升放无人驾驶自由气球或者系留气球的单位，应当按照规定取得相应资质证书。

开展升放无人驾驶自由气球或者系留气球活动，应当经当地气象主管机构会同有关部门批准，不得影响航空飞行安全。

第二十四条 市、旗区气象主管机构负责雷电灾害防御工作的组织管理，加强雷电灾害防御知识的宣传教育，增强公众防雷减灾意识。

市、旗区房屋建筑工程，市政基础设施工程、公路、水路、铁路、民航、水利、电力、通信等建设工程的主管部门应当按照职责分工，负责相应领域内建设工程的雷电防护。

第二十五条 各类建（构）筑物、场所和设施安装雷电防护装置应当符合国家规定的技术标准。新建、改建、扩建建（构）筑物、场所和设施的，雷电防护装置应当与主体工程同时设计、同时施工、同时投入使用。

使用雷电防护装置和产品应当接受气象、住房和城乡建设等有关部门的监督管理。

第二十六条 雷电防护装置的所有者应当加强对雷电防护装置的维护和保养,并委托有资质的检测单位实施定期检测。生产、储存易燃易爆物品场所的雷电防护装置应当每半年检测一次,其他雷电防护装置应当每年检测一次。

检测单位出具的雷电防护装置检测报告应当真实、客观、准确、完整。

经检测不合格的,雷电防护装置的所有者应当主动整改,拒不整改的,气象主管机构会同有关行政主管部门责令雷电防护装置所有者限期整改。

第二十七条 市、旗区人民政府应当根据本地区气候资源特点,制定开发利用和保护气候资源规划。

市、旗区气象主管机构应当根据当地经济社会发展需要,组织气候资源的综合调查和区划工作,加强气候监测、分析、评价以及气候变化的研究应用。

第二十八条 市、旗区人民政府应当有效保护和合理开发利用气候资源,科学规划布局大型太阳能、风能利用项目,推动绿色低碳发展。

第二十九条 市、旗区人民政府应当组织有关部门对本行政区域的开发区(园区)进行区域性气候可行性论证。

市、旗区气象主管机构应当组织对经济社会发展规划、国土空间规划、大中型工程、大型太阳能和风能开发利用、农牧业生产、生态建设等气候资源开发利用项目进行气候可行性论证。

重大规划、重点工程项目应当强制进行气候可行性论证,具体实施细则由气象主管机构会同发展和改革、工业和信息化、自然资源等行政主管部门制定。

第三十条 工程建设项目在进行大气环境影响评价时,应当使用符合国家气象技术标准的气象资料。

第三十一条 市、旗区人民政府应当建立健全气象事业投入和人员待遇保障机制，培养气象人才，推广先进的气象科学技术，保护气象科技成果，加强气象合作与交流，发展气象信息产业。

第三十二条 违反本办法规定，依照相关法律法规规定予以处罚；造成损害的，依法承担民事责任。

第三十三条 市、旗区气象主管机构和其他有关行政主管部门及其工作人员违反本办法规定，未依法履行职责或者有其他滥用职权、玩忽职守、徇私舞弊行为的，对直接负责的主管人员和其他直接责任人员依法给予处分。

第三十四条 本办法自 2023 年 5 月 1 日起施行。

赤峰市气象灾害防御办法

（2023 年 1 月 29 日赤峰市人民政府令第 2 号公布，2022 年 12 月 8 日赤峰市人民政府第 20 次常务会讨论通过，自 2023 年 3 月 1 日起施行）

第一章　总　则

第一条　为加强气象灾害防御，避免和减轻气象灾害造成的损失，保障人民群众生命财产安全，促进经济和社会发展，依据《中华人民共和国气象法》《气象灾害防御条例》《内蒙古自治区气象灾害防御条例》等法律法规，结合我市实际，制定本办法。

第二条　本市行政区域内从事气象灾害防御活动，适用本办法。

本办法所称气象灾害，是指因干旱、大风（沙尘暴）、寒潮、暴雨（雪）、冰雹、霜（冰）冻、高温、低温、雷电、大雾等造成的灾害。

本办法所称的气象灾害防御，是指对气象灾害的监测、预报、预警、预防和减灾、救助等活动。

第三条　气象灾害防御工作坚持以人为本、科学防御、政府主导、部门联动、属地管理、社会参与的原则。

第四条　市和旗县区人民政府应当加强对气象灾害防御工作的组织领导和协调，建立健全气象灾害防御工作机制，建设和维护气象灾害防御基础设施，组织开展气象灾害应急处置工作，将气象灾害防御工作纳入本级国民经济和社会发展规划，所需经费列入本级人民政府财政预算。

第五条 市和旗县区气象主管机构负责本行政区域内气象灾害的监测、预报、预警，气象灾情调查、评估，人工影响天气和雷电防护等工作，协助有关部门做好气象衍生、次生灾害的监测、预报、预警和减灾等工作。

应急管理、农牧、水利、生态环境、自然资源、住房和城乡建设、民政、交通运输、文化和旅游、通信等有关部门应当按照法律、法规的规定和各自职责做好气象灾害防御工作。

第六条 苏木乡镇人民政府、街道办事处应确定气象助理员，协助各级气象主管机构和应急管理部门开展气象灾害防御知识宣传、信息传递、应急联络、应急处置、灾害报告和灾情调查等工作。

嘎查村(居)民委员会应确定气象信息员，协助人民政府和有关部门做好气象灾害防御知识宣传、气象灾害应急演练、气象灾害预警信息传递等工作。

第七条 市和旗县区人民政府及有关部门应当采取多种形式，向全社会宣传普及气象灾害防御法律、法规和气象灾害防御知识，广播、电视、报纸、网络等媒体开展气象灾害防御知识的公益宣传，增强社会公众防御气象灾害的意识和避险、避灾、自救、互救、应急能力。

第二章　预　防

第八条 市和旗县区人民政府应当组织气象主管机构会同有关部门开展气象灾害普查，建立气象灾害数据库，按照气象灾害的种类进行气象灾害风险评估，划定气象灾害风险区域。根据上一级人民政府的气象灾害防御规划，结合本辖区气象灾害的特点、风险评估结果以及经济社会发展趋势，编制本辖区气象灾害防御规划。

气象灾害防御规划应当纳入各级国土空间总体规划。

第九条 市和旗县区气象主管机构应当会同有关部门，根据当地气象灾害情况组织编制气象灾害防御指引，并在相应的气象灾害风险区域发放、发布，指导公众有效应对各类气象灾害。

气象灾害防御指引应当包括当地主要气象灾害的种类、特点、应对以及防御措施等内容。

第十条 市和旗县区人民政府及其有关部门应当对易受气象灾害影响的区域加强紧急避难场所及其他防御设施建设，并定期组织开展建(构)筑物防风避险的监督检查，提高气象灾害应急处置能力。

第十一条 在干旱多发区域，农牧部门应做好农田基本建设，推广农业节水技术，提升耕地抗旱能力；水利部门应当整修水库和抗旱提水工程，切实加强农田水利建设，根据气候规律蓄水防旱。

第十二条 在大风(龙卷风)多发区域，住建、林草、气象等部门应当组织开展大风风险排查，沙尘暴灾害预测预报，指导有关单位采取大风、沙尘防御措施，做好相关应急处置工作；林草及应急管理等有关部门，应做好森林草原防火和应对工作。

建(构)筑物、户外广告牌、玻璃幕墙、树木等所有人或者管理人应当定期开展防风避险巡查，设置必要的警示标志，采取防护措施，避免搁置物、悬挂物等脱落、坠落。

建筑工地的施工单位应当加强防风安全管理，加固临时设施，并对工地采取洒水、覆盖等措施防止扬尘污染。

第十三条 在暴雨多发区域，市和旗县区人民政府及有关部门和单位应当根据本地降雨情况，做好暴雨和短时强降水防御应对工作。

(一)自然资源部门应当加强对地质灾害易发区的警示和巡

查，会同气象主管机构发布地质灾害预报预警；

（二）水利部门应当加强河道、水库、堤防等重点防洪设施的巡查和洪水监测预警，及时疏通河道，加固病险水库，整治积水易涝区域，组织做好洪水灾害、城市内涝预报预警和群测群防工作；

（三）应急管理部门应当依托综合性应急救援队伍和半专业化应急抢险队伍，协助地方政府紧急撤离危险区人员；

（四）住建部门（城市管理部门）及排水管网运营单位应当根据本地降水强度，做好排水管网和防涝设施的设计、建设和改造，科学治理城市内涝，定期进行巡查维护，保持排水通畅，并在城镇易涝点开展积涝实时监控、设置警示标识；住建部门（城市管理部门）要按照属地管理的原则，加强城市危险房屋的排查整治，雨季要加强日常监督管理，督促房屋所有人做好排险解危的各项准备，并在当地政府统一领导下，做好抢险救灾工作；

（五）教育、交通、农牧、文化和旅游、电力等部门和单位按照各自职责积极做好强降水防范工作。

第十四条 在冰雹多发区域，市和旗县区人民政府及气象、农牧部门应当加强冰雹灾害的调查，确定重点防范区，合理布设人工影响天气防雹作业点，适时开展人工防雹作业。

第十五条 在暴雪多发区域，市和旗县区人民政府及交通、公安、住建（城市管理）、气象等部门和电力、通信等单位应当根据本地降雪、冰冻发生情况，加强电力、通信线路的巡查，做好交通疏导、积雪（冰）清除、线路维护等准备工作。

有关单位和个人应当根据本地降雪情况，做好危旧房屋加固、粮草储备、牲畜转移等准备工作。

第十六条 市和旗县区气象主管机构应当在同级人民政府的领导和协调下，根据干旱、冰雹等气象预报或者灾害性天气警报以及应对森林草原火灾、严重空气污染等灾害事件的需要，组织实施人工影响天气作业。

市和旗县区气象主管机构商同级有关部门编制人工影响天气年度工作计划，报本级人民政府批准后实施。

第十七条 市和旗县区气象主管机构和其他有关部门应当按照法律规定及职责分工组织开展雷电防护装置的设计审核、竣工验收、监督指导等工作。

各类建（构）筑物、场所和设施安装雷电防护装置及使用的防雷产品应符合国家有关防雷标准。投入使用的雷电防护装置应由专人进行维护并委托具有相应资质的检测单位开展定期检测，易燃易爆等高危场所的雷电防护装置应当每半年检测一次，其他雷电防护装置应当每年检测一次。被检测单位应对雷电防护装置检测中发现的防雷安全隐患及时整改。

第十八条 市和旗县区人民政府应当组织气象主管机构和行业主管部门，根据行业特点、地理位置、气候特征等实际情况，分灾种、分地域确定气象灾害防御重点单位，并向社会公布。

气象主管机构和行业主管部门应当对气象灾害防御重点单位的防御准备工作进行指导和监督检查。

第十九条 气象灾害防御重点单位应当履行气象灾害防御主体责任，落实下列气象灾害预防措施：

（一）确定气象灾害防御管理人员，负责本单位的气象灾害防御管理工作；

（二）组织开展气象灾害风险评估，确定本单位气象灾害风险特征和风险点，制定本单位气象灾害防御工作责任制度；

（三）定期开展气象灾害风险隐患排查整治和巡查，并建立有关工作台账；

（四）对本单位人员进行气象灾害防御知识培训；

（五）法律、法规规定的其他职责。

第二十条 市和旗县区人民政府有关部门在重大建设工程、重大区域性经济开发项目和大型太阳能、风能等气候资源开发利用项目以及国土空间规划中，应当统筹考虑气候可行性和气象灾害风险性，避免、减轻气象灾害的影响。

第二十一条 任何单位和个人不得侵占、损毁、关停或者擅自移动气象灾害防御设施。气象灾害防御设施包括：气象灾害监测站点及其设施、应急移动气象设施以及气象灾害预警信息接收、播发设施等。

气象灾害防御设施因不可抗力遭受破坏时，当地人民政府应当及时组织力量恢复，确保气象灾害防御设施正常运行。

第二十二条 鼓励和支持保险机构开展气象灾害保险业务，鼓励有关单位和个人参加气象灾害保险，降低气象灾害损失。

第三章 监测、预报和预警

第二十三条 市和旗县区人民政府应当加强气象灾害监测、预警系统建设，建立健全气象灾害信息共享机制。

市和旗县区人民政府应当在气象灾害易发区域和重点防御区域，以及旅游景区、生态公益林区等区域，建设应急移动气象灾害监测设施，加密布设自动气象探测站和雷电监测站等设施，提高气象灾害监测能力。

第二十四条 各级气象主管机构应当组织对重大灾害性天气和气象灾害的联合监测，根据防御气象灾害的需要建立跨地区、跨部门的联合监测网络，加强监测、预报、预警的联防联动和信息沟通。

第二十五条 市和旗县区人民政府应当组织气象主管机构和有关部门加强气象灾害监测数据的应用，提高数据信息资源的使用效率，可以开展重点行业、地区、单位气象灾害防灾减灾专业指导：

（一）开展农业、林业气象灾害风险区划，农业、林业气候资源区划，并为农业园区、设施农业、林业生产加工企业提供温度、湿度等精细化气象监测数据，做好低温、冰雹、大风、暴雨、干旱等气象灾害的预报预警，指导经营主体和农户做好通风、施肥、用药以及各项防灾减灾措施；

（二）为大型工矿化工、水电、风电企业和重点危化企业提供雷电、大风、冰雹、暴雨（雪）等专项气象预报预警信息，指导企业做好防雷、防风、防雹、防洪、防涝等措施；

（三）为大型城市基础设施建设项目、大型生态恢复项目、采煤影响区综合治理项目、水源地保护项目和工业园区提供专项气象灾害预报预警信息等；

（四）根据实际需要，为其他有关主体提供定制化气象信息预报预警服务和防灾减灾工作指导。

第二十六条　市和旗县区气象主管机构所属的气象台站，按照职责制作并向社会及时发布气象灾害预报、警报和预警信号，并根据天气变化情况，及时更新或者解除预警信号，同时通报本级人民政府及有关部门。

气象主管机构会同其他有关部门向社会联合发布气象衍生、次生灾害的预报、警报和预警信号，法律、法规另有规定的除外。

其他任何组织和个人不得擅自向社会发布灾害性天气预报和气象灾害预警信号。

第二十七条　各级广播、电视和人民政府指定的报纸、媒体应当及时、无偿播发或者刊登气象灾害预报、警报和预警信号，不得以任何形式修改预报预警内容。对临近和补充、订正的气象灾害预报、警报和预警信号，广播、电视应当及时增播或者插播。在预警信号达到红色级别时，市和旗县区人民政府应当组织电信运营商向预警区域内所有手机用户传播。

第二十八条　市和旗县区人民政府及有关部门应当建立健全气象灾害预警信息传播机制，重点加强农村、山区、景区等气象灾害风险隐患点预警信息接收和传播终端建设，充分利用广播、电视、报刊、网络、手机短信、微信、电子显示屏等传播渠道及时向受影响的公众传播气象灾害预警信息。

苏木乡镇人民政府、街道办事处应当确定人员负责接收和传播气象灾害预警信息，对偏远地区人群，督促嘎查村（居）民委员会和有关单位采用高音喇叭、鸣锣吹哨等多种方式及时传播气象灾害预警信息。

气象灾害防御助理员、信息员或者联络员，在收到气象主管机构所属的气象台站提供的气象灾害预警信息后，应当及时向可能受影响的单位和个人传播。

第二十九条 气象灾害防御重点单位及其他人员密集场所，应建立气象灾害预警信息接收终端，在收到当地气象台站发布的灾害性天气警报和气象灾害预警信号后，应当利用电子显示装置、广播等途径，及时在其管辖区域内传播。

第四章 应急响应与处置

第三十条 市和旗县区人民政府及其有关部门应当根据气象灾害防御规划，结合本地气象灾害的特点和可能造成的危害，组织制定本行政区域的气象灾害应急预案。

市和旗县区人民政府有关部门制定的突发事件应急预案中涉及气象灾害防御的，应当与气象灾害应急预案相互衔接。

苏木乡镇人民政府、街道办事处应当制定气象灾害应急预案或者将气象灾害防御工作纳入综合应急预案。

第三十一条 市和旗县区人民政府应当根据本地气象灾害特点，定期组织开展气象灾害应急演练，提高应急救援能力。

市和旗县区气象主管机构应当加强气象防灾减灾救灾监督检查，及时排查气象灾害隐患，开展气象灾害防御培训等工作。

气象灾害防御重点单位应当制定本单位气象灾害应急预案，开展气象灾害防御培训、应急演练，做好气象灾害隐患整改等工作。

第三十二条 市和旗县区人民政府应当根据气象灾害预警信息，组织有关部门和单位进行会商，及时根据气象灾害应急预案作出启动相应应急响应的决定，向社会公布，并报告上一级人民政府。

同时发生两种以上气象灾害且分别达到不同应急响应启动级别，按照发生气象灾害的最高响应级别灾种启动应急响应。

同时发生两种以上气象灾害且均未达到应急响应启动标准，但可能或者已经造成损失和影响时，根据不同程度的损失、影响及未来发展趋势在综合评估基础上启动相应级别应急响应。

第三十三条 应急响应启动后，各级气象主管机构应当组织所属的气象台站对气象灾害进行跟踪监测，开展现场服务。

第三十四条 市和旗县区人民政府根据气象灾害发生情况，可以依法采取下列一项或者多项应急处置措施：

（一）转移、撤离或者疏散易受气象灾害危害的人员并予以妥善安置，转移重要财产；

（二）关闭或者限制使用易受气象灾害危害的场所；

（三）决定停工、停业、停课、停止各类群众性活动；

（四）实行交通管制；

（五）依法临时征用房屋、运输工具、设施设备和场地等应急救援所需的物品；

（六）防止发生衍生、次生灾害的必要措施；

（七）组织公民参加应急救援和处置工作；

（八）法律、法规规定的其他必要的防范性、保护性措施。

对当地人民政府、有关部门采取的气象灾害应急处置措施，任何单位和个人应当配合实施，不得妨碍气象灾害救助活动。

第三十五条 应急响应启动后，苏木乡镇人民政府、街道办事处和嘎查村（居）民委员会，应当按照当地人民政府的决定、命令，进行宣传动员，组织群众开展自救互救，协助维护好社会秩序，并及时向上级人民政府报告相关情况。

需要由人民政府组织转移避险的，相关人民政府应当发布转移指令，告知具体的转移地点和转移方式，并妥善安排被转移人员的基本生活。

情况紧急时，组织转移的人民政府和有关部门可以对经劝导仍拒绝转移的人员依法实施强制转移。

第三十六条 公民、法人和其他组织应当主动了解气象灾害情况。在橙色、红色气象灾害预警信号生效期间，合理安排出行计划，储备必要的饮用水、食品及照明用具等生活用品，采取相应的自救互救措施，配合人民政府、有关部门采取的应急处置措施，积极参加应急救援工作。

气象灾害防御重点单位应当根据气象灾害情况和气象灾害应急预案，组织实施本单位的应急处置工作，加强对防御重点区域和关键环节的巡查，保障运营安全。

大型群众性活动的承办者应当关注气象灾害预警信息。气象灾害预警信号发布后，大型群众性活动的承办者、场所管理者应当立即按照活动安全工作方案，采取相应的应急处置措施。

第三十七条 气象灾害不再扩大或者趋于减轻时，各级气象主管机构所属的气象台站应当及时变更或者解除气象灾害预警。

市和旗县区人民政府应当根据气象主管机构提供的灾害性天气变化信息，及时调整气象灾害应急响应级别或者作出解除气象灾害应急响应的决定。

第三十八条 气象灾害应急处置工作结束后，市和旗县区人民政府应当组织有关部门对气象灾害造成的损失进行调查，制订恢复重建计划，并向上一级人民政府报告。

气象灾害发生地的单位和个人应当配合灾情调查工作，向调查人员如实提供气象灾害有关情况。

气象主管机构和其他有关部门不得隐瞒、谎报或者授意他人隐瞒、谎报气象灾害信息和灾情。

第五章　法律责任

第三十九条　对违反本办法的行为，法律法规有具体处罚规定的，从其规定。

第四十条　违反本办法规定，各级人民政府、气象主管机构和其他有关部门及其工作人员有下列行为之一的，由其上级机关或者监察机关责令改正；情节严重的，对直接负责的主管人员和其他直接责任人员依法给予处分；构成犯罪的，依法追究刑事责任：

（一）未按照规定编制气象灾害防御规划的；

（二）未按照规定编制气象灾害应急预案的；

（三）未按照规定采取气象灾害预防措施的；

（四）未按照规定启动气象灾害应急预案或者未及时按照规定采取应急处置措施的；

（五）收到气象灾害预警信息后，未及时向社会公众传播的；

（六）隐瞒、谎报或者由于玩忽职守导致重大漏报、错报灾害性天气警报、气象灾害预警信号的；

（七）不依法履行职责的其他行为。

第四十一条　违反本办法规定，气象灾害防御重点单位未落实气象灾害防御措施的，由市气象主管机构或者其他有关主管部门责令改正；存在气象灾害隐患的，由市气象主管机构或者其他有关主管部门责令限期整改；构成违反治安管理行为的，由公安机关依法给予处罚；构成犯罪的，依法追究刑事责任。

第六章　附　则

第四十二条　本办法自2023年3月1日起施行。

铁岭市气象灾害防御条例

（2023年8月31日铁岭市第九届人民代表大会常务委员会第十四次会议通过，2023年9月27日辽宁省第十四届人民代表大会常务委员会第五次会议批准）

第一章　总　则

第一条　为了有效防御气象灾害，保障人民生命财产安全，促进经济社会发展，根据《中华人民共和国气象法》《气象灾害防御条例》《辽宁省气象灾害防御条例》等有关法律、法规，结合本市实际，制定本条例。

第二条　在本市行政区域内从事气象灾害防御活动，适用本条例。

本条例所称气象灾害，是指台风、暴雨（雪）、寒潮、大风（沙尘暴）、龙卷、低温、高温、干旱、雷电、冰雹、霜冻、大雾和霾等造成的灾害。

第三条　气象灾害防御工作应当遵循以人民为中心、科学防御、统筹规划、分级负责的原则，实行政府主导、部门联动、社会协同、公众参与的机制。

第四条 市、县(市、区)人民政府应当加强对气象灾害防御工作的组织、领导和协调,完善气象灾害防御体系,建立统一的气象灾害防御指挥机构;健全以气象灾害预警为先导的部门应急联动机制和社会响应机制;组织针对负有气象灾害防御职责的工作人员进行定期培训;将气象灾害防御纳入本级国民经济和社会发展规划以及绩效考核,气象灾害监测预警、基础设施建设维护、应急处置和科普宣传等所需经费纳入本级财政预算。

乡(镇)人民政府、街道办事处及开发区、工业园区等各类经济功能区,应当将气象灾害防御纳入平安社区创建和网格化管理体系,确定机构或者人员开展气象灾害防御知识宣传、隐患排查、应急联络和灾情调查等工作。

村(居)民委员会应当协助人民政府、有关部门做好气象灾害防御的宣传动员、应急演练、信息传递等工作。

第五条 市、县(市、区)气象主管机构负责本行政区域内气象灾害的监测、预报、预警、评估和气候可行性论证、人工影响天气等气象灾害防御的管理、服务及监督工作。

未设立气象主管机构的县(市、区)人民政府,应当明确承担气象灾害防御职责的具体工作部门或者机构,在市气象主管机构指导下做好气象灾害防御工作。

有关部门和单位应当按照各自职责分工,在信息共享、灾情研判、预报预警、应急处置等方面密切合作,协同做好气象灾害防御工作。

第六条 公民、法人和其他组织有义务参加气象灾害防御工作,根据气象灾害预报预警信息,做好应急准备;气象灾害发生后,依法服从有关部门指挥,开展自救互救。

对在气象灾害防御工作中做出突出贡献的组织和个人,按照有关规定给予表彰奖励。

鼓励公民、法人和其他组织依法参加气象灾害灾情收集与报告、防御知识宣传、防灾避灾等志愿服务活动。

第七条 市、县(市、区)人民政府、有关部门应当采取多种形式,宣传普及气象灾害防御法律、法规和科学知识,提高社会气象灾害防御意识和应对能力。

广播、电视、报纸、电信、互联网等媒体应当开展气象灾害预防与应急、自救互救知识的公益宣传。

学校应当把气象灾害防御知识纳入安全教育内容,定期开展科普教育等活动,培养和提高教职员工、学生的气象灾害防御意识和自救互救能力。

第八条 积极推进农业政策型保险工作,建立、健全财政补贴、农户自愿参加、保费合理分担的机制。鼓励和支持保险机构开发各类气象灾害保险产品。

引导公民、法人和其他组织通过投保气象灾害保险等方式减少气象灾害造成的损失。

气象主管机构应当为保险机构发展气象灾害保险业务提供必要的技术支持。

第二章 预 防

第九条 市、县(市、区)人民政府应当组织气象主管机构会同有关部门,对本行政区域内发生的气象灾害的种类、次数、强度和造成的损失等情况开展气象灾害普查,建立气象灾害数据库,按照气象灾害的种类进行气象灾害风险评估,并根据气象灾害分布情况和气象灾害风险评估结果,划定气象灾害风险区域。

第十条 市、县(市、区)人民政府应当组织有关部门,根据上一级人民政府的气象灾害防御规划,结合本地气象灾害特点,编制本行政区域的气象灾害防御规划。明确中长期防御措施,并向社会公布。

气象灾害防御规划应当作为编制国土空间规划及农业、林业、能源、环境保护、水利、交通运输、旅游等专项规划的重要依据。

市、县(市、区)人民政府、有关部门和有关单位,应当按照气象灾害防御要求,完善基础设施建设和防御措施,落实气象灾害防御规划。

第十一条 气象主管机构应当依法组织对国土空间规划,国家和省、市重大建设工程,重大区域性经济开发项目,以及大型太阳能、风能等气候资源开发利用项目进行气候可行性论证。

有关部门对前款规定的项目依法进行项目可行性研究报告审批或者项目申请报告审核时,应当将气候可行性论证纳入审查内容。

第十二条 实行灾害防御重点区域、重点单位管理制度。

市、县(市、区)人民政府应当组织气象主管机构和有关部门根据气象灾害风险区域划定情况,将气象灾害易发区确定为气象灾害防御的重点区域,强化气象灾害防御工作。

根据地理位置、气候背景、行业特点等因素确定气象灾害防御重点单位,主要包括供水、排水、供电、供热、交通、通信、危险化学品仓库、网络等重要设施和车站、旅游景点、商场、学校、医院、社会福利机构以及其他人员密集场所的经营、管理单位,并向社会公布。

气象灾害防御重点单位应当履行下列职责:

(一)制定、完善本单位应对气象灾害的应急预案,确定气象灾害应急管理负责人;

(二)确定气象灾害防御重点部位,设置安全警示标志。建立定期巡查制度并做好巡查记录,发现问题及时整改;

(三)根据需要建设必要的气象灾害监测设施和紧急避难场所,配备必要的救援装备;

(四)根据需要组建救援抢险队伍,加强气象灾害防御培训,定期组织应急演练；

（五）法律、法规规定的其他气象灾害防御职责。

气象主管机构应当会同有关部门对气象灾害防御重点区域和重点单位的防御准备工作进行指导和监督检查。

第十三条 市、县（市、区）人民政府、有关部门应当根据气象灾害防御规划，结合气象灾害特点和可能造成的危害，组织气象主管机构和有关部门制定气象灾害应急预案，报上一级人民政府、有关部门备案，向社会公布，并定期开展气象灾害应急演练，提高应急救援能力。

教育、自然资源、生态环境、住建、交通运输、水利、农业农村、文旅广电、应急等有关部门应当将本部门的应急预案与本级人民政府气象灾害应急预案相衔接，分灾种、分等级制定基于气象灾害预警信息的应对措施。

乡（镇）人民政府、街道办事处和村（居）民委员会应当根据气象灾害应急预案，制定防灾避险方案。

第三章 监测、预报和预警

第十四条 市、县（市、区）人民政府应当在气象灾害敏感区、易发多发区以及监测站点稀疏区增设气象灾害监测设施，完善区域自动气象站、雷达等气象观测站网。建立农业、生态、交通、旅游等专业气象观测站网。加强各类气象监测设施的维护。

市、县（市、区）人民政府应当加强农村、山区气象灾害预报预警信息接收和传播终端建设。

第十五条 市、县（市、区）人民政府应当建立健全气象灾害信息共享机制，实现各种灾害风险隐患、预警、灾情以及救灾工作动态等信息共享。有关主管部门和机构应当按照相关规定，及时提供气象灾害监测信息。

市、县（市、区）人民政府应当建立和完善气象灾害预报预警信息发布和舆情应对机制，确保公众知情权。通信部门应当建立重大气象灾害预警信息发布绿色通道，提升发布能力。

气象主管机构应当鼓励开展气象科学研究和技术攻关，提高灾害性天气预报、预警的准确率和时效性；应当加强对气象灾害的风险研判，根据气象灾害监测信息和天气变化趋势，由所属气象台站按照职责并通过媒体及时向社会统一发布灾害性天气警报和气象灾害预警信号，其他任何组织和个人不得擅自向社会发布；应当及时会同有关部门联合发布气象灾害衍生、次生灾害预报和风险预警等信息，并向本级人民政府和有关部门报告灾害性天气趋势预测及预报预警信息。

第十六条 广播、电视、报纸、电信、互联网等媒体应当及时向社会播发或者刊登当地气象主管机构所属的气象台站提供的适时灾害性天气警报、气象灾害预警信号；对暴雨（雪）、强对流等气象灾害红色预警信号，应当采用滚动字幕、加开视频窗口以及插播、信息推送等方式即时播发；紧急情况下，通信运营单位应当按照有关规定向本地全网用户发送应急短信，提醒公众做好防御准备。

根据气象灾害防御的需要，车站、旅游景区、高速公路、商场、学校、医院、宾馆、饭店等公共场所及其他人员密集场所，应当通过电子显示屏、有线广播、公告栏等方式向公众播发灾害性天气警报、气象灾害预警信号。

第四章　应急处置

第十七条 市、县（市、区）人民政府、有关部门应当根据气象主管机构所属气象台站发布的气象灾害监测、预报、预警信息以及气象灾害的严重性、紧急程度和灾情变化情况，及时作出启动相应应急预案的决定，向社会公布，并报告上一级人民政府。

气象灾害应急预案启动后，有关部门应当及时与气象主管机构或者所属气象台站进行会商，并按照各自应急预案和职责做好应急处置工作。

市、县（市、区）人民政府、有关部门应当根据灾情变化，及时调整或者终止响应。

第十八条 市、县（市、区）人民政府根据《中华人民共和国突发事件应对法》等法律、法规的有关规定，依法采取应急处置措施。

第十九条 气象灾害发生地乡（镇）人民政府、街道办事处和村（居）民委员会应当因地制宜，利用农村应急广播、电子显示屏、移动宣传车、鸣锣吹哨、上门告知等方式，及时向公众传播气象灾害预警信息，实施危险区域管控，组织人员转移、疏散，开展自救互救，并及时向上级人民政府报告相关情况。

公民、法人和其他组织应当服从当地人民政府、有关部门的指挥安排，主动避险，配合应急处置措施，积极开展恢复重建工作。任何单位和个人不得妨碍气象灾害救助活动。

大型群众性活动的组织者、承办者、场所管理者应当关注气象预报和气象灾害预警信息，适时调整活动方案或者采取安全保障措施。

第二十条 气象灾害应急处置工作结束后，市、县（市、区）人民政府应当组织有关部门及时对气象灾害的影响程度、受灾范围、经济损失和可能存在的安全隐患进行调查评估，制订恢复重建计划，并向上一级人民政府报告。

乡（镇）人民政府、街道办事处应当协助有关部门做好灾情调查和报告等工作。

气象灾害发生地的单位和个人应当向调查人员如实提供气象灾害有关情况，不得隐瞒、谎报或者授意他人隐瞒、谎报气象灾害信息和灾情。

任何单位和个人不得传播虚假的或者通过非法渠道获取的灾

害性天气信息和气象灾害灾情。

第五章　隐患排查治理

第二十一条　市、县(市、区)人民政府应当结合本地气象灾害种类和特点,有重点地对气象灾害隐患进行排查,采取规划、工程和技术等措施进行隐患治理,避免和减轻气象灾害的影响。

第二十二条　住建主管部门应当按照职责加强排水管网、电器设施、防涝设施的建设与改造,做好日常检查与维护,定期进行巡查,保持排水通畅、用电安全,并在立交桥、涵洞、隧道、低洼路段等易涝点设置警示标识,根据实际需要增加蓄水、排水设施,完善排水措施,避免和减轻暴雨灾害造成的损失。

第二十三条　水利主管部门应当加强河道、水库、堤防、闸坝等重点防洪设施的巡查和洪水监测预警,及时组织疏浚河道沟渠,加固病险水库、堤坝。

第二十四条　农业农村主管部门应当根据气象灾害预报预警信息和气候预测情况,引导大风、干旱、霜冻、暴雨、冰雹等气象灾害多发地区的种植户、养殖户采取有效措施,避免和减轻气象灾害造成的损失。

第二十五条　文旅广电主管部门应当督促旅游景区增加气象灾害监测设施,多渠道传播预报预警信息,建立气象灾害突发事件应对机制,增强气象灾害预警、防范、救援能力。

第二十六条　公安、交通主管部门应当根据气象主管机构对城市道路、高速公路和城市轨道交通沿线的天气实况监测和预报预警信息,及时调整交通疏导和管制措施,避免和减轻气象灾害对道路交通的影响。

第二十七条　建筑物、构筑物、户外广告牌、玻璃幕墙、树木的所有人、管理人或者使用人,应当定期开展防风避险巡查,设置必要的警示标识，采取措施及时消除搁置物、悬挂物脱落、坠落和树木折断等安全隐患，避免和减轻大风灾害造成的危害。

建筑工地的施工单位应当加强防风安全管理，加固临时设施，并对工地采取洒水、覆盖等措施，防止扬尘污染。

第六章　法律责任

第二十八条　违反本条例规定，有下列行为之一的，由气象主管机构责令改正，给予警告，可以处5万元以下的罚款；构成违反治安管理行为的，由公安机关依法给予处罚：

(一)擅自向社会发布灾害性天气警报和气象灾害预警信号的；

(二)广播、电视、报纸、电信、互联网等媒体未按照要求播发、刊登灾害性天气警报和气象灾害预警信号的；

(三)传播虚假的或者通过非法渠道获取的灾害性天气信息和气象灾害灾情的。

第二十九条　违反本条例规定，市、县(市、区)人民政府、气象主管机构和其他有关部门及其工作人员有下列行为之一的，由其上级机关或者监察机关责令改正；情节严重的，对直接负责的主管人员和其他直接责任人员依法给予处分；构成犯罪的，依法追究刑事责任：

(一)未按照规定编制气象灾害防御规划或者气象灾害应急预案的；

(二)未按照规定采取气象灾害预防措施的；

(三)隐瞒、谎报或者由于玩忽职守导致重大漏报、错报灾害性天气警报、气象灾害预警信号的；

(四)未按照规定及时提供气象灾害防御需要的监测信息的；

(五)未及时采取气象灾害应急措施的；

(六)不依法履行职责的其他行为。

第三十条 违反本条例规定的其他行为,有关法律、法规已有处罚规定的,依照其规定。

第七章 附 则

第三十一条 本条例自2023年12月1日起施行。

辽阳市雷电灾害防御管理规定

(2023 年 3 月 30 日辽阳市人民政府令 148 号公布，2023 年 3 月 9 日辽阳市第 17 届人民政府第三十五次常务会议通过,2023 年 5 月 1 日起施行)

第一章　总　则

第一条　为了防御和减轻雷电灾害,维护国家利益和人民生命财产安全,促进经济社会发展,根据《中华人民共和国气象法》《气象灾害防御条例》《辽宁省气象灾害防御条例》《辽宁省雷电灾害防御管理规定》等有关法律、法规和规定,结合我市实际,制定本规定。

第二条　在我市行政区域内进行雷电灾害防御工作,应当遵守本规定。法律、法规另有规定的,从其规定。

第三条　雷电灾害防御工作遵循预防为主、防治结合的原则,坚持政府领导、属地管理、部门协同负责。

第四条　市、县(市、区)人民政府应当加强对雷电灾害防御工作的组织领导,建立健全协调机制,督促各有关部门依法履行雷电灾害防御职责,将雷电灾害防御纳入公共安全监督管理范围,并将所需经费列入本级财政预算。

第五条　市、县(市、区)气象主管机构应当加强对雷电灾害防御工作的组织管理，负责本行政区域内雷电监测、预报预警和职责范围内雷电防护装置检测的监督管理等工作，并会同有关部门指导本行政区域内的雷电灾害防御工作。

未设气象主管机构的区人民政府应当指定有关部门，在市气象主管机构指导下，做好雷电灾害防御相关工作。

应急管理、住房城乡建设、教育、工业和信息化、生态环境、交通运输、水利、文化旅游等有关部门应当按照各自职责，做好雷电灾害防御有关工作。

第六条 市、县（市、区）人民政府应当组织有关部门编制雷电灾害防御规划，加强雷电灾害监测和预警系统建设，鼓励和支持雷电灾害防御科学技术研究，推广先进的科学技术研究成果，提升雷电灾害防御工作水平。

第七条 市、县（市、区）人民政府及有关部门，乡（镇）人民政府、街道办事处应当利用各类传播媒介向社会宣传普及雷电灾害防御法律法规和科学知识，提高公众的防雷减灾意识和能力。

第二章 监测、预警与发布

第八条 市、县（市、区）人民政府应当组织气象等有关部门加强雷电监测和预报预警基础业务体系建设，建立并完善雷电监测站网，提高雷电灾害监测预警和防雷减灾服务能力。

第九条 市、县（市、区）气象主管机构所属的气象台站应当加强对雷电灾害的监测，及时向社会发布雷电预警信号。其他有关部门所属的气象台站应当及时向气象主管机构提供监测、预报雷电灾害所需要的有关信息。

第十条 广播、电视、报纸、电信、网络等媒体应当按照有关规定及时、准确地将雷电预警信息向社会传播；对重大雷电天气预警信息，有关媒体应当及时增播、插播或者刊登。

第三章　雷电防护装置安装与维护

第十一条　新建、改建、扩建建(构)筑物、场所和设施应当按照有关标准和规定安装雷电防护装置，并与主体工程同时设计、同时施工、同时投入使用。

下列场所和设施应当按照国家有关规定安装雷电防护装置：

(一)建筑物防雷设计规范规定的第一、二、三类防雷建筑物；

(二)易燃易爆物品、危险化学品等危险物品的生产、经营、储存场所；

(三)电力、广播电视、通信设施和计算机网络系统；

(四)国家规定应当安装雷电防护装置的其他场所和设施。

第十二条　雷电防护装置设计审核、施工监督和竣工验收，按照法律和行政法规规定执行。

第十三条　投入使用后的雷电防护装置实行定期检测制度。雷电防护装置应当每年检测一次，对油库、气库、弹药库、化学品仓库、烟花爆竹、石化等爆炸和火灾危险环境场所的雷电防护装置应当每半年检测一次。

第十四条　雷电防护装置所有权人或者管理人应当承担雷电防护装置管理的主体责任，委托具备相应资质的雷电防护装置检测单位进行定期检测，并对雷电防护装置进行日常维护，做好维护、检测、整改记录，保持雷电防护装置安全防护性能良好，对检测不合格的雷电防护装置应当及时整改，并申请重新检测。

第十五条　任何单位和个人不得擅自移动、改变或者损坏雷电防护装置。

第四章　雷电灾害防御重点单位管理

第十六条　下列单位应当列为雷电灾害防御重点单位：

（一）易燃易爆物品和危险化学品的生产、充装、储存、供应或者经营单位；

（二）电力、燃气、供水、供热、广播电视、通信等电子设备密集且对国计民生有重大影响的企事业单位；

（三）大型宾馆、饭店、商场、车站、公共体育场馆、会堂、公共娱乐场所等公众聚集场所的经营或管理单位；

（四）学校、医院、养老院、公共图书馆、博物馆、科技馆、劳动密集型企业、国家3A级及以上旅游景区、大型宗教场所等人员密集场所的经营或管理单位；

（五）国家级、省级重点文物保护单位；

（六）重要物资仓库和堆场，重点工程施工现场；

（七）高层建筑物、大型高速公路服务区等发生雷击可能性较大以及一旦发生雷击可能造成重大人身伤亡、财产损失或者社会影响的单位。

第十七条　雷电灾害防御重点单位应当承担防雷安全主体责任，加强防雷安全管理，建立各项防雷安全制度，落实防雷安全责任制，明确防雷安全管理机构或者人员，保障本单位雷电灾害防御工作所需经费，并加强监督考核。

第十八条　雷电灾害防御重点单位的主要负责人是本单位防雷安全第一责任人，对本单位防雷安全工作负总责。

防雷安全管理机构或者人员应当履行下列职责：

（一）制定防雷安全管理制度，督促落实防雷安全措施；

（二）组织开展防雷安全隐患排查与整治；

（三）组织开展防雷安全宣传、教育和培训。

第五章　应急响应与处置

第十九条　雷电灾害发生后，市、县（市、区）人民政府、有关部门按照规定及时采取应急处置措施，按相关程序启动应急响应，开展应急处置。

有关单位和个人应当配合雷电灾害应急处置工作，为应急处置提供便利条件。

第二十条　雷电灾害发生后，受灾单位应当迅速采取有效措施组织抢救，减少人员伤亡和财产损失，并按照国家有关规定立即如实报告当地安全生产监督管理部门和气象主管机构。

任何单位和个人对雷电灾害不得瞒报、谎报或者拖延上报。

第二十一条　市、县（市、区）气象主管机构接到雷电灾情报告后，应当会同其他有关部门组织开展雷电灾害调查和鉴定，按照相关规定及时报告同级人民政府和上级气象主管机构，并通报同级安全生产监督管理部门。

有关单位和个人应当协助气象主管机构和其他有关部门开展雷电灾害的调查、统计和鉴定工作，不得干扰、阻挠对雷电灾害的调查处理。

第六章　监督管理

第二十二条　各相关部门要按照“谁审批、谁负责、谁监管”的原则，切实履行建设工程防雷监管职责。气象主管机构和其他有关行业主管部门应当按照职责对雷电灾害防御工作进行检查，被检查单位不得拒绝或者阻挠。

第二十三条　下列建设工程雷电防护装置的设计审核和竣工验收由市、县（市、区）气象主管机构负责；未设气象主管机构的区由市气象主管机构负责。未经设计审核或者设计审核不合格的，不得施工；未经竣工验收或者竣工验收不合格的，不得交付使用：

（一）油库、气库、弹药库、化学品仓库、烟花爆竹、石化易燃易爆建设工程和场所；

（二）雷电易发区内的矿区、旅游景点或者投入使用的建（构）筑物、设施等需要单独安装雷电防护装置的场所；

（三）雷电风险高且没有防雷标准规范、需要进行特殊论证的大型项目。

房屋建筑工程和市政基础设施工程雷电防护装置设计审核、竣工验收，整合纳入建筑工程施工图审查、竣工验收备案，由住房城乡建设部门监管。

公路、水路、铁路、水利、电力、通信等专业建设工程防雷管理，由各专业部门负责。

第二十四条 雷电防护装置检测单位及其人员开展检测活动应当执行国家有关技术规范和标准，出具的雷电防护装置检测报告确保真实、客观、准确，对雷电防护装置检测数据、结果负责。在检测项目完成后，将检测数据和结果按时报送所在地气象主管机构。

第二十五条 雷电防护装置检测单位不得有下列行为：

（一）无资质或者超越资质许可范围从事雷电防护装置检测；

（二）伪造、涂改、出租、出借、挂靠、转让《雷电防护装置检测资质证》；

（三）伪造、篡改检测数据或者冒用签章，出具虚假检测报告或者拒绝提供反映其活动情况的真实材料；

（四）转包或者违法分包雷电防护装置检测项目；

（五）使用不符合条件的雷电防护装置检测专业技术人员；

（六）与其检测项目的设计、施工、监理单位以及所使用的防雷产品生产、销售单位有隶属关系或者其他利害关系；

（七）其他违反法律、法规的行为。

第二十六条　市、县（市、区）气象主管机构对本行政区域内的雷电防护装置检测活动进行监督检查，可以采取下列措施：

（一）要求被检查的单位或者个人提供有关文件和资料，进行查询或者复制；

（二）就有关事项询问被检查的单位或者个人，要求作出说明；

（三）进入有关雷电防护装置检测现场进行监督检查。

气象主管机构进行监督检查时，有关单位和个人应当予以配合。

第七章　法律责任

第二十七条　雷电防护装置检测单位违反本规定第二十四条、第二十五条行为的，按照《气象灾害防御条例》和《雷电防护装置检测资质管理办法》等有关规定进行处罚。

第二十八条　违反本规定的其他行为，由有关部门按照有关法律、法规和规章的规定实施处罚；构成犯罪的，依法追究刑事责任。

第八章　附　则

第二十九条　本规定中下列用语的含义：

（一）雷电灾害是指由于直击雷、雷电感应、雷电波侵入、雷击电磁脉冲等造成的人员伤亡、财产损失；

（二）雷电防护装置是指由接闪器、引下线、接地装置、电涌保护器及其连接导体等构成的，用以防御雷电灾害的设施或者系统。

第三十条　本规定自2023年5月1日起施行。

黑龙江省农产品气候品质评价促进条例

（2023 年 4 月 27 日黑龙江省第十四届人民代表大会常务委员会第二次会议通过）

第一章　总　则

第一条　为了提高农产品品质和市场竞争力，培育农产品区域公用品牌，发挥农产品气候品质评价在农业高质量发展中的作用，根据《中华人民共和国气象法》《中华人民共和国农业技术推广法》《中华人民共和国农产品质量安全法》《中华人民共和国商标法》等相关法律、行政法规，结合本省实际，制定本条例。

第二条　在本省行政区域内开展农产品气候品质评价促进工作，从事技术研发、品牌建设、申报评价、证书和标识使用管理等活动，适用本条例。

第三条　本条例所称农产品气候品质评价，是指依据相关技术标准和规范，对特定区域内影响农产品品质的气候条件进行评定的活动。

本条例所称农产品，是指来源于种植业、林业、畜牧业和渔业等的初级产品，即在农业活动中获得的植物、动物、微生物及其产品。

第四条 县级以上人民政府应当加强农产品气候品质评价促进工作的领导，将农产品气候品质评价工作纳入农业发展计划和规划。政府承担的区域公用品牌建设所需经费，由同级政府按照财政事权与支出责任相适应原则予以统筹保障。

第五条 县级以上气象主管机构负责本行政区域农产品气候品质评价的协调服务和监督管理。

县级以上人民政府财政、农业农村、林业和草原、商务、科技、市场监管、中医药等有关部门按照各自职责，做好促进农产品气候品质评价相关工作。

乡镇人民政府、街道办事处协助有关部门做好促进农产品气候品质评价相关工作。

第六条 农产品气候品质评价属于公益性农业气象技术服务范畴，农产品气候品质评价区域公用品牌由区域内农业生产经营主体共同享有。

第二章　扶持与保障

第七条 省气象主管机构应当会同省人民政府标准化主管部门推进农产品气候品质评价标准化建设，制定和完善农产品气候品质评价技术标准，鼓励和支持行业组织、科研机构、高等学校、学术团体参与农产品气候品质评价技术标准的制定。

第八条 县级以上人民政府应当根据国家科学技术进步有关法律、法规和政策，支持农业气象科研机构、高等学校、社会团体进行农产品气候品质评价新技术的研发、应用和推广。

第九条 县级以上人民政府应当组织气象、农业农村等部门开展本行政区域的农业气候资源普查和农业气候区划工作，支持农产品气候品质评价的推广和应用，因地制宜促进优质特色农产品产业发展。

第十条 县级以上人民政府应当根据农产品气候品质评价工作的需要，结合现有气象观测站网，推动区域自动气象站和农田小气候站建设。

第十一条 县级以上人民政府应当建立农业农村、生态环境、市场监管、统计、林业和草原、气象等部门协调机制，共享农产品气候品质评价所需的种植养殖规模、产量、产品质量检测、产地环境等数据。

第十二条 县级人民政府应当组织气象、农业农村、林业和草原等部门对开展农产品气候品质评价区域的自然灾害、病虫害、气象要素等情况进行实地监测。

第十三条 县级以上人民政府可以利用广播、电视、报刊、网络平台、手机客户端等开展农产品气候品质评价区域公用品牌宣传，为农业生产经营主体提供相关咨询服务，提高全社会对农产品气候品质评价的了解和认知。

第十四条 县级以上人民政府商务、农业农村、林业和草原等部门应当鼓励和引导开展农产品气候品质评价区域的农业生产经营主体参加产销对接会、展销会、交易会、博览会等，采取多种形式对外展示推介通过农产品气候品质评价的农产品。

第三章 申报与评价

第十五条 农产品气候品质评价实行目录管理制度。具体办法由省气象主管机构分别会同省人民政府农业农村、林业和草原部门另行制定。

第十六条 符合农产品气候品质评价申报条件的，县级人民政府可以向省气象主管机构所属的评价机构（以下简称评价机构）申报农产品气候品质评价。具体评价办法由省气象主管机构另行制定。

第十七条　申报农产品气候品质评价应当符合下列条件：

（一）农产品已列入农产品气候品质评价备选目录；

（二）农产品品质与所在区域气候条件密切相关；

（三）农产品具有相应的气候品质评价指标；

（四）农产品主要生产区域有满足评价需求的区域自动气象站或者农田小气候站；

（五）农产品质量和产地环境符合国家强制性技术标准和规范要求。

第十八条　评价机构开展农产品气候品质评价，应当收集农产品生产区域的有关气象资料。现有气象资料不能满足农产品气候品质评价需求的，应当开展区域气象观测。

第十九条　评价机构应当依据国家和省相关技术标准及规范，开展农产品气候品质评价工作，并对评价结论负责。

经评价机构评价，符合国家和省相关技术标准和规范的，由评价机构向县级人民政府颁发农产品气候品质评价证书；不符合国家和省相关技术标准及规范的，由评价机构书面通知，并说明原因。

评价机构应当定期向社会公开农产品气候品质评价申报和评价情况。

第二十条　评价机构应当记录评价全过程，保留相应的评价资料和档案。评价记录应当准确完整、客观真实，保证评价过程和结果具有可追溯性。

第二十一条　农产品气候品质评价证书有效期为三年。

第二十二条　持有农产品气候品质评价证书的县级人民政府应当按照农产品生产周期，根据农业生产经营主体基本情况和种植养殖规模、品种、产品包装规格等信息，确定农产品气候品质评价标识发放数量。

第二十三条　评价机构应当对通过评价的农产品在每年标识

发放前进行一次抽查复评，发现不再符合农产品气候品质评价技术标准和规范的，应当暂停当年农产品气候品质评价证书的使用，持有农产品气候品质评价证书的县级人民政府停止当年农产品气候品质评价标识发放。

第二十四条 评价机构应当建立农产品气候品质评价溯源系统(平台)，为消费者提供农产品来源、农产品气候品质评价结论、农产品气候品质评价标识真伪、主要气象数据等信息查询服务。

第二十五条 评价机构及其工作人员对评价活动中知悉的商业秘密和技术秘密负有保密义务。

涉及国家安全、国家秘密气象资料的提供和使用等活动，应当同时遵守有关国家安全和保守国家秘密的规定。

第四章 标识使用与保护

第二十六条 符合下列条件的农业生产经营主体，可以从持有农产品气候品质评价证书的县级人民政府免费领取使用农产品气候品质评价标识：

(一)农产品产自评价确认的地域范围；

(二)农产品具有注册商标和独立包装；

(三)提供能够正确、规范使用农产品气候品质评价标识，遵守农产品质量安全、食品安全相关法律、法规的书面承诺。

第二十七条 使用农产品气候品质评价标识的农业生产经营主体可以在下列范围使用农产品气候品质评价标识：

(一)农产品包装、标签、说明书；

(二)农产品产销对接会、展览会、交易会、博览会等市场营销活动；

(三)农产品广告宣传。

第二十八条 任何组织或者个人不得伪造、变造、涂改、冒用、转让、出租、出借农产品气候品质评价标识。

农产品气候品质评价标识可以按照同比例放大或者缩小使用，但不得变形、变色。

第五章　法律责任

第二十九条　县级以上人民政府有关部门及其工作人员，气象主管机构、评价机构及其工作人员违反本条例规定，在农产品气候品质评价确定备选目录、申报、评价、证书和标识发放、监督管理中徇私舞弊、滥用职权、玩忽职守的，依法给予处分。

第三十条　违反本条例规定使用农产品气候品质评价标识的，依照《中华人民共和国农产品质量安全法》《中华人民共和国商标法》《中华人民共和国商标法实施条例》等相关法律、行政法规规定处罚。

第六章　附　则

第三十一条　农业生产经营主体委托第三方机构开展的农产品气候品质评价，不适用本条例。

第三十二条　本条例自 2023 年 6 月 1 日起施行。

大庆市雷电灾害防御条例

（2022 年 12 月 27 日大庆市第十一届人民代表大会常务委员会第八次会议通过，2023 年 4 月 27 日黑龙江省第十四届人民代表大会常务委员会第二次会议批准）

第一条 为了加强雷电灾害防御，避免、减轻雷电灾害损失，保障人民生命财产安全和公共安全，促进经济社会发展，根据《中华人民共和国气象法》《气象灾害防御条例》《黑龙江省气象灾害防御条例》等法律、法规，结合本市实际，制定本条例。

第二条 本市行政区域内从事雷电灾害防御活动，适用本条例。

第三条 雷电灾害防御工作应当坚持以人为本、预防为主、防治结合、政府主导、部门联动、社会参与的原则。

第四条 市、县（区）人民政府应当加强对雷电灾害防御工作的组织、领导和协调，将雷电灾害防御工作纳入本级国民经济和社会发展规划、公共安全体系和应急管理体系，建立健全工作协调机制。建立由气象主管机构牵头，有关部门和单位参加的联席会议制度，协调解决雷电灾害防御工作中的重大问题。

乡（镇）人民政府、街道办事处应当确定人员，协助气象主管机构和其他有关部门开展雷电灾害防御科普知识宣传、应急联络、信息传递、灾害报告和灾情调查等工作。

第五条 市气象主管机构负责组织管理和指导监督全市的雷电灾害防御工作。县气象主管机构负责组织管理本行政区域内雷电灾害防御工作。

发展和改革、工业和信息化、住房和城乡建设、交通运输、水务、农业农村、教育、应急管理、公安机关、城市管理、民政、市场监督管理、科学技术、卫生健康、体育、文化广电和旅游等相关部门，按照各自职责，做好雷电灾害防御相关工作。

第六条 市、县气象主管机构应当加强雷电和雷电灾害的监测、预报、预警系统建设，提高雷电和雷电灾害监测、预报、预警的准确性、及时性。

第七条 市、县(区)人民政府应当根据本地雷电灾害特点，组织编制雷电灾害防御应急预案，开展雷电灾害应急演练和科普知识宣传，增强社会公众防御雷电意识，提高应急救援能力。

居(村)民委员会应当协助本地人民政府做好雷电灾害防御应急演练和科普知识宣传工作。

第八条 各类建(构)筑物、场所和设施安装雷电防护装置应当符合国家有关防雷标准的规定。

新建、改建、扩建建(构)筑物、场所和设施的雷电防护装置，应当与主体工程同时设计、同时施工、同时投入使用。

雷电防护装置未经设计审核或者设计审核不合格的，不得施工；未经竣工验收或者竣工验收不合格的，不得交付使用。

第九条 建设工程设计、施工、监理、检测单位以及业主单位等依法承担相应的防雷工程质量安全主体责任。

第十条 市、县气象主管机构负责下列建设工程、场所和大型项目雷电防护装置的设计审核、竣工验收和投入使用后的监督管理：

(一)油库、气库、弹药库、化学品仓库和烟花爆竹、石化等易燃易爆建设工程和场所；

（二）雷电易发区内的矿区、旅游景点或者投入使用的建（构）筑物、设施等需要单独安装雷电防护装置的场所；

（三）雷电风险高且没有防雷标准规范、需要进行特殊论证的大型项目。

第十一条 住房和城乡建设部门负责将房屋建筑工程和市政基础设施工程雷电防护装置的设计审核、竣工验收，纳入建筑工程施工图审查、竣工验收备案。

房屋建筑工程和市政基础设施工程雷电防护装置投入使用后的监督管理职责，由住房和城乡建设部门负责。

第十二条 公路、水路、铁路、民航、水利、电力、通信等建设工程雷电防护装置的设计审核、竣工验收和投入使用后的监督管理职责，由各相应领域的建设工程主管部门负责。

第十三条 雷电防护装置的所有权人或者受托人应当对雷电防护装置进行日常维护、保养，委托具备资质的单位进行定期检测，发现雷电防护装置存在隐患或者发生故障的，应当及时修复或者更换，保障雷电防护装置安全有效运行。

生产、储存易燃易爆物品场所的雷电防护装置应当每半年检测一次，其他雷电防护装置应当每年检测一次。行业标准有特殊规定的，从其规定。

雷电防护装置的所有权人或者受托人应当做好维护、保养、检测和整改记录，建立维护档案，档案保存期限不少于五年。

第十四条 安装雷电防护装置的生产经营单位应当在生产安全事故应急救援预案中明确雷电灾害防御相关内容，按照规定定期组织包含雷电灾害防御内容的应急演练。

第十五条 雷电防护装置检测单位应当按照资质等级承担相应的雷电防护装置检测工作，执行国家有关标准和规范，对出具的检测报告的准确性、真实性负责。禁止无资质或者超越资质许可范围从事雷电防护装置检测。

第十六条　遭受雷电灾害的单位和个人，应当及时向当地气象主管机构报告，并协助当地气象主管机构对雷电灾害进行调查与鉴定。

第十七条　倡导单位和个人对雷电灾害参加保险，因保险理赔需要气象灾害证明的，雷电灾害发生地气象主管机构应当无偿出具。

第十八条　违反本条例规定，有下列行为之一的，由县级以上气象主管机构、住房和城乡建设或者其他有关部门按照权限责令改正，给予警告，可以处一万元以上三万元以下罚款；给他人造成损失的，依法承担赔偿责任：

（一）应当安装雷电防护装置而拒不安装的；

（二）使用不符合国家有关防雷标准规定的雷电防护装置或者产品的；

（三）已有雷电防护装置，不按照规定进行检测或者经检测不合格且拒不整改的；

（四）对重大雷电灾害事故隐瞒不报的。

第十九条　违反本条例规定，有下列行为之一的，由县级以上气象主管机构、住房和城乡建设或者其他有关部门按照权限责令停止违法行为，处五万元以上十万元以下罚款；有违法所得的，没收违法所得；给他人造成损失的，依法承担赔偿责任：

（一）无资质或者超越资质许可范围从事雷电防护装置检测的；

（二）在雷电防护装置设计、施工、检测中弄虚作假的；

（三）雷电防护装置未经设计审核或者设计审核不合格施工的；

（四）雷电防护装置未经竣工验收或者竣工验收不合格交付使用的。

第二十条 气象主管机构、住房和城乡建设或者其他有关部门及其工作人员在雷电灾害防御工作中滥用职权、徇私舞弊、玩忽职守或者有其他不履行、不正确履行职责行为的，由相应主管机关按照相关规定处理。

第二十一条 法律、法规对雷电灾害防御已有规定的，从其规定。

第二十二条 本条例下列用语的含义：

（一）雷电灾害，是指由于直击雷、雷电感应、雷电波侵入、雷击电磁脉冲等造成的人员伤亡、财产损失；

（二）雷电灾害防御，是指防御和减轻雷电灾害的活动，包括雷电和雷电灾害的研究、监测、预报、预警、风险评估、防护以及雷电灾害的调查、鉴定等；

（三）雷电防护装置，是指由接闪器、引下线、接地装置、电涌保护器及其连接导体等构成的，用以防御雷电灾害的设施或者系统。

第二十三条 本条例自 2023 年 7 月 1 日起施行。

合肥市暴雨灾害应对规定

（2023 年 12 月 20 日合肥市人民政府令第 221 号公布，2023 年 11 月 27 日合肥市人民政府第 49 次常务会议审议通过，自 2024 年 2 月 1 日起施行）

第一条 为了规范暴雨灾害应对工作，避免、减轻暴雨灾害造成的损失，保障人民生命财产安全，根据《中华人民共和国气象法》《安徽省气象灾害防御条例》等法律法规，结合本市实际，制定本规定。

第二条 本规定适用于本市行政区域内暴雨灾害预警、响应、灾害处置、灾后恢复及其相关管理活动。

第三条 暴雨灾害应对工作坚持中国共产党领导，坚持人民至上、生命至上、预防为主，实行政府主导、部门联动、社会参与。

第四条 市、县（市）区人民政府负责本行政区域暴雨灾害应对工作的组织、领导和协调，制定暴雨灾害应急预案，建立健全暴雨灾害风险隐患排查整治机制，完善暴雨灾害防御、信息共享机制及应急联动体系，所需经费纳入本级财政预算。

乡镇人民政府、街道办事处负责本辖区暴雨灾害应对应急演练、风险隐患排查处置、灾情险情报告、人员转移安置、抢险救灾等具体工作。

村民委员会、居民委员会应当在乡镇人民政府、街道办事处的指导下排查暴雨灾害风险隐患，开展暴雨灾害应对知识宣传和应急演练；按照要求传达转移、避灾等信息，收集上报灾情，配合组织村民、居民开展危房处置、紧急转移和自救互救，协助维护社会秩序。

第五条 市、县(市)防汛抗旱指挥部负责统一组织、指挥、协调暴雨灾害应对工作。

第六条 气象主管机构负责暴雨灾害的监测、预报、预警工作，建立预报预警机制，加强会商研判，提出灾害防范建议。

第七条 暴雨预警信号分为四级，由低到高分别用蓝色、黄色、橙色和红色表示。预警信号内容主要包括发布单位、发布时间、预警等级、影响时间、影响范围、防御指南等。

第八条 市、县(市)区人民政府应当加强突发事件预警信息发布系统建设，保障暴雨预警信号及时发布。暴雨预警信号由县级以上气象主管部门所属的气象台站统一制作发布。

县级以上气象主管部门所属的气象台站应当根据天气变化情况，按照标准规范提前向社会发布暴雨预警信号，并及时向当地党委、政府以及防汛抗旱指挥部报告，及时更新或者解除暴雨预警信号。

任何组织和个人不得向公众传播非气象主管机构所属气象台站发布的预警信号。

第九条 教育、经济和信息化、数据资源、公安、自然资源和规划、住房保障和房产管理、城乡建设、交通运输、农业农村、水务、文化和旅游、应急管理、林业和园林等部门应当会同同级气象主管机构，建立完善暴雨预警信号快速有效传播渠道。

广播电视、网络媒体、通信运营商等媒介应当通过滚动字幕、加开视频窗口等形式及时、准确、无偿地向社会公众广泛传播暴雨预警信号。紧急情况下根据防汛抗旱指挥部的要求随时采取插播、手机短信全网发布等方式迅速传播预警信号。

医院、商场、车站、港口、码头、集市、体育场馆、旅游景点等人员密集公共场所的管理单位收到暴雨预警信号后，应当利用电子显示装置、公众广播、警报器等设施，及时向受影响的公众传播。

村民委员会、居民委员会应当利用广播、高音喇叭、鸣锣吹哨等多种方式，及时传播预警信号。

对老、幼、病、残、孕等特殊人群以及学校等特殊场所和警报盲区应当采取有针对性的传播方式。

第十条 市、县(市)区人民政府及其有关部门和单位应当根据暴雨预警信号等级和实际情况，采取相应的应急响应措施，督促各单位在必要时依法停工、停业、停课、停运，提醒社会公众尽量减少外出。

预警范围内的乡镇人民政府、街道办事处，村民委员会、居民委员会应当根据险情、灾情的严重和紧急程度及时启动相应级别的应急响应，按照应急预案和工作职责落实应急处置措施。

气象部门负责适时启动应急观测，提供精细化监测、预报预警等气象服务信息，组织开展加密天气会商，分析研判暴雨发展趋势和影响。

应急管理部门负责根据属地人民政府指令，配合做好居民转移安置及基本生活保障工作，指导开展暴雨灾害可能引发的各类自然灾害应急防范准备工作，必要时通知非煤矿山、危险化学品、建材等其他行业企业停产。

教育部门负责组织指导幼儿园、中小学和高等院校等做好暴雨防范应对工作，必要时依法采取停课、调整上课时间等措施。

公安部门负责提高对城市主要道路桥梁涵洞、高速公路、国省干线、事故多发路段等易受暴雨灾害或者次生、衍生灾害影响路段的巡逻管控频次，必要时采取分段通行、交通分流、阶段性或者区域性封闭道路等交通管制措施，组织涉水熄火的机动车辆驾驶员和乘客撤离积水区域。

自然资源和规划部门负责加强地质灾害监测，及时发布地质灾害预警，向同级党委、政府或者相关应急指挥机构提出地质灾害防范应对的建议。

城乡建设部门负责会同气象等部门联合做好城市暴雨内涝监测预警发布，统筹降雨期间城市积水积涝的巡查值守和应急处置，指导督促建筑施工企业、市政公用企业做好汛期建设工地和市政公用设施的暴雨灾害安全防范工作。

交通运输部门负责配合公安部门实施交通管制，对存在风险隐患的客运、公交线路依法督促其停止运营，指导城市轨道交通运营单位适时启动应急预案，通知通航水域水上、水下等户外作业单位做好防范准备，必要时停止作业。

农业农村部门负责指导组织种植、养殖主体和农户转移处于危险区域的大牲畜、鱼苗和养殖设施，对设施大棚及河流、水库等自然水体中布设的养殖设施进行加固。

水务部门负责做好水情监测预警预报，联合气象等部门及时发布山洪灾害气象预警，组织编制重要河湖和重要水工程的防御洪水调度方案，视情组织开展水利工程调度以及巡护、查险、排险，做好水库泄洪、河道分洪和蓄滞洪区运用等相关工作准备。

文化和旅游部门负责指导文化和旅游经营单位做好暴雨灾害防御及安全运行，必要时及时采取封闭景区、疏散游客等紧急措施；协调指导广播、电视等媒体及时播发气象灾害预警信息，配合防汛抗旱指挥部做好应急广播对农村村民的预警和提示工作。

民政部门负责指导事发地及时将因暴雨灾害遭受重大损失、符合临时救助或者最低生活保障条件的困难群众，按照规定纳入保障范围；组织、指导救灾捐赠工作。

卫生健康部门负责应对暴雨灾害引发的人员伤亡的医疗救援和突发公共卫生事件的应急处理。

消防救援部门负责组织、指挥所属消防救援队伍参与抢险救援工作；协助疏散和营救危险地区的遇险群众。

宣传部门负责舆论引导工作，及时通报暴雨灾害应急处置工作进展情况，指导有关部门、单位及时发布信息，回应社会关切。

其他有关部门按照本市气象灾害应急预案做好暴雨灾害应对相关工作。

第十一条　在暴雨红色预警信号生效期间，市、县(市)区人民政府有关部门应当依法采取停工、停业、停课以及交通管制、关闭旅游景点、强制人员撤离等防范应对措施；必要时，除直接保障城市运行的企业事业单位外，对其他单位可以采取停运措施。

各中小学校、幼托园所、校外辅导机构应当根据实际情况采取停课措施，并对因不知情等原因到校的学生做好相应安排；上课期间发布红色预警信号的，学校可以继续上课，停止户外活动，并做好安全防护工作。

用人单位对因暴雨红色预警造成误工的职工，不得作迟到、缺勤处理，但法律法规或者相关政策另有规定的除外。

第十二条　推进城市治理一张图建设，逐步实现暴雨灾害监测、预警、处置等在城市治理一张图应急调度场景中的应用。

第十三条　灾害发生地县(市)区人民政府应当迅速启动应急响应，成立灾害应对处置现场指挥部，统一指挥现场应急处置工作。

暴雨灾害按照其危害程度、影响范围和发展态势，由低到高划分为一般、较大、重大和特别重大四个级别。一般、较大灾害原则上由属地县(市)区人民政府组织处置，超出处置能力范围的应当向市人民政府及有关部门报告；重大、特别重大灾害由市人民政府直接组织处置。

第十四条　灾害发生地行业主管部门应当第一时间赶赴现场，开展事故处置、秩序维护、人员搜救、伤员救治、交通管制等工作。

灾害发生地乡镇人民政府、街道办事处，村民委员会、居民委员会应当及时组织受灾群众开展自救和互救，维护现场秩序。

第十五条 受灾单位应当立即疏散、撤离、安置现场受到威胁的人员，及时营救受灾人员，标明危险区域，封锁危险场所，并采取其他防止危害扩大的必要措施。在处置的同时向灾害发生地县(市)区人民政府报告。

遇突发严重危及行车安全的情况，城市轨道交通等公共交通运输工具驾驶员、行车岗位人员可以先行采取停止运行、疏散乘客等紧急安全防护措施，再按照规定报告。

第十六条 灾害发生地县(市)区人民政府，应当按照首报要快、续报要准、终报要全的原则，组织牵头处置部门按照规定及时报送、发布应急处置相关信息，以召开新闻发布会、记者招待会等方式，及时回应社会关切，引导积极健康的社会舆论氛围。

雨情、水情由气象、水务部门收集，灾情由应急管理部门收集，其他涉灾部门配合。

第十七条 应急处置结束后，灾害发生地县(市)区人民政府应当组织制订恢复重建计划并向市人民政府报告，修复受损公益设施及交通运输、农业、水利、电力、通信、供排水、供气、输油、广播电视等基础设施。

第十八条 灾害发生地县(市)区人民政府应当及时组织开展灾情核查、临时安置点管理以及受灾群众心理抚慰等工作，保障受灾群众基本生活平稳有序。

第十九条 灾害发生地县(市)区人民政府及其有关部门应当加强对受灾企业的指导服务，帮助受灾企业尽快恢复生产。

灾害发生地县(市)区人民政府及其有关部门应当推进农业抗灾救灾和农业生产工作，根据农业受灾情况，科学分类组织指导农作物补救措施。

第二十条 各级人民政府及其有关部门应当按照职责分工，做好暴雨灾害应对的人力、物力、财力等支持保障工作，储备并及时更新抢险救援物资，保障物资供应和抢险救援需要，加强专业救援队伍建设，支持社会应急力量有序发展，为各类应急救援队伍配备必要的抢险救援装备和通信设备，提高应急救援能力。

县(市)区人民政府应当加强乡镇、街道应急管理机构建设和社区、村应急服务站建设，落实人员、物资和经费，提升基层综合应急管理能力。

第二十一条 各级人民政府及其有关部门和学校应当利用广播、电视、互联网、报纸等各类媒体，开展暴雨灾害应对相关法律法规和防灾减灾知识宣传，增强社会防御暴雨灾害的意识，提高公众自救互救能力。

第二十二条 各级人民政府、有关主管部门及其工作人员违反本规定，在暴雨灾害应对工作中未按照规定履行职责或者履职不力的，对直接负责的主管人员和其他直接责任人员依法给予处分。

第二十三条 本规定自 2024 年 2 月 1 日起施行。

亳州市雷电灾害防御管理办法

（2023 年 11 月 20 日亳州市人民政府令第 7 号公布，2023 年 11 月 6 日亳州市人民政府第 60 次常务会议通过，自 2024 年 1 月 1 日起施行）

第一条 为有效防御和减轻雷电灾害，保障人民生命财产安全，根据《中华人民共和国气象法》《气象灾害防御条例》《安徽省防雷减灾管理办法》等法律、法规和规章，结合本市实际，制定本办法。

第二条 本办法适用于本市行政区域内雷电灾害的防御活动。

第三条 雷电灾害防御遵循预防为主、防治结合的原则，实行政府主导、部门联动、分级负责的工作机制。

第四条 县级以上人民政府应当加强对雷电灾害防御工作的组织、领导和协调，将其纳入公共安全监督管理范围，督促有关部门履行防雷减灾管理职责，将雷电灾害的防御纳入本级国民经济和社会发展规划，所需经费纳入本级财政预算。

亳州高新区管委会、亳芜现代产业园区管委会按照职责做好雷电灾害防御工作。

乡镇人民政府、街道办事处应当协助气象主管机构以及相关行业主管部门开展雷电灾害防御工作。

第五条 各级气象主管机构应当做好本行政区域内雷电监测

和预报预警、雷电易发区域划定、雷电灾害调查鉴定和职责范围内的雷电灾害防御安全监管工作。

发展改革、住房城乡建设、交通运输、应急、教育、文化旅游体育、市场监管、经济和信息化、商务、农业农村、水利、卫生健康等部门按照职责分工，做好雷电灾害防御工作。

第六条 各级人民政府、各有关部门应当采取多种形式，向社会宣传普及雷电灾害防御和应急自救知识，提高公众的雷电灾害防御意识和能力。

各级教育行政主管部门应当督促学校将雷电灾害防御知识纳入安全宣传教育责任体系，组织开展科普教育活动，培养和提高学生的雷电灾害防范意识和自救互救能力。

鼓励其他单位和个人组织开展或参与雷电灾害防御科普知识的宣传。

第七条 防雷行业组织应当加强行业自律，规范行业行为，提高行业技术能力和服务水平，并接受气象主管机构的政策、业务指导和行业监管。

第八条 公民、法人和其他组织应当依法配合并参与雷电灾害防御活动，根据雷电灾害预警信息和实际情况，及时做好应急准备，按照防御指引或者标准规范采取相应的应急措施。

第九条 县级以上人民政府应当按照有关规定，结合本行政区域雷电灾害防御的需要，加强雷电监测网建设。

各级气象主管机构所属的气象台站应当加强雷电监测、预报，及时向社会发布雷电灾害预警信息。

第十条 广播、电视、报纸等媒体和基础电信运营企业应当及时、准确、无偿地将雷电预警信息向社会传播，对重大雷电天气的补充预警信息，应当及时插播或者增播。

乡镇人民政府、街道办事处收到雷电灾害预警信息后，应当通过应急广播、电子显示装置等途径，及时向本辖区公众传播预警信息，并采取相应的避险措施。

医院、学校、车站、机场、商场、超市、文化体育场馆等公共服务设施和人员密集场所的经营、管理单位应当确定应急联系人，通过应急广播、电子显示装置等途径及时传播雷电灾害预警信息。

第十一条 大型群众性活动的承办者应当将雷电灾害性天气影响因素纳入处置突发事件应急预案，并根据雷电灾害性天气预报预警信息调整活动时间、活动方案或者按照应急预案采取相应的应急处置措施。

第十二条 雷电灾害防御重点单位，是指在发生雷电时，容易直接或者间接造成人员伤亡、较大财产损失或者发生生产安全事故的单位。

各级气象主管机构应当会同其他负有雷电灾害防御管理职责的部门，参照相关标准，拟定雷电灾害防御重点单位名录，报本级人民政府确定后向社会发布。雷电灾害防御重点单位每两年更新一次。

各级气象主管机构应当建立信息共享机制，与雷电灾害防御重点单位之间实现预报预警信息、灾情信息等互联互通。

第十三条 雷电灾害防御重点单位应当按照规定履行以下职责。

（一）建立健全本单位防雷安全风险控制、隐患排查治理、应急管理等制度，在生产安全事故应急救援预案中明确雷电灾害防御内容；

（二）建立雷电防护装置定期检测和日常维护档案；

（三）生产经营单位应当按照《中华人民共和国安全生产法》有关规定，设置安全生产管理机构或者配备专职、兼职安全生产管理人，履行雷电灾害安全管理职责和义务；

（四）非生产经营单位应当确定雷电灾害应急管理人，组织实施本单位雷电灾害应急管理工作和应急演练；

（五）收到雷电灾害预警信息或者雷电灾害发生后，及时启动应急预案，开展防灾减灾救灾工作。

其他单位在开展雷电灾害防御工作时，可参照本条执行。

第十四条　遭受雷电灾害损失的单位和个人，应当在24小时内向所在地气象主管机构报告。

各级气象主管机构应当按照国家有关规定，及时对雷电灾害进行调查和鉴定，并向当地人民政府和上级气象主管机构及时报告雷电灾害情况。

第十五条　鼓励和支持相关部门与保险行业加强合作，探索符合本地特点的雷电灾害保险险种、机制和模式。鼓励大型建设工程、重点工程、爆炸和火灾危险环境、人员密集场所等项目参加雷电灾害保险，减少雷电灾害造成的损失。遭受雷电灾害的单位和个人因保险理赔需要出具气象灾害证明的，灾害发生地的气象主管机构所属的服务部门应当及时免费为其出具。

第十六条　下列场所或者设施应当安装雷电防护装置：

（一）国家《建筑物防雷设计规范》规定的一、二、三类防雷建筑物、构筑物；

（二）石油、化工等易燃易爆物资的生产、储存、输送、销售等场所和设施；

（三）交通运输、广播电视、教育、文化旅游、医疗卫生、金融证券、电力、通信等社会公共服务系统的主要设施及其建筑物的电子信息系统；

（四）重点文物保护建筑物；

（五）雷电灾害风险等级较高的农村地区的候车亭、防灾避难场所等公共场所以及村民集中居住区和种养殖区；

（六）其他法律、法规、规章规定应当安装雷电防护装置的场所或者设施。

第十七条　各类建（构）筑物、场所和设施安装雷电防护装置应当符合国家有关防雷标准的规定。新建、改建、扩建建(构)筑物、场所或者设施的雷电防护装置，应当与主体工程同时设计、同时施工、同时投入使用。

雷电防护装置设计、施工、验收及检测应当执行国家有关标准和规范。

第十八条 下列建设工程安装雷电防护装置，应当经气象主管机构设计审核和竣工验收。未经设计审核或者设计审核不合格的，不得施工；未经竣工验收或者竣工验收不合格的，不得交付使用：

(一)油库、气库、弹药库、化学品仓库和烟花爆竹、石化等易燃易爆建设工程和场所；

(二)雷电易发区内的矿区、旅游景点或者投入使用的建(构)筑物、设施等需要单独安装雷电防护装置的场所；

(三)雷电风险高且没有防雷标准规范、需要进行特殊论证的大型项目。

第十九条 房屋建筑工程和市政基础设施工程雷电防护装置的设计审核、竣工验收许可纳入建筑工程施工图审查、竣工验收备案，由住房城乡建设部门负责监督管理。

公路、水路、铁路、民航、水利、电力、通信等专业建设工程的主管部门，依法负责相应领域内建设工程的防雷管理。

第二十条 投入使用的雷电防护装置实行定期检测制度。石油、化工等易燃易爆物资的生产、储存、输送、销售等场所和设施的检测周期为每半年一次，其他为每年一次。

雷电防护装置的产权单位或者使用单位应当做好雷电防护装置的日常维护，主动委托有相应资质的雷电防护装置检测单位进行定期检测，发现雷电防护装置存在安全隐患的，应当及时落实整改措施。

第二十一条 雷电防护装置检测单位应当按照国家有关标准

和技术规范开展检测活动，出具真实、客观、准确的检测报告。

发现雷电防护装置安全隐患的，应当及时告知产权单位或者使用单位进行整改。检测报告应当通过全国防雷减灾综合管理服务平台填报，接受监督管理。

第二十二条 负有安全生产监督管理职责的部门在对本办法第十六条规定的场所和设施进行安全检查时，应当查验雷电防护装置检测报告，并对检查情况予以记录。

第二十三条 各级气象主管机构和其他有关部门及其工作人员违反本规定及其他法律、法规、规章的规定，未依法履行职责的，由上级机关责令改正；情节严重的，对直接负责的主管人员和其他直接责任人员依法给予处分；构成犯罪的，依法追究刑事责任。

第二十四条 违反本办法规定的行为，有关法律、法规、规章另有规定的，从其规定。

第二十五条 本办法自 2024 年 1 月 1 日起施行。

淮北市雷电灾害防御管理办法

（2023 年 12 月 24 日淮北市人民政府令第 59 号公布，2023 年 12 月 17 日淮北市政府第 25 次常务会议审议通过，自 2024 年 2 月 1 日起施行）

第一条　为防御和减轻雷电灾害、保障人民生命财产安全，根据《中华人民共和国气象法》《气象灾害防御条例》等有关法律、法规，结合本市实际，制定本办法。

第二条　本办法适用于本市行政区域内雷电灾害防御活动。

第三条　雷电灾害防御遵循以人为本、安全第一、预防为主、防治结合、政府主导、部门联动的原则。

第四条　市、县（区）人民政府应当加强对雷电灾害防御工作的组织、领导和协调，所需经费纳入本级财政预算，提高雷电灾害防御能力。

镇人民政府、街道办事处应当协助气象主管机构以及相关部门开展雷电灾害防御工作。

第五条　市、县（区）气象主管机构负责本行政区域内雷电监测、预报、预警等雷电灾害防御工作。

发展改革、教育、经信、住房和城乡建设、交通运输、农业农村、水利、文化广电旅游体育、卫生健康、应急管理、市场监管、林业等部门按照各自职责，做好雷电灾害防御工作。

第六条　市、县（区）人民政府及相关部门应当根据本地雷电灾害发生情况，加强农村地区雷电灾害防御基础设施建设，采取综合措施，做好农村地区雷电灾害防御工作。

第七条 市、县（区）人民政府及相关部门应当鼓励雷电灾害防御技术的研究与开发，支持雷电灾害防御先进技术的推广和应用。

第八条 市、县（区）人民政府及相关部门应当采取多种形式，向社会宣传普及雷电灾害防御和应急自救知识，增强公众的雷电灾害防御意识，提高应急避险和自救互救能力。

学校应当将雷电灾害防御知识纳入有关科普教育内容。

鼓励法人和其他组织结合实际开展雷电灾害防御科普知识宣传。

第九条 下列场所或者设施应当安装雷电防护装置：

（一）《建筑物防雷设计规范》规定的一、二、三类防雷建筑物、构筑物；

（二）石油、化工等易燃易爆物资的生产、储存、输送、销售等场所和设施；

（三）电力生产设施和输配电系统；

（四）计算机信息系统、通信设施、广播电视设施、自动控制和监控设施；

（五）国家规定应当安装防雷装置的其他场所和设施。

第十条 各类建（构）筑物、场所和设施安装雷电防护装置应当符合国家有关防雷标准的规定。新建、改建、扩建建（构）筑物、场所和设施的雷电防护装置应当与主体工程同时设计、同时施工、同时投入使用。

鼓励和引导雷电灾害风险等级较高的村民集中居住区和种养殖区安装雷电防护装置。

第十一条 下列工程、场所雷电防护装置的设计审核和竣工验收由市、县气象主管机构负责：

（一）油库、气库、弹药库、化学品仓库和烟花爆竹、石化等易燃易爆建设工程和场所；

（二）雷电易发区内的矿区、旅游景点或者投入使用的建（构）筑物、设施等需要单独安装雷电防护装置的场所；

（三）雷电风险高且没有防雷标准规范、需要进行特殊论证的大型项目。

前款规定的工程场所未经设计审核或者设计审核不合格的，不得施工；未经竣工验收或者竣工验收不合格的，不得交付使用。

第十二条 房屋建筑工程和市政基础设施工程雷电防护装置设计审核、竣工验收纳入建筑工程施工图审查、竣工验收备案，由市、县（区）住房和城乡建设部门负责监督管理。

公路、水路、铁路、民航、水利、电力、通信等专业建设工程的雷电防护装置设计审核由各专业部门负责监督管理。

第十三条 按照本办法第九条规定安装的雷电防护装置实行定期检测制度。石油、化工等易燃易爆物资的生产、储存、输送、销售等场所和设施的雷电防护装置检测周期为每半年一次，其他为每年一次。

雷电防护装置的产权单位或者使用单位应当按照前款规定的期限，向雷电防护装置检测单位申报检测。

雷电防护装置的产权单位和使用单位应当做好雷电防护装置的日常维护工作，发现问题及时维修或者报告该装置的检测单位进行处理。

第十四条 雷电防护装置检测机构应当依法在资质许可的范围内按照国家有关标准和技术规范开展检测活动，出具真实、准确的检测报告，检测项目清单应当通过全国防雷减灾综合管理服务平台填报，接受监督管理。

雷电防护装置检测机构检测发现安全隐患的，应当及时告知产权单位或者使用单位。雷电防护装置产权单位或者使用单位应当按照要求进行整改，并及时向雷电防护装置检测单位申报复检。

第十五条 市、县气象主管机构所属的气象台应当加强雷电监测、预报，及时向社会发布雷电灾害预警信息。

各级广播、电视台站和政府指定的报纸、网站收到气象主管机构所属的气象台站要求播发的雷电灾害性天气预报、警报、预警信号后，应当及时向公众传播；对重大雷电灾害性天气的补充、订正预报，应当及时增播或者插播。

第十六条 镇人民政府、街道办事处收到气象主管机构所属的气象台站发布的雷电灾害预警信息后，应当通过广播、互联网、电子显示装置等途径，及时向本辖区公众传播，并采取相应的避险措施。

第十七条 学校、医院、机场、车站、码头、旅游景区等公共场所及其他人员密集场所的经营、管理单位在接到雷电灾害预警信息后，应当通过广播、互联网、电子显示装置等途径及时向公众传递，并采取相应防御措施。

第十八条 易燃易爆场所的经营、管理者应当在生产安全事故应急救援预案中明确有关雷电防御安全教育、培训和演练内容。

易燃易爆场所的经营、管理者在接到雷电灾害预警信息或者雷电灾害发生后，应当及时启动应急预案，开展防灾减灾工作。

第十九条 遭受雷电灾害损失的单位和个人，应当在24小时内向所在地气象主管机构报告。

市、县气象主管机构应当按照国家有关规定及时对雷电灾害进行调查和鉴定，并按照规定向当地人民政府和上级气象主管机构及时报告雷电灾害情况。

第二十条 负有安全生产监督管理职责的部门对本办法第九条规定的场所和设施进行安全检查时，应当查验雷电防护装置检测报告，并对检查情况予以记录。

第二十一条 气象主管机构和其他有关部门及其工作人员违

反本办法规定，在雷电灾害防御工作中滥用职权、玩忽职守、徇私舞弊的，对直接负责的主管人员和其他直接责任人员依法给予处分。

第二十二条 违反本办法规定的行为，法律、法规和规章已有法律责任规定的，按照其规定执行。

第二十三条 本办法自 2024 年 2 月 1 日起施行。

六安市灾害性天气应对工作规定

（2023 年 12 月 31 日六安市人民政府令第 22 号公布，2023 年 12 月 29 日六安市人民政府第 45 次常务会议审议通过，自 2024 年 4 月 1 日起施行）

第一条 为了加强灾害性天气应对，避免、减轻灾害性天气造成的损失，保障人民群众生命财产安全，根据《中华人民共和国气象法》《气象灾害防御条例》《安徽省气象灾害防御条例》等有关法律、法规，结合本市实际，制定本规定。

第二条 本规定适用于本市行政区域内台风、暴雨（雪）、寒潮、大风、低温、高温、干旱、霜冻、大雾、连阴雨、结（积）冰和强对流等灾害性天气的应对工作。

第三条 灾害性天气应对工作坚持以人为本、科学应对、政府主导、社会参与的原则。

第四条 县（区）人民政府应当加强对灾害性天气应对工作的组织和协调，建立健全包保工作责任制；将灾害性天气应对纳入本级国民经济和社会发展规划，所需经费纳入本级财政预算。

乡镇人民政府、街道办事处应当建立健全灾害性天气应对工作机制；按照上级人民政府及有关部门的要求，落实灾害性天气应对工作；协助有关部门开展应急联络、信息传递、灾情报告和灾情调查等工作。

村民委员会、居民委员会应当协助乡镇人民政府、街道办事处做好灾害性天气应对知识宣传和应急演练工作，组织群众开展自救和互救，协助维护社会秩序。

第五条　市、县(区)气象主管机构负责管理和监督本行政区域内灾害性天气的监测、预报、预警，提出防范建议，并向本级人民政府报告，同时通报有关部门；开展人工影响天气、雷电灾害防御等工作。

应急管理部门负责组织协调气象灾害及引发的安全生产类、自然灾害类次生灾害应急救援，依法统一发布灾情。

水利部门负责水情旱情监测预警、水工程调度、抗洪抢险技术支撑有关工作，联合气象等部门发布山洪灾害气象预警。

自然资源部门负责组织监测并指导应对灾害性天气引发的山体滑坡、崩塌、泥石流等地质灾害。

发展改革、教体、经信、公安、民政、生态环境、住建、交通、农业农村、文旅、卫健、林业、城市管理、广电、消防、供电、通信管理等其他有关部门应当按照职责做好灾害性天气应对工作。

第六条　公民、法人和其他组织应当依法参与灾害性天气应对工作，在气象灾害发生后开展自救和互救。

对在灾害性天气应对工作中做出突出贡献的组织和个人，按照有关规定给予褒扬和激励。

第七条　市、县(区)相关部门应当提出本行业气象灾害防御重点单位建议名单，会同同级气象部门拟定重点单位名录。应急管理部门会同气象部门对拟定的重点单位进行评审，评审结果经同级人民政府同意后向社会公布。

重点单位应当按照有关规定落实灾害性天气应对措施，做好本单位的灾害性天气应对工作。

第八条　县(区)人民政府及有关部门和单位应当按照职责分工，做好灾害性天气应对的支持保障工作；健全气象监测预警联防工作机制，完善监测网络和信息传输系统，加强社会气象监测设施的统筹规划建设和资源共享，提高气象灾害综合监测能力。

第九条 县（区）人民政府应当加强气象灾害应急救援队伍建设，设立乡村气象灾害义务信息员。支持社会应急力量有序发展，为应急救援队伍配备必要的抢险救援装备和通信设备。加强专业应急救援队伍与非专业应急救援队伍的合作，联合培训、联合演练，提高应急救援能力。

县（区）人民政府应当组织有关部门制定气象灾害应急预案，定期组织应急演练，并根据需要和情势变化适时修订应急预案。

第十条 各级人民政府、有关部门应当采取多种形式，组织开展灾害性天气应对知识的宣传普及，提高社会公众的防灾减灾意识和应急避险能力。

气象主管机构应当利用媒体平台和科普教育基地、气象台站等多种形式开展灾害性天气应对知识科普宣传。

乡镇人民政府、街道办事处应当综合利用乡镇（街道）、村（社区）综合服务设施和多功能活动室、会议室、图书室等，设置防灾减灾科普宣传教育专区，鼓励有条件的社区建设综合减灾科普宣传教育基地或应急体验馆。

鼓励单位和个人通过多种形式开展灾害性天气应对知识科普宣传，依法参加灾害性天气应对志愿服务活动。

第十一条 市、县（区）气象主管机构依据灾害性天气可能造成的危害程度、紧急程度和发展态势，综合评估分析确定气象灾害预警信号级别。气象灾害预警信号分为一级、二级、三级和四级，分别用红色、橙色、黄色和蓝色标示，一级为最高级别。

气象灾害预警信号内容包括：灾害类别、预警信号级别、起始时间、可能影响范围、防御指南和发布机关等。

第十二条 气象主管机构所属气象台站应当根据可能造成气象灾害的监测信息和天气变化趋势，依法发布灾害性天气预报和气象灾害预警信号，其他单位和个人不得向社会发布灾害性天气预报和气象灾害预警信号。

气象主管机构所属气象台站应当根据灾害性天气变化，及时变更、解除气象灾害预警信号，并向本级人民政府和有关部门报告。

针对暴雨、强对流天气，气象主管机构所属气象台站应开展递进式气象预报预警服务，提前发布预警信号。

第十三条 县(区)人民政府及有关部门和单位接到灾害性天气预报、预警信号后，应当通过互联网、手机短信、显示屏、广播、网络新媒体等多种渠道及时向公众广泛传播，加强灾害性天气信息共享。

广播、电视、报纸、网站应当配合气象主管机构及时传播实时气象灾害预警信号，并标明发布预警信号的气象台站的名称和发布时间，不得更改和删减预警信号的内容，不得拒绝传播气象灾害预警信号，不得传播虚假、过时的气象灾害预警信号。

学校、医院、商场、机场、车站、港口、码头、集市、体育场馆、旅游景区(点)等人员密集公共场所的管理单位收到灾害性天气预报、预警信号后，应当及时向公众传播。

对老、幼、病、残、孕等特殊人群、学校等特殊场所和警报盲区应当采取有针对性的传播方式。

第十四条 县(区)人民政府及有关部门应当根据灾害性天气警报、预警信号和气象灾害应急预案启动标准，适时启动相应等级的响应措施。

有关部门和保障城市运行的供水、供电、供气等企事业单位应当根据当地人民政府的指挥部署，及时启动本部门、本单位的气象灾害应急预案，认真做好各项应急准备工作，切实采取有效应对措施。

第十五条 蓝色、黄色气象灾害预警信号发布后，市、县级气象主管机构应当会同相关单位研判气象灾害影响，向气象灾害影响重点区域提出防范应对建议，并加强实况监测、滚动预报。相关单位应当加强防灾巡查排险和值班备勤。

橙色以上气象灾害预警信号发布后，县（区）人民政府结合实际，在黄色预警信号响应的基础上，可以依法采取下列措施：

（一）向受气象灾害影响重点区域派出工作组、专家组或技术人员，指导灾害应对工作；

（二）指令应急救援队伍、负有特定职责的人员进入待命状态，并动员后备人员做好参加应急救援和处置工作的准备；

（三）调集应急处置所需物资、设备、工具，做好受灾害影响区域的应急设施和应急避难场所准备，确保其处于良好状态，随时可以投入正常使用；

（四）做好食品、饮用水、衣被、帐篷等救灾物资调用的准备，保障转移人员的基本生活；

（五）采取必要措施，确保交通、通信、供水、排水、供电、供气等公共设施的安全和正常运行；

（六）及时向社会发布采取特定措施避免或者减轻危害的建议、劝告；

（七）加强对重点单位和重要基础设施的安全防护，维护社会治安秩序；

（八）及时将预警信号通知危险区域人员，视情况组织人员转移、撤离、疏散；

（九）临时征用房屋、运输工具、设施设备和场地等，启用应急救援物资和应急避难场所；

（十）关闭或者限制使用易受灾害性天气危害的场所；

（十一）及时向社会发布与公众有关的灾害信息，并加强相关信息报道的管理；

（十二）及时组织力量消除次生、衍生灾害；

（十三）向上级政府和毗邻地区请求支援；

（十四）法律、法规规定的其他措施。

第十六条 气象主管机构所属气象台站发布红色预警信号后，当地人民政府及其有关部门应当根据灾害危害程度，在橙色预警信号响应的基础上，依法采取停工、停业、停课、交通管制等措施。情况紧急时，当地的人民政府、村民委员会、居民委员会、企业和学校等，应当及时动员并组织受到灾害威胁的人员转移、疏散。

第十七条 气象灾害防御重点单位接收到台风、暴雨、强对流、大风等气象灾害预警信号时，应当结合自身情况，采取相应的应对措施：

（一）人员密集场所及劳动密集型企业必要时采取停工、停课、停业等相应的安全措施，并为滞留人员提供临时安全避险场所。

（二）在建工程施工单位应当对施工设施设备和工作生活临时设施等采取加固措施，必要时应当停止高空和户外作业；地下工程施工应当严密监视地质变化和施工支护体系变化。

（三）易燃易爆类单位应当采取停止户外作业、切断危险电源等防御措施；接收到高温预警信号时，应当对生产、充装、储存设施和运输工具采取隔热降温措施，必要时停止户外露天作业。

（四）旅游景区、主题公园、风景区、重点文物保护单位等重点单位应当及时向游客发出警示信息，适时采取停止营业、关闭相关区域、组织人员避险等措施。

（五）在水域从事捕捞、运输、开采等生产经营活动的单位应当及时要求船舶和相关人员采取停止作业、回港避险等措施。

第十八条 灾害发生地人民政府应当组织有关部门和单位按照规定及时发布应急处置相关信息，做好舆情引导，及时回应社会关切。

第十九条 应急处置结束后，灾害发生地人民政府应当及时组织开展调查核实、灾情上报、群众安置、分析总结等工作，制订恢复重建计划，并向上一级人民政府报告，修复交通运输、水利、电力、通信、广播电视等基础设施，恢复受灾地区正常生产生活秩序。

第二十条 各级人民政府、有关部门及其工作人员违反本规定，在灾害性天气应对工作中未按照规定履行职责或者履职不力的，由有关机关责令改正；情节严重的，对直接负责的主管人员和其他直接责任人员依法给予处分。

违反本规定的行为，有关法律、法规、规章已有规定的，依照其规定执行；构成犯罪的，依法追究刑事责任。

第二十一条 本规定下列用语含义：

（一）强对流，包括雷电、短时强降水、冰雹、雷雨大风和龙卷天气；

（二）气象灾害预警信号，是指由市、县（区）气象台对本行政区域内的灾害性天气提前 1 小时至 3 天发布的警示类信息；

（三）气象灾害防御重点单位，是指在发生灾害性天气时，容易直接或者间接造成人员伤亡、较大财产损失或者发生安全生产事故的单位。

第二十二条 本规定自 2024 年 4 月 1 日起施行。

宿州市气象灾害预警信号发布与传播规定

（2023年11月28日宿州市人民政府令第8号公布，2023年11月16日宿州市人民政府第43次常务会议审议通过，自2024年2月1日起施行）

第一条 为了规范气象灾害预警信号的发布与传播，有效防御和减轻气象灾害，保护人民生命财产安全，根据《中华人民共和国气象法》《气象灾害防御条例》《安徽省气象灾害防御条例》等有关法律、法规，制定本规定。

第二条 在本市行政区域内发布与传播气象灾害预警信号，适用本规定。

第三条 本规定所称的气象灾害预警信号，是指市、县（区）气象主管机构所属的气象台（以下简称“气象台”）为防御和减轻气象灾害向社会发布的灾害性天气预警信息。

气象灾害预警信号由名称、图标、标准和防御指南组成，有台风、暴雨、暴雪、寒潮、大风、高温、大雾、强对流等，根据气象灾害可能造成的危害程度、紧急程度以及发展态势分为Ⅳ级（一般、蓝色）、Ⅲ级（较重、黄色）、Ⅱ级（严重、橙色）、Ⅰ级（特别严重、红色）。

第四条 市、县（区）人民政府应当加强对气象灾害预警信号发布与传播工作的组织、领导，完善基础设施建设，畅通发布与传播渠道，扩大气象灾害预警信号传播覆盖面。

市、县(区)开发区管理机构应当建立健全气象灾害预警信号接收和传播机制,加强气象灾害预警信号接收和传播基础设施建设,做好开发区公共场所、重点企事业单位、基层网格化管理单元气象灾害预警信号的接收、推送、传播等工作。

第五条 乡镇人民政府、街道办事处应当确定专门人员,负责组织本辖区基层信息员、网格员等,开展气象灾害预警信号的广泛传播工作。

村(居)民委员会应当采取应急广播、电话等方式协助乡镇人民政府、街道办事处做好气象灾害预警信号传播工作。

第六条 市、县(区)气象主管机构负责本辖区内气象灾害预警信号发布与传播的指导和管理工作。

市、县(区)气象主管机构应当组织做好本级人民政府、涉灾部门、重点防御单位气象灾害预警责任人和基层信息员更新备案工作,定期将备案信息纳入国家突发事件预警发布平台;会同有关部门做好气象灾害预警信号知识的宣传普及和培训工作,增强社会公众防灾减灾意识。

第七条 气象台负责本行政区域内气象灾害预警信号的统一发布工作。

其他组织和个人不得向社会发布气象灾害预警信号。

第八条 气象台发布气象灾害预警信号应当标明发布单位名称和发布时间,并指明气象灾害预警区域、影响时段、强度、防御措施等。

气象台应当依托气象监测预警网络,按照气象业务技术规范及时制作气象灾害预警信号,加强灾害性天气动态监测,及时确认、变更、解除气象灾害预警信号。

同时出现或者预报可能出现多种气象灾害时,气象台可以按照相对应的标准同时发布多种气象灾害预警信号。

第九条 气象台应当及时通过省突发事件预警发布平台向本

地气象灾害预警责任人、基层信息员发送气象灾害预警信号,同时通知政府灾害防御、救助等相关部门,以及报纸、广播电视、政府网站等各类公共媒体和通信运营企业。

第十条 灾害防御、救助等相关部门应当及时将本部门本行业气象灾害预警责任人信息向同级气象主管机构更新备案,按照部门职责建立完善气象灾害预警信号传播渠道,面向本行业可能遭受气象灾害影响的企事业单位、公众用户等快速传播气象灾害预警信号。

第十一条 灾害防御、救助等相关部门应当定期向同级应急管理部门、气象主管机构备案气象灾害防御重点单位信息,督促检查本行业气象灾害防御重点单位制定并实施气象灾害防御方案。

第十二条 报纸、广播电视、政府网站等各类公共媒体和通信运营企业应当及时向社会播发、刊登当地气象台提供的适时气象灾害预警信号,不得擅自更改气象灾害预警信号内容。

第十三条 报纸、广播电视、政府网站等各类公共媒体,在接收到本地气象台发布的气象灾害预警信号后,应当在 15 分钟内通过滚动字幕等形式及时播发气象灾害预警信号。

第十四条 广播、电视播发气象灾害预警信号还应当遵守下列规定:

(一)播发蓝色、黄色预警信号语音提示或文字信息的频率,每小时不少于一次;

(二)播发橙色预警信号语音提示或文字信息的频率,每小时不少于两次;

(三)播发红色预警信号语音提示或文字信息的频率,每小时不少于三次。

(四)台风、暴雨、暴雪、寒潮、大风、高温、大雾、强对流等预警信号图标应当持续显示在电视屏幕上,并及时更新,直至预警信号解除。

第十五条　通信运营企业应当建立气象灾害预警信号传播绿色通道，接到全网传播高级别气象灾害预警信号的通知后，在预警时效内快速实现对预警区域手机用户短信传播全覆盖。

第十六条　学校、医院、车站、重要交通路口、商超、广场、旅游景点、重点工矿企业等人口密集公共场所的管理单位，应当与当地气象台建立实时获取最新气象灾害预警信号的渠道，及时通过广播、电子屏等公共设施向公众传播气象灾害预警信号。

第十七条　鼓励社会其他媒体、企事业单位和社会组织与当地气象台建立气象灾害预警信号获取机制，准确、及时、无偿向社会播发、刊登适时气象灾害预警信号。

第十八条　违反本规定的行为，法律、法规、规章已有处罚规定的，从其规定。

第十九条　气象主管机构、有关部门工作人员玩忽职守，导致气象灾害预警信号发布与传播工作出现重大失误并造成重大损失的，依法给予处分。

第二十条　本规定自 2024 年 2 月 1 日起施行。

福建省气候资源保护和利用条例

（2023年3月31日福建省第十四届人民代表大会常务委员会第三次会议通过，自2023年6月1日起施行）

第一章　总　则

第一条　为了科学保护和合理利用气候资源，促进生态文明建设和经济高质量发展，实现碳达峰碳中和的目标，根据《中华人民共和国气象法》《中华人民共和国可再生能源法》等法律、行政法规，结合本省实际，制定本条例。

第二条　在本省行政区域以及毗邻海域内从事气候资源保护和利用活动的，适用本条例。

本条例所称气候资源，是指能为人类活动提供可利用的气候要素中的物质、能量的总称，包括太阳能、风能、云水、降水、热量、大气成分等资源。

第三条　保护和利用气候资源应当遵循自然生态规律，坚持统筹规划、保护优先、合理利用、趋利避害的原则，防止和减轻人类活动对气候以及自然生态的不利影响。

第四条　县级以上地方人民政府应当加强对气候资源保护和利用工作的领导、组织和协调，根据本地区气候资源的特点，将气候资源保护和利用工作纳入国民经济和社会发展规划，并将所需经费纳入本级财政预算。

第五条 县级以上气象主管机构负责本行政区域内气候资源保护和利用的服务、指导和监督管理，组织开展气候资源探测、区划和论证等工作，向本级人民政府和有关部门提出保护、利用气候资源和推广应用气候资源区划成果等建议。

县级以上地方人民政府有关部门应当按照各自职责，共同做好气候资源保护和利用有关工作。

涉及跨行政区域或者多个部门的气候资源保护与利用工作，气象主管机构以及有关部门应当加强协调，建立合作共享机制。

第六条 县级以上地方人民政府应当加强气候资源保护和利用的科学研究，促进科研成果应用、先进技术推广和相关产业发展。

第七条 鼓励公民、法人和其他组织参与气候资源保护工作，依法合理利用气候资源，保护生态环境。

从事气候资源利用活动，应当遵守国家有关法律法规和规范、标准、规程，不得损害公共利益和他人合法权益。

第八条 县级以上地方人民政府以及有关部门、县级以上气象主管机构应当加强气候资源保护和利用法律法规以及相关知识的宣传普及，增强社会公众对气候资源保护和利用的意识。

第二章 气候资源探测

第九条 县级以上地方人民政府应当加强气候资源探测基础设施和站网的规划、建设，保护气候资源探测环境，提高气候资源监测能力。

县级以上气象主管机构应当会同有关部门建立和完善气候敏感区、重要生态气候区等重点区域气候资源探测站点，建设气候资源数据库。

第十条 县级以上气象主管机构所属气象台站应当按照职责承担相应的气候资源探测任务。有关部门所属的气象台站，在相应职责范围内承担气候资源探测任务。

其他组织或者个人需要通过建立探测站点开展气候资源探测活动的，应当在投入运行后三个月内，依法将相关信息报探测活动所在地设区的市级以上气象主管机构备案；涉及风能、太阳能利用的，应当向省气象主管机构备案。

第十一条 气候资源探测应当执行国家规定的气象探测方法、标准和规范，使用符合国家规定技术要求的气象专用技术装备和气象计量器具。

第十二条 气候资源探测资料实行统一汇交制度。从事气候资源探测活动的气象台站、其他组织和个人，应当按照国家有关规定向省气象主管机构汇交气候资源探测资料。

第十三条 省气象主管机构应当建立完善气候资源探测公共信息平台和共享目录，实现多渠道信息共享共用。县级以上气象主管机构应当定期和不定期向社会发布气候状况公报。

第十四条 气候资源探测资料的收集、处理、存储、传输、发布应当遵守国家有关技术规范和安全、保密规定。

气候资源探测中涉及大气环境质量监测、评价、发布以及有关监测数据、信息处理的，应当同时遵守有关生态环境法律、法规规定。

第十五条 任何组织和个人不得向未经批准的境外组织、机构和个人提供气候资源探测场所和气候资源资料。

境外组织、机构和个人开展气候资源探测，应当依法报经批准，并在批准范围内探测。

第三章　气候资源保护

第十六条　县级以上地方人民政府应当采取节能减排、国土绿化、湿地保护、云水利用等生态环境保护措施，加强山水林田湖草沙系统保护和修复，改善气候条件，保护气候资源。

第十七条　县级以上地方人民政府应当组织气象等有关部门加强气候变化和极端气候事件的监测，开展气候变化影响评估，对本地城市和重要区域的气候承载力以及空气污染扩散和集聚的气候条件进行评价，并建立跨行政区域气候监测和污染处置等协调机制，为应对气候变化提供决策依据。

第十八条　县级以上气象主管机构应当会同发展和改革、生态环境、农业农村、林业、科技等有关部门对本行政区域内气候资源分布、变化以及利用情况开展综合调查，将调查结果报本级人民政府和上级气象主管机构，为保护和合理利用气候资源提供科学依据。

省气象主管机构应当会同发展和改革、生态环境等有关部门根据气候资源调查结果，组织开展本行政区域气候资源综合评估。

第十九条　省气象主管机构会同发展和改革、生态环境、农业农村、林业、水利等有关部门组织编制本省气候资源区划。气候资源区划包括综合气候资源区划、单项气候资源区划和专业气候资源区划。

县级以上地方人民政府应当推广应用气候资源区划成果。

第二十条　县级以上地方人民政府有关部门在国家重大建设工程、重大区域性经济开发项目和大型太阳能、风能等气候资源开发利用项目以及国土空间规划编制中，应当统筹考虑气候可行性论证结果，避免、减轻气象灾害的影响。

第二十一条　气候可行性论证机构编制气候可行性论证报

告，应当使用符合国家气象技术标准的气象资料。

气候可行性论证报告应当客观、真实、完整。气候可行性论证机构和项目论证的负责人对气候可行性论证报告的内容和结论负责。

禁止在气候可行性论证活动中伪造气象资料或者其他原始资料、出具虚假论证报告。

第二十二条 县级以上地方人民政府在组织城市建设时应当综合考虑城市气候影响，科学设置、调整通风廊道并纳入国土空间规划，采取防护措施，避免或者减轻大气污染物的滞留以及城市热岛效应、狭管效应、光污染等不利气候条件影响。

县级以上地方人民政府应当建立气候影响后评估制度，由气象主管机构会同自然资源、发展和改革等有关部门，分析评估国土空间规划和建设项目实施后对气候资源的影响。政府相关主管部门应当根据评估结果提出国土空间规划和项目布局的优化调整方案。评估结果应当向社会公布。

第二十三条 县级以上地方人民政府应当充分考虑碳源汇状况和气候承载力等生态环境要素，在经济社会发展过程中采取有效措施，控制温室气体排放。

设区的市级以上气象主管机构应当会同有关部门组织碳达峰碳中和相关气候领域的科学研究和核心技术攻关，开展面向区域的碳源汇变化综合监测与评估，为碳达峰碳中和行动提供技术支持和服务。

第四章　气候资源利用

第二十四条 县级以上地方人民政府应当对气候资源利用的方向作出规划，有计划地合理利用本地区的气候资源。

第二十五条 省人民政府以及有关部门应当依据气候资源区

划，统筹考虑当地风能可利用程度，科学规划和合理布局大型风力发电项目，促进风能资源规范有序利用。

第二十六条 县级以上地方人民政府以及有关部门应当支持安装、使用太阳能热水、采暖、制冷和光伏发电等太阳能利用系统，提高太阳能利用率。

第二十七条 风能、太阳能等气候资源利用应当符合生态保护红线、生态环境保护和可再生能源发展规划的要求。项目建设单位、施工单位应当防止工程建设对生态环境以及居民生产生活的不利影响，做好项目建成后的相关生态环境保护工作。

第二十八条 县级以上地方人民政府应当根据抗旱、储水、森林防火、改善生态环境和空气质量、气象灾害防御和经济社会发展等需要，适时安排增雨、防雹等人工影响天气作业，合理利用云水资源。

县级以上地方人民政府应当完善跨行政区域人工影响天气合作机制。县级以上气象主管机构在本级人民政府的领导和协调下，组织实施和指导管理人工影响天气作业。

第二十九条 县级以上地方人民政府应当加强雨水调蓄、排灌和涵养设施建设，组织开展雨水的收集和利用工作，促进雨水资源有效利用和生态环境保护。

第三十条 县级以上地方人民政府应当综合应用当地气候资源综合评估和区划成果，合理利用光热水资源，优化农业布局，调整种植业结构，发展设施农业、特色农业、观光农业，提高农业生产效率和效益，促进乡村振兴。

县级以上气象主管机构应当组织开展精细化农业气候服务、农业气象灾害防御等工作，推动农产品气候品质认证。

第三十一条 县级以上地方人民政府应当根据当地气候资源特点，鼓励引导市场主体合理利用雨雪景观、冰霜景观、云雾景观、物候景观以及避暑气候、康养气候等气候资源，推动气候宜居城市、天然氧吧、气候福地等气候标志品牌评价，促进旅游产业发展。

第三十二条 鼓励、支持保险机构开发气象保险相关产品和服务，提升社会灾害救助能力。

第三十三条 县级以上地方人民政府及其有关部门、气象主管机构应当加强气候资源保护的监督管理，依法查处破坏气候资源的违法行为。

第五章 法律责任

第三十四条 违反本条例规定的行为，法律、行政法规已有法律责任规定的，从其规定。

第三十五条 违反本条例第十条第二款规定，其他组织或者个人开展气候资源探测活动未向气象主管机构备案，或者提供虚假备案材料的，由县级以上气象主管机构按照权限责令限期改正；逾期不改正的，给予警告，对单位可以并处一万元以上三万元以下罚款，对个人可以并处三千元以上一万元以下罚款。

第三十六条 违反本条例第十五条第一款规定，向未经批准的境外组织、机构和个人提供气候资源探测场所和气候资源资料的，由县级以上气象主管机构责令停止违法行为，限期改正，给予警告，可以并处一万元以上三万元以下罚款。

违反本条例第十五条第二款规定，境外组织、机构和个人未经批准或者未在批准范围内开展气候资源探测的，由县级以上气象主管机构责令停止违法行为，限期改正，给予警告，可以并处一万元以上三万元以下罚款；构成犯罪的，依法追究刑事责任。

第三十七条 违反本条例第二十一条规定，有下列行为之一的，由县级以上气象主管机构责令改正，给予警告，可以并处一万元以上三万元以下罚款：

（一）使用不符合国家气象技术标准的气象资料进行气候可行

性论证的；

（二）伪造气象资料或者其他原始资料、出具虚假论证报告的。

第三十八条 地方各级人民政府有关部门、气象主管机构及其所属气象台站的工作人员在工作过程中玩忽职守、滥用职权、徇私舞弊的，依法给予处分；构成犯罪的，依法追究刑事责任。

第六章 附 则

第三十九条 本条例中下列用语的含义：

（一）气候资源探测，是指利用卫星、雷达、气象仪器仪表等设施、设备对气候资源相关的气象要素和现象等进行系统观察、测量或者推算的活动；

（二）气候资源区划，是指对一定区域范围内的气候资源，按照相关特征的相似和差异程度，依据特定指标参数划分出若干等级的区域单元，是气候资源分布的地理表现；

（三）城市热岛效应，是指由于城市人口稠密、工业集中、交通发达和建筑物本身导热率和热容量高等因素，造成城市温度比郊区高的一种小气候现象；

（四）狭管效应，是指由于地形对气流的影响，当气流由开阔地带进入狭窄地带时，风速增大，流出狭窄地带时风速减缓的现象；

（五）碳源汇，是指向大气中排放二氧化碳，以及从大气中吸收二氧化碳的介质或者过程；

（六）气候承载力，是指一定的时间和空间范围内，气候资源对社会经济某一领域乃至整个区域经济社会可持续发展的支撑能力；

（七）气候可行性论证，是指对与气候条件密切相关的规划和建设项目进行气候适宜性、风险性以及可能对局地气候产生影响的分析、评估活动；

（八）农产品气候品质认证，是指根据农产品气候品质认证技术规范，用表征农产品品质的气候指标对农产品品质优劣等级所作的评定。

第四十条 本条例自2023年6月1日起施行。

福建省气象灾害防御办法

（2013年10月21日福建省人民政府令第128号公布，根据2023年10月11日福建省人民政府令第232号修订，自2024年1月1日起施行）

第一章　总　则

第一条　为了加强气象灾害的防御，避免、减轻气象灾害造成的损失，保障人民生命财产安全，促进经济社会发展，根据《中华人民共和国气象法》《气象灾害防御条例》等有关法律、法规，结合本省实际，制定本办法。

第二条　在本省行政区域及其毗邻海域从事气象灾害防御活动，应当遵守本办法。

本办法所称气象灾害，是指台风、暴雨（雪）、寒潮、大风、低温、高温、干旱、雷电、冰雹、霜冻、冰冻、大雾等所造成的灾害。

第三条　气象灾害防御工作遵循以人为本、科学防御，党委领导、政府主导，部门联动、社会参与的原则。

第四条　县级以上人民政府应当加强对气象灾害防御工作的组织领导，建立健全气象灾害防御工作协调机制，将气象灾害防御纳入本级国民经济和社会发展规划，所需经费纳入本级财政预算。

县级以上气象主管机构负责灾害性天气的监测、预报、预警，以及人工影响天气等工作。

县级以上人民政府有关部门应当按照职责分工，共同做好气象灾害防御工作。

第五条 县级以上人民政府应当建立气象灾害防御工作考核制度，将气象灾害防御职责的落实情况纳入考核内容。

第六条 县级以上人民政府及其有关部门、乡（镇）人民政府、街道办事处应当组织开展气象灾害防御法律、法规和应急救灾知识的宣传普及，促进气象防灾减灾科普基地建设，提高公众的防灾减灾意识和能力。

机关、团体、企业事业单位和村（居）民委员会，应当根据所在地人民政府的要求，结合各自情况，协助做好气象灾害防御知识的科普宣传和气象灾害应急演练工作。

学校应当将气象灾害防御知识纳入教育内容，采取多种形式开展气象灾害防御知识教育和应急演练活动，增强学生的安全意识和自救互救能力。教育、气象等部门应当对学校开展的气象灾害防御教育进行指导和监督。

广播、电视、报纸、网络等新闻媒体应当开展气象灾害防御知识的公益宣传。

第七条 公民、法人和其他组织有义务参与气象灾害防御工作，在气象灾害发生后开展自救互救。

对在气象灾害防御工作中做出突出贡献的单位和个人，按照国家有关规定给予表彰奖励。

第八条 鼓励和支持气象灾害防御的科学技术研究和推广应用，加强闽台气象灾害防御科技交流与合作。

第九条 省气象主管机构应当会同省市场监督管理部门建立健全气象灾害防御技术标准体系，指导和规范气象灾害防御工作。

第二章　预　防

第十条　县级以上人民政府应当组织气象主管机构和有关部门开展气象灾害普查，建立气象灾害数据库并及时更新。

县级以上人民政府应当组织气象主管机构和有关部门开展气象灾害风险评估，编制气象灾害风险区划，划定气象灾害风险区域，并依法向社会公布。

第十一条　县级以上人民政府应当组织气象主管机构和有关部门，根据上一级人民政府的气象灾害防御规划和本地气象灾害风险区划，编制本行政区域的气象灾害防御规划，并将相关内容纳入国土空间规划。

编制区域、流域、海域建设开发利用规划，应当与气象灾害防御规划的相关要求相协调。

第十二条　气象灾害防御规划应当包括下列主要内容：

（一）防御原则；

（二）防御目标和主要任务；

（三）气象灾害发生发展规律和防御工作现状；

（四）气象灾害易发区和易发时段；

（五）防御分区及战略布局重点；

（六）防御设施建设和管理；

（七）防御工程和保障措施；

（八）法律、法规规定的其他内容。

第十三条　县级以上人民政府应当根据本级气象灾害防御规划和本行政区域的实际情况，组织气象主管机构和应急管理等有关部门制定本行政区域的气象灾害应急预案，报上一级人民政府和有关部门备案。

县级以上人民政府发展和改革、工业和信息化、教育、公安、民政、自然资源、住房和城乡建设、交通运输、水利、农业农村、林业、卫生健康、文化和旅游、海洋与渔业、海事、电力、通信等有关部门和单位的应急预案应当与本行政区域的气象灾害应急预案相衔接。

第十四条 各级人民政府、有关部门应当按照气象灾害应急预案，定期组织演练，开展气象灾害防御措施、设施检查。

气象灾害应急演练主要包括演练准备、预警、应急响应、应急处置、善后处理和评估总结等内容。

第十五条 市、县(区)人民政府应当组织气象主管机构、应急管理等部门根据地理位置、气候背景、工作特性等，将本行政区域内可能遭受气象灾害较大影响的单位列入气象灾害防御重点单位目录，并向社会公布。

气象灾害防御重点单位应当根据本单位特点制定气象灾害应急预案，加强防御重点部位和关键环节的检查，及时消除气象灾害风险隐患。

鼓励非气象灾害防御重点单位根据实际情况制定气象灾害应急预案，开展气象灾害隐患排查和应急演练。

第十六条 县级以上人民政府及其有关部门应当加强对气象灾害防御重点单位的监督检查。

县级以上气象主管机构应当指导气象灾害防御重点单位制定气象灾害应急预案、开展气象灾害隐患排查、接收应用气象灾害预警信息和应急演练等。

第十七条 各级人民政府应当利用现有的机构和人员，加强乡镇(街道)、行政村(社区)等基层气象信息员队伍建设。

气象信息员应当协助各级人民政府、有关部门开展下列工作：

(一)开展气象灾害预警信息的接收和传播；

(二)开展本区域气象灾情以及特殊天气现象的收集和报告；

(三)开展气象灾害防御知识科普宣传、应急联络；

（四）各级人民政府、有关部门要求协助开展的其他工作。

第十八条 县级以上人民政府应当根据当地气象灾害特点和风险评估结果，加强基础设施抗灾能力建设。

有关部门在制定基础设施工程建设标准时，应当充分考虑气象灾害的影响。

第十九条 在台风、暴雨、干旱、冰雹、雨雪冰冻等易发区域，县级以上人民政府应当加强海塘、堤防、避风港、河道、闸坝、泵站、排水设施、紧急避难场所等建设，加固病险水库，做好地质灾害易发区和堤防、各种防洪排涝设施的巡查，促进水利、道路、地铁、供水、电力、通信、燃气等基础设施的维护管理。

第二十条 在大风、道路结冰、大雾等易发区域，县级以上人民政府应当加强对人口密集场所以及机场、港口、高速公路、航道、铁路等交通要道的有关监测设施建设，及时向公众发布监测信息，保障交通安全。

第二十一条 各类建（构）筑物、场所和设施安装雷电防护装置应当符合国家和本省有关防雷标准的规定。新建、改建、扩建建（构）筑物、场所和设施的雷电防护装置应当与主体工程同时设计、同时施工、同时投入使用。

易燃易爆等危险环境场所的雷电防护装置应当按照国家有关规定每半年检测一次。

在雷电易发区域，气象主管机构、有关部门应当按照各自职责，加强对建（构）筑物、设施的雷电防护装置的监督检查，督促做好雷电防护装置定期检测和日常检查、维护工作。

第二十二条 县级以上人民政府有关部门在国家重大建设工程、重大区域性经济开发项目和大型太阳能、风能等气候资源开发利用项目以及国土空间规划编制中，应当统筹考虑气候可行性论证结果和气象灾害的风险性，避免、减轻气象灾害的影响。

第二十三条 县级以上人民政府应当加强人工影响天气的组

织领导，建立人工影响天气工作协调机制，健全统一调度指挥和安全作业体系，强化人工影响天气设施建设，统筹协调人工影响天气火箭弹存贮，根据需要适时开展人工影响天气作业。

气象主管机构与军队以及公安、民航等部门应当加强协作配合，做好人工影响天气安全作业。

第二十四条 鼓励公民、法人和其他组织通过保险等方式减少气象灾害造成的损失，鼓励保险机构提供天气指数保险、巨灾保险等产品和服务。

第三章 监测、预报和预警

第二十五条 县级以上气象主管机构应当加强本行政区域内气象台站的行业管理和业务指导，组织所属气象台站以及与灾害性天气监测有关的单位，对气象灾害实施联合监测。

县级以上气象主管机构和有关部门应当根据防灾减灾需要，在县级以上人民政府的领导下建立和完善专业气象监测站网。

第二十六条 县级以上人民政府应当根据下列气象灾害防御的需要，完善气象灾害监测体系：

（一）在气象灾害易发区域和气象灾害防御重点区域，增设气象灾害综合监测站（点）；

（二）在交通和通信干线、重要输电线路沿线、重要输油（气）场所、重要水利工程、重点经济开发区，以及山区、海洋和重点林区、矿区、渔区，农作物主产区等，建设气象灾害综合监测设施。

建设气象灾害综合监测设施应当符合国家有关标准。

第二十七条 气象灾害防御设施依法受保护，任何组织或者个人不得侵占、损毁或者擅自移动气象灾害防御设施及其警示标志。

气象灾害防御设施受到损坏的，当地人民政府或者气象灾害防御设施管理单位应当及时采取紧急措施，组织力量修复，确保气象灾害防御设施正常运行。

第二十八条 县级以上气象主管机构及其所属气象台站应当完善灾害性天气监测预报预警系统，研究分析当地灾害性天气发生发展规律，及时向本级人民政府及其有关部门报告气象灾害监测预报预警信息，提高灾害性天气预报准确率和时效性。

第二十九条 气象主管机构所属气象台站向社会统一发布气象灾害预报预警信息。其他组织或者个人不得向社会发布气象灾害预报预警信息。

第三十条 县级以上人民政府应当健全预警信息发布机构，完善突发事件预警信息发布系统建设，实现气象灾害预警信息的快速发布。

第三十一条 广播、电视、报纸、网络等媒体和基础电信运营企业应当根据当地气象主管机构所属气象台站发布的适时气象灾害预警信息，准确、及时、无偿地向社会播发或者刊登。

对台风、暴雨红色预警信号等重大气象灾害预警信息，广播、电视、报纸、网络等媒体和基础电信运营企业要建立快速通道，应当采用滚动字幕、加开视频窗口以及插播、短信提示、信息推送等方式及时播发。

第三十二条 县级人民政府及其有关部门、乡（镇）人民政府以及学校、医院、社区、工矿企业、建筑工地等应当指定专人负责气象灾害预警信息接收传递工作，建立县—乡—村—户直通的气象灾害预警信息传播渠道。

乡（镇）人民政府、街道办事处、村（居）民委员会在收到当地气象台站发布的气象灾害预报预警信息后，应当利用有线广播、高音喇叭、鸣锣吹哨等多种方式及时传播气象灾害预报预警信息。

机场、客运码头、车站、地铁、景区、学校、医院、高速公路、大型商场、文化体育场（馆）、宾馆、饭店等人员密集场所的经营、管理单位，应当通过电子显示装置、广播等途径及时向公众传播气象灾害预警信息和应急防御指南。

第四章　应急处置

第三十三条　县级以上人民政府及其有关部门和气象主管机构应当建立健全以气象灾害预警为先导的联动机制，提高应急响应能力。

第三十四条　县级以上人民政府和有关部门应当按照气象灾害预警信息和气象灾害应急预案，及时启动应急响应，并报告上一级人民政府。气象灾害应急响应启动后，县级以上人民政府和有关部门应当根据气象灾害发生情况，依照《中华人民共和国突发事件应对法》和有关法律、法规的规定，及时采取相应的应急处置措施。

气象灾害应急响应的启动、变更和终止，应当及时向社会公布。

第三十五条　公民、法人和其他组织应当服从各级人民政府发布的气象灾害应急处置决定、命令，配合实施县级以上人民政府有关部门依法采取的气象灾害应急措施，开展相应的自救互救行动。

气象灾害防御重点单位应当根据气象灾害情况和气象灾害应急预案，组织实施本单位的应急处置工作，加强对防御重点部位和关键环节的巡查，保障运营安全。

大型群众性活动的承办者应当关注气象灾害预警信息，将气象灾害应急处置纳入活动安全工作方案。气象灾害预警信息发布后，大型群众性活动的承办者、场所管理者应当及时按照活动安全工作方案要求，采取相应的应急处置措施。

第三十六条　台风、大风气象灾害预警信号生效期间，建(构)

筑物、户外广告牌、玻璃幕墙的所有人、管理人或者使用人，应当采取措施避免搁置物、悬挂物脱落、坠落；建筑工地的施工单位应当加强防风安全管理，设置必要的警示标识，加固脚手架、围档等临时设施；船舶的所有人、经营人或者管理人应当遵守有关台风、大风期间船舶避风的规定。

暴雨气象灾害预警信号生效期间，排水设施运营单位应当做好排水管网和防涝设施的运行检查与维护，保持排水通畅；在立交桥、低洼路段等易涝点设置警示标识，并根据实际情况配备排水设施。

第三十七条 因暴雨、暴雪、道路结冰、大雾等突发气象灾害严重影响交通安全的，当地人民政府、有关部门依法采取相应管制措施，并为受困人员提供基本生活保障。

因突发气象灾害危及运营安全的，城市轨道交通等公共交通运营单位可以暂停部分区段或者全线网的运营，根据需要及时启动相应应急预案，做好客流疏导和现场秩序维护，并报告主管部门。

因突发气象灾害严重危及行车安全的，城市轨道交通等公共交通运输工具的行车相关人员可以先行采取紧急安全防护措施，并及时向运营单位报告。

第三十八条 发生气象灾害，有可能对人民群众生命财产安全、公共安全、环境安全或者社会秩序造成严重危害，县级以上人民政府和有关部门依法采取保障、控制等必要的应急处置措施，最大限度地减轻气象灾害的影响。

县级以上人民政府和有关部门应当依照《中华人民共和国突发事件应对法》的规定，结合当地地理条件、地质状况和气候特点，建立与气象灾害预警信息相配套的停工（业）、停产、停课、休市、调整工作时间等应急响应触发机制。

第三十九条 气象、水利、自然资源、农业农村、林业、海洋与渔业等部门应当根据气象灾害发生的情况，加强对气象因素引发的地质灾害、山洪等衍生、次生灾害的联合监测，并根据相应的应急预案，做好各项应急处置工作。

第四十条 县级以上气象主管机构所属的气象台站应当根据灾害性天气发生发展趋势，及时更新或者解除气象灾害预警信号。

县级以上人民政府及其有关部门应当根据气象主管机构提供的灾害性天气变化信息以及灾情发展情况，及时调整气象灾害应急响应级别或者作出解除气象灾害应急响应的决定。

第四十一条 县级以上人民政府应当加强气象灾害应急救援队伍建设。

机场、车站、地铁、景区、学校、医院、文化体育场（馆）等场所的管理单位应当指定气象灾害应急救援联系人，定期开展相关知识和技能培训。

鼓励志愿服务组织参与气象灾害应急救援，帮助群众做好防灾避险。

第四十二条 气象灾害发生地的县级人民政府应当及时组织气象、应急管理、自然资源、住房和城乡建设、水利、农业农村、林业等有关部门对气象灾害造成的损失进行调查，排除灾害隐患，完善气象灾害应急预案，修复或者加固气象灾害防御设施，提高气象灾害防御能力。

第五章　法律责任

第四十三条 违反本办法规定的行为，法律、法规已有法律责任规定的，从其规定。

第四十四条 各级人民政府、气象主管机构和其他有关部门及其工作人员在气象灾害防御工作中滥用职权、玩忽职守、徇私舞弊的，依法予以处分；构成犯罪的，依法追究刑事责任。

第四十五条　违反本办法第三十一条规定，未按照要求播发、刊登气象灾害预警信息的，由县级以上气象主管机构责令改正，给予警告，可以处5000元以上5万元以下的罚款；构成违反治安管理行为的，由公安机关依法给予处罚。

第四十六条　违反本办法规定，有下列情形之一的，由气象主管机构或者其他有关主管部门责令改正；拒不改正的，给予警告；构成违反治安管理行为的，由公安机关依法给予处罚；构成犯罪的，依法追究刑事责任：

（一）新建、改建、扩建建（构）筑物、场所或者设施的雷电防护装置，未按照规定与主体工程同时设计、同时施工、同时投入使用的；

（二）侵占、损毁或者擅自移动气象灾害防御设施及其警示标志的；

（三）气象灾害防御重点单位未履行气象灾害防御职责的。

第六章　附　则

第四十七条　本办法自2024年1月1日起施行。

江西省雷电灾害防御办法

(2012 年 1 月 11 日江西省人民政府令第 197 号公布,2015 年 12 月 16 日江西省人民政府令第 219 号第一次修正,2017 年 12 月 4 日江西省人民政府令第 227 号第二次修正,2019 年 9 月 29 日江西省人民政府令第 241 号第三次修正,2023 年 9 月 12 日江西省人民政府令第 261 号第四次修正)

第一条 为了加强雷电灾害的防御,避免、减轻雷电灾害造成的损失,保护人民生命财产安全,根据《中华人民共和国气象法》、国务院《气象灾害防御条例》等法律、法规的规定,结合本省实际,制定本办法。

第二条 在本省行政区域内从事雷电灾害防御及其相关活动,应当遵守本办法。

本办法所称雷电灾害,是指因直击雷、雷电电磁脉冲等所造成的灾害。

第三条 雷电灾害防御工作实行以人为本、科学防御、部门联动、社会参与的原则。

第四条 县级以上人民政府应当加强对雷电灾害防御工作的组织、领导和协调,将雷电灾害的防御纳入国民经济和社会发展规划,所需经费纳入本级财政预算。

第五条　县级以上气象主管机构负责组织管理本行政区域内雷电灾害防御工作。

县级以上人民政府发展和改革、住房和城乡建设、自然资源、工业和信息化、公安、应急管理、市场监督管理等部门应当按照各自职责，做好雷电灾害防御相关工作。

第六条　各级人民政府、气象主管机构应当采取多种形式，向社会宣传普及雷电灾害防御知识，提高公众防御雷电灾害的意识和能力。

机关、企业、事业单位、村（居）民委员会，应当做好本单位、本区域群众性的雷电灾害防御科普知识的宣传。

中小学校应当把雷电灾害防御知识纳入科普教育内容，培养和提高学生的雷电灾害防御意识和自救互救能力。

第七条　省气象主管机构应当根据本省行政区域内雷击发生的频次，划分雷击风险等级区域，并向社会公布；对雷击风险等级较高区域的防雷工作，应当加强指导。

第八条　县级以上气象主管机构应当加强雷电和雷电灾害监测、预警预报系统建设，提高雷电和雷电灾害监测、预警预报的准确率、时效性。

县级以上气象主管机构所属的气象台站负责雷电和雷电灾害监测，并按照职责发布雷电灾害预警预报。其他任何组织或者个人不得向社会发布雷电灾害预警预报。

广播、电视、报纸、通信和信息网络等媒体收到气象主管机构所属气象台站要求播发雷电灾害预警预报信息后，应当及时无偿地向公众传播。

第九条　涉及公共安全的重大工程、爆炸和火灾危险场所、有毒有害危险化学品生产和贮存场所等建设项目，应当进行雷击风险评估。

各类开发区、工业园区、产业集聚区、新区、特色小镇和其他有条件的区域应当开展区域雷击风险评估。符合条件的工程建设项目不再单独进行雷击风险评估。

区域雷击风险评估由承担区域管理职责的机构或者县级以上人民政府指定的部门组织实施。

第十条 雷击风险评估报告书应当包括以下内容：

（一）项目所在地雷电活动规律和地理、地质、土壤、植被等环境状况；

（二）雷电灾害可能造成危害的分析、预测和评估；

（三）防御和减轻雷电灾害的建议和措施；

（四）雷击风险评估结论。

雷击风险评估结论应当作为建设项目可行性论证和设计的技术依据。

第十一条 下列建（构）筑物、场所或者设施有关单位应当按照国家技术标准和技术规范安装雷电防护装置（以下简称防雷装置），并与主体工程同时设计、同时施工、同时验收和投入使用：

（一）《建筑物防雷设计规范》规定的一、二、三类建（构）筑物；

（二）石油、化工等易燃易爆物品生产或者贮存场所；

（三）电力生产设施和输配电系统；

（四）通信设施、广播电视系统、计算机信息系统；

（五）法律、法规、规章和防雷技术规范规定必须安装防雷装置的其他场所和设施。

本办法所称防雷装置是指由接闪器、引下线、接地装置、电涌保护器及其连接导体等构成的，用以防御雷电灾害的设施或者系统。

第十二条 从事防雷装置检测的单位应当依法取得省气象主管机构颁发的资质证书，并按照资质等级承担相应的防雷装置检测工作。禁止无资质或者超出资质许可范围从事防雷装置检测。

从事电力、通信防雷装置检测的单位应当依法取得国务院气象主管机构和国务院电力或者国务院通信主管部门共同颁发的资质证书。

从事防雷装置检测的专业技术人员应当通过省气象学会组织的防雷装置检测能力(水平)测试。

第十三条 省外取得防雷装置检测资质的单位,进入本省行政区域内从事防雷检测的,应当接受防雷装置所在地气象主管机构的监督管理。

第十四条 油库、气库、弹药库、化学品仓库、烟花爆竹、石化等易燃易爆建设工程和场所,雷电易发区内的矿区、旅游景点或者投入使用的建(构)筑物、设施等需要单独安装雷电防护装置的场所,以及雷电风险高且没有防雷标准规范、需要进行特殊论证的大型项目,其防雷装置设计审核由县级以上气象主管机构负责。县级以上气象主管机构应当自受理建设单位提交的申请和防雷装置设计文件之日起三个工作日内作出审核决定,对符合防雷标准的设计,出具《防雷装置设计核准书》;对不符合防雷标准的,出具《防雷装置设计修改意见书》,建设单位应当按照修改意见书进行修改。

未经审核同意的防雷装置设计,不得交付施工。

第十五条 安装防雷装置的施工单位应当按照审查或者审核通过的防雷装置设计进行施工。

防雷装置的建设单位应当委托具有防雷装置检测资质的单位对防雷装置的隐蔽工程进行逐项检测。检测不合格的,应当及时向建设单位提出书面整改意见。

检测单位应当记录检测数据,登记建档,并出具检测报告。检测单位对其出具的检测报告的真实性负责。

第十六条 油库、气库、弹药库、化学品仓库、烟花爆竹、石化等易燃易爆建设工程和场所,雷电易发区内的矿区旅游、景点或者投入使用的建(构)筑物、设施等需要单独安装雷电防护装置的场所，以及雷电风险高且没有防雷标准规范、需要进行特殊论证的大型项目，由县级以上气象主管机构负责竣工验收。县级以上气象主管机构应当在受理建设单位验收申请之日起十个工作日内作出竣工验收决定。验收合格的，出具防雷装置验收合格文件；验收不合格的，建设单位应当按照气象主管机构的要求进行整改。

未经验收或者验收不合格的防雷装置，不得投入使用。

第十七条 按照本办法第十一条规定安装的防雷装置，使用单位应当做好日常维护工作。石油、化工、易燃易爆物品的生产和贮存场所，其防雷装置每半年检测一次，其他单位的防雷装置每年检测一次。检测不合格的防雷装置，使用单位必须在限期内整改。防雷装置检测单位应当出具检测报告，并对检测报告负责。

防雷装置检测收费作为经营服务性收费，具体收费标准由省人民政府价格主管部门根据防雷装置种类、检测的内容等情况核定后，向社会公布。

气象主管机构应当会同有关行政管理部门，加强对防雷装置检测工作的指导监督。

第十八条 防雷产品应当符合国家强制性标准，并具有产品合格证书和使用说明书。

在本省销售的防雷产品，经营单位应当接受省气象主管机构的监督检查。

禁止使用不符合国家强制性标准或者国家明令淘汰的防雷产品。

第十九条 县级以上气象主管机构应当会同乡（镇）人民政府制定农村防雷设施建设规划，报县级人民政府批准后组织实施。

农村中小学校、农村集贸市场等人员密集场所和雷击风险等级较高的村民集中居住区，乡（镇）人民政府应当组织安装防雷装置。气象主管机构应当进行指导和检查。

第二十条 气象主管机构应当加强对防雷装置使用和维护情

况的监督检查，发现违反雷电灾害防御管理规定或者雷击安全隐患，应当及时通知有关单位或者个人采取措施，限期改正；发现重大雷击安全隐患，应当及时向有关单位和个人发出整改通知书，限期整改，必要时，应当向所在地县级以上人民政府和上级气象主管机构报告。

第二十一条 遭受雷电灾害的组织和个人，应当迅速开展自救互救，并及时向当地人民政府和气象主管机构报告，不得隐瞒不报、谎报。

当地人民政府和气象主管机构接到报告后，应当立即派人赶赴现场，并按照国家和省有关规定开展抢险救灾、及时将雷电灾害情况上报上一级行政机关。

第二十二条 雷电灾害发生后，气象主管机构应当及时开展雷电灾害调查和鉴定，查清雷电灾害原因和性质，提出整改措施。

调查和鉴定报告应当及时上报同级人民政府和上级气象主管机构。

第二十三条 气象主管机构及其工作人员在核发防雷装置检测资质证书，有关部门在审核防雷装置设计、进行防雷装置竣工验收等活动中，徇私舞弊、玩忽职守、滥用职权的，由其上级机关或者监察机关责令改正；情节严重的，对相关责任人员依法给予处分；构成犯罪的，依法追究刑事责任。

第二十四条 违反本办法规定的行为，法律、法规以及规章已有处罚规定的，适用其规定。

第二十五条 本办法自 2012 年 3 月 1 日起施行。

萍乡市雷电灾害防御条例

（2023 年 6 月 29 日萍乡市第十六届人民代表大会常务委员会第十九次会议通过，2023 年 7 月 26 日江西省第十四届人民代表大会常务委员会第三次会议批准）

第一条 为了加强雷电灾害防御，避免和减轻雷电灾害造成的损失，保障人民群众生命财产和社会公共安全，根据有关法律法规，结合本市实际，制定本条例。

第二条 本市行政区域内从事雷电灾害防御活动，适用本条例。

本条例所称雷电灾害防御，是指防御和减轻雷电灾害的活动，包括雷电和雷电灾害的研究、监测、预报预警、防护、风险评估、安全检查和雷电灾害防御知识宣传教育以及雷电灾害的调查、鉴定等。

第三条 雷电灾害防御工作遵循以人为本、科学防御、政府主导、部门联动、社会参与的原则。

第四条 市、县（区）人民政府应当加强对雷电灾害防御工作的领导，建立健全雷电灾害防御工作协调机制和责任制，将雷电灾害防御工作纳入国民经济和社会发展规划以及公共安全监督管理范围，雷电灾害防御工作所需经费纳入本级财政预算。

乡（镇）人民政府、街道办事处应当确定人员，具体负责雷电灾害防御设施管理、科普知识宣传、应急联络、信息传递、灾害报告和灾情调查等工作。

第五条　气象主管机构负责组织管理和指导本行政区域内的雷电灾害防御工作。未设气象主管机构的区人民政府应当指定有关机构或者安排有关人员做好雷电灾害防御工作。

发展和改革、教育、科学技术、工业和信息化、财政、自然资源和规划、住房和城乡建设、交通运输、水利、农业农村、文化广电新闻出版旅游、应急管理、市场监督管理、消防救援等部门应当按照各自职责，做好雷电灾害防御相关工作。

第六条　各级人民政府、有关部门应当采取多种形式，开展雷电灾害防御科普知识宣传和应急演练，增强社会公众防御雷电灾害意识，提高应急避灾、自救互救能力。

鼓励、支持机关、企事业单位、村（居）民委员会结合实际情况，开展雷电灾害防御科普知识宣传和应急演练。

学校应当把雷电灾害防御知识纳入有关教学内容，培养和提高学生的雷电灾害防御意识和自救互救能力。教育、气象、科学技术等部门应当给予指导和监督管理。

第七条　气象主管机构应当加强雷电监测、预报预警业务系统建设，提高雷电监测、预报预警的准确率、时效性。

广播、电视、报刊、电信等单位应当及时、准确、无偿地向社会发布当地气象主管机构所属气象台站提供的雷电预报预警信息。对突发性的雷电灾害预警信息，广播、电视等单位应当及时增播、插播。

第八条　任何单位和个人不得侵占、损毁或者擅自移动雷电监测和预警设施，不得危害雷电监测的探测环境。

第九条　大型建设工程、重点工程、爆炸和火灾危险场所、有毒有害危险化学品生产和贮存场所、人员密集场所等建设项目，审批部门应当组织开展雷电灾害风险评估。雷电灾害风险评估结论作为建设项目可行性论证和设计的依据。

第十条 下列建(构)筑物、场所或者设施,应当按照国家技术标准和技术规范安装雷电防护装置:

(一)《建筑物防雷设计规范》规定的一、二、三类防雷建(构)筑物及其附属设施;

(二)石油、化工、燃气、烟花爆竹等易燃易爆物品生产或者贮存等场所和设施;

(三)煤炭、电力生产设施和输配电系统;

(四)邮电通信、广播电视、金融证券、计算机信息系统等设施;

(五)体育场馆、影剧院、商场、宾馆、医院、学校、车站、住宅小区等人员密集场所和露天的大型娱乐、游乐设施;

(六)雷电易发区的矿区、旅游景区的建(构)筑物和生产设施;

(七)不可移动易遭雷击的文物建筑,易遭雷击的古树名木;

(八)法律、法规规定应当安装雷电防护装置的其他场所和设施。

第十一条 新建、改建、扩建建(构)筑物、场所和设施的雷电防护装置应当与主体工程同时设计、同时施工、同时投入使用。

新建、改建、扩建建设工程雷电防护装置的设计、施工,可以由取得相应建设、公路、水路、铁路、民航、水利、电力、核电、通信等专业工程设计、施工资质的单位承担。

第十二条 气象主管机构负责下列建设工程、场所的雷电防护装置设计审核、竣工验收:

(一)油库、气库、弹药库、化学品仓库和烟花爆竹、石化等易燃易爆建设工程和场所;

(二)雷电易发区内的矿区、旅游景点或者投入使用的建(构)筑物、设施等需要单独安装雷电防护装置的场所;

(三)雷电风险高且没有雷电灾害防御标准规范、需要进行特殊论证的大型项目。

未经设计审核或者设计审核不合格的,不得施工;未经竣工验收或者竣工验收不合格的，不得交付使用。

第十三条 房屋建筑工程和市政基础设施工程雷电防护装置设计审核和竣工验收许可，纳入建筑工程施工图审查和竣工验收备案，由住房和城乡建设主管部门监管。

公路、水路、铁路、民航、水利、电力、核电、通信等专业建设工程雷电灾害防御管理，由各专业部门负责。

第十四条 各相关部门应当按照谁审批、谁负责、谁监管的原则，履行建设工程雷电灾害防御监管职责。

建设工程设计、施工、监理、检测单位以及业主单位等承担雷电灾害防御工程的质量安全主体责任。

第十五条 雷电防护产品应当符合国家质量技术标准，并附有产品合格证书和使用说明书。禁止生产、销售、安装、使用不合格或者国家明令淘汰的雷电防护产品。

第十六条 已投入使用的雷电防护装置的所有权人或者管理人应当做好雷电防护装置日常维护工作。雷电防护装置存在隐患和故障，应当及时修复，并向具有雷电防护检测资质的单位申请检测。

生产、贮存石油、化工、燃气、烟花爆竹等易燃易爆物品场所的雷电防护装置应当每半年检测一次，其他雷电防护装置应当每年检测一次。法律法规另有规定的，从其规定。

第十七条 从事雷电防护装置检测的单位应当依法取得省级气象主管机构颁发的资质证书，并按照资质等级承担相应的雷电防护装置检测工作。

从事电力、通信雷电防护装置检测的单位应当依法取得国务院气象主管机构和国务院电力或者国务院通信主管部门共同颁发的资质证书。

第十八条 雷电防护装置检测单位开展检测活动应当遵守有关法律法规和执行技术规范标准，并对检测数据和检测报告的合法性、真实性和准确性负责,同时接受雷电防护装置所在地气象主管机构的监督管理。

雷电防护装置检测单位不得有下列行为:

(一)无资质或者超出资质许可范围从事检测活动;

(二)伪造、涂改、出租、出借、挂靠、转让资质证书;

(三)伪造、篡改检测数据,出具虚假检测报告;

(四)转包或者违法分包检测项目;

(五)其他违反法律、法规的行为。

第十九条 气象主管机构应当加强雷电防护装置检测单位信用管理,将雷电防护装置检测单位的检测活动和监督管理等信息纳入信用档案,并依法通过信用信息平台及时向社会公布。

第二十条 易燃易爆建设工程和场所,雷电易发区内的矿区、旅游景点、文物保护等雷电灾害防御重点单位,应当建立健全雷电灾害防御管理机制,在生产安全事故应急预案中明确雷电灾害防御相关内容,每年组织雷电灾害防御应急演练。

第二十一条 县(区)气象主管机构应当会同乡(镇)人民政府制定农村雷电防护设施建设规划,报县级人民政府批准后组织实施。

农村学校、集贸市场、敬(养)老院等人员密集场所和雷电易发区的村民集中居住区,乡(镇)人民政府应当组织安装雷电防护装置。气象主管机构应当进行指导和检查。

第二十二条 雷电天气发生时,有关单位应当根据实际情况,按照相应的防御指引或者标准规范,采取以下应急措施:

(一)发出警示信息;

(二)组织人员撤离,对留滞人员提供安全的雷电灾害防御避险场所;

(三)停止作业、切断危险源;

(四)停止营业、关闭相关区域;

（五）其他有效的应急措施。

第二十三条 市、县（区）人民政府应当将雷电灾害防御内容纳入本行政区域的气象灾害应急预案。雷电灾害发生后，当地人民政府应当及时组织应急管理等部门调查处理因雷电灾害导致的生产安全事故，督促有关单位监控重大危险源，消除生产安全事故隐患。

气象主管机构应当及时开展雷电灾害调查、鉴定，并将调查、鉴定结果向当地人民政府和上级气象主管机构报告。

遭受雷电灾害的单位和个人应当及时向当地人民政府相关部门、气象主管机构报告，不得瞒报、谎报，并配合气象主管机构做好雷电灾害调查、鉴定工作。

第二十四条 鼓励和支持保险行业建立符合本地特点的雷电灾害保险机制。遭受雷电灾害的单位和个人因保险理赔需要气象灾害证明的，灾害发生地的气象主管机构应当免费为其出具。

第二十五条 气象主管机构和其他有关部门及其工作人员在雷电灾害防御工作中滥用职权、玩忽职守、徇私舞弊的，对直接负责的主管人员和其他直接责任人员依法给予处分。

第二十六条 违反本条例第十二条第二款规定，雷电防护装置未经设计审核或者设计审核不合格施工的，未经竣工验收或者竣工验收不合格交付使用的，由县级以上气象主管机构或者其他有关部门按照权限责令停止违法行为，处五万元以上十万元以下罚款；有违法所得的，没收违法所得；给他人造成损失的，依法承担赔偿责任。

第二十七条 违反本条例第十六条规定，雷电防护装置应当接受定期检测的单位拒绝接受法定检测机构检测的，由县级以上气象主管机构或者其他有关部门按照权限责令改正，给予警告；拒不改正的，可以处一千元以上一万元以下罚款。

第二十八条 违反本条例规定的其他行为，法律、法规已有处罚规定的，适用其规定。

第二十九条 萍乡经济技术开发区管理机构、萍乡武功山风景名胜区管理机构开展雷电灾害防御工作参照本条例执行。

第三十条 本条例自2023年10月1日起施行。

济南市人工影响天气安全管理规定

（2023年10月20日济南市第十八届人民代表大会常务委员会第十一次会议通过，2023年11月30日山东省第十四届人民代表大会常务委员会第六次会议批准）

第一条 为了规范和加强人工影响天气安全管理，提高安全作业能力，防御和减轻气象灾害，保护和改善生态环境，根据《中华人民共和国气象法》《山东省人工影响天气管理条例》等法律、法规，结合本市实际，制定本规定。

第二条 本规定适用于本市行政区域内人工影响天气安全管理等活动。

本规定所称人工影响天气，是指在适宜条件下通过科技手段对局部大气的物理、化学过程进行人工影响，合理开发利用空中云水资源，实现增雨雪、防雹、消减雨雾、防霜等目的的活动。

第三条 市、区县人民政府应当加强对人工影响天气安全管理等工作的领导和协调，将人工影响天气安全工作纳入安全生产管理体系，统筹解决人工影响天气安全工作中的重大问题，将所需经费纳入本级财政预算。

市、区县气象主管机构负责人工影响天气工作的组织实施和指导管理。发展改革、工业和信息化、公安、财政、自然资源和规划、生态环境、交通运输、城乡水务、农业农村、园林和林业绿化、应急管理等部门，应当按照各自职责做好人工影响天气安全管理等相关工作。

镇人民政府、街道办事处应当按照属地管理原则协助做好人工影响天气安全管理、作业点保护等相关工作。

第四条 市、区县人民政府根据当地气候特点、地理条件、人口密度等，以粮食主产区、泉水涵养区、生态保护区为保障重点，提出人工影响天气作业点布设需求，由市气象主管机构报省气象主管机构会同有关航空管制部门确定。

人工影响天气作业点规划建设应当避开人口稠密区和重要设施，高炮作业点距离居民区不得小于500米、火箭作业点距离居民区不得小于100米。

人工影响天气作业点建设用地属于公益性事业用地，市、区县人民政府应当予以保障，并依法对所征收或者征用土地给予补偿。

第五条 人工影响天气作业点和作业环境依法受到保护，任何单位和个人不得实施下列行为：

（一）在高炮作业点周边500米、火箭作业点周边100米范围内新建、改建、扩建建（构）筑物妨碍人工影响天气作业安全；

（二）侵占人工影响天气作业场地；

（三）损毁、擅自移动人工影响天气作业设施、设备；

（四）破坏人工影响天气作业点水电线路、交通道路；

（五）扰乱实施人工影响天气作业秩序；

（六）其他危害人工影响天气作业的行为。

第六条 有下列情形之一的，市、区县气象主管机构应当适时组织实施人工影响天气作业：

（一）地下水水位低于预警水位需要增雨保泉的；

（二）出现干旱或者危害农作物的冰雹天气的；

（三）发生森林火灾或者森林长期处于高火险等级时段的；

（四）出现重污染天气或者重要生态系统需要保护修复的；

（五）国家规定重大活动保障需要的；

（六）其他需要实施人工影响天气作业的情形。

第七条　市、区县气象主管机构应当定期组织高炮、火箭发射装置检修，开展作业点安全等级评估，加强作业安全监控，严格执行作业公告、作业空域和时限申请、安全射界管理、警示标志设置等安全制度。

禁止使用年检不合格或者报废的高射炮、火箭弹发射装置以及超过有效期的炮弹、火箭弹进行作业。

第八条　市、区县气象主管机构应当对从事人工影响天气作业的人员进行作业安全培训，禁止未经安全培训和考核不合格的人员上岗作业。作业人员名单应当抄送当地公安机关备案。

市、区县气象主管机构应当为从事人工影响天气作业的人员配备必要的安全防护装备和器材，按照规定办理人身意外伤害保险。开展人工影响天气作业应当投保安全生产责任保险。

第九条　购买、运输人工影响天气作业使用的炮弹、火箭弹，应当按照规定向公安机关提出申请，委托具有道路危险货物运输资质的运输单位使用厢式专用车辆运输。

人工影响天气作业使用的炮弹、火箭弹应当储存在民用爆炸物品专用仓库内。市、区县人民政府应当组织有关部门通过政府购买服务、自建专用仓库等方式协调做好储存工作。

第十条　市、区县人民政府应当组织气象主管机构等有关部门建立人工影响天气安全管理联合监管机制，开展人工影响天气作业安全检查和事故隐患排查治理情况的监督检查。

市、区县气象主管机构应当制定人工影响天气突发事件应急预案并组织演练。发生人工影响天气作业安全事故时，气象主管机构应当立即启动应急预案，通报公安、应急管理等相关部门，并依法报告市、区县人民政府。

在实施人工影响天气作业过程中造成人员伤亡、财产损失的，市、区县人民政府应当组织相关部门、镇人民政府、街道办事处按照有关规定做好事故处理工作。

第十一条 本规定自2024年1月1日起施行。

泰安市暴雨灾害预警与响应条例

（2023 年 10 月 26 日泰安市第十八届人民代表大会常务委员会第十三次会议通过，2023 年 11 月 30 日山东省第十四届人民代表大会常务委员会第六次会议批准）

第一条 为了防御暴雨灾害，规范暴雨灾害预警与响应活动，避免、减轻因暴雨灾害造成的损失，保障人民生命财产安全，根据《中华人民共和国突发事件应对法》《中华人民共和国气象法》《气象灾害防御条例》等法律法规，结合本市实际，制定本条例。

第二条 本条例适用于本市行政区域内暴雨灾害预警与响应以及与其相关的监督管理活动。

第三条 暴雨灾害预警与响应应当坚持以人为本、统筹规划、以防为主、防抗救结合的原则，实行分级负责、属地为主、政府主导、部门联动、社会参与的工作机制。

第四条 市、县（市、区）人民政府负责暴雨灾害预警与响应工作的组织、领导和协调，将暴雨灾害预警与响应工作纳入本级国民经济和社会发展相关专项规划，所需经费纳入本级财政预算。

乡镇人民政府、街道办事处组织指挥本辖区内暴雨灾害预警的响应工作，负责应急演练组织、风险隐患排查、灾情险情报送、人员转移安置等具体工作。

居民委员会、村民委员会应当配合上级人民政府及有关部门做好风险隐患排查、预警信息传递、人员转移避险、灾情收集上报等工作。

第五条 气象主管机构负责暴雨天气的监测、预报、预警，参与暴雨灾害应急处置，协助有关部门做好因暴雨引发的次生灾害的监测、预报、预警。

应急管理部门负责组织、协调、监督暴雨灾害的响应与处置工作，组织指导暴雨灾害应急救援工作，组织核查灾情，发布灾情以及救灾工作情况，组织、协调灾区救灾和救助受灾群众。

发展和改革、教育、工业和信息化、公安、民政、财政、自然资源和规划、住房和城乡建设、城市管理、交通运输、水利、农业农村、商务、文化和旅游、卫生健康、消防救援、通信、电力等部门、单位应当按照各自职责，做好暴雨灾害预警与响应的相关工作。

第六条 市、县(市、区)人民政府以及乡镇人民政府应当设立防汛指挥机构，在上级防汛指挥机构和本级人民政府的领导下，统一领导、协调本行政区域内的暴雨灾害应对工作。

第七条 公民、法人和其他组织应当密切关注暴雨预警信号、灾害预警、安全警示和防御指引等发布情况，服从应急抢险救援指挥，配合做好人员转移和应急处置，开展防灾避险和自救互救，并应当根据暴雨预警信号，避免或者减少在暴雨发生区域的户外活动。

第八条 市、县(市、区)人民政府以及乡镇人民政府、街道办事处应当向社会宣传普及暴雨灾害预警与响应知识，逐步提高公众的防灾减灾意识和能力。

国家机关、团体、企业事业单位等应当采取多种形式开展应对暴雨及其次生灾害的宣传、教育、培训。

广播、电视、报刊、网络等媒体和通信运营商应当加强灾害预警、应急防范、自救互救等知识的公益宣传。

学校应当将暴雨及其次生灾害应对知识纳入安全教育内容，培养和提高学生的风险防范意识和自救互救能力。

第九条　编制区域、流域的建设开发利用规划以及农业、林业、渔业、交通、水利、旅游、自然资源开发等规划和危险化学品企业、化工园区的建设规划时，应当统筹考虑气候可行性和暴雨灾害的风险性，避免、减轻暴雨灾害的影响。

第十条　各级防汛指挥机构应当编制本行政区域的防汛应急预案，将暴雨预警信号纳入应急响应启动条件，报上一级防汛指挥机构备案。有关部门和单位应当在本级防汛指挥机构的指导下，编制本部门、单位的防汛应急预案。

预案编制单位应当根据实际情况及时修订预案，并定期组织预案培训和应急演练。

第十一条　教育、自然资源和规划、住房和城乡建设、城市管理、交通运输、水利、农业农村、文化和旅游等部门应当制定相关行业暴雨灾害防御指引，并督促落实。

暴雨灾害防御指引应当根据预警级别，明确相关单位、个人应当采取的安全防范措施、人员撤离和避险方案、应急抢险救灾预备工作等内容。

第十二条　市、县（市、区）人民政府应当加强暴雨监测预警能力建设，在暴雨灾害敏感区、易发多发区以及监测站点稀疏区增设相应的监测设施，建设完善暴雨监测站网。

气象主管机构及其所属的气象台站应当按照职责开展暴雨天气的监测工作，并及时向有关部门提供监测信息。

任何单位或者个人不得侵占、损毁或者擅自移动暴雨监测设施。

第十三条　暴雨预警信号实行属地统一发布制度。暴雨预警信号的发布、变更和解除由县级气象主管机构所属的气象台站负责；未设立气象台站的，由市气象主管机构所属的气象台站负责，并及时向县级防汛指挥机构通报。

气象主管机构所属的气象台站应当严密监视天气变化，增加预报频次，提高暴雨预报、预警的准确率和时效性，适时调整暴雨预警信号级别。

其他任何单位或者个人不得向社会发布暴雨预警信号。

第十四条 自然资源和规划、住房和城乡建设、城市管理、水利、水文等行业主管部门在接到暴雨预警信号后，应当会同气象主管机构等有关部门，密切研判因暴雨引发的灾害风险，并依照职责适时发布地质、山洪、洪水、城市内涝等灾害预警。

第十五条 驻泰广播、电视、报纸等媒体及其新媒体平台应当准确、及时播发、刊登暴雨预警信号以及次生灾害预警，并明确标明发布时间和发布单位。联通、移动、电信等通信运营单位应当及时安排优先通道，通过手机短信等方式向受影响区域内的手机用户发送暴雨灾害预警信号。

暴雨橙色、红色预警信号生效期间，广播、电视、网络等媒体应当采用插播、滚动字幕、加开视频窗口等方式及时播发预警信息以及有关防御知识。通信运营商应当通过手机短信等方式向受影响区域内的手机用户发送预警信息。

农村偏远地区应当及时通知处于传播盲区的居民、村民。

任何单位或者个人不得传播虚假的或者通过非法渠道获取的暴雨预警信息和灾害灾情。

第十六条 市、县（市、区）人民政府应当组织有关部门及时汇总暴雨隐患和预警信息，进行会商研判，决定启动相应级别的应急响应。

第十七条 应急响应启动后，市、县（市、区）人民政府可以根据应急响应级别、即将发生的突发事件的特点和可能造成的危害，采取下列一项或者多项应急措施：

（一）划定、标明暴雨灾害危险区域，采取相应封闭措施、启用应急避难场所，组织人员撤离、疏散，开展自救互救；

（二）及时发布避险意见和风险提示；

（三）关闭或者限制使用易受暴雨灾害危害的场所；

（四）停止户外集体活动、停课、停工、停业、停运；

（五）组织修建抢险救灾临时工程，保障道路、通信、供电、供水、供气、供热等设施的安全和正常运行；

（六）调集应急救援所需物资、设备，保障基本生活必需品和药品的供应；

（七）临时征用房屋、运输工具、设施设备和场地等；

（八）责令有关部门、单位和消防救援队伍、专业应急救援队伍、地方应急救援队伍等进入应急待命状态；

（九）法律、法规规定的其他措施。

第十八条 市、县（市、区）人民政府及有关部门应当加强消防救援队伍、专业应急救援队伍以及其他应急救援队伍建设，配备交通、通信、照明、救生器材等必要的救援装备，保障应急救援需要。

第十九条 暴雨灾害应急保障物资实行分级储备、分级管理和分级负担制度，市、县（市、区）人民政府以及乡镇人民政府、街道办事处应当采取自行储备，或者依法委托企业、其他组织代为储备等形式，保障抢险救援物资、生活类救灾物资、救援队伍保障物资、生活必需品和应急处置装备的生产、供给。

第二十条 市、县（市、区）人民政府及有关部门应当建立健全应急通信保障体系，完善应急通信系统，因地制宜配备卫星电话、广播、高音喇叭、报警器、铜锣、口哨等传播预警信息的设施设备。

电力、供水等单位应当保障应急抢险、通信、医院等重点单位的电力供应、用水需求。

第二十一条 规划编制单位在编制国土空间规划、城市防灾减灾规划时，应当结合暴雨灾害的特点和相关专项规划提出暴雨灾害防御要求，统筹安排防御设施建设空间，逐步提高暴雨灾害防御能力。

第二十二条 市、县(市、区)人民政府以及乡镇人民政府、街道办事处应当根据人口数量和分布等情况,利用公共场所、公共设施,统筹规划、设立应急避难场所,标注明显标志,并向社会公布。

紧急情况下,市、县(市、区)人民政府以及乡镇人民政府、街道办事处可以依法发布指令征用有关设施和场地作为临时应急避难场所,具备应急避难条件的国家机关、团体、企业事业单位等,以及学校、文化体育场馆等场所的所有者或者经营者应当配合。使用完毕或者突发事件应急处置工作结束后,被征用的设施和场地应当及时返还;被征用的设施和场地损毁的,应当给予补偿。

第二十三条 对可能发生威胁人身安全的山洪、洪水、内涝、山体滑坡、泥石流、塌陷等灾害影响的区域,乡镇人民政府、街道办事处以及有关单位接到暴雨预警信号后,应当立即组织人员转移避险,并采取必要的应急处置措施。

第二十四条 市、县(市、区)人民政府应当划定城市内涝点、山洪灾害易发区、地质灾害隐患点和存在致灾风险的河道、桥梁、水库、塘坝、低洼积水路段等重点区域,所属行政区域的有关部门应当加强暴雨及其次生灾害的防御工作,建立暴雨灾害防御数字化平台,汇集水情雨情、气象预报、形势研判、物资储备、救援队伍、避灾场所等重要防汛信息,塑造暴雨灾害防御应用场景,提升暴雨灾害研判和应急救援信息化水平。

第二十五条 市、县(市、区)人民政府及有关部门应当加强水库、河道定期检查和监督管理,建立健全上下游联调联排工作机制,统筹蓄与泄、上下游和左右岸之间的关系,科学管理水库泄洪和河道行洪,不断提升暴雨灾害防御应对能力。

第二十六条 学校、幼儿园、托育机构、校外培训机构应当关注暴雨发展变化情况,接到暴雨预警信号后,应当采取适当措施,保障幼儿和学生安全。

暴雨红色预警信号生效期间，预警范围内的中小学校、幼儿园、托育机构、校外培训机构应当停课。

第二十七条 泰山风景名胜区管委会以及其他旅游景区和游乐场所的管理机构接到暴雨预警信号后，应当及时向游客发布灾害风险提示，根据预警级别采取停止售票、关闭场所、疏散转移、就近避险等措施，保障游客人身安全。

第二十八条 城区发生暴雨时，城市管理、公安、住房和城乡建设等有关部门应当及时对易积水区域、路段开展巡查、排水作业，采取交通疏导、管制等措施，避免或者减少交通拥堵、安全事故的发生。

易涝区域供电和供排水设施的建设应当符合防洪排涝要求。易涝区域的地下停车场或者下沉式建筑、设施的所有者或者经营者，应当设置符合防御暴雨需要的挡水和排水设施、警示标志以及群众紧急避险疏散的安全指引。

第二十九条 地质灾害、山洪灾害预警发布后，自然资源和规划、水利等部门应当组织人员重点巡查预警范围内的地质灾害隐患点、山洪灾害易发区，加密监测、分析灾害风险，适时调整灾害预警等级，协助做好危险区域人员转移避险准备等措施。

第三十条 矿山、金属冶炼、建筑施工单位、危险化学品企业以及化工园区管理机构，应当建立暴雨预警信号传播工作机制，加强灾害应急预案管理，做好安全风险分析研判，并根据暴雨预警信号级别及时调整生产经营活动，避免发生生产安全事故。

暴雨预警信号生效期间，煤矿、地下非煤矿山应当停产、撤出危险区域作业人员，露天矿山应当加强边坡检查、防止边坡坍塌、滑坡。

建筑施工单位应当加强对建筑施工工地基坑支护、起重机械、脚手架、临建板房稳固情况和用电设施安全性能的检查维护，停止高空作业，必要时停止其他相关作业。雷雨天气时，危险化学品企业不得装卸油、气储罐。

第三十一条 学校、医院、商场、市场、车站、高速公路、旅游景点以及公共文化服务场所、公共体育场所等应当配备排水、通信、照明等必要的应急设施，标明安全撤离的通道、线路，保障安全通道和出口畅通。经营管理单位应当利用电子显示装置、广播、警报等有效传播方式，及时传递预警信息，并根据暴雨险情组织人员有序撤离危险区域。

遇有暴雨危及安全的突发情况，城市公共交通驾驶员、车站行车人员、地下空间管理人员、道路运输人员等可以先行采取停止运行、疏散人员等紧急安全防护措施，及时通知本单位主管部门，并向本级防汛指挥机构报告。

第三十二条 农业农村部门应当加强对种植业、畜牧业、渔业等行业的指导，督促相关行业完善排灌设施，加固生产设施，提高农业生产的暴雨灾害防御能力。

第三十三条 违反本条例规定的行为，法律、行政法规已经规定法律责任的，适用其规定。

第三十四条 违反本条例规定，有下列行为之一的，由市、县(市、区)人民政府或者有关部门责令改正；构成违反治安管理行为的，由公安机关依法给予处罚；构成犯罪的，依法追究刑事责任：

(一)未按照规定采取暴雨灾害预防措施的；

(二)不服从所在地人民政府及其有关部门发布的暴雨灾害应急处置决定、命令，或者不配合实施其依法采取的暴雨灾害应急措施的。

第三十五条 违反本条例规定，有下列行为之一的，由县级以上气象主管机构或者其他有关行政管理部门责令改正，给予警告，可以处5万元以下的罚款；构成违反治安管理行为的，由公安机关依法给予处罚：

(一)擅自向社会发布暴雨预警信号的；

（二）传播虚假暴雨灾害预警信息和灾情的；

（三）驻泰广播、电视、报纸等媒体及其新媒体平台，以及联通、移动、电信通信运营单位未按照要求向公众传播暴雨灾害预警信号的。

第三十六条 本条例自2024年1月1日起施行。

湖南省雷电灾害防御条例

(2008 年 11 月 28 日湖南省第十一届人民代表大会常务委员会第五次会议通过,根据 2021 年 3 月 31 日湖南省第十三届人民代表大会常务委员会第二十三次会议《关于修改〈湖南省建筑市场管理条例〉等三十件地方性法规的决定》修正,根据 2023 年 11 月 30 日湖南省第十四届人民代表大会常务委员会第六次会议《关于废止、修改部分地方性法规的决定》修正)

第一条 为了加强雷电灾害防御(以下简称防雷)工作,保护人民生命财产和公共安全,根据有关法律、行政法规,结合本省实际,制定本条例。

第二条 在本省行政区域内从事雷电和雷电灾害的研究、监测、预警预报、防护,雷电灾害的调查、鉴定和评估等活动及其监督管理,应当遵守本条例。

第三条 县级以上人民政府应当加强对防雷工作的领导,加大防雷基础设施建设投入,鼓励开展防雷科学技术研究和防雷新产品的开发、推广、应用,提高防雷能力。

第四条 县级以上气象主管机构负责组织管理本行政区域内的防雷工作;未设气象主管机构的县(市、区)的防雷工作,由上一级气象主管机构负责。

县级以上人民政府住房和城乡建设、自然资源、应急管理、消防、市场监督管理等部门，按照各自职责，做好防雷的有关工作。

第五条 县级以上人民政府及其有关部门和气象主管机构应当通过各种形式和渠道，加强防雷科普知识宣传，增强公民的防雷意识。新闻媒体应当支持、配合做好防雷科普知识的宣传工作。

国家机关、企业事业单位、村（居）民委员会应当结合实际，做好本单位、本地方的防雷知识宣传工作。

中小学校应当将防雷知识纳入科普教育内容。

第六条 省、设区的市、自治州气象主管机构应当根据本行政区域内雷击发生的频次，划分雷击风险等级区域，并向社会公布；对雷击风险等级较高区域的防雷工作，应当加强指导。

第七条 气象主管机构应当加强雷电和雷电灾害的监测、预警预报系统建设，提高雷电和雷电灾害监测、预警预报的准确性、及时性。

气象主管机构所属气象台站应当加强雷电和雷电灾害的监测工作；并通过广播、电视、报纸、网络等媒体或者电话、手机短信等方式，及时向社会发布雷电灾害预警信息。对突发性的雷电灾害，广播、电视等媒体应当及时播发预警信息。

第八条 下列建（构）筑物、场所或者设施，有关单位应当按照国家规定的技术标准和技术规范安装雷电防护装置：

（一）易燃易爆等危险化学品的生产、储存场所或者设施；

（二）重要的计算机信息系统，电力、广播电视、通信设施，以及易遭受雷击的其他重要公共设施；

（三）除第（一）（二）项以外的国家《建筑物防雷设计规范》规定的一、二、三类防雷建（构）筑物。

第九条 对易燃易爆等危险化学品生产、储存场所或者设施，重要物资仓库或者重大建设工程，建设单位应当进行雷击风险评估。评估结果作为建设项目可行性论证和设计的依据。

第十条 除从事电力、通信雷电防护装置检测的单位外，凡在本省行政区域内申请雷电防护装置检测的单位，应当依法向省气象主管机构提出申请，取得气象主管机构颁发的资质证书，方可在相应的资质范围内从事雷电防护装置检测。

第十一条 防雷工程专业设计单位应当按照国家规定的防雷技术标准和技术规范进行设计。

雷电防护装置设计应当按照国家规定的条件和程序进行审核。未经审核或者审核不合格的，建设单位不得进行防雷工程施工。

第十二条 防雷工程施工单位应当按照核准的雷电防护装置设计图纸和技术规范进行施工。

任何单位和个人不得擅自变更雷电防护装置设计。

第十三条 雷电防护装置竣工后，应当按照国家规定的条件和程序进行验收。未经竣工验收或者竣工验收不合格的，不得交付使用。

第十四条 气象主管机构进行资质认定、设计审核和竣工验收等行政许可事项，不得收取任何费用。

第十五条 按照本条例第八条规定安装的雷电防护装置投入使用后，雷电防护装置的所有者或者使用者应当按照国家有关规定，委托具有雷电防护装置检测资质的单位对雷电防护装置进行定期检测。具有雷电防护装置检测资质的单位从事电力、通信等设施的雷电防护装置检测，其检测人员应当具备电力、通信等相关方面的专业知识。

雷电防护装置检测后，雷电防护装置检测单位应当出具检测报告，并对检测报告负责；在检测中发现防雷安全隐患的，应当及时通知被检测单位进行整改。

第十六条 雷电防护装置检测单位不得从事防雷工程专业设计、施工。

雷电防护装置检测的收费标准由省人民政府价格行政主管部门核定，并向社会公布。

气象主管机构应当会同有关行政管理部门，加强对雷电防护装置检测工作的指导监督。

第十七条 防雷产品应当符合国家质量技术标准，附有产品合格证书和使用说明书。禁止生产、销售、使用不合格的和国家明令淘汰的防雷产品。

禁止向雷电防护装置建设单位、使用单位指定雷电防护装置检测、防雷工程专业设计、施工等专业技术服务单位或者防雷产品。

第十八条 建设和完善农村防雷设施。县级以上气象主管机构应当制定农村防雷设施建设规划，报当地人民政府批准并组织实施。

第十九条 农村学校和雷击风险等级较高的村民集中居住区应当安装雷电防护装置，并列入农村社会公益事业建设计划。气象主管机构应当进行指导和检查。

第二十条 县级以上气象主管机构应当会同有关部门拟订本行政区域的雷电灾害应急预案，报本级人民政府批准。

第二十一条 雷电灾害发生后，当地人民政府应当立即启动雷电灾害应急预案。

气象主管机构应当及时组织进行雷电灾害调查、鉴定和评估，并将调查结果向当地人民政府和上级气象主管机构报告。遭受雷电灾害的单位和个人，应当配合气象主管机构做好雷电灾害的调查与鉴定工作。

第二十二条 县级以上气象主管机构应当遵循公开、公平、公正和高效、便民的原则，为管理相对人提供快捷、便利和优质的服务。

县级以上气象主管机构应当切实履行监督管理职责，加强对防雷工作的监督检查，保护当事人的合法权益，受理人民群众投诉，及时查处违法行为。

第二十三条 违反本条例规定，有下列行为之一的，由县级以上气象主管机构等责令改正，没收违法所得，处三千元以上一万元以下罚款；情节严重的，处一万元以上三万元以下罚款；给他人造成损失的，依法承担赔偿责任；构成犯罪的，依法追究刑事责任。具有第（一）项行为的，省气象主管机构等应当同时撤销行政许可决定：

（一）以欺骗、贿赂等不正当手段取得雷电防护装置检测资质的；

（二）涂改、倒卖、出租、出借雷电防护装置检测资质证书，或者以其他形式非法转让雷电防护装置检测资质证书的；

（三）应当安装雷电防护装置拒不安装的。

第二十四条 违反本条例规定，有下列行为之一的，由县级以上气象主管机构或者其他有关部门按照权限责令停止违法行为，处五万元以上十万元以下罚款；有违法所得的，没收违法所得；给他人造成损失的，依法承担赔偿责任；构成犯罪的，依法追究刑事责任：

（一）雷电防护装置设计未经审核或者审核不合格，擅自施工的；

（二）无资质或超越资质许可范围从事雷电防护装置检测的；

（三）雷电防护装置未经验收或者验收不合格，擅自投入使用的；

（四）在雷电防护装置设计、施工、检测中弄虚作假的。

第二十五条 违反本条例规定，雷电防护装置检测单位出具虚假检测报告的，由县级以上气象主管机构没收违法所得，可以并处违法所得二倍以上五倍以下罚款；情节严重的，责令停业整顿直至吊销资质证书；构成犯罪的，依法追究刑事责任。

第二十六条 气象主管机构、人民政府有关部门及其工作人员在防雷工作中有下列行为之一的，对直接负责的主管人员和其他直接责任人员给予行政处分；构成犯罪的，依法追究刑事责任：

（一）违法发放雷电防护装置检测、防雷工程专业设计、施工资质证书的；

（二）违反国家规定的程序和技术规范对雷电防护装置设计进行审核或者对雷电防护装置进行竣工验收的；

（三）指定防雷专业技术服务单位或者防雷产品的；

（四）其他徇私舞弊、玩忽职守、滥用职权的行为。

第二十七条 本条例所称雷电防护装置，是指接闪器、引下线、接地装置、电涌保护器及其他连接导体的总称。

第二十八条 本条例自 2009 年 3 月 1 日起施行。

中山市防御雷电灾害管理规定

(2023 年 4 月 10 日中山市人民政府令第 23 号公布，2023 年 4 月 4 日中山市人民政府第十六届 45 次常务会议审议通过，自 2023 年 6 月 1 日起施行)

第一章 总 则

第一条 为了加强雷电灾害的防御，规范雷电灾害管理，保障人民生命财产安全，根据《中华人民共和国气象法》《中华人民共和国安全生产法》《中华人民共和国产品质量法》《气象灾害防御条例》《建设工程质量管理条例》《广东省气象灾害防御条例》等有关法律、法规，结合本市实际，制定本规定。

第二条 本规定适用于本市行政区域内防御雷电灾害活动。

第三条 防御雷电灾害工作坚持以人为本、科学防御、统筹协调、部门联动、社会参与的原则。

第四条 市人民政府组织领导全市防御雷电灾害工作，将防御雷电灾害工作纳入公共安全监督管理体系、国民经济和社会发展规划，将防御雷电灾害工作经费列入财政预算。

镇人民政府(管理委员会、街道办事处)应当按照规定做好防御雷电灾害工作。

第五条 市气象主管机构负责统筹协调、指导监督本行政区域内的防御雷电灾害工作，组织做好雷电监测和预报预警、雷电易发区域划定、雷电灾害风险评估、雷电灾害调查鉴定、雷电防护装置检测管理等工作，并可以根据雷电易发程度等因素，采用分片区管理的方式。

市住房城乡建设、交通运输、水务、电力等有关部门负责本部门管理范围内建设工程的防御雷电灾害工作。

市应急管理、消防救援、自然资源、市场监管、工业和信息化、农业农村、文化广电旅游、教育等有关部门，按照职责做好防御雷电灾害管理相关工作。

第六条 市气象主管机构及其他负有防御雷电灾害管理职责的部门应当利用各类传播媒介向社会宣传普及防御雷电灾害法律法规和科学知识，提高社会公众防雷减灾意识和能力。

镇人民政府（管理委员会、街道办事处）应当配合做好防御雷电灾害宣传教育工作。

市教育行政部门应当督促学校将防御雷电灾害知识纳入有关课程或者课外教育内容，培养和提高学生雷电灾害防范意识和自救互救能力。

第七条 鼓励防御雷电灾害技术研究与开发，推广应用先进的防御雷电灾害技术和设施设备。

市气象主管机构及其他负有防御雷电灾害管理职责的部门，应当结合职能落实并推动完善防御雷电灾害技术标准。

鼓励有条件的单位建设雷电科学实验场所，开展防御雷电灾害新技术、新标准的研究。

第八条 防御雷电灾害行业协会应当加强行业自律，规范行业行为，提高行业技术能力和服务水平。

鼓励防御雷电灾害行业协会推动防御雷电灾害团体标准建设，提供信息、培训等服务，开展雷电防护装置施工、检测服务满意度评价。

鼓励和支持防御雷电灾害行业协会加强行业信用建设，依法开展行业守信激励和失信惩戒。

第九条 公民、法人和其他组织应当依法配合并参与防御雷电灾害活动，根据雷电灾害预警信息和实际情况，及时做好应急准备，按照防御指引或者标准规范采取相应的应急措施，依法服从有关部门的应急指挥，开展自救互救。

第二章 风险预防与监测预警

第十条 市气象主管机构应当根据本行政区域的地形、地质、地貌及雷电活动情况等因素，划定雷电易发区域及其防范等级，并向社会公布。

第十一条 市气象主管机构应当会同其他负有防御雷电灾害管理职责的部门以及镇人民政府（管理委员会、街道办事处）编制市域和片区气象灾害防御规划，将雷电灾害防御规划作为重要组成部分。

雷电灾害防御规划应当包含雷电灾害状况分析、雷电灾害重点防御区、雷电灾害防御原则目标、主要任务、防御设施建设和保障措施等内容。

雷电灾害防御规划涉及的乡村地区学校、候车亭、文化体育场馆等公共场所以及雷电灾害风险等级较高的村民集中居住区和大型连片种养殖区雷电防护装置、雷电灾害预警设施的建设和维护，应当与乡村社会公益事业建设相衔接。

第十二条 市气象主管机构应当会同其他负有防御雷电灾害管理职责的部门，拟定雷电灾害防御重点单位名录并组织专家评审，报市人民政府确定后向社会公布。

雷电灾害防御重点单位名录应当每两年更新一次。不再符合重点单位条件的，应当及时移出名录。

市气象主管机构应当组织收集雷电灾害防御重点单位名称、地址、责任人、管理制度、应急预案、雷电防护装置检测情况、灾害情况等信息，其他负有防御雷电灾害管理职责的部门应当予以配合。

市气象主管机构应当建立信息共享机制，与雷电灾害防御重点单位之间实现预报预警信息、灾情信息等互联互通。

第十三条 雷电灾害防御重点单位应当按照规定履行下列义务：

（一）建立健全本单位防雷安全风险控制、隐患排查治理、应急管理等制度以及雷电灾害安全事故应急预案；

（二）建立雷电防护装置定期检测和日常维护档案；

（三）雷电灾害防御重点单位是生产经营单位的，应当按照《中华人民共和国安全生产法》有关规定设置安全生产管理机构或者配备专职、兼职安全生产管理人，履行雷电灾害安全管理职责和义务；

（四）其他雷电灾害防御重点单位应当确定雷电灾害应急管理人，组织实施本单位雷电灾害应急管理工作和应急演练；

（五）化工和危险化学品经营单位应当将使用雷电灾害预警信息系统接收预警信息的内容纳入防雷安全风险控制制度。

第十四条 按照《广东省防御雷电灾害管理规定》第十一条规定需要进行建设项目雷电灾害风险评估的，应当在项目设计前完成雷电灾害风险评估，并将雷电灾害风险评估结果作为建设工程防雷设计的依据。

在已经开展工程建设项目区域雷电灾害风险评估的区域内，符合条件的工程建设项目不再单独进行雷电灾害风险评估。工程建设项目区域雷电灾害风险评估由承担区域管理职责的机构或者市人民政府指定的部门组织实施。

第十五条 市气象主管机构应当按照合理布局、信息共享、有效利用的原则建设雷电监测网，完善雷电监测和预警系统，确保监测和预警系统的正常运行。

市气象主管机构所属的气象台站应当加强对雷电灾害性天气的监测，及时向社会发布雷电灾害性天气警报、预警信号。其他组织和个人不得向社会公众发布雷电灾害性天气警报和预警信号；不得向公众传播非气象主管机构所属气象台站提供的雷电灾害性天气警报和预警信号。

第十六条 市气象主管机构及其他负有防御雷电灾害管理职责的部门，应当协调保险行业加强探索实施符合本地特点的雷电灾害险种、保险机制和模式。

鼓励为以下工程建设项目和场所购买雷电灾害保险，减少雷电灾害造成的损失：

（一）大型或者重点工程建设项目；

（二）爆炸和火灾危险环境、人员密集场所；

（三）乡村地区的学校、候车亭、文化体育场馆等公共场所；

（四）雷电灾害风险等级较高的村民集中居住区和大型连片种养殖区。

第三章 雷电防护装置

第十七条 新建、改建、扩建建（构）筑物、场所和设施应当按照国家、行业和地方有关防雷标准和规定安装雷电防护装置，并与主体工程同时设计、同时施工、同时投入使用。

市气象主管机构应当会同其他负有防御雷电灾害管理职责的部门，对已有建（构）筑物、场所和设施应当按照国家、行业和地方有关防雷标准和规定配建雷电防护装置的紧急情况进行梳理，制定工作规划，明确工作目标内容、职责分工、时序要求、经费来源安排，逐步推动已有建（构）筑物、场所和设施配建雷电防护装置。

第十八条 新建、改建、扩建建设工程设计单位，应当在编制项目设计文件时，同步编制雷电防护装置的设计文件，执行建设工程强制性标准。

建设工程施工单位应当按照通过审查的设计文件和施工技术标准进行施工。

建设工程监理单位应当根据施工进度对雷电防护装置施工质量实施监理。

建设工程建设单位、施工单位应当依法进行建设工程分项检验、检测；涉及隐蔽工程的，在工程隐蔽前，应当依法进行相应的检验、检测。

第十九条 新建、改建、扩建建设工程的雷电防护装置的建设、设计、施工、监理、检测机构，按照规定承担建设工程雷电防护装置质量安全相应责任。

第二十条 已安装雷电防护装置的建(构)筑物、场所和设施，其产权人、管理人应当做好雷电防护装置的日常管理工作，并委托具有相应资质的雷电防护装置检测机构进行定期检测，根据检测结果对雷电防护装置进行维修保养或者更换。

已有建(构)筑物、场所和设施按照国家、行业和地方有关防雷标准和规定配建的雷电防护装置应当每年检测一次；爆炸和火灾危险环境场所的雷电防护装置应当每半年检测一次。鼓励采用新技术对雷电防护装置的工作状态和有效性进行在线实时监测。

物业服务经营单位应当按照物业服务合同对物业服务区域内的雷电防护装置进行管理和委托检测。物业服务合同未约定雷电防护装置管理内容或者约定不明确的，产权人可以与物业服务经营单位补充约定。

第二十一条 雷电防护装置检测机构应当按照国家有关标准和规范对雷电防护装置进行检测，出具检测意见或者检测报告，并对检测意见和检测报告的真实性负责。

第四章　监督管理

第二十二条　市气象主管机构负责下列工程、场所、设施的雷电防护装置的设计审核和竣工验收管理：

（一）油库、气库、弹药库、化学品仓库和烟花爆竹生产储存、石化生产储存等易燃易爆建设工程和场所；

（二）需要单独安装雷电防护装置的雷电易发区内矿区、旅游景点或者投入使用的建（构）筑物、设施；

（三）雷电风险高且没有防雷标准规范、需要进行特殊论证的大型项目。

前款规定的建设工程，雷电防护装置设计未经审核或者审核不合格的，不得施工；雷电防护装置未经竣工验收或者验收不合格的，不得交付使用。

第二十三条　房屋建筑、市政基础设施、公路、水路、铁路、民航、水利、电力、核电、通信等建设工程，依法将雷电防护装置设计审核和竣工验收纳入相应领域建设工程统一管理范围。

前款规定的建设工程，应当严格执行先勘察、后设计、再施工的原则；施工图设计文件未经审查批准的，不得使用；建设工程经验收合格的，方可交付使用。

第二十四条　市气象主管机构及其他负有防御雷电灾害管理职责的部门应当按照下列分工，依法做好防雷安全管理工作：

（一）市气象主管机构负责由其进行设计审核和竣工验收管理后投入使用的雷电防护装置的安全监管；

（二）市住房城乡建设、交通运输、水务、电力等部门负责对本领域投入使用的雷电防护装置的安全监管；

（三）市市场监督管理部门应当依据监督检查计划、投诉举报信息、有关部门移送信息或者其他管理规定，对属于《中华人民共和国产品质量法》规定范围内的防雷产品实施质量监督管理；

（四）大型或者重点工程建设项目、爆炸和火灾危险环境、人员密集等场所的安全监管部门应当指导、督促上述单位或者场所的所有人、管理人，做好雷电防护装置配建、维护保养和定期检测工作。

第二十五条 市气象主管机构及其他负有防御雷电灾害管理职责的部门，应当将防雷安全工作纳入本行业安全生产综合监督、执法检查范畴，根据防御雷电灾害工作情况，制订年度监督检查计划，监督建设工程设计、施工、监理单位以及检测机构、建设单位、业主单位履行防雷工程质量安全义务。

市气象主管机构应当会同市住房城乡建设、交通运输、水务、电力等有关部门建立协同监管和联合执法机制，定期组织防御雷电安全联合执法检查。

第二十六条 市气象主管机构应当建立雷电防护装置检测行业管理制度，加强对雷电防护装置检测活动的全面监管。

市气象主管机构应当建立雷电防护装置检测机构从业信息档案，将在本行政区域内从事雷电防护装置检测活动的机构的名称、资质等级、主要技术人员信息、检测活动和监督管理等信息纳入从业信息档案，依法开展行业信用评价。雷电防护装置检测从业信用信息和信用评价情况，应当按照信用管理规定实现共享，并依法向社会公开。

第二十七条 市气象主管机构应当建立本市防雷安全信息化管理系统或者依托省级管理系统，推动上下级防雷安全监管信息互通，联网管控，建立对建设工程防雷管理、重点单位分级分类监管、检测机构行业管理以及日常执法的统一平台。

行政管理部门在实施行政许可、行政处罚或者监督检查等防雷管理工作中获得的政务数据应当共享；有关部门可以通过政务数据共享获得的资料、信息，不得要求公民、法人和其他组织重复提供。

第二十八条 雷电灾害发生后，市气象主管机构应当会同有关部门组织开展灾害调查鉴定工作，按照实事求是、尊重科学的原则，及时、准确作出调查结论，分析雷电灾害原因，提出整改措施和处理意见。

有关单位和个人应当协助开展雷电灾害的调查鉴定工作，不得干扰、阻挠对雷电灾害的调查处理。

第五章 法律责任

第二十九条 市气象主管机构，防御雷电灾害管理相关部门、机构及其工作人员违反规定，未依法履行职责的，由上级机关责令改正；情节严重的，对直接负责的主管人员和其他直接责任人员依法给予处分；构成犯罪的，依法追究刑事责任。

第三十条 公民、法人和其他组织违反防御雷电灾害管理规定的行为，由相关部门依照有关法律、法规、规章的规定予以处理处罚。

第六章 附 则

第三十一条 本规定所称雷电防护装置，是指用于防护直击雷的外部装置，以及用于减小和防止雷电流所产生电磁效应的内部装置所构成的设施和系统。外部装置由接闪器、引下线和接地装置等组成；内部装置由电位连接、共用接地装置、屏蔽、合理布线、浪涌保护器等组成。

第三十二条 本规定自 2023 年 6 月 1 日起施行。《中山市建筑物防雷设施管理办法》(中府〔1996〕69 号)同时废止。

肇庆市防御雷电灾害管理办法

（2023 年 1 月 18 日肇庆市人民政府令第 15 号公布，2022 年 11 月 30 日十四届肇庆市人民政府第 30 次常务会议通过，自 2023 年 3 月 1 日起施行）

第一章　总　则

第一条　为了加强雷电灾害的防御，避免、减轻雷电灾害造成的损失，保障人民生命财产安全，根据《中华人民共和国气象法》《气象灾害防御条例》《广东省防御雷电灾害管理规定》等有关法律法规，结合本市实际，制定本办法。

第二条　本办法适用于本市行政区域内从事防御雷电灾害的活动。

第三条　防御雷电灾害工作坚持以人为本、安全第一、预防为主、防治结合的原则，实行政府主导、部门联动、分级负责的工作机制。

第四条　市、县级人民政府应当加强防御雷电灾害工作的组织领导，建立健全协调机制，将防御雷电灾害工作纳入公共安全监督管理范围，逐步加大对防御雷电灾害工作的投入。

乡镇人民政府（街道办事处）在市、县级人民政府统筹协调下，协助做好本辖区防御雷电灾害工作。

第五条 市、县级气象主管机构负责管理、指导和监督本行政区域内的防御雷电灾害工作,组织做好雷电监测和预报预警、雷电易发区域划定、雷电灾害风险评估、雷电灾害调查鉴定、雷电防护装置检测管理等工作。

市、县级住房城乡建设、交通运输、水利、农业农村、应急管理、工业和信息化、教育、文化广电旅游体育、城市管理和综合执法、电力、通信等部门,应当在各自的职责范围内做好防御雷电灾害工作。

第六条 鼓励和支持建立防御雷电灾害行业协会,推动防御雷电灾害行业协会在服务企业发展、制定相关标准、提供信息及培训服务等方面发挥作用。

防御雷电灾害行业协会应当加强行业自律,规范从业行为,提高行业技术能力和服务水平,促进防御雷电灾害市场健康有序发展。

第七条 各级人民政府应当加强农村地区防御雷电灾害工作,完善农村地区防御雷电灾害基础设施建设,将雷电防护装置的安装和维护列入农村社会公益事业建设计划。

第八条 各级人民政府和有关部门应当采取多种形式,广泛宣传防御雷电灾害法律法规和科普知识,增强社会公众防御雷电灾害意识,提高自救互救能力。

村(居)民委员会应当在气象主管机构和有关部门的指导下开展防御雷电灾害科普知识宣传,提高村(居)民科学防御雷电灾害认识和自救互救能力。

机关、企事业单位和群众性团体组织应当结合实际,开展防御雷电灾害科普知识宣传及应急演练,提高应急处置能力。

学校应当把防御雷电灾害知识纳入安全教育课程,培养和提高学生的防范意识和自救互救能力。教育、气象等部门应当进行指导和监督。

第二章　风险预防与监测预警

第九条　市、县级气象主管机构应当根据本行政区域内雷电灾害发生频次、分布情况和灾害风险评估等因素，划定雷电易发区域及其防范等级，制定防范指引，并向社会公布。

第十条　下列建设项目应当在初步设计阶段同步开展雷电灾害风险评估，以确保公共安全：

（一）本行政区域内确定的重点工程；

（二）大型的公共建筑、居住建筑、公路、铁路、桥梁、发电工程、生活垃圾焚烧（含热能利用）工程等建设工程（大型建设工程划分标准依照国家住房城乡建设部门的相关规定执行）；

（三）生产、加工、储存、运输石油化工、燃气、氢气、氧气、炸药、弹药、烟花爆竹等爆炸品、压缩气体、液化气体、易燃液体、易燃固体的爆炸和火灾危险环境场所；

（四）宾馆、饭店、商场、集贸市场、医院、养老院、学校、幼儿园、汽车站、火车站、民用机场、体育场馆、公共图书馆、公共展览馆、公共博物馆、宗教活动场所、旅游景区等人员密集场所。

第十一条　全市范围内的各类开发区、产业园区、产业集聚基地、新区及其他有条件区域应当开展工程建设项目区域雷电灾害风险评估，区域内符合雷电灾害风险评估成果适用条件的工程建设项目不再单独进行雷电灾害风险评估。若评估区域内出现重大规划调整，应当重新进行评估。

区域雷电灾害风险评估工作由承担区域管理职责的机构或市、县级人民政府指定的部门负责组织实施。

第十二条　雷电灾害风险评估报告应当使用气象主管机构所属气象台站按规定提供的气象资料，评估方法和报告内容应当符合国家及气象行业相关标准。

第十三条 负责规划或者建设项目审批、核准的部门在编制规划和审批、核准建设项目时应当统筹考虑雷电灾害的风险性，将雷电灾害风险评估报告作为雷电灾害风险防范的参考依据，并征求同级气象主管机构的意见。

建设单位应当根据雷电灾害风险评估报告进行雷电防护装置设计或修改雷电防护装置设计方案，并在雷电防护装置施工阶段以及投入使用后运用评估成果，最大限度降低雷电灾害风险。

第十四条 鼓励和支持相关部门与保险行业加强合作，探索符合本地特点的雷电灾害保险险种、机制和模式。

鼓励大型建设工程、重点工程、爆炸和火灾危险环境、人员密集场所等项目购买雷电灾害保险，减少雷电灾害造成的损失。

遭受雷电灾害的单位和个人因保险理赔需要出具气象灾害证明的，灾害发生地的气象主管机构所属的服务部门应当及时免费为其出具。

第十五条 各级人民政府应当按照有关规定，结合本行政区域防御雷电灾害的需要，加强雷电监测网建设。

市、县级气象主管机构应当完善雷电灾害性天气监测和短时临近预警业务系统，确保监测和预警系统的正常运行。

市、县级气象主管机构所属气象台站应当加强对雷电灾害性天气的监测和预报，及时通过突发事件预警信息发布中心向社会发布雷电灾害性天气预警信息，其他单位或者个人不得以任何形式向社会发布。

第十六条 市、县级人民政府应当组织气象主管机构等有关部门在城乡显著位置、交通枢纽、公共活动场所、户外旅游景点、重点工程所在地、防灾避难场所以及雷电灾害易发区域设立明显的雷电防护警示标识。

第十七条 雷电灾害性天气发生时，当地人民政府有关部门应当按照各自职责和相关应急预案的规定，开展应急处置。

公民、法人和其他组织应当根据雷电灾害性天气预警信息及时做好应急准备，服从有关部门的指挥，按照防御指引或者标准规范采取相应的应急措施，开展自救互救。

市、县级气象主管机构所属气象台站应当通过短信、气象电子显示屏、乡村预警大喇叭等途径及时向农村地区发布雷电灾害性天气预警信息。乡镇人民政府、村（居）民委员会收到雷电灾害性天气预警信息后，应当通过有效途径及时向农村地区公众传播，并按照防御指引或者标准规范组织公众采取相应的应急措施。

第十八条 大型群众性活动的承办者应当将雷电灾害性天气影响因素纳入处置突发事件应急预案，并根据雷电灾害性天气预报预警信息调整活动时间、活动方案或者按照应急预案采取相应的应急处置措施。

第三章 雷电防护装置

第十九条 下列场所或者设施应当安装符合国家有关雷电防护标准的雷电防护装置：

（一）国家《建筑物防雷设计规范》规定的一、二、三类防雷建筑物；

（二）生产、加工、储存、运输石油化工、燃气、氢气、氧气、炸药、弹药、烟花爆竹等爆炸品、压缩气体、液化气体、易燃液体、易燃固体的场所和设施；

（三）交通运输、广播电视、医疗卫生、金融证券、电力、通信等社会公共服务系统的主要设施及其建筑物的电子信息系统；

（四）宾馆、饭店、商场、集贸市场、医院、养老院、学校、幼儿园、汽车站、火车站、民用机场、体育场馆、公共图书馆、公共展览馆、公共博物馆、宗教活动场所、旅游景区和露天的大型游乐设施等公共服务设施和人员密集场所；

（五）重点文物保护建筑物；

（六）农村地区的学校、候车亭、文化体育场馆、防灾避难场所等公共场所以及雷电灾害风险等级较高的村民集中居住区和种养殖区；

（七）其他法律、法规规定应当安装雷电防护装置的场所或者设施。

第二十条 新建、改建、扩建建（构）筑物、场所和设施的雷电防护装置应当与主体工程同时设计、同时施工、同时投入使用。

第二十一条 新建、改建、扩建建设工程雷电防护装置的设计、施工，可以由取得相应建设、公路、水路、铁路、民航、水利、电力、核电、通信等专业工程设计、施工资质的单位承担。

第二十二条 从事雷电防护装置检测的单位应当依法取得气象主管机构颁发的资质证，并按照资质等级承担相应的雷电防护装置检测工作，禁止无雷电防护装置检测资质的单位从事雷电防护装置检测工作。

第二十三条 新建、改建、扩建建设工程的雷电防护装置建设、设计、施工、监理、检测单位，按照相应职责承担建设工程雷电防护装置的质量安全责任。

建设工程设计单位应当在编制项目设计文件时，同步编制雷电防护装置的设计文件，执行工程建设强制性标准，并对建设项目雷电防护装置设计全面负责。

雷电防护装置设计技术评价机构应当遵守国家有关标准、规范和规程，出具雷电防护装置设计技术评价报告，并对技术评价报告负责。

雷电防护装置施工单位应当按照通过审查、核准的设计文件和施工技术标准进行施工。隐蔽工程在隐蔽前，施工单位应当通知监理单位和雷电防护装置检测单位共同进行验收。

建设工程监理单位应当根据施工进度对雷电防护装置施工质

量实施监理，并对施工质量承担监理责任。

雷电防护装置检测单位应当按照国家有关标准和规范，根据施工进度进行分项检测，出具检测意见，并对检测数据的真实性负责，分项检测意见应当作为竣工检测报告必要的技术支撑材料。

第二十四条 建设工程项目的雷电防护装置竣工后，应当经雷电防护装置检测单位检测合格。

雷电防护装置检测单位出具的分项检测意见和竣工检测报告作为雷电防护装置工程竣工验收的技术依据，归入建设工程竣工验收文件档案。

第二十五条 投入使用后的雷电防护装置实行定期检测制度。雷电防护装置应当每年检测一次，爆炸和火灾危险场所的雷电防护装置应当每半年检测一次。

第二十六条 已安装雷电防护装置的单位或者个人应当做好雷电防护装置的日常维护工作，并主动委托有相应资质的雷电防护装置检测单位进行定期检测；雷电防护装置作为公共安全设施，有物业服务人的，物业服务人应当按照物业服务合同的约定对物业服务区域内的雷电防护装置进行维护管理和委托检测。

雷电防护装置检测不合格的，检测单位应当提出整改意见，委托检测的单位或者个人应当根据整改意见及时整改。

第二十七条 雷电防护装置检测单位对检测合格的雷电防护装置，应当出具符合省气象主管机构规定样式的检测报告，并通过省气象主管机构检测信息化监管平台获取检测报告对应的检测标识。

市、县级有关部门在防御雷电灾害的行政许可、备案以及监督检查等工作中，应当查验相关的雷电防护装置检测报告是否具有气象主管机构规定的检测标识。

第四章　监督管理

第二十八条　市、县级气象主管机构负责下列建设工程、场所和大型项目的雷电防护装置的设计审核和竣工验收：

（一）油库、气库、弹药库、化学品仓库和烟花爆竹、石化等易燃易爆建设工程和场所；

（二）雷电易发区内的矿区、旅游景点或者投入使用的建（构）筑物、设施等需要单独安装雷电防护装置的场所；

（三）雷电风险高且没有防雷标准规范、需要进行特殊论证的大型项目。

雷电防护装置未经设计审核或者设计审核不合格的，不得施工。雷电防护装置未经竣工验收或者竣工验收不合格的，不得交付使用。

第二十九条　房屋建筑工程和市政基础设施工程雷电防护装置设计审核、竣工验收许可，纳入建筑工程施工图审查、竣工验收备案，由住房城乡建设部门监管。

房屋建筑工程和市政基础设施工程中含有油库、气库、弹药库、化学品仓库、烟花爆竹、石化等易燃易爆附属工程的，其主体工程纳入建筑工程施工图审查、竣工验收备案管理，其易燃易爆附属工程雷电防护装置的设计审核和竣工验收许可由气象主管机构负责。

公路、水路、铁路、民航、水利、电力、核电、通信等建设工程的主管部门，负责相应领域内建设工程的防御雷电灾害管理。

第三十条　市、县级气象主管机构负责对由其设计审核和竣工验收后投入使用的雷电防护装置实施安全监管；住房城乡建设、交通运输、水利、电力、通信等部门负责对本领域投入使用的雷电防护装置实施安全监管。

第三十一条　市、县级气象主管机构和住房城乡建设、交通运输、水利、电力、通信等部门应当建立信息共享和协同监管机制，及时共享雷电防护装置的施工、检测、竣工验收等信息，加强对雷电防护装置检测活动的监督管理。

第三十二条　雷电防护装置检测单位开展检测活动中不得有下列行为和情形：

（一）与检测项目的设计、施工单位以及所使用的防雷产品生产、销售单位有隶属关系或者其他利害关系；

（二）使用不符合条件的雷电防护装置检测人员；

（三）伪造、涂改、出租、出借、挂靠、转让雷电防护装置检测资质证；

（四）向监督检查机构隐瞒有关情况、提供虚假材料或者拒绝提供反映其活动情况的真实材料；

（五）转包或者违法分包雷电防护装置检测项目；

（六）无资质或者超越资质许可范围从事雷电防护装置检测；

（七）在雷电防护装置检测中弄虚作假；

（八）其他违反法律、法规及规章的行为。

雷电防护装置检测单位及其工作人员应当配合相关职能部门的监督检查工作，如实提供有关资料，不得拒绝、阻碍检查。

第三十三条　市、县级气象主管机构应当加强对雷电防护装置检测活动的质量监管，建立检测质量检查制度，定期开展检测质量检查，及时将检查结果向社会公布。

第三十四条　市气象主管机构应当将本行政区域内从事雷电防护装置检测活动的单位的名称、资质等级、主要技术人员信息、检测活动、检测质量检查结果和监督管理等信息纳入从业信息档案，建立雷电防护装置检测单位信用管理制度，按照国家规定向社会公示检测单位的行政许可、行政处罚及信用信息。

第三十五条　市、县级气象主管机构、住房城乡建设、交通运输、水利、农业农村、应急管理、工业和信息化、教育、文化广电旅游体育、城市管理和综合执法、电力、通信等部门，应当按照管行业必须管安全、管业务必须管安全、管生产经营必须管安全的要求，加强本行业防御雷电灾害工作的监督检查，督促行业相关单位落实防雷安全主体责任。

第三十六条 市、县级气象主管机构应当加强与相关行业部门的沟通协调和工作联动，强化气象为安全生产服务保障工作，加强重点行业领域防雷安全工作的联合监督检查，督促行业相关单位将防雷安全工作纳入安全生产责任制范围，预防雷电因素造成生产安全事故的发生。

第三十七条 遭受雷电灾害的单位和个人应当及时向当地气象主管机构报告灾情。气象主管机构应当会同其他有关部门组织人员开展雷电灾害调查和鉴定，提出整改措施和处理意见。雷电灾害的调查、鉴定情况按相关规定及时向同级人民政府和上级气象主管机构报告。

有关单位和个人应当协助气象主管机构和其他有关部门开展雷电灾害的调查鉴定工作，不得干扰、阻挠对雷电灾害的调查处理。

第五章　法律责任

第三十八条 各级人民政府、气象主管机构和其他有关部门及其工作人员违反本办法，未依法履行职责的，由上级机关责令改正；情节严重的，对直接负责的主管人员和其他直接责任人员依法给予处分；构成犯罪的，依法追究刑事责任。

第三十九条 违反本办法第十五条第三款的规定，擅自向社会发布雷电灾害性天气预报、预警信息的，由气象主管机构依据《气象灾害防御条例》责令改正，给予警告，可以处5万元以下的罚款；构成违反治安管理行为的，由公安机关依法给予处罚。

第四十条 违反本办法第二十六条的规定，已有雷电防护装置，拒绝进行检测或者经检测不合格又拒不整改的，由气象主管机构依据《防雷减灾管理办法》责令改正，给予警告，可以处1万元以上3万元以下罚款；给他人造成损失的，依法承担赔偿责任；构成犯罪的，依法追究刑事责任。

第四十一条 违反本办法的其他违法行为，法律、法规和规章已规定法律责任的，从其规定。

第六章 附 则

第四十二条 本办法下列用语的含义：

（一）防御雷电灾害的活动，是指防御和减轻雷电灾害的活动，包括雷电和雷电灾害的研究、监测、预警、风险评估、防护以及雷电灾害的调查、鉴定等；

（二）雷电防护装置，是指由接闪器、引下线、接地装置、电涌保护器及其连接导体等构成的，用以防御雷电灾害的设施或者系统；

（三）雷电灾害风险评估，是指根据雷电特性及其致灾机理，分析雷电对评估对象的影响，提出降低风险措施的评价和估算过程。

第四十三条 本办法自2023年3月1日起施行。

佛山市强对流天气灾害防御规定

（2023 年 2 月 12 日佛山市人民政府令第 20 号公布，2022 年 12 月 13 日十六届佛山市人民政府 32 次常务会议审议通过，自 2023 年 3 月 20 日起施行）

第一条　为了加强本市强对流天气灾害防御，避免、减轻强对流天气灾害造成的损失，保障人民生命和财产安全，根据《中华人民共和国气象法》《气象灾害防御条例》《广东省气象灾害防御条例》等有关法律、法规，结合本市实际，制定本规定。

第二条　本规定适用于本市行政区域内的强对流天气灾害防御活动。

本规定所称强对流天气灾害，是指雷电、雷雨大风、冰雹、龙卷风和短时强降雨等所造成的灾害。

第三条　强对流天气灾害防御遵循“以人为本、科学防御、统筹规划、社会参与”的原则，实行“政府主导、部门联动、分工合作、分级负责”的工作机制。

第四条　气象主管机构负责本行政区域内强对流等气象灾害的监测、预报预警以及防御指导等工作。

发展改革、教育、工业和信息化、公安、民政、自然资源、生态环境、住房城乡建设、交通运输、水利、农业农村、文广旅体、卫生健康、应急管理、城管执法、轨道交通、海事、供电、通信等部门和单位应当按照职责分工，共同做好强对流等气象灾害防御工作。

镇人民政府、街道办事处应当指定1名以上政府工作人员负责对接气象主管机构，协助气象主管机构开展本行政区域内的强对流等气象灾害防御工作。

第五条 市、区人民政府应当组织气象主管机构、发展改革、教育、工业和信息化、公安、自然资源、生态环境、住房城乡建设、交通运输、水利、农业农村、文广旅体、卫生健康、应急管理、政务服务数据管理、城管执法、轨道交通、水文、海事、供电、通信等部门和单位建立健全强对流等气象灾害信息共享机制，并通过市政务大数据平台实现数据归集和共享交换。

气象主管机构应当依法开放气象信息数据接口，通过市政务大数据平台整合、交换和共享实时气象信息。前款规定的部门和单位应当及时提供与强对流等气象灾害有关的水旱灾害、城乡积涝、环境污染、地质灾害、交通监控、农业灾害、森林火灾、电网故障等信息，以及对大气、水文、环境、生态等进行监测的信息和其他基础信息。

第六条 市、区人民政府应当组织气象主管机构、自然资源、住房城乡建设、交通运输、水利、农业农村、文广旅体、应急管理等有关部门划定气象灾害风险区划。气象灾害风险区划应当包含强对流天气灾害风险区划。

第七条 市气象主管机构应当结合强对流天气灾害风险管控、预报预警、应急处置等工作需求，建立健全强对流天气灾害防御专家库。专家库专家的主要工作内容包括：

（一）参与强对流天气灾害防御政策法规、相关规划、标准规范、应急预案的研究编制；

（二）参与强对流天气灾害防御重大问题专题调研；

（三）参与重特大强对流天气灾害调查鉴定；

（四）为强对流天气灾害防御相关行政执法工作提供支持；

（五）参与强对流天气防灾减灾培训工作；

（六）其他需要专家配合的事项。

气象主管机构应当不定期组织专家交流活动，通报气象领域发展动向，促进专家交流。

第八条 镇人民政府、街道办事处应当确定气象信息员并报当地气象主管机构备案，为气象信息员提供必要的工作条件。

鼓励村民委员会、居民委员会和气象灾害防御重点单位，以及学校、医院、旅游景区等其他人员密集场所的管理单位设置气象信息员；鼓励具有强对流天气灾害防御专业知识和公益服务经验的个人加入气象信息员队伍。

设置气象信息员的单位或者自愿加入气象信息员队伍的个人，应当向所在镇人民政府、街道办事处提供相关材料，统一由镇人民政府、街道办事处向当地气象主管机构备案。

第九条 气象主管机构应当统筹本行政区域内气象信息员、气象志愿者等队伍的培训工作，为有关部门和单位提供教学资源。

应急管理、民政等有关部门应当按照职责分工在应急管理培训、志愿者队伍建设等工作中，加入强对流等气象灾害防御培训内容，提高有关队伍预防、处置强对流天气灾害的能力。

第十条 气象主管机构应当利用世界气象日、全国防灾减灾日和安全生产月等活动，向社会宣传普及强对流等气象灾害防御知识，提高社会公众防御意识和防御能力。

教育部门应当督促中、小学校将强对流等气象灾害防御知识纳入教育内容，提高学生避险、避灾、自救、互救能力。

住房城乡建设、交通运输、水利、轨道交通等部门应当督促施工单位将强对流等气象灾害防御知识纳入工人安全培训，并将强对流等气象灾害防御纳入日常管理和应急演练。

应急管理部门应当将强对流等气象灾害防御知识纳入社区居民防灾减灾宣传内容，将强对流等气象灾害纳入应急救灾演练内容。

广播、电视、报纸、网络等新闻媒体应当无偿开展强对流等气象灾害防御知识的公益宣传。

第十一条 鼓励公民主动学习强对流天气灾害防御避险知识，关注灾害风险，增强灾害防御意识和自救互救能力。

鼓励并支持志愿者、社会组织参与强对流天气灾害防御知识宣传、灾害防御研究、应急演练等强对流天气灾害防御活动。

第十二条 鼓励保险机构开展强对流等气象灾害保险业务，鼓励公民、法人和其他组织通过保险等方式减少强对流天气灾害造成的损失。

气象主管机构应当为单位和个人提供保险所需的气象灾害证明材料。

第十三条 市、区人民政府应当根据强对流天气灾害防御的需要，加强下列气象监测设施建设：

（一）在强对流天气灾害易发区域、人口居住密集区、水系干流、内涝积滞点、地质灾害易发区域、饮用水水源保护区、石油化工区、高速公路、桥梁、城市主干道、交通枢纽、大型活动场所、学校、医院、玻璃栈道和滑道等旅游景区项目、林业监测站、农业园区等区域位置加密自动气象监测设备的布点；

（二）在强对流天气灾害易发区域加强天气雷达、大气垂直观测基础设施建设和移动应急监测设施建设。

镇人民政府、街道办事处，以及气象主管机构、应急管理、教育、卫生健康、文广旅体、自然资源、生态环境、交通运输、水利、农业农村等有关部门，应当按照职责分工配合做好气象监测设施建设和维护的具体实施工作。

第十四条 气象主管机构应当研究总结影响当地的天气系统规律，提高强对流天气预报、警报的准确率和时效性，实现预警信号空间分辨率精细到镇、街道。

镇人民政府、街道办事处和村民委员会、居民委员会应当将强对流等气象灾害预报预警信息传播统筹纳入基层网格化社会治理，确保传播对象有效覆盖留守老人、残障人士等弱势群体。

广播、电视、报纸、电信等媒体应当配合气象主管机构及时、准确传播强对流等灾害性天气警报和气象灾害预警信号。

气象台站发布重大灾害性天气警报、预警信息时，鼓励广播、电视等媒体采用连线直播、滚动播出等方式，及时通报重大灾害性天气的最新动向。

鼓励单位和个人准确、适时传播气象主管机构所属气象台站发布的预报预警信息。

第十五条 气象主管机构应当建立针对强对流天气灾害的靶向发布系统，及时向灾害高风险区域、高敏感行业、高危人群发布预报预警信息。

气象服务机构在确保公益性气象无偿服务的前提下，可以依法面向农业、国土、水利、城市安全、交通安全、电力、生态环境等气象灾害高敏感领域有偿开发预报预警服务产品。

第十六条 市气象主管机构应当与应急管理等部门建立气象灾害监测联动机制，提升气象灾害监测预警能力和应急响应能力。

气象台站发布强对流等灾害性天气警报和气象灾害预警信号后，气象主管机构应当加强对灾害性天气发生发展趋势的跟踪监测，应急管理部门应当加强对灾情发展和处置情况的动态监控，共同为本级人民政府组织防御强对流等气象灾害提供辅助决策。

第十七条 水利、交通运输、轨道交通、住房城乡建设或者政府指定的部门应当按照各自职责定期全面排查城市交通干道、低洼地带、桥梁道路涵洞、建筑工地等重点部位，建立内涝黑点台账，对易积涝的地区进行整治，及时疏通排水管网，确保排水畅通，并结合实际情况，在容易发生积涝的隧道、涵洞设置水位标尺等警示标志。

第十八条 城市轨道交通的建设、运营单位应当在气象灾害应急预案或者单位综合应急预案中明确强对流等气象灾害的应急处置决定权。

城市轨道交通、地下车库、地下商城、地下通道等地下空间的建设、运营单位应当健全短时强降雨天气发生时的应急管理机制，建立巡查或者值班值守制度，完善临灾转移工作机制，准备应急物资，并定期进行应急演练。

第十九条 有关部门和单位应当按照下列规定做好防风措施：

（一）住房城乡建设、交通运输、水利、轨道交通等部门应当加强在建工地防护措施的检查，督促施工单位加强工棚、施工围挡、脚手架、井架等设施和塔吊、龙门吊、升降机等机械、电器设备的安全防护，保障人员安全；

（二）城管执法和自然资源部门应当按照职责分工督促有关管理单位、业主加强户外广告和招牌的检查和加固；

（三）城管执法部门应当评估城市行道树稳固程度，及时加固易倒伏树木，并在行道树因风倒伏折断风险较高的路段两头设置警示标志或者警示文字提醒公众；

（四）城管执法部门新栽种树木时应当选择根系发达、抗风能力强的品种，交通运输部门应当按照城市绿化的要求预留足够深度和宽度的种植槽穴。

建筑物、构筑物和其他户外设施及其悬挂物、搁置物的所有人、管理人和使用人，日常应当采取加固措施，及时消除大风天气脱落、坠落、倒塌的安全隐患。

第二十条 有关部门、单位和个人应当按照下列规定做好雷电防护装置的安装和维护管理措施：

（一）建筑物、构筑物、场所和设施的雷电防护装置应当与主体工程同时设计、同时施工、同时投入使用；

（二）旅游景区的玻璃栈道、滑道等具有金属结构的户外游乐设施，应当按照国家、省有关标准和规定安装雷电防护装置；

（三）已安装雷电防护装置的单位或者个人应当做好雷电防护装置的日常维护工作，并委托有相应资质的雷电防护装置检测单位进行定期检测；有物业服务人的，物业服务人应当按照物业服务合同的约定对物业服务区域内的雷电防护装置进行维护和委托检测；住房城乡建设部门应当将雷电防护装置的维护、检测等内容纳入物业服务合同示范文本。

第二十一条 市、区人民政府应当组织气象主管机构、科学技术部门、科研院所、高校开展龙卷风发生机理、监测以及预报预警技术的研究，开展龙卷风科学试验，提升龙卷风监测预警水平和防灾减灾能力。

第二十二条 镇人民政府、街道办事处应当根据本行政区域内气象灾害防御重点区域情况，采取多种形式对本行政区域重点防御的强对流天气灾害种类、预警信号指引、应急避难场所位置、应急求助联系方式等内容进行宣传和提示。

第二十三条 自然资源部门应当做好地质灾害调查、监测和预报预警工作，进行地质灾害隐患日常排查，组织、指导有关部门在强对流天气多发期加强对旅游景区、林场、公园、非开放的自然保护区等区域的地质灾害隐患排查。

镇人民政府、街道办事处以及有关部门应当在易发生山洪、山体滑坡、泥石流、地面塌陷等地质灾害的区域设置安全防护设施和风险警示牌，组织人员在强对流天气多发期进行巡查或者安排专人值守，及时劝阻误入人员撤离。

第二十四条 大型群众性活动的承办者应当将强对流等气象灾害影响因素纳入应急预案，并根据强对流等气象灾害预报预警信息调整活动时间、活动方案或者采取相应的应急处置措施，确保活动安全。

客运索道、户外大型游乐设施的运营使用单位应当将强对流等气象灾害影响因素纳入应急预案，定期进行应急演练。

开展漂流、溯溪、徒步、攀岩、登山等户外项目和旅游景区、公园、游乐场等户外场所的经营管理者应当结合实际，科学制定和实施强对流天气灾害及其次生灾害的应对措施，完善紧急情况下暂停营业等应急处置机制。

第二十五条 气象台站发布强对流天气灾害相关预警信号或者警报后，有关部门、单位和个人应当按照下列规定做好防御措施：

（一）公共场所供用电设施产权和维护单位应当加强供用电设施的巡查监控，发现供用电安全隐患时，应当及时采取处置措施，必要时可以切断电源，防止发生漏电、触电事故；

（二）需要打开窨井盖应急排水的，排水设施维护运营单位应当安排专门人员进行现场安全管理，设置醒目警示标志，采取有效措施避免人员坠落、车辆陷落；

（三）机场、高速公路、港口码头、轨道交通、桥梁等经营管理单位应当及时采取措施，确保安全；交通运输、轨道交通等部门应当督促前述经营管理单位及时通过情报板等信息显示设施发出横风、降速等警示信息；

（四）旅游景区、公园、游乐场等户外场所的经营管理者应当及时向游客发出警示信息，适时关闭相关区域，停止营业，组织人员到室内应急避难场所或者坚固的钢筋混凝土建筑物内避险；

（五）客运索道、户外大型游乐设施的运营使用单位应当停止运行或者采取紧急措施保护乘客；

（六）充气式游乐设施的经营者应当严格执行相关安全规范，及时向游客发出警示信息，向游客提示相关风险，适时停止使用充气式游乐设施；

（七）户外人员应当按照《广东省气象灾害预警信号发布规定》的防御指引采取相应的防御措施，适时停止户外活动，及时到安全的场所暂避；

（八）龙卷风影响区域的个人应当远离防御能力差的简易建筑物、构筑物，就近寻找室内应急避难场所或者坚固的钢筋混凝土建筑物躲避。

第二十六条　上学时段遇雷雨大风橙色或者红色、冰雹橙色或者红色、暴雨橙色预警信号生效时，学生可以延迟上学。

放学时段遇雷雨大风橙色或者红色、冰雹橙色或者红色、暴雨橙色预警信号生效时，学校可以根据实际受影响情况采取延迟放学措施。

气象主管机构、教育部门应当共同研究和制定强对流天气等恶劣天气下学生延迟上学、学校延迟放学的措施。

第二十七条　市、区人民政府处置强对流天气灾害时，除依照国家、省的有关规定采取相应的紧急处置措施外，还可以根据需要采取下列措施：

（一）对容易导致灾害影响扩大的公共场所活动采取控制或者限制措施；

（二）组织具有特定专长的人员参加应急救援和处置工作；

（三）依法临时征用房屋、运输工具、通信设备和场地等；

（四）法律、法规规定的其他应急处置措施。

第二十八条　强对流等气象灾害应急处置工作结束后，当地人民政府应当组织气象、应急管理、自然资源、住房城乡建设、水利等有关部门进行灾害情况调查评估，制订恢复重建计划，并向上一级人民政府报告。

开展灾害情况调查评估时，公安、电力、通信等部门和单位应当配合提供灾害发生、发展和影响区域的治安监控影像、电力和通信设施中断服务或者受损情况、人员伤亡和财产损失等信息。前述相关区域内的单位和个人应当如实提供情况。

第二十九条　本规定自2023年3月20日起施行。

梅州市气象灾害防御规定

（2023 年 1 月 16 日梅州市人民政府令第 9 号公布，2023 年 1 月 5 日梅州市人民政府八届第 1 次常务会议审议通过，自 2023 年 3 月 1 日起施行）

第一章　总　则

第一条　为了加强气象灾害防御，避免、减轻气象灾害造成的损失，保障人民生命和财产安全，根据《中华人民共和国气象法》《气象灾害防御条例》《广东省气象灾害防御条例》等法律法规，结合本市实际，制定本规定。

第二条　本规定适用于本市行政区域内的气象灾害防御活动。

本规定所称气象灾害，是指台风、大风、龙卷风、暴雨、高温、干旱、雷电、大雾、灰霾、寒冷、道路结冰和冰雹等所造成的灾害。

第三条　市、县（市、区）人民政府应当加强对气象灾害防御工作的组织、领导和协调，建立健全气象灾害防御部门联动工作机制，将气象灾害防御工作纳入本级国民经济和社会发展规划，所需经费纳入本级财政预算。

镇人民政府、街道办事处应当建立健全气象灾害防御工作机制，协助各级气象主管机构、应急管理部门开展气象灾害防御知识宣传、信息传递、应急联络、应急处置、灾害报告和灾情调查等工作。

村(居)民委员会在气象主管机构和有关部门的指导下,做好气象灾害防御知识宣传和气象灾害应急演练等气象灾害防御工作。

第四条 市、县(市、区)气象主管机构负责本行政区域内灾害性天气的监测、预报、预警以及气候可行性论证、气象灾害风险评估、气象灾害防御重点单位评审、人工影响天气等气象灾害防御的管理、服务和监督工作,参与气象灾害应急处置。未设立气象主管机构的区,区人民政府应当指定有关部门配合市气象主管机构做好上述工作。

应急管理部门负责组织、指挥、协调气象灾害突发事件应急救援,统筹综合防灾减灾救灾工作。

发展改革、工业和信息化、教育、公安、民政、财政、自然资源、住房城乡建设、交通运输、水务、农业农村、林业、城市管理综合执法、人力资源社会保障、文化广电旅游、体育、卫生健康、海事、水文、电力、通信等有关部门和单位应当按照职责分工,共同做好气象灾害防御工作。

第五条 市、县(市、区)人民政府应当将气象灾害防御重点单位管理工作、防雷减灾工作以及人工影响天气工作纳入安全生产责任制考核,并将考核结果予以通报。

第六条 市、县(市、区)人民政府及其有关部门应当采取多种形式,向社会宣传普及气象灾害防御和救助知识,提高公众的防灾减灾意识和自救互救能力。

镇人民政府、街道办事处应当配合有关部门工作,在学校、社区、农村、企业和医院宣传普及气象灾害防御知识。

第七条 有关组织和个人应当按照气象灾害预警信号,采取防御措施,配合气象灾害防御工作,服从应急抢险救援指挥,开展防灾避险和自救互救。

对在气象灾害防御工作中做出突出贡献的组织和个人，按照国家有关规定给予表彰和奖励。

第二章　预　防

第八条　市、县(市、区)人民政府应当组织气象主管机构和有关部门定期开展气象灾害普查，建设气象灾害大数据和灾害管理综合信息系统，定期更新并分析相关的信息数据；根据气象灾害分布情况、易发区域、主要致灾因子和气象灾害风险评估结果，划定气象灾害风险区域，确定气象灾害防御重点区域，建立气象灾害风险阈值库，并依法向社会公布气象灾害数据库、风险区划、防御重点区域和风险阈值等信息。

第九条　市、县(市、区)人民政府应当根据本级气象灾害防御规划和本行政区域的实际情况，组织气象主管机构和有关部门制定本级气象灾害应急预案，并报上一级人民政府、有关部门备案。有关部门和单位的应急预案应当与本级气象灾害应急预案相衔接。

气象灾害应急预案应当包括应急预案启动标准、应急组织指挥体系与职责、预防与预警机制、应急处置措施和保障措施等内容。

第十条　市、县(市、区)人民政府应当组织气象主管机构和有关部门确定气象灾害防御重点单位，向社会公布，指导重点单位制定应急预案，加强对气象灾害防御重点单位的监督检查。

气象灾害防御重点单位应当按照国家有关规定和标准，建立气象灾害风险防控机制，落实防风、防涝、防雷等气象灾害防御措施，对单位生产经营场所、设施设备及周边环境开展隐患排查，及时消除安全隐患。

鼓励非气象灾害防御重点单位根据实际情况制定气象灾害应急预案，开展气象灾害隐患排查和气象灾害应急演练等活动。

第十一条 编制国土空间规划、重点领域或者区域发展建设规划，以及重大建设工程、重大区域性经济开发项目和大型太阳能、风能等气候资源开发利用项目立项，有关部门应当统筹考虑气候可行性和气象灾害的风险性，避免和减轻气象灾害、气候变化的影响。

市气象主管机构根据有关规定和标准，会同市发展改革、自然资源、交通运输、水务等部门编制涉及安全的重大规划、重大建设工程气候可行性论证指引性评估目录，报市人民政府批准后公布实施。列入气候可行性论证指引性评估目录中的规划和建设项目，应当在可行性研究阶段一并开展气候可行性论证。

应当进行气候可行性论证的建设项目，属于审批制和核准制的，负责建设项目审批、核准的部门应当将专家评审通过的气候可行性论证报告纳入建设项目可行性研究报告的审查内容，统筹考虑气候可行性论证报告结论。属于备案制的，按照相关备案管理办法执行。

第十二条 下列建设项目应当依照国家和省有关规定开展雷电灾害风险评估：

（一）大型建设工程、重点工程；

（二）各类体育场馆、医院、学校、影剧院、商业综合体、宾馆、汽车站、火车站、公共博物馆、公共展览馆、公共图书馆、旅游景区、劳动密集型企业等人员密集场所；

（三）油库、气库、弹药库、化学品仓库和烟花爆竹、石化等爆炸和火灾危险环境场所。

第十三条 各类开发区、产业园区、新区及其他有条件的区域推行工程建设项目区域性气候可行性论证和雷电灾害风险评估，由区域管理机构组织实施。尚未成立管理机构的，由所在地市、县

(市、区)人民政府指定的单位组织实施。符合条件的工程建设项目不再单独进行雷电灾害风险评估。

第十四条 投入使用后的雷电防护装置实行定期检测制度。雷电防护装置应当每年检测一次,油库、气库、加油(加气)站、弹药库、化学品仓库、烟花爆竹、粉尘涉爆、燃气站场、阀室、燃气管道及其调压装置等爆炸和火灾危险环境场所的雷电防护装置应当每半年检测一次。

雷电防护装置检测单位应当执行国家有关标准和规范,出具的雷电防护装置检测报告必须全面真实可靠,并作出合格性判断的结论。市、县(市、区)气象主管机构负责组织开展辖区内从事雷电防护装置检测活动单位的监督管理和执法检查。

第十五条 油库、气库、弹药库、化学品仓库和烟花爆竹、石化等易燃易爆建设工程和场所,雷电易发区内的矿区、旅游景点或者投入使用的建(构)筑物、设施等需要单独安装雷电防护装置的场所,以及雷电风险高且没有防雷标准规范、需要进行特殊论证的大型项目,其雷电防护装置的设计审核和竣工验收由气象主管机构负责。房屋建筑、市政基础设施、公路、水路、铁路、民航、水务、电力、核电、通信等建设工程的主管部门,负责相应领域内建设工程的防御雷电灾害管理。

气象主管机构和住房城乡建设、交通运输、水务、电力、通信等部门应当建立对雷电防护装置检测活动的协同监管和联合执法机制。

第十六条 各级人民政府应当在气象灾害易发地段设立明显的警示牌,并根据气象灾害防御的需要,在易受气象灾害影响的学校、医院、车站、公用及客运码头、易燃易爆场所、危险化学品仓库、江河湖泊、交通干线、工(农)业园区、生态林区、旅游景区、风景名胜区、大型商场、广场、城市易涝点等区域或场所,设立预警信息接收和播发等设施,确保有关设施的正常运行。

各级人民政府及有关部门应当加强易受台风、暴雨等气象灾害影响区域的堤防、防护林、避风锚地、山塘、水库、紧急避难场所等防御设施建设，提高对台风、暴雨等气象灾害的应急处置能力。

第十七条 市、县(市、区)人民政府应当加强对人工影响天气工作的组织领导，建立统一协调标准的指挥和作业体系，建立完善人工影响天气联席会议制度，按照国家和省有关规定开展人工影响天气工作。

气象主管机构应当加强与发展改革、财政、工业和信息化、公安、自然资源、住房城乡建设、生态环境、交通运输、水务、农业农村、应急管理、林业等部门和飞行管制部门的协作配合，共同做好人工影响天气工作。

第十八条 市、县(市、区)人民政府应当鼓励和支持对气候变化的科学研究，构建温室气体监测网，提升温室气体监测与评估能力，服务保障碳达峰、碳中和目标实现。

第十九条 建立财政支持的气象灾害风险保险制度。鼓励单位和个人通过保险等方式减少气象灾害造成的损失。鼓励保险机构推出适合本市气象灾害特点的巨灾保险、政策性农业保险等气象指数保险险种，提高气象灾害救助和抗风险能力。

第三章　监测、预报和预警

第二十条 市、县(市、区)人民政府应当加强气象灾害监测工作的协调联动，根据气象灾害防御的需要，加强下列气象灾害综合监测设施建设，完善气象灾害监测体系：

(一)在气象灾害易发区域和气象灾害防御重点区域，加大气象灾害监测站(点)密度；

(二)在交通和通信干线、重要输电线路沿线、重要输油(气)设施、重要水利工程、重点经济开发区，以及山区、重点林区、矿区、旅游景区、人口居住密集区、水系干流、内涝积滞点、地质灾害易发区域、饮用水水源保护区等区域，加强气象监测设施建设；

（三）在粮食生产功能区、重要农产品生产保护区、特色农产品优势区等增设农业气象观测站，对农业气象灾害进行监测、预报预警。共建共享共用农业气象灾害大数据平台，提高农业气象灾害风险和影响研判能力。

第二十一条 市、县（市、区）气象主管机构应当提高区域数值天气预报模式释用能力。市、县（市、区）气象主管机构所属气象台站应当研究总结影响当地天气系统规律，提高灾害性天气预报的准确性和时效性。

第二十二条 本市实行灾害性天气风险预判通报制度。

台风、暴雨等灾害性天气可能对本市产生较大影响，但尚未达到气象灾害预警信号发布标准时，气象主管机构应当将风险预判信息提前向本级人民政府和有关部门通报。有关单位应当提前采取气象灾害防御措施，做好应急预案启动准备。

第二十三条 市、县（市、区）气象主管机构所属气象台站应当通过突发事件预警信息发布系统向社会统一发布气象灾害预警信号，及时向气象灾害防御有关部门以及气象灾害防御重点单位通报，并根据天气变化情况及时对所发布的气象灾害预警信号进行更新或者解除。其他组织和个人不得向社会发布气象灾害预警信号。

气象次生、衍生灾害的预报预警信息发布工作，可以由监测主管部门会同气象主管机构组织实施。

第二十四条 广播、电视、报纸、网络等媒体和通信运营单位应当准确、及时、无偿地播发或者刊登当地气象主管机构所属气象台站提供的灾害性天气警报、气象灾害预警信号，标明发布时间和发布的气象台站名称，并根据当地气象台站要求及时增播、插播或者刊登。

台风黄色、橙色、红色或者暴雨红色预警信号生效后，广播、电视应当不间断滚动播出预警信息、天气实况和防御指引等相关信息。通信运营商应当确保气象信息传递和救灾通信线路畅通，建立气象灾害预警信息快速播发的绿色通道，通过手机短信等方式向受灾区域内的手机用户发布气象灾害预警信息。

有关部门接收到当地气象台站发布的灾害性天气警报和气象灾害预警信号后，应当及时向本行业、本系统传播，并组织做好防御工作。

镇人民政府、街道办事处应当确定人员负责接收和传播气象灾害预警信息，对偏远地区人群，督促村(居)民委员会和有关单位采取高音喇叭、鸣锣吹哨、逐户告知等多种方式及时传播气象灾害预警信息。

学校、医院、企业、矿区、车站、机场、高速公路、旅游景点等场所的管理单位在收到当地气象台站发布的灾害性天气警报和气象灾害预警信号后，应当利用电子显示装置、广播等途径，及时向公众传播。

第二十五条 台风预警信号生效时，相关主管部门、单位和有关人员应当采取下列应对措施：

(一)住房城乡建设主管部门应当指导房屋建筑和市政基础设施工程的施工企业开展防风避险工作，监督检查建筑工地落实防风避险工作情况；发现施工设施存在安全隐患时，应当督促施工单位予以加固或者拆除；

(二)城市管理综合执法主管部门应当督促有关管理单位、业主加强户外广告和招牌的检查和加固；

(三)林业和园林绿化主管部门应当加强对树木、设施的排查，及时加固或者清除存在安全隐患的树木、设施等，督促市政公园及时暂停开放并做好已入园游客的安全防护工作；

(四)交通运输主管部门应当协调公路客运站场、公交站场等交通运输机构，适时调整或者取消车次，妥善安置滞留旅客，及时组织修复受灾中断的公路和相关交通设施；

（五）海事、渔业等主管部门应当督促船舶避风避险，督促水产养殖、水上作业人员撤离，并做好防御措施；

（六）教育、培训、托育、托管等主管部门应当密切关注台风最新消息和政府及有关部门发布的防御台风通知，并加强监督中小学校、幼儿园、培训、托育、托管机构落实台风防御工作；当发布台风黄色以上预警信号时，中小学校、幼儿园、托育机构应当停课，未启程上学的学生不必到校上课；上学、放学途中的学生应当就近到安全场所暂避或者在安全情况下回家；学校应当妥善安置在校（含校车上、寄宿）学生，在确保安全的情况下安排学生离校回家；

（七）水务主管部门应当督促水库、河道、堤防、涵闸、小水电等管理单位加强巡查，重点监视堤围险段、病险水库等重要部位，及时处置险情、灾情；

（八）公安、民政、文化广电旅游、体育、应急管理、卫生健康、生态环境、气象等有关部门和抢险单位应当加强值班，密切监视灾情，落实应对措施，做好应急抢险救灾工作；

（九）公众应当密切关注台风最新消息，根据气象灾害预警信号以及防御指引，减少或者停止户外活动；处于危险地带和危房中的人员应当及时撤离；台风橙色以上预警信号生效期间，旅游景区、公园、游乐场等应当停止营业，组织人员避险；

（十）台风红色预警信号生效期间，除必需在岗的工作人员外，用人单位应当根据工作地点、工作性质、防灾避灾需要等情况安排工作人员推迟上班、提前下班或者适时停工，并为在岗工作人员以及因天气原因滞留单位的工作人员提供安全的避风场所。

第二十六条　暴雨预警信号生效时，相关主管部门、单位和有关人员应当采取下列应对措施：

（一）排水主管部门应当指导企事业单位和居民做好防涝排涝

工作；

（二）住房城乡建设、城市管理综合执法、水务、公安、交通运输等主管部门应当按照各自职责对城市交通干道、低洼地带、桥梁道路涵洞、危旧房屋、建筑工地等经常出现积涝的地区及时疏通排水管网，确保排水畅通。水务部门应当督促水库、河道、堤防、涵闸、小水电等管理单位加强巡查，重点监视堤围险段、病险水库等重要部位，及时处置险情、灾情；

（三）山洪、地质灾害防治主管部门应当加强监测预警，防范因暴雨引发山洪、滑坡、泥石流等灾害，配合相关部门做好应急救援工作；

（四）教育、培训、托育、托管等主管部门应当密切关注暴雨最新消息和政府及有关部门发布的防御暴雨通知，加强监督中小学校、幼儿园、培训、托育、托管机构落实暴雨防御工作。当发布暴雨红色预警信号时，中小学校、幼儿园、托育机构应当停课，未启程上学的学生不必到校上课；上学、放学途中的学生应当在安全情况下回家或者就近到安全场所暂避；学校应当保障在校（含校车上、寄宿）学生的安全；

（五）公共场所供用电设施产权和维护单位应当对存在漏电风险的供用电设施加强巡查，避免因供用电设施绝缘破损、漏电保护配置不当等引发触电险情，紧急情况时可以切断电源，及时消除安全隐患。

第二十七条　高温预警信号生效时，相关主管部门、单位应当采取下列应对措施：

（一）供电、供水单位应当按照供电应急预案、供水应急预案，保障高温预警信号生效期间的生活用电、用水；

（二）高温预警信号生效期间，用人单位应当依照《广东省高温天气劳动保护办法》有关规定，合理安排工作时间，减少或者停止户外作业，做好防暑降温工作，保障劳动者身体健康和生命安全。

第二十八条　寒冷预警信号生效时，相关主管部门、单位应当采取下列应对措施：

（一）民政、应急管理等主管部门应当开放救助站和应急避难场所，做好困难人员以及流浪乞讨人员的防寒防冻措施；

（二）农业、林业和园林绿化等主管部门应当指导农业、畜牧业、渔业和林业等行业采取防寒措施，做好农作物、畜禽、水生动物和古树名木的防寒防冻工作；

（三）新闻媒体在播报寒冷预警信号时，应当提示公众做好防寒保暖措施。

第二十九条　大雾、灰霾预警信号生效时，相关主管部门、单位和有关人员应当采取下列应对措施：

（一）公安、交通运输、海事、渔业等主管部门应当加强车辆、船舶运行的科学调度和安全运行，必要时可以依法采取停运、停航等措施；

（二）公众应当根据大雾、灰霾预警信号以及防御指引减少户外活动，避免在交通干线等地方停留；呼吸疾病患者避免外出；中小学校、幼儿园、托育机构适时停止户外活动。

第三十条　雷雨大风预警信号生效时，相关主管部门、单位和有关人员应当采取下列应对措施：

（一）文化广电旅游、城市管理综合执法等主管部门要严密关注雷雨大风最新消息和有关防御通知，依法迅速组织公园、A级旅游景区、游乐场等户外场所发出警示信息，适时关闭相关区域，停止营业，组织人员避险；

（二）住房城乡建设、交通运输、水务等主管部门要加强在建工地防护措施的检查，督促施工单位加强工棚、脚手架、井架等设施和塔吊、龙门吊、升降机等机械、电器设备的安全防护，保障人员安全；

（三）交通运输主管部门要督促轨道交通、高速公路、港口码头等经营管理单位迅速采取措施，确保安全；

（四）公众应当关紧门窗，妥善安置室外搁置物和悬挂物，避免外出，远离户外广告牌、棚架、铁皮屋、板房等易被大风吹动的搭建物，切勿在树下、电杆下、塔吊下躲避，应当留在有雷电防护装置的安全场所暂避。遭受雷击的组织和个人应当及时向当地气象主管机构报告，并协助气象主管机构对雷电灾害进行调查与鉴定。

第三十一条 道路结冰预警信号生效时，相关主管部门、单位和有关人员应当采取下列应对措施：

（一）交通运输、公安主管部门要做好车辆行驶指挥和疏导工作。红色预警信号生效时，适时采取交通安全管制措施，必要时封闭结冰道路；

（二）车辆驾驶人员应当根据气象灾害防御信号采取防滑措施，保障行驶安全。

第三十二条 冰雹预警信号生效时，相关主管部门、单位和有关人员应当采取下列应对措施：

（一）农业农村主管部门应当通知养殖种植户提前做好防范措施，将家禽、牲畜等赶到带有顶蓬的安全场所；

（二）妥善安置易受冰雹影响的室外物品，户外人员应当到安全的场所暂避。

第三十三条 森林火险预警信号生效时，相关主管部门、单位和有关人员应当采取下列应对措施：

（一）林业主管部门和应急管理部门应当加强森林防火宣传教育；林业主管部门督促有关单位加强值班调度和巡山护林，落实各项防范措施，密切注意林火信息动态，及时消除森林火灾隐患；森林消防队伍做好扑火救灾充分准备工作；

（二）森林火险红色预警信号发布后，林业主管部门、应急管理部门应当提请县级以上人民政府发布命令，在森林高火险区内，禁止一切野外用火。

第四章　应急处置

第三十四条　市、县(市、区)人民政府以及有关部门应当根据灾害性天气警报、气象灾害预警信号和气象灾害应急预案启动标准，及时启动相应应急预案，并向社会公布。

气象灾害应急响应启动后，有关人民政府、部门和单位应当按照应急预案和各自职责做好应急处置工作。

第三十五条　市、县(市、区)人民政府根据气象灾害应急处置的需要，除依照《广东省气象灾害防御条例》有关规定采取相应的应急处置措施外，还可以依法采取下列应急处置措施：

(一)决定停产、停工、停课、停业、停运；

(二)组织具有特定专长的人员参加应急救援和处置工作；

(三)依法临时征用房屋场地、物资设备、运输工具等；

(四)法律、法规规定的其他应急处置措施。

被临时征用的房屋场地、物资设备、运输工具等使用后，应当返还被征用人，并给予适当补偿。

第三十六条　在可能发生直接威胁人身安全的洪水、内涝、台风、风暴潮和山体滑坡、泥石流等灾害，或者采取分洪、泄洪、蓄洪措施等紧急情况，需要组织人员转移避险的，有关区域的人民政府应当发布决定、命令，告知转移人员具体的转移地点和转移方式，并妥善安排被转移人员的基本生活；对经劝导或者警告后仍拒绝转移的，或者在紧急情况解除前，擅自返回原居住地点或者其他危险区域的，可以采取必要措施，以保障人员安全。

紧急情况解除后，发布决定、命令的人民政府应当及时通知被转移人员。

第三十七条　应急响应期间，气象灾害预警范围内的人民政府及有关部门应当及时将本地区、本部门的防御工作情况及险情、灾情向上级人民政府及有关部门报告。

第三十八条 气象灾害应急处置工作结束后，各级人民政府应当组织气象、应急管理、民政、自然资源、住房城乡建设、交通运输、水务、电力、通信等有关部门对气象灾害造成的损失开展调查、核实、评估工作，组织受灾地区尽快恢复生产、生活、工作和社会秩序，制订恢复重建计划，并向上一级人民政府报告。

气象灾害发生地的单位和个人应当向调查人员如实提供情况，不得隐瞒、谎报气象灾害情况。

第五章 法律责任

第三十九条 各级人民政府、气象主管机构和其他有关主管部门及其工作人员未依法履行气象灾害防御职责的，由有关机关责令改正；情节严重的，对直接负责的主管人员和其他直接责任人员依法给予处分；构成犯罪的，依法追究刑事责任。

第四十条 违反本规定的其他行为，有关法律法规已有处罚规定的，从其规定。

第六章 附 则

第四十一条 本规定自 2023 年 3 月 1 日起施行。

揭阳市气象灾害防御规定

（2022 年 12 月 21 日揭阳市人民政府令第 78 号公布，2022 年 12 月 12 日七届揭阳市人民政府第 29 次常务会议通过，自 2023 年 2 月 1 日起施行）

第一条 为了加强气象灾害防御，避免、减轻气象灾害造成的损失，保障人民生命和财产安全，根据《中华人民共和国气象法》《气象灾害防御条例》等有关法律、法规，结合本市实际，制定本规定。

第二条 本规定适用于本市行政区域内的气象灾害防御活动。

本规定所称气象灾害，是指台风、大风、龙卷风、暴雨、高温、干旱、雷电、大雾、灰霾、寒冷、道路结冰和冰雹等所造成的灾害。

第三条 市、县（市、区）人民政府应当加强对气象灾害防御工作的组织、领导、协调和考核，建立健全气象灾害防御部门联动、分级负责的工作机制，将气象灾害的防御纳入本级国民经济和社会发展规划，并将气象灾害防御工作经费纳入本级财政预算，加大气象灾害防御经费投入。

园区管理委员会、乡（镇）人民政府、街道办事处应当按照上级人民政府及有关部门的要求，落实气象灾害防御措施。

第四条 县级以上气象主管机构在上级气象主管机构和本级人民政府领导下，负责本行政区域内灾害性天气的监测、预报、预警以及气候可行性论证、气象灾害风险评估、人工影响天气等气象灾害防御的管理、服务和监督工作。

县级以上人民政府应急管理、发展改革、工业和信息化、教育、人力资源和社会保障、公安、民政、自然资源、林业、住房城乡建设、交通运输、水利、农业农村、文化广电旅游体育、卫生健康、城市管理综合执法、海事、电力、通信等部门和单位应当按照各自职责分工，共同做好气象灾害防御工作。

未设立气象主管机构的榕城区、揭东区人民政府，应当指定有关部门或者安排有关人员配合市气象主管机构做好气象灾害防御工作。

第五条 各级人民政府应当会同属地气象主管机构为辖区内的乡（镇）人民政府、街道办事处和村（居）民委会确定气象信息员，并做好监督管理工作。

气象信息员应当协助气象主管机构、应急管理、民政等部门开展本区域气象灾害防御、气象科普宣传、气象预警信息传播、应急联络、应急处置、灾害报告和灾情调查等工作。

第六条 各级人民政府及其有关部门应当建立健全气象科普宣传联动机制，采取多种形式，组织开展气象灾害防御知识宣传和应急演练，共同提高公众的防灾减灾意识和能力。

气象主管机构应当利用世界气象日、全国防灾减灾日和安全生产月等活动，在学校、社区、气象灾害防御重点单位等地点向社会宣传普及气象灾害防御知识，提高公众气象灾害防御的意识和能力；定期组织开放气象台站，免费供中、小学生参观并提供气象灾害防御科普资料。

广播、电视、报纸、网络等媒体应当开展气象灾害防御知识的公益宣传。

第七条 居民委员会、村民委员会应当采取多种形式，宣传普及气象灾害防御知识，协助乡（镇）人民政府、街道办事处组织居民、村民、社区志愿者等参与气象灾害应急演练。

学校应当制定应对恶劣天气停课安排的应急预案，采取多种形式加强对学生和家长的气象灾害防御科普宣传，通过课程学习、课外培训、应急演练等方式提高学生的气象灾害防御知识和自救互救能力。

危险化学品行业、房屋建筑和市政基础设施工程施工单位等易受气象灾害影响的单位应当定期组织气象灾害应急演练和开展气象灾害防御知识培训，并把气象灾害防御知识纳入岗前安全培训课程。

气象主管机构与教育、人力资源社会保障、住房城乡建设、应急管理等主管部门应当根据各自职责对上述工作进行指导和监督。

第八条　市、县(市、区)人民政府应当组织气象主管机构等部门确定气象灾害防御重点单位，向社会公布，并加强对气象灾害防御重点单位的监督检查。

大型油气储存基地等气象灾害防御重点单位应当结合气象灾害应急预案建立气象灾害风险管控长效机制，配套建设雷电预警系统等软硬件保障设施，对气象安全风险点、危险源落实分级管控。

第九条　编制国土空间规划、重点领域或者区域发展建设规划，以及市级以上重大建设工程、重大区域性经济开发项目和大型太阳能、风能等气候资源开发利用项目立项，有关部门应当统筹考虑气候可行性和气象灾害的风险性，避免和减少气象灾害、气候变化的影响。

涉及安全的重大规划、重点工程气候可行性论证强制性评估目录中的规划和建设项目，项目单位应当在可行性研究阶段一并开展气候可行性论证。

负责规划或者建设项目审批、核准的部门在编制规划和审批、核准建设项目时应当征求同级气象主管机构的意见，并将气候可行性论证报告作为审查内容。

第十条 下列建设项目应当开展雷电灾害风险评估：

（一）大型建设工程、重点工程；

（二）各类体育场馆、医院、学校、影剧院、大型城市综合体、宾馆、机场、汽车站、火车站等人员密集场所；

（三）油库、气库、弹药库、化学品仓库和烟花爆竹、石化等爆炸和火灾危险环境场所。

第十一条 各类开发区、产业园区、新区及其他有条件的区域推行工程建设项目区域性气候可行性论证或者雷电灾害风险评估，由区域管理机构负责具体实施。尚未成立管理机构的，由所在地市、县（区）人民政府指定的单位负责。

实行区域评估的片区，且符合区域评估适用条件的工程建设项目，可以不再对项目单独进行气候可行性论证或者雷电灾害风险评估。

第十二条 本市实行灾害性天气风险预判通报制度。当台风、暴雨等灾害性天气可能对本市产生较大影响，但尚未达到气象灾害预警信号发布标准时，气象主管机构应当将风险预判信息提前向各级人民政府有关部门通报。有关部门应当提前采取气象灾害防御措施，做好应急预案启动准备。

第十三条 相关主管部门、单位和有关人员根据防风需要，应当做好以下应对措施：

（一）城市管理和综合执法主管部门应当督促有关管理单位、业主加强对户外广告和招牌的排查，及时采取加固或者拆除、设置安全警示标志等安全防范措施；

（二）林业和园林主管部门应当督促有关权属单位或者个人加强对树木、设施的排查，及时加固或者清除存在安全隐患的树木、设施等；

（三）住房城乡建设、交通运输、水利等主管部门和各乡（镇）人民政府、街道办事处应当按照职责指导和监督检查在建工地的施工企业开展防风避险工作，保障人员安全；在建工地施工单位应当加强工棚、脚手架、井架等设施和塔吊、龙门吊、升降机等机械、电器设备的安全防护，及时加固或者拆除存在安全隐患的施工设施；

（四）居民应当关紧门窗，妥善安置室外搁置物和悬挂物，切勿在树下、电杆下、塔吊下躲避，远离户外广告牌、棚架、铁皮屋、板房等易被大风吹动的搭建物，尽量避免外出，留在有雷电防护装置的安全场所暂避。

第十四条 相关主管部门和单位根据防御暴雨气象灾害的需要，应当做好以下应对措施：

（一）住房城乡建设、城市管理和综合执法、水利、公安、交通运输等主管部门和各乡（镇）人民政府、街道办事处应当按照各自职责加强对在建工地、危旧房屋、垃圾填埋场、低洼地带、地下空间、城市交通干道、桥梁、涵洞等灾害易发场所的监督检查，及时疏通排水管网，确保排水畅通；

（二）地质灾害防治主管部门应当加强日常巡查，防范因暴雨引发的崩塌、滑坡、泥石流等灾害，配合相关部门做好地质灾害应急救援工作；

（三）水利主管部门应当督促水库、河道、堤防、涵闸、泵站等管理单位加强巡查，重点监视堤围险段、病险水库等重要部位，及时组织开展除险加固；

（四）住房城乡建设主管部门应当督促物业管理单位更新提示、加强巡查、落实地下停车场等低洼易涝区域的排涝措施；低洼易涝区域的经营管理单位应当做好排涝设施的完善和维护，根据暴雨等级采取相应措施疏散群众。

第十五条 各级气象主管机构应当开展区域、行业雷电灾害普查统计并建立数据库，并会同住房城乡建设、交通运输、应急管理、水利等有关部门建立防雷联合监管机制，根据区域雷电灾害普查数据情况，指导对可能遭受雷击的建（构）筑物及其他设施安装的雷电防护装置的检测工作，加强对雷电灾害防御工作的监督和管理。

第十六条 投入使用后的雷电防护装置实行定期检测制度。雷电防护装置应当每年检测一次，油库、气库、加油（加气）站、弹药库、化学品仓库、烟花爆竹、粉尘涉爆、燃气站场、阀室、燃气管道及其调压装置等爆炸和火灾危险环境场所的雷电防护装置应当每半年检测一次。

第十七条 雷电防护装置检测单位应当严格执行国家和地方有关法律法规、技术标准规范和管理规定，出具的雷电防护装置检测报告应当合法、公正、真实、准确，并通过省气象主管机构检测信息化监管平台获取身份识别码及对应的检测标识。

检测单位及其工作人员应当配合气象主管机构的监督检查工作，如实提供有关资料，不得拒绝、阻碍检查。

第十八条 市、县（市、区）人民政府应当加强人工影响天气的组织领导，建立统一协调标准的指挥和作业体系，加强人工影响天气作业能力建设；在干旱、森林火灾多发区域、大中型水库库区和城市供水、工农业用水紧缺地区的水源地及其上游地区，建立人工影响天气作业点，完善配套基础设施；组织气象主管机构根据实际需要开展人工影响天气作业，服务工农业生产、助力生态保护、强化应急保障，防御或减轻气象灾害影响。

气象主管机构应当加强与发展改革、财政、工业和信息化、公安、自然资源、林业、生态环境、交通运输、水利、应急管理、农业农村、飞行管制等主管部门的协作配合，共同做好人工影响天气工作。

第十九条 鼓励建立农业政策性气象指数保险、雷电灾害保险等与气象灾害有关的保险制度，建立气象灾害风险转移和分担机制，提高气象灾害风险防御能力。

鼓励和支持保险机构开发气象灾害保险产品。

鼓励农民和农业生产经营组织购买农业政策性气象指数保险，减少气象灾害对农业造成的损失。

因气象灾害造成财产损失的组织和个人因保险理赔需要出具气象灾害证明的，灾害发生地的气象主管机构所属的服务部门应当及时免费为其出具。

第二十条 县级以上气象主管机构及其所属气象台站应当加强气象科学技术研究，提高灾害性天气预报预警的准确率和时效性；加强对气象灾害的风险研判，及时将灾害性天气预报和预警信号统一向社会发布。

气象灾害预警信号更新或者解除时，县级以上气象主管机构所属气象台站应当及时报告当地人民政府、有关部门和气象灾害预警信号传播单位。

气象次生、衍生灾害的预警信息，可以由有关监测部门会同气象主管机构所属气象台站联合发布。

气象灾害预警信号的名称、图标、含义和防御指引，依照省有关规定执行。

第二十一条 易受气象灾害影响的学校、医院、机场、车站、码头、交通干线、易燃易爆场所、危险化学品仓库、工（农）业园区、生态林区、旅游景区、大型商场、广场、城市易涝点等区域或者场所，以及重大基础设施、大型工程、公共工程等在建工程的经营管理单位应当设置预警信息接收设施，确保设施正常运行；并利用电子显示装置、广播等途径，及时在其管辖区域内传播。

鼓励其他组织、机构和个人通过微信、微博等信息传播方式，以转发的形式准确传播当地气象主管机构所属气象台站发布的灾害性天气预报和预警信号。

第二十二条 县（市、区）人民政府应当组织气象主管机构和有关部门根据本级气象灾害防御规划和本行政区域的实际情况，制定本级气象灾害防御应急预案，报上一级人民政府有关牵头部门备案，并抄送上级应急管理部门。

发展改革、工业和信息化、教育、公安、民政、自然资源、林业、住房城乡建设、交通运输、水利、农业农村、文化广电旅游体育、卫生健康、应急管理、城市管理综合执法、电力、通信等有关主管部门应当根据本级气象灾害防御规划和气象灾害防御应急预案，在部门应急预案中制定或者完善本部门相应的气象灾害防御应急处置预案，报本级人民政府备案。报送市政府备案的预案，径送市应急管理局。

市、县(市、区)人民政府及有关部门和单位应当根据灾害性天气预报和预警信号气象灾害应急预案启动标准和程序，及时启动相应级别的应急响应，向社会公布，并报告上一级人民政府。

第二十三条 市、县(市、区)人民政府及有关部门和单位应当建立健全应急联动机制；在应急响应启动后，及时采取相应的联动措施，按照各自职责做好气象灾害应急处置工作。

市、县(市、区)人民政府有关部门应当积极协调、推动大型石化企业等相关重点企业之间建立应急联动机制。发生气象灾害时，相关重点企业应当按照应急联动机制及时开展应急响应行动。必要时，由相关行业主管部门按照部门间应急联动机制进行协调处置，或者报请本级人民政府有关部门协调解决。

第二十四条 市、县(市、区)人民政府根据气象灾害应急处置的需要，除依照《广东省气象灾害防御规定》的有关规定采取相应的应急处置措施外，还可以采取下列应急处置措施：

(一)决定停课、停工、停产、停运、停业；

(二)组织具有特定专长的人员参加应急救援和处置工作；

(三)依法临时征用房屋、运输工具、通信设备和场地等；

(四)法律、法规规定的其他应急处置措施。

第二十五条 供电主管部门及单位应当做好灾区电力调度和供电设备抢修工作，保障防灾抢险设施和民生用电需要；做好供电设备隐患排查整治工作，及时消除因高温影响导致发生电气火灾和设备爆炸以及洪涝灾害引发触电等安全隐患。

通信运营单位应当及时巡查维护通信线路，建立健全应急通信保障体系，保障气象灾害应急、抢险救援的通信畅通。

第二十六条 教育、托管、培训等主管部门应当密切关注台风、暴雨等气象灾害的最新消息和当地人民政府及有关部门发布的防御台风、暴雨通知，并加强监督中小学校、幼儿园、托儿所、特殊教育学校、职业学校、职业技能培训机构、高等院校以及校外培训机构按照工作指引落实停课工作。

当发布台风黄色以上或者暴雨红色预警信号时，中小学校、幼儿园、托儿所、特殊教育学校、中等职业学校以及校外培训机构应当按照相关工作指引落实停课，并将停课信息告知家长或者学生。未启程上学的学生不必到校上课；在校学生（含校车上、寄宿）应当服从学校安排，学校应当保障在校学生的安全；上学、放学途中的学生应当主动采取安全避险措施，就近到安全场所暂避。

当发布台风橙色以上或者暴雨红色预警信号时，根据台风或者暴雨影响范围和程度，教育、人力资源社会保障、卫生健康等主管部门应当及时通知危险区域内的职业技能培训机构停课；高等院校应当根据实际情况停课，保障在校学生的安全。

交通运输、公安等主管部门应当根据相关部门实际需求做好停课交通保障工作。

第二十七条 当发布台风黄色以上或者暴雨红色预警信号时，灾害严重地区的相关主管部门和单位应当按照相关工作指引在职责范围之内采取停工、停产、停运、停业措施：

（一）住房城乡建设、交通运输、水利等主管部门应当督促在建工地视情况暂停高空、露天作业或者户外施工。用人单位可以根据工作地点、工作性质、防灾避灾需要等情况安排室内工作人员推迟上班、提前下班或者部分停工；

（二）应急管理等主管部门应当及时通知危险区域内的各类工业园区、生产基地、工厂、作坊等停止生产活动；

（三）交通运输、公安、海事等主管部门应当督促公交、货运、客运、轨道交通、机场、港口等运营管理单位适时调整或者取消车次、航班，及时将相关信息告知公众，并妥善安置滞留旅客；及时维护交通秩序，组织修复受灾中断的公路和交通设施；

（四）受影响区域的景区、公园、游乐场、滨海浴场、地下营业场所等经营管理单位，应当及时发出警示信息，适时采取停止营业、关闭相关区域、组织人员避险等措施。

第二十八条　台风预警信号生效时，港务、海事、农业农村等主管部门应当督促海水养殖、海上作业人员以及船舶避险撤离，并做好防御措施。

暴雨、雷雨大风、大雾、灰霾、道路结冰等预警信号生效时，交通运输、公安、海事、农业农村等主管部门应当做好交通疏导工作，加强车辆、船舶运行的科学调度和安全运行，必要时可以采取交通管制、停运、停航等措施。

气象灾害预警信号生效期间，机场、轨道交通、高速公路、港口码头等经营管理单位应当及时采取有效措施，加强调度指挥，保障交通安全；驾驶人员应当控制行驶速度，必要时尽快寻找安全停放区域停靠。

第二十九条　寒冷、冰雹预警信号生效时，农业农村、林业等主管部门应当指导农业、畜牧业、渔业和林业等行业适时采取防范措施，做好农作物、畜禽、水生动物和古树名木的防寒防冻工作。养殖、种植户应当结合实际情况采取有效措施保障动植物的安全。

第三十条　高温预警信号生效时，用人单位应当合理安排工作时间，适时减少或者停止户外作业，做好防暑降温工作；必须进行户外作业的，应当提供必要的防护装备或者采取限时轮岗措施。

森林火险预警信号生效时，森林防火等主管部门应当加强巡山护林和野外用火的监管工作，密切注意林火信息动态，落实各项防范措施，及时消除森林火灾隐患；森林消防队伍应当严阵以待，做好扑火救灾的充分准备工作。

第三十一条 各级人民政府、气象主管机构和其他有关主管部门及其工作人员违反本规定，不依法履行气象灾害防御职责的，由有关机关责令改正；情节严重的，对直接负责的主管人员和其他直接责任人员依法给予处分；构成犯罪的，依法追究刑事责任。

第三十二条 违反本规定的行为，《中华人民共和国气象法》《气象灾害防御条例》《广东省气象灾害防御条例》等法律法规已规定法律责任的，从其规定。

第三十三条 本规定自 2023 年 2 月 1 日起施行。

茂名市防御雷电灾害管理办法

（2022年12月30日茂名市人民政府令第8号公布，2022年12月28日十三届市人民政府第44次常务会议通过，自2023年2月1日起施行）

第一条 为防御和减轻雷电灾害，保护人民群众生命财产安全，根据《中华人民共和国气象法》《气象灾害防御条例》《广东省防御雷电灾害管理规定》等有关法律、法规和规章的规定，结合本市实际，制定本办法。

第二条 本办法适用于本市行政区域内从事防御雷电灾害的活动。

第三条 防御雷电灾害工作，坚持以人为本、安全第一、预防为主、防治结合、政府主导、部门联动、社会参与的原则。

第四条 市、区（县级市）人民政府应当加强对防御雷电灾害工作的领导，将防御雷电灾害工作纳入公共安全监督管理范围，编制气象灾害防御规划应当包括防御雷电灾害内容。防御雷电灾害工作所需经费依法列入本级财政预算。

经济功能区管委会按照职责做好防御雷电灾害工作。

第五条 市气象主管机构负责组织管理和指导监督全市的防御雷电灾害工作。

区（县级市）气象主管机构按照管理权限，负责组织管理本行政区域内的防御雷电灾害工作。

市、区(县级市)人民政府的住房城乡建设、交通运输、水利、农业农村、教育、应急管理、电力、通信等部门应当在各自的职责范围内做好防御雷电灾害工作。

第六条 防御雷电灾害行业协会应当加强行业自律,规范行业行为,提高行业技术能力和服务水平。

鼓励防御雷电灾害行业协会推动防御雷电灾害团体标准建设,提供信息、培训服务,开展检测服务满意度评价。

第七条 市、区(县级市)人民政府应当鼓励和支持防御雷电灾害科学技术研究,推广应用先进技术和防雷科研成果。市、区(县级市)气象主管机构及政府有关部门应当加强地方防御雷电灾害标准化工作,提高防御雷电灾害技术水平,组织做好防御雷电灾害标准的宣传贯彻实施。

第八条 市、区(县级市)气象主管机构应当按照国家、省有关规定,结合地方实际,组织本行政区域内的雷电监测网建设,建立完善雷电实时监测和短时临近预警业务系统。

化工园区、大型油气储存基地应当配备应用雷电预警系统,开展气象业务活动,应当遵守国家制定的气象技术标准、规范和规程。

第九条 可能发生雷电灾害时,市、区(县级市)气象主管机构所属的气象台站应当及时发布雷电灾害性天气预报、预警信息;其他组织或者个人不得以任何形式向社会发布。

公民、法人和其他组织应当配合并参与防御雷电灾害活动,根据雷电灾害预警信息及时做好应急准备。遭受雷电灾害的应当及时向当地气象主管机构报告,并协助当地气象主管机构对雷电灾害进行调查与鉴定。

第十条 市、区(县级市)气象主管机构应当根据雷电灾害分布情况、易发区域和灾害风险评估等因素,划分雷电易发区域及其防范等级并及时向社会公布。

第十一条 市、区（县级市）人民政府及有关部门应当组织开展防御雷电灾害知识宣传和应急演练，增强社会公众防灾减灾意识和自救互救能力。

第十二条 雷电防护装置的安装和维护应当依照法律、法规、规章和有关技术规范规定执行。

第十三条 新建、改建、扩建建（构）筑物、场所和设施的雷电防护装置应当与主体工程同时设计、同时施工、同时投入使用。

新建、改建、扩建建设工程雷电防护装置的设计、施工，可以由取得相应建设、公路、水路、铁路、民航、水利、电力、核电、通信等专业工程设计、施工资质的单位承担。

第十四条 气象主管机构依法负责下列工程、场所的雷电防护装置的设计审核和竣工验收：

（一）油库、气库、弹药库、化学品仓库和烟花爆竹、民用爆炸物品、石化等易燃易爆建设工程和场所；

（二）雷电易发区内的矿区、旅游景点或者投入使用的建（构）筑物、设施等需要单独安装雷电防护装置的场所；

（三）雷电风险高且没有防雷标准规范、需要进行特殊论证的大型项目。

未经设计审核或者设计审核不合格的，不得施工；未经竣工验收或者竣工验收不合格的，不得交付使用。

第十五条 房屋建筑工程和市政基础设施工程雷电防护装置的设计审核和竣工验收，纳入建筑工程施工图审查和竣工验收备案，由住房城乡建设部门依法进行监管。

房屋建筑工程和市政基础设施工程中含有油库、气库、弹药库、化学品仓库和烟花爆竹、石化等易燃易爆附属工程的，其主体工程纳入建筑工程施工图审查和竣工验收备案管理，由住房城乡建设主管部门负责；其易燃易爆附属工程雷电防护装置的装置设计审核和竣工验收由气象主管机构负责。

公路、水路、铁路、民航、水利、电力、核电、通信等专业建设工程的主管部门，依法负责相应领域内建设工程的防雷管理。

第十六条 建设工程设计、施工、监理和雷电防护装置检测单位以及业主单位等应当履行在防雷工程质量安全方面的相应责任。

取得雷电防护装置检测资质的单位，应当按照资质等级承担相应的雷电防护装置检测工作，按照国家有关标准和规范，根据施工进度进行分项检测，出具检测意见，并对检测数据的真实性负责。

第十七条 市、区(县级市)气象主管机构负责对由其设计审核和竣工验收后投入使用的雷电防护装置实施安全监管；住房城乡建设、交通运输、水利、电力、通信等部门负责对本领域投入使用的雷电防护装置实施安全监管，并将雷电防护装置的施工、检测、竣工验收等信息数据与防雷安全监管平台共享。

第十八条 投入使用后的雷电防护装置实行定期检测制度。雷电防护装置应当每年检测一次，爆炸和火灾危险环境场所的雷电防护装置应当每半年检测一次。

雷电防护装置检测单位对检测合格的雷电防护装置，应当于检测完毕之日起10个工作日内出具检测报告，并在检测报告出具之日起10个工作日内通过省气象主管机构检测信息化监管平台获取身份识别码及对应的检测标识。

雷电防护装置检测单位对检测不合格的雷电防护装置，应当提出整改意见；拒不整改或者整改不合格的，雷电防护装置检测单位应当报告当地气象主管机构，由当地气象主管机构依法作出处理。

第十九条 大型建设工程、重点工程、爆炸和火灾危险环境、人员密集场所等项目应当进行雷电灾害风险评估，以确保公共安全。

编制国土空间规划、重点领域或者区域发展建设规划，以及重大建设工程、重大区域性经济开发项目和大型太阳能、风能等气候资源开发利用项目立项，有关部门应当统筹考虑气候可行性和气象灾害的风险性，避免和减少气象灾害、气候变化的影响。

第二十条 各类开发区、产业园区、新区及其他有条件区域应当开展工程建设项目区域雷电灾害风险评估。区域内符合区域评估适用条件的工程建设项目，不再单独进行雷电灾害风险评估。

区域雷电灾害风险评估，由承担区域管理职责的机构或者县级以上人民政府指定的部门组织实施。

第二十一条 市、区(县级市)气象主管机构应当组织做好雷电灾害风险评估工作，加强对雷电灾害风险评估报告质量及相关工作的监督管理。

雷电灾害风险评估机构应当具备相应的技术能力和经验，按照相关行业标准、技术规范的要求，使用气象主管机构所属的气象台站直接提供或者经当地气象主管机构审查的气象资料，开展雷电灾害风险评估。

第二十二条 防御雷电灾害实行协同监管和联合执法机制。市、区(县级市)气象主管机构应当会同住房城乡建设、应急管理等部门建立多部门联合执法协作机制，提高执法信息共享水平。

第二十三条 市、区(县级市)气象主管机构负责本行政区域内雷电防护装置检测单位的监督管理，应组织开展检测质量检查。

市气象主管机构应当为在本辖区从事雷电防护装置检测活动的检测单位建立从业信息档案，加强对本辖区检测单位检测活动的质量监管，监管结果记入检测单位从业信息档案，并按照国家规定向社会公示检测单位的行政许可、行政处罚信息。

第二十四条 雷电防护装置检测单位应当依法依规开展雷电防护装置检测服务，按照行业标准、规范要求建立档案管理制度，配合当地气象主管机构的监管和监督检查。

第二十五条 公民、法人和其他组织有权向行业主管部门投诉举报防雷安全违法行为，并对行业主管部门及其工作人员的监管行为进行监督。

第二十六条 违反本办法规定，有下列行为之一的，由气象主管机构或者其他有关部门依照法律、法规和规章规定进行处理；构成犯罪的，依法追究刑事责任：

（一）擅自向社会发布灾害性天气警报、气象灾害预警信号的；

（二）应当安装雷电防护装置而拒不安装或者使用不符合要求的雷电防护装置的；

（三）依法应由气象主管机构负责设计审核的雷电防护装置未经设计审核或者设计审核不合格施工的；

（四）依法应由气象主管机构负责竣工验收的雷电防护装置未经竣工验收或者竣工验收不合格交付使用的；

（五）已有雷电防护装置，拒绝进行检测或者经检测不合格又拒不整改的；

（六）在雷电防护装置设计、施工、检测活动中弄虚作假或者无资质、超越资质许可范围从事雷电防护装置检测行为的；

（七）对重大雷电灾害事故隐瞒不报的。

第二十七条 市、区（县级市）人民政府、气象主管机构和其他有关主管部门及其工作人员违反本办法，未依法履行职责的，由上级机关责令改正；情节严重的，对直接负责的主管人员和其他直接责任人员依法给予处分。

第二十八条 本办法自 2023 年 2 月 1 日起实施。

珠海经济特区防御气象灾害规定

（2022 年 12 月 28 日珠海市人民政府令第 145 号公布，2022 年 12 月 14 日十届珠海市人民政府第 22 次常务会议审议通过，自 2023 年 1 月 28 日起施行）

第一章　总　则

第一条　为了加强气象灾害防御，避免、减轻气象灾害造成的损失，保障人民生命和财产安全，根据《中华人民共和国气象法》《广东省气象灾害防御条例》《广东省气象灾害预警信号发布规定》等相关法律、法规的基本原则，结合珠海经济特区实际，制定本规定。

第二条　本规定适用于本市行政区域内台风、暴雨、寒冷、雷电、大雾、高温、灰霾、雷雨大风、道路结冰、冰雹、森林火险、强季风等气象灾害的防御与抢险救灾相关活动。

第三条　台风、暴雨、寒冷、雷电、大雾、高温、灰霾、雷雨大风、道路结冰、冰雹、森林火险、强季风等预警信号是本市防御气象灾害的统一信号。预警信号由市气象部门统一发布；任何组织和个人不得向公众发布气象预警信号。

第四条　气象灾害防御工作遵循以人为本、科学防御、统筹规划、预警先导的原则，实行政府主导、部门联动、社会响应的工作机制。

第五条　防御台风、暴雨、低温冰冻工作由市防汛防旱防风指挥部(以下简称市三防指挥部)统一组织、指挥;雷电、大雾、高温、灰霾、雷雨大风、道路结冰、冰雹、森林火险、强季风等其他气象灾害的防御工作,由各部门根据本规定确定的职责组织实施。

第六条　本市防御气象灾害及抢险救灾工作实行行政首长负责制。

各级人民政府(以下简称各级政府)及各部门应按照职责分工,建立健全防御气象灾害预警机制,规范反应迅速的防灾减灾救灾社会联动机制,共同做好气象灾害防御工作。

市、区人民政府(以下简称市、区政府)应当根据本级气象灾害防御规划和本行政区域的实际情况,组织气象部门和有关部门制定本级气象灾害应急预案,并按规定进行备案。

经济功能区管理机构履行区政府气象灾害防御的职责。

第七条　本市建立健全气象灾害风险隐患排查评估机制。市、区政府依法组织对城市规划编制、重大工程建设、重大区域性经济开发项目进行气候可行性论证、气象灾害风险评估。

第八条　各级政府及各部门应当采取多种形式,向社会宣传、普及气象灾害防御知识,增强社会公众防御气象灾害意识,提高避险、避灾、自救、互救等应急能力。

学校应当开展气象灾害防御和应急自救知识教育,并组织演练。

第九条　对在防御气象灾害抢险救灾工作中做出显著成绩的单位和个人,由市、区政府按照国家、省有关规定给予表彰或奖励。

第二章　部门职责

第十条　各部门按照下列规定履行防御气象灾害的工作

职责：

（一）市宣传部门：负责统筹全市防灾救灾宣传工作，组织协调、指导全市新闻媒体做好防灾救灾新闻宣传报道工作；督促落实全市新闻媒体播发气象灾害信息和气象防灾减灾工作指令，组织做好防灾减灾知识的公众宣传，增强全面预防灾害和自我保护意识；协调指导有关部门做好气象灾害事件新闻发布，及时通报气象灾害事件应急处置工作进展情况。

（二）市发展改革部门：负责衔接全市与防御气象灾害工作相关的防灾减灾建设规划工作，将防御气象灾害工作纳入全市国民经济与社会发展规划中；负责全市防御气象灾害工程项目的立项审批工作；负责做好救灾粮油物资储备、调拨和供应的组织、协调工作。

（三）市教育部门：负责协调和指导各学校防御气象灾害工作，制定各种预警信号下全市学生人身安全保障预案；负责按照有关规定做好延迟上学、停课安排等工作；督促、指导开展危及学校安全的气象灾害隐患排查治理工作；督促学校采取相应的防护措施，把气象灾害防御知识纳入有关课程和课外教育内容，向学生宣传预警信号的含义以及相应的防护措施，培养和提高师生的气象灾害防范意识和自救互救能力。

（四）市工业和信息化部门：负责对无线电信号实施监测，依法保障应急无线电频率安全使用。

（五）市公安部门：负责组织维持受灾地区社会治安和社会稳定；负责各级防灾救灾指挥车辆、抢险车辆的优先快速通行；协助各部门妥善处理因防灾抢险引发的群体性治安事件；协助组织危险地区群众安全转移；根据市三防指挥部的指令实施封桥封路，做好道路交通疏导工作，并及时向社会公布有关交通管制信息。

（六）市民政部门：负责对符合条件的受灾群众提供基本生活救助或临时救助；组织指导灾后社会捐助工作。

（七）市财政部门：负责落实市级防灾救灾应急资金和灾后复产资金工作，及时下拨并监督使用。

（八）市人力资源社会保障部门：负责完善灾害性天气下的劳动关系协调机制；按规定通知管辖范围内技工学校、职业培训机构、考核鉴定机构和就业训练等相关机构停（复）课、停（复）工。

（九）市自然资源部门：负责地质灾害防治的组织、协调、指导和监督工作；组织对山体滑坡、崩塌等地质灾害进行监测、预报、预警工作；对灾害发展趋势及时提出科学防御措施和建议；指导和部署全市地质灾害防治工作；负责海洋观测预报、预警监测，参与海洋灾害应急处置。

（十）市生态环境部门：负责气象灾害影响区域的环境监测，处置环境突发事件；组织协调主要由气象灾害引发的环境事件调查处理及重点区域、流域环境污染防治工作，开展受灾期间环境监测、发布相关环境信息。

（十一）市住房城乡建设部门：负责房屋建筑和市政工程安全施工；督促指导全市房屋建筑和市政工程相关责任企业落实施工现场临时板房的防灾工作；根据市三防指挥部下发的响应指令及时督促各区住房城乡建设主管部门通知辖区范围内在建房屋建筑和市政工程按照响应落实；指导各区做好在建房屋建筑和市政工程临险人员的安全转移；配合区政府和经济功能区管理机构组织灾后房屋恢复和重建，以及指导受灾区房屋主体结构的安全鉴定工作。

（十二）市交通运输部门：负责督促全市交通运输行业及时关注气象灾害预警信息；组织协调公路、公路桥梁等交通设施的抢险任务；督导公路、水路公共交通工具落实停航停运工作机制；组织协调辖区范围内公路、公路桥梁及相关设施的防灾安全等工作。

（十三）市轨道交通部门：负责组织协调全市轨道交通安全监督管理工作和防灾减灾救灾工作。

（十四）市水务部门：负责水文观测和预警预报，及时提供水文监测信息；负责管理全市水务行业防汛工程，并按规定标准储备防风抢险物资；组织、指导水务工程的建设与运行管理单位加强巡查维护，提前预置物资、抢险力量，做好水务工程设施抢修准备。

（十五）市农业农村部门：负责指导全市农渔业防灾工作及灾后恢复生产等工作，及时收集、整理和反映农渔业受灾信息，指导灾区调整农业结构；负责农渔业救灾物资的储备、调剂和管理工作。

（十六）市商务部门：负责组织实施规范市场运行、流通秩序的政策措施，做好生活必需品的市场供应工作；负责、组织、协调做好全市口岸的灾害防御工作及通关安全突发事件的应急处置工作；在灾情发生时，能够提供临时避险场所供通关旅客临时避险；负责督促各口岸在预警信号生效时向公众公布预警信号内容、防御指引及通关服务安排等信息；负责与香港方、澳门方口岸管理部门沟通联络、协调三地口岸相关工作。

（十七）市文化广电旅游体育部门：负责指导全市广播电视行业开展气象预警信息传播，探索利用应急广播系统发布突发气象预警信息；负责督促各旅游企业及时关注气象预警信息和天气变化，科学安排旅游线路，引导游客安全出行；负责督促市域范围内各A级旅游景区、旅游度假区、星级酒店和旅行社在预警信号生效时向游客公布预警信号内容、防御指引等信息；负责组织、督促全市旅游行业、公共体育场馆等落实气象灾害防御措施；指导、协调旅游企业做好游客、旅游从业人员等的撤离工作；协调落实行业领域临时避护场所的开放；指导、督促各A级旅游景区、旅游度假区、公共体育场馆等做好灾后恢复。

（十八）市卫生健康部门：负责在灾害发生时启动相应应急响应，开展紧急医疗救援，协助做好疫情防控、疾病预防控制和卫生监督工作；配合组织开展伤病员心理危机干预、心理疏导工作，提出保护公众健康的措施建议；督促各区指导托育机构制定应对恶劣天气停止收托的应急预案，确保各项应急措施及联络机制切实可行；指导各区加强托育机构科普宣教，确保机构工作人员及婴幼儿家长熟知气象灾害预警信号的含义以及相应的防护措施，提高托育机构工作人员防灾意识。

（十九）市应急管理部门：负责组织、协调全市三防和森林防灭火工作；统筹全市应急预案体系建设；负责协调有关救援专家、队伍参与自然灾害救援行动；负责监督、指导和协调重大气象灾害影响前后安全生产工作。

（二十）市金融工作部门：负责制定和实施巨灾指数保险方案，启动灾害事故处置机制，根据气象灾害信息计算保险赔款，推动索赔程序。

（二十一）市城市管理综合执法部门：负责统筹、指导全市影响防灾安全的违法户外广告设施和在建设用地上的违法建设行为的查处；负责统筹指导各区对所管辖区域树木、绿化设施的排查，及时加固、修剪、移除影响安全的树木或者绿化设施。

（二十二）市政务服务数据管理部门：负责协调推进气象灾害应急防御领域政务数据资源共享和开放；协助开展防灾减灾类政务信息系统项目立项审批工作。

（二十三）市气象部门：负责气象灾害的监测和预报，并发布相关的预警信号，及时收集气象灾害的实况，为各部门及社会公众提供防御气象灾害所需的气象信息。

（二十四）市消防救援部门：负责营救遇险人员，转移和疏散被困群众；负责组织实施因气象灾害引发的火灾扑救工作；负责全市消防设施的监督管理，预防因气象灾害引发的消防安全事故。

（二十五）海事部门：负责向所辖水域运输船舶播发气象灾害预警信息，提醒做好防灾准备工作；提醒辖区内水域运输船舶落实避风措施；负责辖区水域搜救的组织、指挥和协调工作。

（二十六）驻珠军警部队：根据《军队参加抢险救灾条例》负责

解救、转移或者疏散受困人员；保护重要目标安全；抢救、运送重要物资；参加道路（桥梁、隧道）抢修、海上搜救、核生化救援、疫情控制、医疗救护等专业抢险；排除或者控制其他重要危重险情、灾情；协助政府灾后重建工作。

（二十七）市大桥办：负责与港珠澳大桥香港方、澳门方相关管理部门的沟通协调和会商；指导港珠澳大桥各应急分区牵头单位做好各应急分区的防御措施；提出港珠澳大桥封桥（解封）及相关路段封路（解封）、口岸封关（解封）的建议，并根据市三防指挥部、大桥应急救援指挥部决策，下达港珠澳大桥封桥、封路、封关及解封指令。

第十一条 市供水、供电、供气等市政基础设施营运单位采取必要措施避免设施遭受气象灾害损坏，调集力量加固、抢修相关设施、设备，保障其正常运行，确保水、电、气等正常供应。

第十二条 电信业务经营者应当准确、及时发布气象等部门提供的气象灾害信息，优先发布高级别气象灾害预警信号；负责做好通信线路、基站设施设备、机房、通信铁塔等的维护和抢修工作，必要时调度或者架设应急通信设备，确保通信畅通。

第十三条 区政府和经济功能区管理机构按照市政府统一部署，结合当地实际情况，指挥、协调、督促有关部门做好防御气象灾害工作。

各区相应部门按照市各部门的职责划分，负责辖区内防御气象灾害工作。

第三章　气象灾害预警

第十四条 台风预警信号：

台风预警信号分五级，分别以白色、蓝色、黄色、橙色和红色表示：

(一)台风白色预警信号

图标：

含义：48 小时内将受台风影响。

防御指引：

1. 进入台风注意状态，警惕台风对当地的影响。

2. 注意通过气象信息传播渠道了解台风的最新情况。

(二)台风蓝色预警信号

图标：

含义：24 小时内将受台风影响，平均风力可达 6 级以上，或者阵风 8 级以上；或者已经受台风影响，平均风力为 6～7 级，或者阵风 8～9 级并将持续。

防御指引：

1. 进入台风戒备状态，做好防御台风准备。

2. 注意了解台风最新消息和政府及有关部门防御台风通知。

3. 加固门窗和板房、铁皮屋、棚架等临时搭建物，妥善安置室外搁置物和悬挂物。

4. 海水养殖、海上作业人员应当适时撤离，船舶应当及时回港避风或者采取其他避风措施。

(三)台风黄色预警信号

图标：

含义：24 小时内将受台风影响，平均风力可达 8 级以上，或者阵风 10 级以上；或者已经受台风影响，平均风力为 8～9 级，或者阵风 10～11 级并将持续。

防御指引：

1. 进入台风防御状态，密切关注台风最新消息和政府及有关部门发布的防御台风通知。

2. 托育机构、幼儿园、中小学校、中等职业学校应当停课，未启程上学的学生不必到校上课；上学、放学途中的学生应当就近到安全场所暂避或者在安全情况下回家；学校应当妥善安置在校（含校车上、寄宿）学生，在确保安全的情况下安排学生离校回家。具体按照主管部门指引执行。

3. 市民应当关紧门窗，妥善安置室外搁置物和悬挂物，尽量避免外出；处于危险地带和危房中的人员应当及时撤离，确保留在安全场所。

4. 停止户外集体活动，停止高空等户外作业。

5. 滨海浴场、景区、公园、游乐场应当适时停止营业，关闭相关区域，组织人员避险。

6. 海水养殖、海上作业人员应当撤离，回港避风船舶不得擅自离港，并做好防御措施。

7. 相关应急处置部门和抢险单位加强值班，实时关注灾情，落实应对措施。

（四）台风橙色预警信号

图标：

含义：12 小时内将受台风影响，平均风力可达 10 级以上，或者阵风 12 级以上；或者已经受台风影响，平均风力为 10～11 级，或者阵风 12 级以上并将持续。

防御指引：

1. 进入台风紧急防御状态，密切关注台风最新消息和政府及有关部门发布的防御台风通知。

2. 托育机构、幼儿园、中小学校、中等职业学校、高等院校应当停课，学校应当妥善安置寄宿学生。

3. 市民避免外出，确保留在安全场所。

4. 停止室内大型集会，立即疏散人员。

5. 滨海浴场、景区、公园、游乐场应当停止营业，迅速组织人员避险。

6. 加固港口设施；落实船舶防御措施，防止走锚、搁浅和碰撞。

7. 相关应急处置部门和抢险单位密切监视灾情，做好应急抢险救灾工作。

（五）台风红色预警信号

图标：

含义：12 小时内将受或者已经受台风影响，平均风力可达 12 级以上，或者已达 12 级以上并将持续。

防御指引：

1. 进入台风特别紧急防御状态，密切关注台风最新消息和政府及有关部门发布的防御台风通知。

2. 托育机构、幼儿园、中小学校、中等职业学校、高等院校应当停课，学校应当妥善安置寄宿学生。

3. 除必要人员外，单位、企业停工停业。

4. 市民切勿外出，确保留在安全场所。

5. 当台风中心经过时风力会减小或者静止一段时间，应当保持戒备和防御，以防台风中心经过后强风再袭。

6. 相关应急处置部门和抢险单位严密监视灾情，做好应急抢险救灾工作。

第十五条 暴雨预警信号：

暴雨预警信号分三级，分别以黄色、橙色、红色表示：

（一）暴雨黄色预警信号

图标：

含义：6 小时内本地将有暴雨或者每小时超过 20 毫米的降雨发生，或者已经出现明显降雨，且降雨将持续。

防御指引：

1. 进入暴雨戒备状态，关注暴雨最新消息。

2. 视雨情实况学生可以延迟上学，并根据暴雨变化适时调整。

3. 托育机构、幼儿园、中小学校应当采取适当措施，保证学生和幼儿安全。

4. 驾驶人员应当注意道路积水和交通阻塞，确保安全。

5. 做好低洼、易涝地区的排水防涝工作。

（二）暴雨橙色预警信号

图标：

含义：在过去的 3 小时，本地降雨量已达 50 毫米以上，且降雨将持续。

防御指引：

1. 进入暴雨防御状态，密切关注暴雨最新消息。

2. 学生可以延迟上学；上学、放学途中的学生就近到安全场所暂避。

3. 暂停户外作业和活动，尽可能留在安全场所暂避。

4. 行驶车辆应当尽量绕开积水路段及下沉式立交桥，避免穿越水浸道路，避免将车辆停放在低洼易涝等危险区域。

5. 相关应急处置部门和抢险单位应当加强值班，密切监视灾情，对积水地区实行交通疏导和排水防涝；转移危险地带和危房中的人员到安全场所暂避。

6. 对低洼地段室外供用电设施采取安全防范措施。

7. 注意防范暴雨可能引发的内涝、山洪、滑坡、泥石流等灾害。

（三）暴雨红色预警信号

图标：

含义：在过去的 3 小时，本地降雨量已达 100 毫米以上，且降雨将持续。

防御指引：

1. 进入暴雨紧急防御状态，密切关注暴雨最新消息和政府及有关部门发布的防御暴雨通知。

2. 托育机构、幼儿园、中小学校、中等职业学校、高等院校应当停课，未启程上学的学生不必到学校上课；上学、放学途中的学生应当在安全情况下回家或者就近到安全场所暂避；学校应当保障在校（含校车上、寄宿）学生安全；上课期间，学校应当在安全前提下继续开展教学活动，不应立即安排学生离校回家。具体按照主管部门指引执行。

3. 停止户外作业和活动，人员应当留在安全场所暂避；危险地带和危房中的人员应当撤离。

4. 地下商城、地下车库、地下通道等地下设施和场所的经营管理单位应当采取有效措施避免和减少损失，保障人员安全。

5. 对低洼地段室外供用电设施采取安全防范措施。

6. 行驶车辆应当就近到安全区域暂避，避免将车辆停放在低洼易涝等危险区域，如遇严重水浸等危险情况应当立即弃车逃生。

7. 相关应急处置部门和抢险单位应当严密监视灾情，做好暴雨及其引发的内涝、山洪、滑坡、泥石流等灾害应急抢险救灾工作。

第十六条 寒冷预警信号：

寒冷预警信号分三级，分别以黄色、橙色、红色表示：

（一）寒冷黄色预警信号

图标：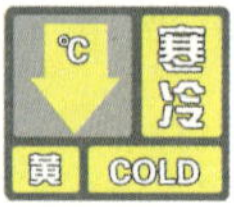

含义：预计因冷空气侵袭，当地气温在 24 小时内急剧下降 10 ℃以上，或者日平均气温维持在 12 ℃以下。

防御指引：

1. 关注寒冷天气最新消息和政府及有关部门发布的防御寒冷通知。

2. 注意做好防寒和防风工作，市民适时添衣保暖。

3. 热带作物及水产养殖品种应当采取一定的防寒和防风措施。

4. 使用煤气热水器时，要确保室内外空气流通。

（二）寒冷橙色预警信号

图标：

含义：预计因冷空气侵袭，当地最低气温将降到 5 ℃以下，或者日平均气温维持在 10 ℃以下。

防御指引：

1. 密切关注寒冷天气最新消息和政府及有关部门发布的防御寒冷通知。

2. 采取防寒救助措施，适时开放避寒场所。

3. 市民（尤其是老弱病人）注意做好防寒保暖工作。

4. 做好牲畜、家禽的防寒防风，对热带、亚热带水果及有关水产、农作物等采取防寒措施。

(三)寒冷红色预警信号

图标：

含义：预计因冷空气侵袭，当地最低气温将降到 0 ℃以下，或者日平均气温维持在 5 ℃以下。

防御指引：

1. 严密关注寒冷天气最新消息和政府及有关部门发布的防御寒冷通知。

2. 市民应当加强防寒保暖工作，尤其是老、弱、病、幼、孕人群应当尽量避免外出，避免长时间置身寒风中。

3. 采取防寒救助措施，开放避寒场所。

4. 农业、林业、水产业、畜牧业、交通运输、供电等单位应当采取防寒防冻措施，高寒地区应当采取防霜冻、冰冻措施。

第十七条　雷电预警信号：

雷电预警信号不分级，以黄色表示：

图标：

含义：预计 2 小时内本市任意地方将有雷电发生，或者雷电正在影响并将持续一段时间。

防御指引：

1. 切勿游泳或者进行其他水上运动。

2. 切勿在树下、电杆下、塔吊下避雨，尽量停留在安全场所，出现雷电时应当关闭手机。

第十八条　大雾预警信号：

大雾预警信号分三级，分别以黄色、橙色、红色表示：

(一)大雾黄色预警信号

图标：

含义：12小时内将出现能见度小于500米的雾，或者已经出现能见度小于500米、大于等于200米的雾且将持续。

防御指引：

1. 驾驶人员注意安全，小心驾驶。

2. 机场、轨道交通、高速公路、港口码头等经营管理单位加强管理，保障安全。

3. 户外活动注意安全。

（二）大雾橙色预警信号

图标：

含义：6小时内将出现能见度小于200米的雾，或者已经出现能见度小于200米、大于等于50米的雾且将持续。

防御指引：

1. 驾驶人员应当控制车、船行驶速度，确保安全。

2. 机场、轨道交通、高速公路、港口码头等经营管理单位采取有效措施，加强调度指挥，保障安全。

3. 空气质量明显降低，市民应当尽量减少户外活动并采取适当防护措施。

（三）大雾红色预警信号

图标：

含义：2小时内将出现能见度低于50米的雾，或者已经出现能见度低于50米的雾且将持续。

防御指引：

1. 有关单位按照行业规定适时采取交通安全管制措施。

2. 各类机动交通工具采取有效措施保障安全。

3. 驾驶人员采取合理行驶方式，并尽快寻找安全停放区域停靠。

4. 市民尽量避免户外活动。

第十九条 高温预警信号：

高温预警信号分三级，分别以黄色、橙色、红色表示：

（一）高温黄色预警信号

图标：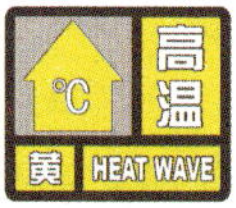

含义：天气闷热，24 小时内最高气温将升至 35 ℃或者已经达到 35 ℃以上。

防御指引：

1. 注意防暑降温。

2. 避免长时间户外露天作业或者在高温条件下作业。

3. 加强防暑降温保健知识的宣传。

（二）高温橙色预警信号

图标：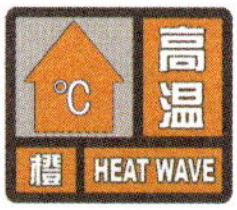

含义：天气炎热，24 小时内最高气温将升至 37 ℃以上或者已经达到 37 ℃以上。

防御指引：

1. 做好防暑降温，高温时段尽量避免户外活动，暂停户外露天作业。

2. 注意防范因电线、变压器等电力设备负载过大而引发火灾。

3. 注意作息时间，保证睡眠，必要时准备一些常用的防暑降温药品。

4. 有关单位落实防暑降温保障措施，提供防暑降温指导，有条件的区域开放避暑场所。

5. 有关部门应当加强食品卫生安全监督检查。

（三）高温红色预警信号

图标：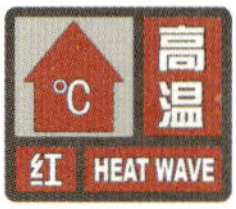

含义：天气酷热，24 小时内最高气温将升至 39 ℃以上。

防御指引：

1. 采取有效措施防暑降温，白天尽量减少户外活动。

2. 对老、弱、病、幼、孕人群采取保护措施。

3. 除特殊行业外，停止户外露天作业。

4. 单位和个人要特别注意防火。

5. 有关单位按照职责采取防暑降温应急措施，有条件的区域开放避暑场所。

第二十条　灰霾天气预警信号：

灰霾天气预警信号不分级，以黄色表示：

图标：

含义：12 小时内将出现灰霾天气，或者已经出现灰霾天气且将持续。

防御指引：

1. 驾驶人员注意安全，小心驾驶。

2. 机场、高速公路、港口码头等经营管理单位采取措施，保障安全。

3.市民需适当防护，减少户外活动，建议托育机构、幼儿园、中小学校适时停止户外活动。

第二十一条 雷雨大风预警信号：

雷雨大风预警信号分三级，分别以黄色、橙色、红色表示：

（一）雷雨大风黄色预警信号

图标：

含义：6小时内本地将受雷雨天气影响，平均风力可达6级以上，或者阵风8级以上，并伴有强雷电；或者已经受雷雨天气影响，平均风力达6～7级，或者阵风8～9级，并伴有强雷电，且将持续。

防御指引：

1.关注雷雨大风最新消息和有关防御通知，做好防御大风、雷电工作。

2.视雷雨大风实况学生可以延迟上学，并根据天气变化适时调整。

3.及时停止户外集体活动，停止高空等户外作业。

4.市民应当关紧门窗，妥善安置室外搁置物和悬挂物，尽量避免外出，留在有雷电防护装置的安全场所暂避。

5.公园、景区、游乐场等户外场所应当做好防护措施，确保人员安全。

6.采取必要措施，保障易受雷击的设备设施和场所的安全。

7.机场、轨道交通、高速公路、港口码头等经营管理单位应当采取措施，保障安全。

（二）雷雨大风橙色预警信号

图标：

含义:2 小时内本地将受雷雨天气影响,平均风力可达 8 级以上,或者阵风 10 级以上,并伴有强雷电;或者已经受雷雨天气影响,平均风力为 8～9 级,或者阵风 10～11 级,并伴有强雷电,且将持续。

防御指引:

1. 密切关注雷雨大风最新消息和有关防御通知,迅速做好防御大风、雷电工作。

2. 立即停止户外活动和作业。

3. 市民应当关紧门窗,妥善安置室外搁置物和悬挂物。

4. 市民应当避免外出,远离户外广告牌、棚架、铁皮屋、板房等易被大风吹动的搭建物,切勿在树下、电杆下、塔吊下躲避,应当留在有雷电防护装置的安全场所暂避。

5. 公园、景区、游乐场等户外场所应当及时发出警示信息,适时关闭相关区域,停止营业,组织人员避险。

6. 在建工地应当采取防护措施,加强工棚、脚手架、井架等设施和塔吊、龙门吊、升降机等机械、电器设备的安全防护,保障市民安全。

7. 机场、轨道交通、高速公路、港口码头等经营管理单位应当迅速采取措施,确保安全。

8. 相关应急处置部门和抢险单位密切监视灾情,做好应急抢险救灾工作。

(三)雷雨大风红色预警信号

图标:

含义:2 小时内本地将受雷雨天气影响,平均风力可达 10 级以上,或者阵风 12 级以上,并伴有强雷电;或者已经受雷雨天气影响,平均风力为 10 级以上,或者阵风 12 级以上,并伴有强雷电,且将持续。

防御指引：

1.严密关注雷雨大风最新消息和有关防御通知，迅速做好防御大风、雷电工作。

2.立即停止户外活动和作业。

3.市民应当关紧门窗，妥善安置室外搁置物和悬挂物。

4.市民切勿外出，远离户外广告牌、棚架、铁皮屋、板房等易被大风吹动的搭建物，切勿在树下、电杆下、塔吊下躲避，应当留在有雷电防护装置的安全场所暂避。

5.公园、景区、游乐场等户外场所应当立即发出警示信息，立即关闭相关区域，停止营业，组织人员避险。

6.在建工地应当采取防护措施，加强工棚、脚手架、井架等设施和塔吊、龙门吊、升降机等机械、电器设备的安全防护，保障人员安全。

7.机场、轨道交通、高速公路、港口码头等经营管理单位应当迅速采取措施，确保安全。

8.相关应急处置部门和抢险单位密切监视灾情，做好应急抢险救灾工作。

第二十二条 道路结冰预警信号：

道路结冰预警信号分三级，分别以黄色、橙色、红色表示：

（一）道路结冰黄色预警信号

图标：

含义：12小时内将出现对交通有影响的道路结冰。

防御指引：

1.交通运输、公安等部门做好应对准备工作。

2.驾驶人员注意路况，安全行驶。

(二)道路结冰橙色预警信号

图标：

含义:6 小时内将出现对交通有较大影响的道路结冰。

防御指引：

1. 行人出行注意防滑。

2. 交通运输、公安等部门注意指挥和疏导行驶车辆。

3. 驾驶人员应当采取防滑措施,听从指挥,慢速行驶。

(三)道路结冰红色预警信号

图标：

含义:2 小时内将出现或者已经出现对交通有很大影响的道路结冰。

防御指引：

1. 市民尽量减少外出。

2. 有关部门适时采取交通安全管制措施,必要时封闭结冰道路。

3. 相关应急处置部门和抢险单位密切监视灾情,做好应急抢险救灾工作。

第二十三条 冰雹预警信号：

冰雹预警信号分二级,分别以橙色、红色表示：

(一)冰雹橙色预警信号

图标：

含义:6 小时内将出现或者已经出现冰雹,并可能造成雹灾。

防御指引：

1. 户外人员及时到安全的场所暂避。

2. 视冰雹实况学生可以延迟上学，并根据天气变化适时调整。

3. 妥善安置易受冰雹影响的室外物品、车辆等。

4. 将家禽、牲畜等赶到带有顶蓬的安全场所。

5. 相关应急处置部门和抢险单位随时准备启动抢险应急预案。

（二）冰雹红色预警信号

图标：

含义：2 小时内出现冰雹的可能性极大或者已经出现冰雹，并可能造成重雹灾。

防御指引：

1. 户外人员立即到安全的场所暂避。

2. 妥善安置易受冰雹影响的室外物品、车辆等。

3. 将家禽、牲畜等赶到带有顶蓬的安全场所。

4. 相关应急处置部门和抢险单位密切监视灾情，做好应急抢险救灾工作。

第二十四条　森林火险预警信号：

森林火险预警信号分三级，分别以黄色、橙色、红色表示：

（一）森林火险黄色预警信号

图标：

含义：较高火险，森林火险气象等级为三级，林内可燃物较易燃烧，森林火灾较易发生。

防御指引：

1. 进入森林防火防御状态，有关单位应当加强森林防火宣传教育，普及用火安全指引。

2. 加强巡山护林和野外用火的监管工作。

3. 进入森林防火区，注意防火；森林防火区用火要做好防范措施，勿留火种。

4. 充分做好扑火救灾准备工作。

（二）森林火险橙色预警信号

图标：

含义：高火险，森林火险气象等级为四级，林内可燃物容易燃烧，森林火灾容易发生，火势蔓延速度快。

防御指引：

1. 进入森林防火临战状态，有关单位应当进一步加强森林防火宣传教育。

2. 加大巡山护林和野外用火的监管力度。

3. 加强检查，禁止携带火种进山，严格管制野外火源。

4. 充分做好扑火救灾准备工作。

（三）森林火险红色预警信号

图标：

含义：极高火险，森林火险气象等级为五级，林内可燃物极易燃烧，森林火灾极易发生，火势蔓延速度极快。

防御指引：

1. 进入紧急防火状态，有关单位加强值班调度，密切注意林火信息动态。

2. 进一步加强巡山护林，落实各项防范措施，及时消除森林火灾隐患。

3. 严格检查，禁止携带火种进山，严格管制野外火源。

4. 政府可以发布命令，禁止一切野外用火，严格管理可能引发森林火灾的市民生活用火。

5. 做好扑火救灾充分准备工作，森林消防队伍要严阵以待。

6. 发生森林火灾时要及时、科学、安全扑救，确保人民群众生命财产安全。

第二十五条　强季风预警信号：

强季风预警信号不分级，以黄色表示。强季风指除台风和雷雨大风以外的、主要由东北季风和西南季风系统等引起的大风。

图标：

含义：预计 6 小时内可能受或者已经受强烈季候风影响，平均风力 6 级以上，或者阵风 8 级以上。

防御指引：

1. 市民关注强季风防御通知。

2. 加固门窗和板房、铁皮屋、棚架等临时搭建物，妥善安置室外搁置物和悬挂物。

3. 滨海浴场、景区、公园、游乐场应当发出警示信息，做好防护措施。

4. 船舶采取有效措施避风，适时停航。

第二十六条　不同灾种的灾害性天气同时或者先后出现时，可以多个预警信号同时生效。

本市不同区域灾害性天气差别较大时，可分区域发布预警信号。

高级别预警信号防御指引包含同灾种低级别预警信号防御指引。

第二十七条 本市各部门和各类媒体在传播气象灾害信息时,应当准确、及时传播气象灾害预警信号的种类、级别、预警内容和防御措施,并标明发布单位和发布时间。

预警信号发布后,电台、电视台、网络等媒体及电信、移动、联通等信息传播单位(以下简称媒体及信息传播单位)在收到气象部门的预警信息后应在10分钟内向公众播出相关预警信息及相应的信号含义、防御指引。电视台在频道右上角应始终悬挂预警信号图标且不得遮盖,并以字幕形式滚动播发预警信息及相应的信号含义、防御指引。

预警信号解除后,媒体及信息传播单位应当在收到气象部门的预警信号解除信息后及时撤下预警信号并告知公众。

第四章 部门联动与社会响应

第二十八条 高级别预警的部门联动与社会响应行动包含同灾种低级别预警的部门联动与社会响应行动。

第二十九条 台风白色预警信号生效时:

(一)媒体及信息传播单位应提示公众注意台风动向,其中电视台、电台应当每3小时至少1次分别通过字幕和新闻向公众播报有关预警信息。

(二)各部门应启动应急预案,做好相关防风准备工作。

(三)农业农村、海事部门应通知辖区船舶做好避风准备;港口管理部门应当通知港口企业做好货物抢装或者抢卸工作。

第三十条 台风蓝色预警信号生效时:

(一)媒体及信息传播单位应当及时播发预警信息和防御指引,其中电视台应当每2小时至少插播1次预警信息和防御指引;电台应当每小时播报1次预警信息和防御指引。

(二)农业农村、海事部门应当通知并提醒本辖区内船舶落实避风措施。

（三）公安部门应当提示进入高速公路车辆注意防风。

（四）城市管理综合执法部门应当组织检查户外广告牌，对市政绿化树木进行加固。

（五）文化广电旅游体育部门应当要求各旅游企业做好防风工作，协助做好海岛游客安全撤离工作。

（六）住房城乡建设部门应当督促和检查在建房屋市政工程施工企业做好防风工作。

第三十一条 台风黄色预警信号生效时：

（一）全市的托育机构、幼儿园、中小学校、中等职业学校停课，教育部门应当负责检查停课情况，并督促学校对已到校学生做好安全保护工作。

（二）媒体及信息传播单位应当及时播发预警信息和防御指引，向公众公布应急避难场所的地点。其中电视台应当持续滚动播出字幕，并每小时至少插播 1 次预警信息和防御指引；电台应当每半小时播报预警信息和防御指引；电信、移动、联通应当每日 1 次向所有用户发送台风预警和防御提示短信。

（三）应急管理部门应当及时协调各区开放应急避难场所并向公众公布，检查、落实应急避难场所生活物资；卫生健康部门对应急避难场所进行防疫情况检查。

（四）农业农村、海事部门应当掌握辖区渔船、商船避风情况，提醒所属船舶落实防风措施。

（五）住房城乡建设部门应当督促在建房屋市政工程施工企业停止户外作业。

（六）镇人民政府、街道办事处应当组织检查小组，检查辖区的防灾抗灾准备工作，督促辖区临时房屋或者危房，特别是在天台上搭建的临时房屋、广告、招牌的业主进行加固。

（七）如因天气原因停航停运，交通运输部门应当督促公路、水路公共交通运输单位及时通过各种途径向公众公布停航停运有关讯息。

第三十二条 台风橙色预警信号生效时：

（一）托育机构、幼儿园、中小学校、中等职业学校、高等院校停课，教育部门应当检查停课情况，并督促学校采取必要措施妥善安置在校学生。

（二）电视台应当持续滚动播出字幕并每小时2次插播预警信息和防御指引，电台应当每半小时播报预警信息和防御指引，电信、移动、联通应当每日2次向所有用户发送台风预警和防御提示短信。

（三）市民应当留在安全地方暂避。

（四）区政府和经济功能区管理机构应组织转移危险区域的人员到应急避难所或者安全场所。

（五）各单位负责组织本单位的抢修、抢险工作。公安部门根据市三防指挥部下达的指令对沿海路段、高速公路和桥梁实施交通管制或者采取封桥、封路等措施，并及时将有关信息通过多种途径告知公众。

第三十三条 台风红色预警信号生效时：

（一）除必要人员外，单位、企业应当停工停业。

（二）电视台、电台每15分钟应在节目中插播预警信息和防御指引，电信、移动、联通负责每日2次向所有用户发送台风预警和防御提示短信。

（三）公安部门应组织力量，协助指挥人员疏散，维护治安秩序。

（四）交通运输部门应当督促公交企业停止沿海路段和郊区的公共汽车交通运输服务，及时将有关信息通过多种途径告知公众。

（五）供电单位应当依法采取措施消除安全隐患，对受损严重或者可能危及行人安全的电力设施进行处置。

第三十四条 台风预警信号解除后：

（一）各级政府应当迅速组织人力、物力投入抗灾救灾工作。

（二）卫生健康部门应当抓紧抢救伤病员，加强灾区防疫工作。

（三）民政部门应当做好因灾死难者的相关善后工作。

（四）供水、供电、供气、交通运输等单位应当负责水、电、气、通信设施及道路的修复。

（五）发展改革、财政、工业和信息化等部门应当按各自职责，组织供应抢险救灾物资、器材等，优先安排危急项目修复所必需的资金、物资。

（六）农业农村、海事部门应当加强巡查，维护通航秩序，处理突发事件。

（七）宣传部门应当统筹做好灾情的新闻报道。

（八）其他各部门应当在职责范围内负责灾后生产生活秩序恢复重建工作。

第三十五条 暴雨黄色预警信号生效时：

（一）媒体及信息传播单位应当提示公众注意防雨，其中电视台、电台应当及时将暴雨信息及防御指引告知公众。

（二）各部门应当启动应急预案，做好相关防雨工作。

第三十六条 暴雨橙色预警信号生效时：

（一）媒体及信息传播单位应当将相关预警信息和防御指引告知公众，及时播发暴雨信息以及道路或者公共场所积水情况。

（二）教育部门应当监督学校做好已到达幼儿园、学校学生的安全保护工作。

（三）水务部门应当组织对各水库、河道、泵站、排水设施等的安全巡查，对达到防洪限制水位的水库应当排泄其部分库容，排涝泵站要根据实际情况开机排水。

（四）自然资源部门应当对易发生山体滑坡和泥石流的路段进行巡查和设置警示标志。

（五）公安部门应当限制高速公路车流车速，对水浸严重的路段进行封锁，及时处置因暴雨引起的交通事故。

第三十七条 暴雨红色预警信号生效时：

（一）托育机构、幼儿园、中小学校、中等职业学校、高等院校停课，学校应当做好已到达学校学生的安全保护工作。

（二）电视台、电台应当及时滚动播报或者插播预警信息和防御指引。

（三）市民应当留在安全地方暂避。

（四）自然资源部门应当督促和协助有关部门疏散、转移已发生地质灾害或者存在隐患地段的有关人员。

（五）应急管理部门应当及时协调开放应急避难场所并向公众公布。

（六）卫生健康部门应当抓紧抢救伤病员，加强灾区防疫工作。

（七）公安部门必要时应当封闭高速公路、实行道路警戒和交通管制，及时将有关信息通过多种途径告知公众。

第三十八条 寒冷黄色预警信号生效时：

（一）媒体及信息传播单位应当提示公众注意添衣保暖。

（二）农业农村等部门和有关人员应当做好相关防寒措施。

第三十九条 寒冷橙色预警信号生效时：

（一）媒体及信息传播单位应当提示公众注意防寒保暖。

（二）农业农村部门应当指导农业、水产业、畜牧业从业人员积极采取防霜冻和冰冻措施，减少寒害损失。

（三）应急管理部门应当协调开放应急避难场所供有需要的人员避寒。

第四十条 寒冷红色预警信号生效时：

（一）媒体及信息传播单位应当提示公众务必加强防寒保暖。

（二）卫生健康部门做好寒冷天气引发的疾病救治工作。

第四十一条 雷电预警信号生效时：

（一）停止各类户外的易燃、易爆危险作业。

（二）媒体及信息传播单位应当提示公众雷电发生时，不要在大树、电线杆等地方停留，注意安全使用移动通信设备，以免遭受雷击。

（三）文化广电旅游体育部门应当通知旅游景点停止户外易受雷击娱乐项目，避免因雷电天气造成人员伤亡。

（四）供电单位要加强电力设施检查和电网运营监控，及时进行故障排查。

第四十二条 大雾黄色预警信号生效时：

（一）媒体及信息传播单位应当及时跟踪报道大雾信息，以及海、陆、空交通状况信息。

（二）民用航空管理、交通运输、公安、海事等部门应当对机场、公路、轮渡码头、海上船舶发出大雾警告，提示驾驶员注意安全。

（三）教育部门应当通知幼儿园、学校取消所有室外活动，并告知大雾天应当注意的安全事项。

第四十三条 大雾橙色预警信号生效时：

（一）卫生健康部门、媒体及信息传播单位应当提示公众浓雾使空气质量明显降低，指导公众适当防护。

（二）民用航空管理、交通运输、公安、海事等部门应当采取必要措施，确保机场、高速公路、轮渡码头的交通安全。

第四十四条 大雾红色预警信号生效时：

（一）卫生健康部门、媒体及信息传播单位应当加强宣传浓雾对人体健康的影响。

（二）民用航空管理、交通运输、公安等部门应当采取有力措施，维持受强浓雾影响区域的机场、高速公路和码头等秩序。

第四十五条 高温黄色预警信号生效时：

（一）媒体及信息传播单位应当提示公众注意防暑降温，避免长时间户外或者高温条件下作业，并加强防暑降温保健知识的宣传。

（二）各部门应当启动应急预案，采取有效措施防暑降温，督促户外或者高温条件下的作业人员采取必要的防护措施。

（三）供电、供水等单位应当做好用电、用水供给和安全工作。

（四）人力资源社会保障部门应当加强劳动安全监察，查处高温下不采取防暑降温措施强行工作的企业。

第四十六条 高温橙色预警信号生效时：

（一）媒体及信息传播单位应当加强防暑降温保健知识的宣传，指导公众尽量避免午后高温时段的户外活动，并采取必要的防护措施。

（二）人力资源社会保障部门应当在高温时段根据情况发出停工建议。

（三）供电单位应当注意防范因用电量过高，电线、变压器等电力设备负载大而引发火灾；保障用电供给和安全。

第四十七条 高温红色预警信号生效时：

（一）媒体及信息传播单位应当提示公众注意防暑降温，白天尽量减少户外活动。

（二）各部门应当重视防火；卫生健康部门、供电、供水等单位做好各项应急工作。

（三）人力资源社会保障部门应当督促部分行业停工停业。

第四十八条 灰霾天气预警信号生效时：

（一）卫生健康部门、媒体及信息传播单位应当加强宣传，指导公众适当防护。

（二）交通运输、公安、民用航空管理等部门应当采取措施确保海、陆、空交通安全。

（三）教育部门应当通知幼儿园、学校取消所有室外活动，并告知灰霾天气应当注意的安全事项。

（四）生态环境部门应当加强空气质量监测，适当采取措施，减少大气污染。

第四十九条 雷雨大风黄色预警信号生效时：

（一）媒体及信息传播单位应当加强宣传，指导公众适当防护。

（二）教育部门应当提示和督促学校做好防御准备。

（三）住房城乡建设部门应当督促在建房屋市政工程施工企业采取防风措施，停止高空户外作业，确保人员安全。

（四）城市管理综合执法部门统筹各区加强巡查，统筹各管养部门加固户外路灯及其附属设施。

第五十条 雷雨大风橙色预警信号生效时：

（一）教育部门应当督促学校视情况暂停室外教学活动，采取措施保障在校学生安全。

（二）住房城乡建设部门应当视情况督促在建房屋市政工程施工企业加强工棚、脚手架、起重设备等设施、设备的安全防护，暂停一切户外作业。

（三）城市管理综合执法部门加强巡查，及时清除和抢修受损毁的树木和设施。

（四）文化广电旅游体育部门应当督促景点经营单位提醒在旅游景区内游客注意防风，视情况暂停户外机动游玩项目。

第五十一条 雷雨大风红色预警信号生效时：

（一）教育部门应当督促学校暂停室外教学活动，采取措施保障在校学生安全。

（二）住房城乡建设部门应当通知督促在建房屋市政工程施工企业暂停作业，组织人员不要外出，安置在安全地带。

（三）城市管理综合执法部门统筹各区加强巡查，统筹各管养部门抢修、加固户外路灯及其附属设施，必要时切断户外用电广告设施室外用电设施电源。

第五十二条 道路结冰黄色预警信号生效时：

（一）媒体及信息传播单位应当加强宣传，指导公众注意交通安全。

（二）交通、公安部门应当根据道路结冰的程度和路面状况，科学合理地采取限速措施，指挥和疏导行驶车辆。

（三）城市管理综合执法部门加强路面巡查，视实际情况做好道路减冰准备。

第五十三条　道路结冰橙色预警信号生效时：

（一）交通、公安部门应当根据道路结冰的程度和路面状况，科学合理地采取限速、限量措施，指挥和疏导行驶车辆。

（二）城市管理综合执法部门加强路面巡查，视实际情况采取适当措施减少道路结冰。

第五十四条　道路结冰红色预警信号生效时：

（一）交通、公安部门应当根据道路结冰的程度和路面状况，科学合理地采取限速、限量和封闭措施，指挥和疏导行驶车辆。

（二）城市管理综合执法部门加强路面巡查，视实际情况采取适当措施减少道路结冰。

第五十五条　冰雹橙色预警信号生效时：

（一）媒体及信息传播单位应当加强宣传，指导公众适当防护。

（二）教育部门指导、督促学校做好防御工作，视灾害情况及时停止户外教学活动。

（三）城市管理综合执法部门统筹各区加强巡查，统筹各管养单位加固户外路灯及其附属设施。

第五十六条　冰雹红色预警信号生效时：

（一）媒体及信息传播单位应当加强宣传，指导公众适当防护。

（二）教育部门应当通知学校取消所有室外活动，采取措施确保学生安全。

（三）城市管理综合执法部门统筹各区管养单位加强巡查，视灾害情况切断户外用电广告设施室外用电设施电源。

（四）人力资源社会保障部门应当视灾害情况及时督促暂停露

天作业。

第五十七条 森林火险黄色预警信号生效时：

（一）媒体及信息传播单位应当加大森林防火宣传力度，提高公众森林防火意识。

（二）区政府、经济功能区管理机构及其有关部门应当加强森林防火巡护、卫星林火监测和瞭望监测，做好预警信息发布和森林防灭火宣传教育工作。

（三）消防救援部门做好各项森林扑火准备，保证扑火机具、运输车辆处于良好状态。

第五十八条 森林火险橙色预警信号生效时：

（一）各区森林防灭火指挥部要加大森林防灭火巡查和检查力度，严格管制野外火源。

（二）消防救援部门进入待命状态，随时准备出动。

第五十九条 森林火险红色预警信号生效时：

（一）区政府和经济功能区管理机构应当组织镇、村干部和护林员等加强巡山护林，落实各项防范措施，在进入林区的主要路口设卡布点，严禁带火种进山，及时消除林火隐患。

（二）进入紧急森林防火状态，各有关部门加强值守，密切留意森林火险动态，随时做好应对措施。

第六十条 强季风预警信号生效时：

（一）住房城乡建设部门应当通知督促在建房屋市政工程施工企业加固铁皮屋、棚架等临时搭建物，视情况暂停高空作业。

（二）农业农村、海事、港口管理部门应当提醒、指导海上作业、船舶、港口采取有效措施。

（三）文化广电旅游体育部门应当督促景点经营单位提醒在旅游景区内游客注意防风，视情况暂停户外机动娱乐项目。

（四）城市管理综合执法部门统筹各区加强巡查，统筹各管养部门加固户外路灯及其附属设施。

第五章　附　则

第六十一条　违反本规定的，按照相关法律、法规、规章进行处理。

第六十二条　本规定自 2023 年 1 月 28 日起施行，市人民政府 2013 年 1 月 14 日实施的《珠海市防御气象灾害规定》（市人民政府令 89 号）同时废止。

附录：珠港澳三地暴雨和热带气旋预警信号对比

珠港澳三地暴雨和热带气旋预警信号对比

一、暴雨预警信号

珠海	香港	澳门
暴雨黄色预警信号  含义：6 小时内本地将有暴雨或者每小时超过 20 毫米的降雨发生，或者已经出现明显降雨，且降雨将持续。	黄色暴雨警告信号  含义：香港广泛地区已录得或者预料会有每小时雨量超过 30 毫米的大雨，且雨势可能持续。	黄色暴雨警告信号  含义：预测澳门特区广泛地区 1 小时降雨量将达到约 20 毫米，或者澳门特区广泛地区在过去 1 小时降雨量已达到 20 毫米，且预料雨势持续。
暴雨橙色预警信号  含义：在过去的 3 小时，本地降雨量已达 50 毫米以上，且降雨将持续。	红色暴雨警告信号  含义：香港广泛地区已录得或者预料会有每小时雨量超过 50 毫米的大雨，且雨势可能持续。	红色暴雨警告信号  含义：预测澳门特区广泛地区 1 小时降雨量将达到约 50 毫米，或者澳门特区广泛地区在过去 1 小时降雨量已达到 50 毫米，且预料雨势持续。

珠海	香港	澳门
暴雨红色预警信号  含义：在过去的3小时，本地降雨量已达100毫米以上，且降雨将持续。	黑色暴雨警告信号  含义：香港广泛地区已录得或者预料会有每小时雨量超过70毫米的豪雨，且雨势可能持续。	黑色暴雨警告信号  含义：预测澳门特区广泛地区1小时降雨量将达到约80毫米，或者澳门特区广泛地区在过去1小时降雨量已达到80毫米，且预料雨势持续。

二、热带气旋预警信号

珠海	香港	澳门
台风白色预警信号  含义：表示48小时内将受台风影响。	一号戒备警告 **T1** 含义：有一热带气旋集结于香港约800公里的范围内，可能影响本港。	一号风球 **1T** 含义：热带气旋的戒备信号，表示热带气旋中心正集结在澳门的800公里范围内，并预测该热带气旋可能会影响澳门。

续表

珠海	香港	澳门
台风蓝色预警信号  含义：表示24小时内将受台风影响，平均风力可达6级以上，或者阵风8级以上；或者已经受台风影响，平均风力为6～7级，或者阵风8～9级并将持续。	三号强风警告  含义：香港近海平面处现正或者预料会普遍吹强风，持续风力达每小时41至62公里，阵风更可能超过每小时110公里，且风势可能持续。	三号风球  含义：受到热带气旋的影响，澳门的持续风速现正或者预测将达41公里/小时至62公里/小时，阵风约达至110公里/小时。
台风黄色预警信号  含义：表示24小时内将受台风影响，平均风力可达8级以上，或者阵风10级以上；或者已经受台风影响，平均风力为8～9级，或者阵风10～11级并将持续。	八号烈风或者暴风警告  含义：香港近海平面处现正或者预料会普遍受烈风或者暴风从信号所示方向吹袭，持续风力达每小时63至117公里，阵风更可能超过每小时180公里，且风势可能持续。	八号风球  含义：热带气旋继续接近澳门，澳门的持续风速现正或者预测将达63公里/小时至117公里/小时，阵风约达至180公里/小时。

续表

珠海	香港	澳门
台风橙色预警信号  含义：表示12小时内将受台风影响，平均风力可达10级以上，或者阵风12级以上；或者已经受台风影响，平均风力为10～11级，或者阵风12级以上并将持续。	九号烈风或者暴风风力增强警告  含义：烈风或者暴风的风力现正或者预料会显著加强。	九号风球  含义：热带气旋中心正进一步接近澳门，澳门的持续风速已达63公里/小时至117公里/小时，且现正或者预测将显著加强。
台风红色预警信号  含义：表示12小时内将受或者已经受台风影响，平均风力可达12级以上，或者已达12级以上并将持续。	十号飓风警告  含义：风力现正或者预料会达到飓风程度，持续风力达每小时118公里或者以上，阵风更可能超过每小时220公里。	十号风球 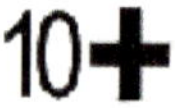 含义：热带气旋中心会在澳门附近经过，澳门的持续风速现正或者预测将达118公里/小时或者以上，并伴有强烈阵风。

河池市气象设施和气象探测环境保护管理规定

（2018 年 12 月 17 日河池市人民政府令第 1 号公布，2023 年 3 月 10 日河池市人民政府令第 3 号修订，2023 年 2 月 23 日河池市五届人民政府第 27 次常务会议审议通过，自 2023 年 5 月 1 日起施行）

第一条 为了保护气象设施和气象探测环境，确保气象探测信息的代表性、准确性、连续性和可比较性，根据《中华人民共和国气象法》《气象设施和气象探测环境保护条例》《广西壮族自治区气象条例》《广西壮族自治区气象设施和气象探测环境保护管理办法》，结合本市实际，制定本规定。

第二条 本市行政区域内气象设施和气象探测环境的保护，适用本规定。

本规定所称气象设施，是指气象探测设施、气象信息专用传输设施和大型气象专用技术装备等。

本规定所称气象探测环境，是指为避开各种干扰，保证气象探测设施准确获得气象探测信息所必需的最小距离构成的环境空间。

第三条 气象设施和气象探测环境保护应当遵循分类保护、分级管理、统筹规划、预防为主的原则。

第四条 市、县(区)人民政府应当加强对本行政区域内气象设施和气象探测环境保护工作的组织领导，建立工作协调以及信息共享等机制，统筹协调和处理气象设施和气象探测环境保护工作的重大问题，将气象设施和气象探测环境保护工作所需经费纳入同级财政预算，保障气象设施和气象探测环境保护工作的正常开展。

第五条 市、县(区)气象主管机构在上级气象主管机构和本级人民政府领导下，负责本行政区域内气象设施和气象探测环境的保护工作，其职责是：

(一)加强对气象设施和气象探测环境保护的法律、法规、规章和政策的宣传、实施；

(二)制定气象设施和气象探测环境保护规划并组织实施；

(三)负责本行政区域内重要气象设施建设项目的审查；

(四)设置必要的气象设施和气象探测环境保护装置，建立健全安全管理制度；

(五)在气象设施和气象探测场所附近显著位置设立保护标志，标明气象设施和气象探测环境的保护要求和保护范围等；

(六)管理气象设施和气象探测环境保护经费并监督使用；

(七)开展对气象设施和气象探测环境的日常巡查和监督检查，建立健全实时监控和报告备案等管理制度；

(八)对违反本规定的行为进行处罚；

(九)开展与气象设施和气象探测环境保护有关的其他工作。

设有气象台站的其他部门应当做好本部门气象设施和气象探测环境的保护工作，并接受同级气象主管机构的指导和监督管理。

第六条 发展改革部门应当按照气象设施和气象探测环境保护规定的要求合理审批建设项目。

无线电管理部门在审批设置无线电台(站)或者频率时，应当按照气象设施和气象探测环境保护规定的要求进行，避免挤占、干扰依法设置的气象无线电台(站)、频率。

自然资源主管部门在审批气象探测环境保护范围内的用地以及新建、改建、扩建建设项目时,应当按照气象设施和气象探测环境保护规定的要求进行,避免危害气象探测环境。

生态环境主管部门在审批垃圾场、排污口等干扰源项目时,应当按照气象设施和气象探测环境保护规定的要求进行,避免危害气象探测环境。

乡镇人民政府、街道办事处应当协助气象主管机构做好本行政区域的气象设施和气象探测环境保护工作。

第七条 市、县(区)气象主管机构应当加强对气象设施和气象探测环境保护的宣传教育,增强全民保护气象设施和气象探测环境的社会意识。

第八条 市、县(区)气象主管机构应当会同自然资源主管部门制定气象设施和气象探测环境保护专项规划,报本级人民政府批准后纳入国土空间规划并公布实施。

国土空间规划调整涉及气象设施和气象探测环境保护专项规划的,自然资源主管部门报批前应当征求气象主管机构意见。

第九条 气象设施是基础性公共服务设施。市、县(区)人民政府及其有关部门应当按照气象设施建设规划的要求,合理安排气象设施建设用地,提供水电、交通、通信等基本条件,保障气象设施建设顺利进行、正常运行和长期稳定。调整各类气象设施用地应当征得有关气象主管机构同意。

气象设施因不可抗力或者其他原因遭到破坏时,气象主管机构应当立即向上级气象主管机构和本级人民政府报告,市、县(区)人民政府应当组织有关部门及时修复,确保气象设施正常运行。

第十条 下列气象设施和气象探测环境应当依法予以保护:

(一)国家基准气候站、国家基本气象站、国家气象观测站、省级气象观测站等地面气象观测站的气象设施和气象探测环境;

（二）高空气象观测站、天气雷达站、气象卫星接收站的气象设施和气象探测环境；

（三）大气成分观测站、风能资源观测站、太阳辐射观测站、电离层观测站、农业气象观测站、空间天气观测站、自动土壤水分观测站、大气负氧离子观测站、雷电监测站、地基全球定位系统等应用气象观测站的气象设施和气象探测环境；

（四）气象专用频道、频率、线路、网络及其设施；

（五）人工影响天气标准化作业站、地面人工影响天气焰条播撒系统、气象预警大喇叭、气象多媒体显示屏等；

（六）其他应当保护的气象设施和气象探测环境。

第十一条 禁止实施下列危害气象设施的行为：

（一）侵占、损毁、盗窃或者未经批准擅自移动气象设施；

（二）挤占、干扰依法设立的气象无线电台（站）、频率；

（三）设置影响大型气象专用技术装备和其他气象探测设施使用功能的干扰源；

（四）侵占气象设施用地；

（五）在气象设施周边进行危及气象设施安全的爆破、钻探、采石、挖沙、取土、焚烧等；

（六）损毁或者擅自移动气象设施保护标志；

（七）法律、法规、规章和国务院、自治区气象主管机构规定的其他危害气象设施的行为。

第十二条 禁止实施下列危害国家基准气候站、国家基本气象站探测环境的行为：

（一）在国家基准气候站观测场周边2000米探测环境保护范围内或者国家基本气象站观测场周边1000米探测环境保护范围内修建高度超过距观测场距离1/10的建筑物、构筑物；

（二）在观测场周边500米范围内设置垃圾场、排污口等干扰源；

（三）在观测场周边 200 米范围内修建铁路；

（四）在观测场周边 100 米范围内挖筑水塘等；

（五）在观测场周边 50 米范围内修建公路、种植高度超过 1 米的树木和作物等；

（六）在观测场日出或者日落方向设置遮挡仰角大于 5°的障碍物；

（七）法律、法规、规章和国务院气象主管机构另有规定的，从其规定。

第十三条 禁止实施下列危害国家气象观测站探测环境的行为：

（一）在观测场周边 800 米探测环境保护范围内修建高度超过距观测场距离 1/8 的建筑物、构筑物；

（二）在观测场周边 200 米范围内设置垃圾场、排污口等干扰源；

（三）在观测场周边 100 米范围内修建铁路；

（四）在观测场周边 50 米范围内挖筑水塘等；

（五）在观测场周边 30 米范围内修建公路、种植高度超过 1 米的树木和作物等；

（六）在观测场日出或者日落方向设置遮挡仰角大于 7°的障碍物；

（七）法律、法规、规章和国务院气象主管机构另有规定的，从其规定。

第十四条 禁止实施下列危害国家高空气象观测站探测环境的行为：

（一）在距观测场放球点 50 米范围内，设置影响气球施放的障碍物；

（二）在制氢室、储（用）氢室的周边 25 米防火间距范围内修建民用建筑物、构筑物和铁路、道路，在 50 米防火间距范围内修建重要建筑物、构筑物和设置火源；

（三）在制氢室、储（用）氢室的周围架设防火间距小于1.5倍电杆高度的架空电力线；

（四）在高空气象观测站周围设置对探测系统天线形成遮挡仰角大于5°的障碍物；在其高空盛行风下风方向±60°方位范围内，设置对探测系统的天线形成遮挡仰角大于2°的障碍物；

（五）法律、法规、规章和国务院气象主管机构另有规定的，从其规定。

第十五条 禁止实施下列危害天气雷达站探测环境的行为：

（一）障碍物对天气雷达造成的回波强度损失大于1 dB；

（二）不可避免的有源干扰造成的雷达接收机灵敏度损失大于1 dB；

（三）天气雷达站周边，其他电子设备在雷达工作频点以及所占频谱范围内的干扰电压的容限值超过国家规定标准；

（四）天气雷达站与典型的干扰源的最小防护间距大于国家规定的标准；

（五）法律、法规、规章和国务院气象主管机构另有规定的，从其规定。

第十六条 气象卫星接收站、人工影响天气标准化作业站、地面人工影响天气焰条播撒系统、大气成分观测站、风能资源观测站、太阳辐射观测站、电离层观测站、农业气象观测站、空间天气观测站、自动土壤水分观测站、大气负氧离子观测站、雷电监测站、地基全球定位系统等气象设施和气象探测环境保护标准，按照国家有关标准执行。

第十七条 市、县（区）人民政府应当建立气象设施和气象探测环境保护联席会议制度，每年定期召开有气象、发展改革、无线电管理、自然资源、生态环境、公安等主管部门和单位参加的联席会议。联席会议总召集人为市、县（区）人民政府分管领导，副总召集人为市、县(区)人民政府分管副秘书长(政府办公室副主任)和气象主管机构主要领导。联席会议办公室设在气象主管机构。

第十八条 市、县(区)气象主管机构应当于每年12月底前将本地区设置的气象设施、场站类别、地理位置、观测项目、探测设施、保护标准、保护范围、禁止内容、观测场地平面图等资料向本级人民政府和上一级气象主管机构报告,并抄送同级发展改革、无线电管理、自然资源、生态环境、公安等主管部门和单位。气象探测环境有重大变化的,由气象主管机构及时组织召开信息通报会。

第十九条 市、县(区)人民政府应当组织气象、发展改革、无线电管理、自然资源、生态环境等主管部门建立信息共享机制,共享气象台站点设置及保护范围以及气象台站探测环境保护范围内新建、改建、扩建建设工程等信息。

第二十条 在气象台站探测环境保护范围内新建、改建、扩建建设工程的,自然资源主管部门在审批项目建设前应当书面征求建设工程所在地气象主管机构意见,气象主管机构应当及时组织现场勘察、核验,并在三个工作日内回复意见。

自然资源主管部门应当将气象设施和气象探测环境保护要求纳入建设项目审查的内容,避免危害气象探测环境;涉及危害气象探测环境的,建设单位应当经自治区气象主管机构书面同意,未征得自治区气象主管机构书面同意的,有关部门不得批准其开工建设。

在单独设立的气象探测设施探测环境保护范围内新建、改建、扩建建设工程的,建设单位应当事先报告当地气象主管机构,并按照要求采取必要的工程、技术措施。

第二十一条 气象台站站址应当保持长期稳定,任何单位或者个人不得擅自迁移气象台站。

因国家重点工程建设或者城市(镇)总体规划变化,确需迁移气象台站的,建设单位或者当地人民政府应当向自治区气象主管机构提出申请，经批准并在纳入城市(镇)控制性详细规划后，按照先建站后迁移的原则进行迁移。

气象台站迁移、建设费用由建设单位承担。

第二十二条 经批准迁移气象台站，应当按照国家规定，在新址与旧址之间进行至少一个自然年的连续对比观测。

具有特殊地理位置、特殊气象观测条件以及重要气象历史价值的气象台站，不可迁移。

第二十三条 气象台站探测环境遭到严重破坏、失去治理和恢复可能的，该气象台站所在地地方人民政府应当保证气象台站迁移用地，并承担迁移、建设费用。地方人民政府承担迁移、建设费用后，可以向破坏气象探测环境的责任人追偿。

第二十四条 市、县(区)以上气象主管机构应当加强对气象设施和气象探测环境保护的日常巡查和监督检查，并可以采取下列措施：

(一)要求被检查单位或者个人提供有关文件、证照、资料，并进行查阅、摘录或者复制；

(二)要求被检查单位和人员就有关问题作出解释和说明，制作询问笔录；

(三)进入现场调查、取证；

(四)按照法律、法规、规章规定可以采取的其他措施。

市、县(区)人民政府应当加强对气象设施和气象探测环境保护工作的监督考核，并定期组织专项检查。

市、县(区)气象主管机构在气象设施和气象探测环境的监督检查工作中，发现应当由其他部门查处的违法行为，应当及时通报有关部门进行查处；有关部门未及时查处的，气象主管机构可以通报或者报告当地人民政府，由当地人民政府责成有关部门进行查处。

第二十五条 市、县(区)气象主管机构应当建立举报制度，公开举报电话号码、通信地址、电子邮件信箱、微信公众号等联系方式。气象主管机构收到举报后,应当及时依法处理。

第二十六条 违反本规定实施危害气象设施和气象探测环境行为,法律、法规、规章有处罚规定的,从其规定。

第二十七条 市、县(区)气象主管机构以及发展改革、无线电管理、自然资源、生态环境等有关主管部门及其工作人员违反本规定,有下列行为之一的,由本级人民政府或者上级机关责令改正,通报批评;对直接负责的主管人员和其他直接责任人员依法给予处分;涉嫌构成犯罪的,移送司法机关处理:

(一)擅自迁移气象台站的;

(二)擅自批准在气象探测环境保护范围内新建、改建、扩建建设工程危害气象探测环境以及设置干扰源的;

(三)滥用职权、玩忽职守、徇私舞弊以及其他不履行气象设施和气象探测环境保护职责的。

第二十八条 本规定自2023年5月1日起施行。

四川省气象灾害预警信号发布与传播规定

（2009年8月7日四川省人民政府令第237号公布，2023年12月19日四川省人民政府令第359号修订，2023年11月14日四川省人民政府第18次常务会议修订通过，自2024年2月1日起施行）

第一条 为了规范气象灾害预警信号的发布与传播，防御和减轻气象灾害，保护人民生命财产安全，根据《中华人民共和国气象法》《气象灾害防御条例》《四川省气象灾害防御条例》等法律法规，结合本省实际，制定本规定。

第二条 在本省行政区域内发布与传播气象灾害预警信号，适用本规定。

第三条 本规定所称气象灾害预警信号，是指县级以上气象主管机构所属的气象台站（以下简称气象台站）向社会公众发布的预警信息。

气象灾害预警信号由名称、图标、标准和防御指南组成，分为暴雨、暴雪、强降温、大风、沙尘暴、高温、干旱、雷电、雷暴大风、冰雹、霜冻、大雾、霾、道路结冰等。

气象灾害预警信号按照气象灾害可能造成的危害程度、紧急程度和发展态势一般划分为四级，分为Ⅳ级（一般）、Ⅲ级（较重）、

Ⅱ级(严重)和Ⅰ级(特别严重),依次用蓝色、黄色、橙色、红色表示,同时以中英文标识。

第四条 气象灾害预警信号发布与传播工作遵循分级管理、统一发布、及时准确、快速传播的原则。

第五条 县级以上地方人民政府应当加强对气象灾害预警信号发布与传播工作的领导,将其作为气象灾害防御的重要工作纳入国民经济和社会发展规划,所需经费纳入同级预算,组织有关部门建立和完善气象灾害应急联动机制,统筹规划和建设气象灾害预警信号发布与传播基础设施,建立畅通、有效的气象灾害预警信号发布与传播渠道。

乡(镇)人民政府、街道办事处应当明确人员,通过有效途径在本辖区传播气象灾害预警信号,协助开展气象灾害防御知识宣传、隐患排查、应急联络、信息传递、灾害报告和灾情调查等工作。

第六条 县级以上地方人民政府应当根据气象灾害防御的需要,在人员密集区域和气象灾害易发区域设置广播、电子显示装置等气象灾害预警信号接收和播发设施,并整合气象、自然资源、水利、应急管理、广播电视等部门资源,实现传播设施共享。

第七条 县级以上气象主管机构负责本行政区域内气象灾害预警信号发布与传播的管理工作。

广播电视、新闻出版、通信管理等有关部门应当与气象主管机构密切配合,组织广播、电视、报纸、电信等媒体做好气象灾害预警信号向社会传播的有关工作。

第八条 地方各级人民政府、各级气象主管机构以及广播电视、新闻出版、教育、应急管理等有关部门应当组织开展气象灾害防御宣传教育活动,宣传、普及气象灾害防灾减灾救灾知识,增强社会公众的防灾减灾救灾意识和自救互救能力。

第九条 气象灾害预警信号实行统一发布、属地发布制度。

县(市、区)气象台站应当按照职责发布气象灾害预警信号;未设立气象台站的县(市、区),当地人民政府应当与所在市(州)气象主管机构协商确定发布气象灾害预警信号的气象台站。

其他任何组织或者个人不得向社会发布气象灾害预警信号。

第十条 气象台站应当按照发布权限和业务流程及时、准确发布气象灾害预警信号,根据天气变化情况及时更新或者解除气象灾害预警信号,并及时报告当地人民政府,通过国家突发事件预警信息发布系统等方式向有关灾害防御、救助部门通报。

发布的气象灾害预警信号内容包括气象灾害类别、预警级别、起始时间、可能影响的区域、防御指南、发布机构等。

第十一条 县级以上气象主管机构及其所属的气象台站应当提高气象灾害预警信号的准确性、及时性和服务水平。

省、市(州)气象主管机构应当组织对重大灾害性天气的跨地区、跨部门的联合监测、预报工作,加强对县(市、区)气象台站的业务指导。

县(市、区)气象台站应当加强上下游、左右岸等关联区域的分析研判和信息沟通、共享。

第十二条 县级以上地方人民政府应当及时传播气象灾害预警信号。

乡(镇)人民政府、街道办事处收到气象灾害预警信号后,应当及时做好辖区内传播和气象灾害应对工作,指导村(居)民委员会采取广播、电话、鸣锣吹哨等多种方式广泛传播。

教育、自然资源、住房城乡建设、交通运输、水利、农业农村、文化和旅游、卫生健康、应急管理、林业草原等部门应当按照职责做好气象灾害预警信号在本行业、本系统的传播,做好气象灾害防御及应对工作。

第十三条 广播、电视、报纸、电信等媒体应当及时、准确、无偿向社会传播气象台站提供的适时气象灾害预警信号,并标明发布时间和气象台站的名称,不得更改气象灾害预警信号的内容,不得拒绝传播气象灾害预警信号。

第十四条 可能或者已经发生重大灾害性天气时，广播、电视等媒体应当根据当地气象台站的要求及时增播、插播其提供的气象灾害预警信号；接到暴雨、暴雪、大风、雷暴大风、冰雹等红色气象灾害预警信号后，广播、电视等媒体应当立即增播或者插播，基础电信企业应当按照规定立即向预警区域内的手机用户传播。

省气象主管机构和省通信管理部门应当建立完善气象灾害预警信号传播快速通道，对发布最高级别气象灾害预警信号的区域实现手机短信全网传播。

第十五条 鼓励组织和个人传播气象台站发布的气象灾害预警信号。

任何组织和个人不得向社会传播虚假或者来源不明的气象灾害预警信号，不得更改、删减气象灾害预警信号。

第十六条 学校、医院、机场、港口、车站、高速公路、旅游景点、文化体育场（馆）、大型商业综合体等人员密集场所和公共场所的管理单位应当利用广播、电子显示装置等设施传播气象灾害预警信号。

第十七条 气象灾害防御重点单位应当建立气象灾害预警信号接收责任制度，收到气象灾害预警信号后，按照相应的防御指南或者标准规范，采取防御措施，做好防灾避险应对工作。

气象灾害发生地的气象灾害防御重点单位应当采取广播、电话、鸣锣吹哨等方式及时向员工传播气象灾害预警信号，组织受到灾害威胁的人员转移、疏散。

气象灾害防御重点单位是指根据其地理位置、气候条件和工作特性，易遭受气象灾害影响并可能造成较大人员伤亡、财产损失或者发生较严重安全事故的，由县级以上地方人民政府组织气象主管机构和有关部门综合评估后依法确定的单位。

第十八条 县级以上地方人民政府及其有关部门应当根据气

象灾害预警信号和气象灾害应急预案启动标准，加强综合会商研判，及时启动相应的气象灾害应急预案并组织实施，避免或者减轻气象灾害及其引发的衍生、次生灾害造成的损失。

气象灾害发生地的市（州）人民政府及其有关部门应当加强对县（市、区）及乡（镇）人民政府、街道办事处的指导，督促做好气象灾害防御及应对处置工作。

情况紧急时，气象灾害发生地人民政府、基层群众性自治组织和企业、学校等应当及时动员、组织受到灾害威胁的人员转移、疏散，开展自救互救。

公民、法人和其他组织参照防御指南自主选择防御措施避险。

第十九条　地方各级人民政府应当加强对气象灾害预警信号发布与传播设施的保护和管理，并保障其正常运行，对遭受破坏的设施及时予以修复。

任何组织或者个人不得侵占、损毁或者擅自移动气象灾害预警信号专用传输设施，不得干扰或者擅自占用传播气象灾害预警信号的无线电频率。

第二十条　违反本规定，有下列行为之一的，由县级以上气象主管机构依照《中华人民共和国气象法》《气象灾害防御条例》的有关规定予以处罚：

（一）擅自向社会发布气象灾害预警信号的；

（二）广播、电视、报纸、电信等媒体未按照要求播发、刊登气象灾害预警信号的；

（三）传播虚假的或者通过非法渠道获取气象灾害预警信号的；

（四）侵占、损毁或者擅自移动气象灾害预警信号专用传输设施的。

第二十一条　违反本规定，地方各级人民政府、各级气象主管机构和其他有关部门及其工作人员，有下列行为之一的，依照《气象灾害防御条例》的有关规定予以处分：

（一）未按照规定采取气象灾害预防措施的；

（二）隐瞒、谎报或者由于玩忽职守导致重大漏报、错报气象灾害预警信号的；

（三）未及时采取气象灾害应急措施的。

第二十二条 本规定自2024年2月1日起施行。

《四川省气象灾害预警信号和防御指南》与本规定同时公布施行。

附表：四川省气象灾害预警信号和防御指南

四川省气象灾害预警信号和防御指南

<table>
<tr><th>序号</th><th>信号名称</th><th>信号图标</th><th>标准</th><th>防御指南</th></tr>
<tr><td>1</td><td>暴雨预警信号</td><td>
</td><td>四川盆地 6 小时降雨量将达 50 毫米以上；或者 6 小时降雨量已达 50 毫米以上且降雨（10 毫米/小时以上）可能持续。
攀枝花市、凉山州和阿坝州汶川县三江镇、水磨镇、漩口镇、映秀镇 6 小时降雨量将达 50 毫米以上；或者 6 小时降雨量已达 50 毫米以上且降雨（10 毫米/小时以上）可能持续。
甘孜州、阿坝州（除汶川县三江镇、水磨镇、漩口镇、映秀镇）6 小时降雨量将达 25 毫米以上；或者 6 小时降雨量已达 25 毫米以上且降雨（5 毫米/小时以上）可能持续。</td><td>1. 进入暴雨戒备状态，政府及有关部门关注暴雨最新消息，做好防御暴雨工作；
2. 有关部门和单位加大对下穿隧道、漫水路（桥）、沿河道路的巡查频次，视情况对强降雨路段和积水路段进行交通管制；
3. 学校、幼儿园采取适当措施，保证学生、幼儿安全；
4. 暂停在空旷地方的户外作业，视情况转移山区涉洪工地营地等危险地带人员和危房居民到安全场所避雨，切断低洼地带危险的室外电源，转移低洼场所物资；
5. 驾驶人员注意防汛警示标志，尽量绕开积水路段、塌方路段和漫水路（桥），确保行车安全。</td></tr>
</table>

续表

序号	信号名称	信号图标	标准	防御指南
1	暴雨预警信号		四川盆地3小时降雨量将达50毫米以上(或降雨强度将达40毫米/小时以上);或者3小时降雨量已达50毫米以上(或降雨强度已达40毫米/小时以上)且降雨(20毫米/小时以上)可能持续。 攀枝花市、凉山州和阿坝州汶川县三江镇、水磨镇、漩口镇、映秀镇3小时降雨量将达50毫米以上(或降雨强度将达30毫米/小时以上);或者3小时降雨量已达50毫米以上(或降雨强度已达30毫米/小时以上)且降雨(20毫米/小时以上)可能持续。 甘孜州、阿坝州(除汶川县三江镇、水磨镇、漩口镇、映秀镇)3小时降雨量将达25毫米以上(或降雨强度将达20毫米/小时以上);或者3小时降雨量已达25毫米以上(或降雨强度已达20毫米/小时以上)且降雨(10毫米/小时以上)可能持续。	1.进入暴雨防御状态,政府及有关部门密切关注暴雨最新消息,做好防御暴雨的应急工作; 2.注意防范暴雨可能引发的城市内涝和山洪、滑坡、崩塌、泥石流等次生灾害; 3.有关部门和单位根据暴雨灾害和道路情况,对强降雨路段、积水路段、塌方路段、漫水路(桥)和下沉式立交桥实行交通管制,保障安全; 4.学校、幼儿园可以延迟上学,采取措施保护到校学生、幼儿的安全; 5.暂停户外和井下作业,转移山区涉洪工地营地等危险地带人员和危房居民到安全场所避雨,切断危险的室外电源,做好低洼、易涝地区的排水防涝和物资转移工作; 6.驾驶人员注意路滑和塌方,尽量绕开积水路段、塌方路段、漫水路(桥)和下沉式立交桥,避免穿越水浸道路,避免将车辆停放在低洼区域。

续表

序号	信号名称	信号图标	标准	防御指南
1	暴雨预警信号		四川盆地3小时降雨量将达100毫米以上(或降雨强度将达70毫米/小时以上);或者3小时降雨量已达100毫米以上(或降雨强度已达70毫米/小时以上)且降雨(20毫米/小时以上)可能持续。 攀枝花市、凉山州和阿坝州汶川县三江镇、水磨镇、漩口镇、映秀镇3小时降雨量将达100毫米以上(或降雨强度将达50毫米/小时以上);或者3小时降雨量已达100毫米以上(或降雨强度已达50毫米/小时以上)且降雨(20毫米/小时以上)可能持续。 甘孜州、阿坝州(除汶川县三江镇、水磨镇、漩口镇、映秀镇)3小时降雨量将达50毫米以上(或降雨强度将达25毫米/小时以上);或者3小时降雨量已达50毫米以上(或降雨强度已达25毫米/小时以上)且降雨(10毫米/小时以上)可能持续。	1. 进入暴雨紧急防御状态,政府及有关部门密切关注暴雨最新消息,做好防御暴雨的应急和抢险工作; 2. 有关部门和单位严密监视灾情,做好城市内涝和山洪、滑坡、崩塌、泥石流等灾害的防御和抢险工作; 3. 有关部门和单位对强降雨路段、积水路段、塌方路段、漫水路(桥)和下沉式立交桥立即实行交通管制,保障安全; 4. 处于危险地带的学校、幼儿园停课停学,单位可以停工、停产、停业; 5. 停止户外和井下作业,立即转移山区涉洪工地营地等危险地带人员和危房居民,切断危险的室外电源,做好低洼、易涝地区的安全防范措施; 6. 行驶车辆就近到安全区域暂避,避免将车辆停放在低洼易涝等危险区域,如遇严重水浸等危险情况,立即弃车逃生; 7. 地铁、地下商场、地下车库、地下通道等地下设施和场所的经营管理单位采取有效措施避免或者减少损失,保障人员安全。

续表

序号	信号名称	信号图标	标准	防御指南
2	暴雪预警信号		12 小时内降雪量将达 5 毫米以上或者已达 5 毫米以上且降雪持续。	1. 政府及有关部门做好防御雪灾和冻害工作； 2. 有关部门和单位注意道路、铁路、电力设施、通信设施的巡查维护，做好道路安全和积雪融化工作； 3. 注意防寒保暖，户外人员注意防滑，驾驶人员小心驾驶，车辆视情况采取防滑措施； 4. 加固棚架等易被雪压垮的搭建物，农牧区和种养殖业备足饲料，做好防御雪灾和冻害的准备。
			6 小时内降雪量将达 10 毫米以上或者已达 10 毫米以上且降雪持续。	1. 政府及有关部门做好防御雪灾和冻害的应急工作； 2. 有关部门和单位加强道路、铁路、电力设施、通信设施的巡查维护，及时做好道路安全和积雪融化工作； 3. 注意防寒保暖，行人和车辆不宜外出，户外人员注意防滑，驾驶人员对车辆采取防滑措施并小心驾驶； 4. 加固棚架等易被雪压垮的搭建物，将牲畜赶入棚圈喂养；农牧区和种养殖业备足饲料，防御和减少雪灾和冻害造成的损失。

续表

序号	信号名称	信号图标	标准	防御指南
2	暴雪预警信号		6 小时内降雪量将达 15 毫米以上或者已达 15 毫米以上且降雪持续。	1. 政府及有关部门做好防御雪灾和冻害的应急和抢险工作； 2. 封闭积雪道路，必要时对航空、铁路、高速公路实行交通管制或者暂停营运； 3. 必要时停止户外活动、大型集会和除应急抢险以外的户外作业，危险地带的学校、幼儿园可以停课停学，单位可以停工、停产、停业； 4. 加固棚架和畜禽舍，做好农牧区生活必需品调运储备等抗灾救灾工作。
3	强降温预警信号		春季（3—4 月）和秋季（10—11 月），48 小时内日平均气温将下降 8 ℃以上或者已经下降 6 ℃以上并可能持续。冬季（12—2 月），48 小时内日平均气温将下降 6 ℃以上或者已经下降 4℃以上并可能持续。	1. 政府及有关部门做好防御强降温准备工作； 2. 注意添衣保暖； 3. 对牲畜、家禽和农作物等采取妥善的措施； 4. 做好防寒防风准备。

续表

序号	信号名称	信号图标	标准	防御指南
3	强降温预警信号		春季(3—4 月)和秋季(10—11 月),48 小时内日平均气温将下降 10 ℃以上或者已经下降 8 ℃以上并可能持续。冬季(12—2 月),48 小时内日平均气温将下降 8 ℃以上或者已经下降 6 ℃以上并可能持续。	1. 政府及有关部门做好防御强降温工作; 2. 有关部门和单位视情况对道路采取防滑措施和除冰,对水管、电力线路等户外设施采取防冻措施; 3. 注意添衣保暖,减少外出; 4. 对牲畜、家禽和农作物等采取防寒措施。
			春季(3—4 月)和秋季(10—11 月),48 小时内日平均气温将下降 12 ℃以上或者已经下降 10 ℃以上并可能持续。冬季(12—2 月),48 小时内日平均气温将下降 10 ℃以上或者已经下降 8 ℃以上并可能持续。	1. 政府及有关部门做好防御强降温的应急工作; 2. 有关部门和单位对道路采取防滑措施和除冰,对水管、电力线路等户外设施采取防冻措施,对结冰路段实行交通管制; 3. 注意防寒保暖和防风,照顾好老弱病幼人群,不宜外出; 4. 采取防霜冻、冰冻等防寒措施,预防牲畜、家禽和农作物等遭受冻害,减少损失。

续表

序号	信号名称	信号图标	标准	防御指南
3	强降温预警信号		春季（3—4 月）和秋季（10—11 月），48 小时内日平均气温将下降 16 ℃以上或者已经下降 14 ℃以上并可能持续。冬季（12—2 月），48 小时内日平均气温将下降 12 ℃以上或者已经下降 10 ℃以上并可能持续。	1. 政府及有关部门做好防御强降温的应急和抢险工作； 2. 有关部门和单位对道路采取防滑措施和除冰，对水管、电力线路等户外设施采取防冻措施，对结冰路段实行交通管制； 3. 加强能源调度； 4. 落实防寒保暖措施并做好防风工作，避免外出； 5. 采取防霜冻、冰冻等防寒措施，预防牲畜、家禽和农作物等遭受冻害，减少损失。
4	大风预警信号		四川盆地 12 小时内将受大风影响，平均风力可达 6 级以上或者阵风 7 级以上；或者已经受大风影响，平均风力为 6～7 级，或者阵风 7～8 级并可能持续。	1. 政府及有关部门做好防御大风准备工作； 2. 减少露天活动和高空等户外危险作业； 3. 关好门窗，加固围板、棚架、广告牌等易被风吹动的搭建物，视情况切断户外危险电源，妥善安置易受大风影响的室外物品，遮盖建筑物资； 4. 注意行路、行车安全，刮风时不要在广告牌、临时搭建物等附近停留。

续表

序号	信号名称	信号图标	标准	防御指南
4	大风预警信号	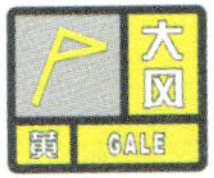	12 小时内将受大风影响，平均风力可达 8 级以上或者阵风 9 级以上；或者已经受大风影响，平均风力为 8～9 级，或者阵风 9～10 级并可能持续。	1. 政府及有关部门做好防御大风工作； 2. 有关部门和单位注意森林、草原等防火工作； 3. 机场、铁路、高速公路、航运等单位采取措施保障交通运输安全，回港避风的船舶视情况采取措施防止船舶走锚、搁浅和碰撞； 4. 停止露天活动和高空等户外危险作业； 5. 不宜外出，切断户外危险电源，妥善安置易受大风影响的室外物品，遮盖建筑物资。
			6 小时内将受大风影响，平均风力可达 10 级以上或者阵风 11 级以上；或者已经受大风影响，平均风力为 10～11 级或者阵风 11～12 级并可能持续。	1. 政府及有关部门做好防御大风的应急工作； 2. 有关部门和单位注意森林、草原等防火工作； 3. 机场、铁路、高速公路、航运等单位采取措施保障交通运输安全，回港避风的船舶采取措施防止船舶走锚、搁浅和碰撞； 4. 停止露天活动和高空等户外危险作业，房屋抗风能力弱的学校、幼儿园可以停课停学，单位可以停工、停产、停业； 5. 避免外出，切断户外危险电源，妥善安置易受大风影响的室外物品，遮盖建筑物资，转移危险地带人员到避风场所暂避。

续表

序号	信号名称	信号图标	标准	防御指南
4	大风预警信号		6小时内将出现平均风力达12级以上的大风或者已经出现平均风力达12级以上的大风并可能持续。	1. 政府及有关部门做好防御大风的应急和抢险工作； 2. 有关部门和单位注意森林、草原等防火工作； 3. 机场、铁路、高速公路、航运等单位采取措施保障交通运输安全，回港避风的船舶采取防御措施，妥善安排人员转移到安全地带； 4. 立即停止露天活动和户外作业，学校、幼儿园可以停课停学，单位可以停工、停产、停业； 5. 切勿外出，切断户外危险电源，妥善安置易受大风影响的室外物品，遮盖建筑物资，立即转移危险地带人员到避风场所暂避。
5	沙尘暴预警信号		12小时内可能出现沙尘暴天气（能见度小于1000米）或者已经出现沙尘暴天气并可能持续。	1. 政府及有关部门做好防御沙尘暴工作； 2. 驾驶人员注意沙尘暴变化，小心驾驶； 3. 关好门窗，加固围板、棚架、广告牌等易被风吹动的搭建物，妥善安置易受大风影响的室外物品，遮盖建筑物资，做好精密仪器的密封工作； 4. 户外人员携带口罩、纱巾等防尘用品，呼吸道疾病患者、对风沙敏感的人员不宜到户外活动。

序号	信号名称	信号图标	标准	防御指南
5	沙尘暴预警信号		6 小时内可能出现强沙尘暴天气(能见度小于 500 米)或者已经出现强沙尘暴天气并可能持续。	1. 政府及有关部门做好防御沙尘暴的应急工作； 2. 有关部门和单位做好交通安全防护措施，驾驶人员注意沙尘暴变化，小心驾驶； 3. 关好门窗，加固围板、棚架、广告牌等易被风吹动的搭建物，妥善安置易受大风影响的室外物品，遮盖建筑物资，做好精密仪器的密封工作； 4. 尽量减少出行，户外人员戴好口罩、纱巾等防尘用品，不要在广告牌、临时搭建物和树下停留，呼吸道疾病患者、对风沙敏感人员避免户外活动。
			6 小时内可能出现特强沙尘暴天气(能见度小于 50 米)或者已经出现特强沙尘暴天气并可能持续。	1. 政府及有关部门做好防御沙尘暴的应急和抢险工作； 2. 学校、幼儿园推迟上学或者放学，直至特强沙尘暴结束； 3. 飞机暂停起降，火车暂停运行，高速公路暂时封闭； 4. 人员在防风、防尘场所暂避风沙，停止一切户外活动。

续表

序号	信号名称	信号图标	标准	防御指南
6	高温预警信号	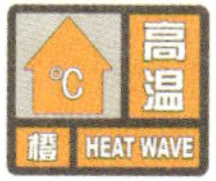	自贡、攀枝花、泸州、广元、遂宁、内江、南充、宜宾、广安、达州、巴中、资阳、凉山等市(州)以及成都的简阳市、东部新区在未来24小时内最高气温将升至38 ℃以上。 省内其余地区未来24小时内最高气温将升至35 ℃以上。	1. 政府及有关部门做好防御高温工作； 2. 注意公共环境卫生和食品卫生； 3. 注意防火，保障电力设施安全； 4. 高温环境下作业和需要长时间户外露天作业的人员采取防暑降温措施，缩短连续工作时间，午后高温时段尽量避免户外活动； 5. 防暑降温，对老弱病幼人群采取保护措施。
			自贡、攀枝花、泸州、广元、遂宁、内江、南充、宜宾、广安、达州、巴中、资阳、凉山等市(州)以及成都的简阳市、东部新区在未来24小时内最高气温将升至40 ℃以上。 省内其余地区未来24小时内最高气温将升至37 ℃以上。	1. 政府及有关部门做好防暑降温应急工作； 2. 注意公共环境卫生和食品卫生； 3. 加强防火，注意防范因用电量过高和电线、变压器等设施电力负载过大而引发的火灾，确保电力设施安全； 4. 午后高温时段避免户外活动，学校、幼儿园在高温时段可以停课停学，单位和人员可以停止户外露天作业； 5. 防暑降温，对老弱病幼人群采取保护措施。

续表

序号	信号名称	信号图标	标准	防御指南
7	干旱预警信号		预计未来一周综合气象干旱指数达到重旱或者一个县(市、区)有40%以上的农作物受旱。	1. 政府及有关部门做好防御干旱的应急工作； 2. 启用应急备用水源，调度辖区内可用水源，优先保障城乡居民生活用水和牲畜饮水； 3. 限制非生产性高耗用水，限制排放工业污水； 4. 适时进行人工增雨作业。
			预计未来一周综合气象干旱指数达到特旱或者一个县(市、区)有60%以上的农作物受旱。	1. 政府及有关部门做好防御干旱的应急和救灾工作； 2. 启动调水等应急供水方案，采取车载送水等方式确保城乡居民生活用水和牲畜饮水； 3. 限制非生产性高耗用水，暂停排放工业污水； 4. 适时加大人工增雨作业力度。
8	雷电预警信号		6 小时内可能发生雷电活动，可能会造成雷电灾害事故。	1. 政府及有关部门做好防雷工作； 2. 密切关注天气变化，避免户外活动； 3. 可以暂停露天集体活动和高空等户外危险作业； 4. 切断危险电源，远离金属门窗，在空旷场地不要打伞，不要在树下、电杆下、塔吊下、山顶、水边或空旷地带停留或者躲避，不要将金属物品朝天握在手中或者扛在肩上。

续表

序号	信号名称	信号图标	标准	防御指南
8	雷电预警信号		2小时内发生雷电活动的可能性很大或者已经受雷电活动影响并可能持续，出现雷电灾害事故的可能性比较大。	1. 政府及有关部门做好防雷应急工作； 2. 人员留在室内并关好门窗，户外人员进入有雷电防护装置的安全场所或者车内暂避； 3. 可以停止露天集体活动和户外危险作业； 4. 切断危险电源，远离金属门窗，在空旷场地不要打伞，不要在树下、电杆下、塔吊下、山顶、水边或空旷地带停留或者躲避，不要将金属物品朝天握在手中或者扛在肩上。
			2小时内发生雷电活动的可能性极大或者已经有强烈的雷电活动发生并可能持续，出现雷电灾害事故的可能性非常大。	1. 政府及有关部门做好防雷应急和抢险工作； 2. 人员留在室内并关好门窗，户外人员立即进入有雷电防护装置的安全场所或者车内暂避； 3. 可以停止露天活动和户外作业； 4. 切断危险电源，切勿接触天线、水管、铁丝网、金属门窗、建筑物外墙，远离电线等带电设备和其他类似金属装置，不要在树下、电杆下、塔吊下、山顶、水边或空旷地带停留或者躲避，不要将金属物品朝天握在手中或者扛在肩上； 5. 尽量不使用无雷电防护装置或者雷电防护装置不完备的电视、固定电话等电器，不宜使用移动电话。

续表

序号	信号名称	信号图标	标准	防御指南
9	雷暴大风预警信号		6小时内将出现雷暴大风天气，阵风可达8级以上，并伴有强雷电；或者已经受雷暴大风天气影响，阵风达8～9级，伴有强雷电，并可能持续。	1. 政府及有关部门关注雷暴大风最新消息，做好防御大风、雷电工作； 2. 有关部门和单位注意森林、草原等防火工作； 3. 机场、铁路、高速公路、航运等单位采取措施保障交通运输安全，回港避风的船舶视情况采取措施防止船舶走锚、搁浅和碰撞； 4. 可以暂停露天集体活动和高空等户外危险作业，人员进入有雷电防护装置的安全场所，关好门窗，公园、景区、游乐场等户外场所做好防护措施，确保人员安全； 5. 切断户外危险电源，在空旷场地不要打伞，不要在树下、电杆下、塔吊下、山顶、水边或空旷地带停留或者躲避，不要将金属物品朝天握在手中或者扛在肩上； 6. 妥善安置易受大风影响的室外物品，遮盖建筑物资，视情况采取必要措施，保障易受雷击的设备设施和场所的安全。

续表

序号	信号名称	信号图标	标准	防御指南
9	雷暴大风预警信号		3小时内将出现雷暴大风天气，阵风可达10级以上，并伴有强雷电；或者已经受雷暴大风天气影响，阵风达10～11级，伴有强雷电，并可能持续。	1. 政府及有关部门密切关注雷暴大风最新消息，做好防御大风、雷电的应急工作； 2. 有关部门和单位注意森林、草原等防火工作； 3. 机场、铁路、高速公路、航运等单位采取措施保障交通运输安全，回港避风的船舶采取措施防止船舶走锚、搁浅和碰撞； 4. 可以停止露天集体活动和户外危险作业，人员进入有雷电防护装置的安全场所，关好门窗，避免外出，房屋抗风能力弱的学校、幼儿园可以停课停学，单位可以停工、停产、停业； 5. 切断户外危险电源，远离金属门窗，不要在树下、电杆下、塔吊下、山顶、水边或空旷地带停留或者躲避，不要将金属物品朝天握在手中或者扛在肩上； 6. 妥善安置易受大风影响的室外物品，遮盖建筑物资，转移危险地带人员到防雷、避风场所暂避，采取必要措施，保障易受雷击的设备设施和场所的安全。

续表

序号	信号名称	信号图标	标准	防御指南
9	雷暴大风预警信号		3小时内将出现雷暴大风天气，阵风可达12级以上，并伴有强雷电；或者已经受雷暴大风天气影响，阵风达12级以上，伴有强雷电，并可能持续。	1.政府及有关部门密切关注雷暴大风最新消息，做好防御大风、雷电的应急和抢险工作； 2.有关部门和单位注意森林、草原等防火工作； 3.机场、铁路、高速公路、航运等单位要采取措施保障交通运输安全，回港避风的船舶采取防御措施，妥善安排人员转移到安全地带； 4.可以停止露天活动和户外作业，人员进入有雷电防护装置的安全场所，关好门窗，切勿外出，学校、幼儿园可以停课停学，单位可以停工、停产、停业； 5.切断危险电源，切勿接触天线、水管、铁丝网、金属门窗、建筑物外墙，远离电线等带电设备和其他类似金属装置，不要在树下、电杆下、塔吊下、山顶、水边或空旷地带停留或者躲避，不要将金属物品朝天握在手中或者扛在肩上； 6.妥善安置易受大风影响的室外物品，遮盖建筑物资，立即转移危险地带人员到防雷、避风场所暂避，立即采取措施，保障易受雷击的设备设施和场所的安全； 7.尽量不使用无雷电防护装置或者雷电防护装置不完备的电视、固定电话等电器，不宜使用移动电话。

续表

序号	信号名称	信号图标	标准	防御指南
10	冰雹预警信号		6 小时内可能出现冰雹伴随雷电天气并可能造成雹灾。	1. 政府及有关部门做好防御冰雹的应急工作； 2. 做好人工防雹作业准备并择机作业； 3. 户外人员立即到安全场所暂避； 4. 转移家禽、牲畜进入有顶棚的安全场所，妥善安置易受冰雹袭击的室外物品或者设备； 5. 注意防御冰雹天气伴随的雷电灾害，不要在孤立的棚屋、岗亭、大树下停留。
			2 小时内出现冰雹伴随雷电天气的可能性极大并可能造成重雹灾。	1. 政府及有关部门做好防御冰雹的应急和抢险工作； 2. 适时开展人工防雹作业； 3. 户外人员立即到安全场所暂避； 4. 转移家禽、牲畜进入有顶棚的安全场所，妥善安置易受冰雹袭击的室外物品或者设备； 5. 防御冰雹天气伴随的雷电灾害，不要在孤立的棚屋、岗亭、大树下停留。

续表

序号	信号名称	信号图标	标准	防御指南
11	霜冻预警信号		48 小时内地面最低温度将下降到 0 ℃以下或者已经降到 0 ℃以下并可能持续，对农牧业将产生影响或者已经产生影响。	1. 政府及有关部门做好防御霜冻准备工作； 2. 关注当地霜冻预警信息，对农业、林业和畜牧业采取防御冻害措施。
			24 小时内地面最低温度将下降到零下 3 ℃以下或者已经降到零下 3 ℃以下并可能持续，对农牧业将产生或者已经产生严重影响。	1. 政府及有关部门做好防御霜冻的应急工作； 2. 有关部门和单位做好防御低温冰冻和除冰的准备工作，保障交通运输安全； 3. 做好农业、林业和畜牧业等防御冻害的工作。
			24 小时内地面最低温度将下降到零下 5 ℃以下或者已经降到零下 5 ℃以下并可能持续，对农牧业将产生或者已经产生严重影响。	1. 政府及有关部门做好防御霜冻的应急和抢险工作； 2. 有关部门和单位做好防御低温冰冻和除冰工作，保障交通运输安全； 3. 加强防寒保暖措施，做好农业、林业和畜牧业等防御冻害的工作。

续表

序号	信号名称	信号图标	标准	防御指南
12	大雾预警信号		12 小时内可能出现能见度小于 500 米的雾或者已经出现能见度小于 500 米、大于等于 200 米的雾并将持续。	1. 政府及有关部门做好防雾准备工作； 2. 机场、铁路、高速公路、航运等单位加强交通管理，保障安全； 3. 驾驶人员注意雾的变化，小心驾驶； 4. 户外活动注意安全，老弱病幼人群尽量减少户外活动。
			6 小时内可能出现能见度小于 200 米的雾或者已经出现能见度小于 200 米、大于等于 50 米的雾并将持续。	1. 政府及有关部门做好防雾工作； 2. 机场、铁路、高速公路、航运等单位采取措施，加强交通管理和调度指挥，确保安全； 3. 驾驶人员控制车、船行进速度，确保安全； 4. 减少户外活动。
			2 小时内可能出现能见度小于 50 米的雾或者已经出现能见度小于 50 米的雾并将持续。	1. 政府及有关部门做好防雾应急工作； 2. 有关单位按照行业规定采取交通安全管制措施，机场暂停飞机起降，高速公路暂时封闭，轮渡暂时停航等； 3. 驾驶人员根据雾天行驶规定采取预防措施，根据环境条件采取合理行驶方式，并尽快寻找安全停放区域停靠； 4. 不要进行户外活动。

续表

序号	信号名称	信号图标	标准	防御指南
13	霾预警信号		12 小时内可能出现能见度小于 3000 米的霾或者已经出现能见度小于 3000 米的霾并可能持续。	1. 驾驶人员小心驾驶； 2. 空气质量降低，人员需适当防护； 3. 呼吸道疾病患者减少外出，外出时可戴上口罩。
			6 小时内可能出现能见度小于 2000 米的霾或者已经出现能见度小于 2000 米的霾并可能持续。	1. 有关部门和单位采取措施，保障道路安全； 2. 驾驶人员谨慎驾驶； 3. 空气质量差，人员需适当防护，减少户外活动； 4. 呼吸道疾病患者避免外出，外出时戴上口罩。
14	道路结冰预警信号		12 小时内可能出现对交通有影响的道路结冰；或者已经出现对交通有影响的道路结冰并将持续。	1. 政府及有关部门做好道路结冰应对准备工作； 2. 驾驶人员注意路况，安全行驶； 3. 户外人员注意交通安全。
			6 小时内可能出现对交通有较大影响的道路结冰；或者已经出现对交通有较大影响的道路结冰并将持续。	1. 政府及有关部门做好道路结冰应对工作； 2. 有关部门和单位采取措施，保障道路畅通和线路运行安全； 3. 驾驶人员对车辆采取防滑措施，听从指挥，慢速行驶； 4. 户外人员注意防滑。

续表

序号	信号名称	信号图标	标准	防御指南
14	道路结冰预警信号		2 小时内可能出现对交通有严重影响的道路结冰；或者已经出现对交通有严重影响的道路结冰并将持续。	1. 政府及有关部门做好道路结冰应急和抢险工作； 2. 有关部门和单位采取措施，保障道路的畅通和线路运行安全，必要时关闭结冰道路交通； 3. 驾驶人员对车辆采取防滑措施，听从指挥，慢速行驶； 4. 人员尽量减少外出。

陕西省气象条例

（2001年6月1日陕西省第九届人民代表大会常务委员会第二十三次会议通过，2004年8月3日陕西省第十届人民代表大会常务委员会第十二次会议修正，根据2023年11月30日陕西省第十四届人民代表大会常务委员会第六次会议《关于修改〈陕西省专利条例〉等六部地方性法规的决定》第二次修正）

第一章　总　则

第一条　为了规范气象探测、预报和服务活动，提高防御气象灾害与合理开发利用和保护气候资源的能力，促进本省气象事业发展，根据《中华人民共和国气象法》和有关法律、法规，结合本省实际，制定本条例。

第二条　在本省行政区域内从事气象探测、预报、服务和气象灾害防御、气候资源开发利用和保护、气象科学技术研究及其相关活动的单位和个人，应当遵守本条例。

军队气象工作的管理，按照国家有关法律、法规的规定执行。

第三条　气象事业是科技型、基础性、先导性社会公益事业，气象工作应当把公益性气象服务放在首位。

县级以上人民政府应当加强对气象工作的领导和协调，建立行业气象统筹发展机制，建立健全防御气象灾害服务体系，发挥气象事业为经济和社会发展、国防建设、政府决策和人民生活服务的功能。

第四条 各级气象主管机构在上级气象主管机构和本级人民政府的领导下，负责本行政区域内的气象工作。

县级以上人民政府的有关部门和乡（镇）人民政府应当在各自的职责范围内，做好与气象事业有关的工作。

第五条 县级以上人民政府应当鼓励和支持气象科学技术研究、气象科学知识普及，推广应用先进气象科学技术，发展气象信息产业，提高气象工作水平。

县级以上人民政府和气象主管机构对在气象工作中做出突出贡献的单位和个人，应当给予表彰奖励。

第二章 地方气象事业

第六条 县级以上人民政府应当重视地方气象事业发展，根据当地经济和社会发展的需要，编制并组织实施地方气象事业发展规划和专项计划，提高防御气象灾害与合理开发利用和保护气候资源的能力。

各级气象主管机构及其所属的气象台站应当在承担国家气象事业任务的同时，做好地方气象事业工作。

第七条 地方气象事业包括：

（一）为当地服务的气象探测、气象通信、气象情报、气象预报、气象服务、气象科学技术研究及其基础设施建设；

（二）为当地防汛抗旱、防大风（沙尘暴）、防大雾和防御其他气象灾害服务的气象预警系统；

（三）人工增雨（雪）、人工防雹、雷电防护和其他气象防灾减灾体系；

（四）根据当地经济和社会发展需要，开展的农业气象预报、城市环境气象预报、火险气象等级预报、农作物气候产量预报、大气污染气象潜势预报、生态环境遥感动态监测和其他专项气象服务；

（五）合理开发利用和保护气候资源以及其他为地方服务的项目。

第八条 发展地方气象事业的投资，主要由本级财政承担。县级以上人民政府应当将地方气象事业所需的基本建设投资、有关事业经费和专项经费列入本级国民经济和社会发展计划及财政预算，确保地方气象事业与国家气象事业协调发展。

第九条 省气象主管机构负责全省气候资源的综合调查、区划工作，并对可能引起气候恶化的大气成分进行监测，定期进行气候分析评价，发布全省气候环境状况公报。

各级气象主管机构应当针对当地经济和社会发展需要，及时向本级人民政府及其有关部门提出合理开发利用和保护气候资源、应用气候资源区划成果的建议。

第三章　气象探测

第十条 各级气象主管机构所属的气象台站与民航、林业、水利和其他部门所属的气象台站以及其他组织、个人设立的气象观测站点，构成全省气象探测网络。

各级人民政府应当根据需要，逐步增加气象观测站点。

乡（镇）人民政府和其他与灾害性天气监测有关的单位、个人，应当及时向当地气象主管机构提供灾情信息和气象监测资料。鼓励其他组织和个人向当地气象主管机构报告所发现的突发性气象灾害。

第十一条 各级气象主管机构所属的气象台站，应当按照国家规定进行气象探测，并向上一级气象主管机构汇交气象探测资料。民航、林业、水利等部门所属的气象台站以及其他组织、个人设立的气象观测站点，应当按照有关规定向气象主管机构汇交气象探测资料。

气象探测数据资料除涉及国家秘密外，按照共享、共用的原则，由省气象主管机构定期汇集、整理，无偿向社会提供。

第十二条 县级以上人民政府应当划定气象探测环境的保护范围，并纳入城乡规划。

大气本底站、国家基准气候站、国家基本气象站、国家一般气象站、高空气象观测站、天气雷达站、气象卫星地面站、区域气象观测站等气象台站和单独设立的气象探测设施的探测环境应当依法保护。任何组织和个人不得实施危害气象探测环境的行为。

在气象台站探测环境保护范围内新建、改建、扩建建设工程，应当避免危害气象探测环境；确实无法避免的，建设单位应当向省气象主管机构报告并提出相应的补救措施，经省气象主管机构书面同意。未征得气象主管机构书面同意或者未落实补救措施的，有关部门不得批准其开工建设。

第十三条 气象台站的地面观测场、高空探测场内的气象专用仪器、设备、标志、气象卫星、气象雷达及其他气象通信的线路、频道、信道受法律保护，任何单位和个人不得侵占、损毁、破坏和擅自移动。

第十四条 因国家重点工程建设或者城镇总体规划变化，确需迁移气象台站的，建设单位或者当地人民政府应当向省气象主管机构提出申请；迁移大气本底站、国家基准气候站、国家基本气象站的，由省气象主管机构签署意见后报国务院气象主管机构审批；迁移其他气象台站的，由省气象主管机构审批，并报送国务院气象主管机构备案。气象台站迁移、建设费用由建设单位承担。

气象台站探测环境遭到严重破坏，失去治理和恢复可能而决定迁移气象台站的，该气象台站所在地地方人民政府应当保证气象台站迁移用地，并承担迁移、建设费用。地方人民政府承担迁移、建设费用后，可以向破坏探测环境的责任人追偿。

第四章　气象信息服务

第十五条　各级气象主管机构所属的气象台站应当做好防灾减灾、国防建设、科学研究、社会公众的公益性气象信息服务工作。

设区的市和县(市、区)气象主管机构所属的气象台站在提供公众气象信息服务的同时，应当重点做好农业生产气象信息服务。

第十六条　气象台站在确保公益性气象无偿服务的前提下，可以根据用户要求依法开展气象有偿服务。服务的范围、项目、收费，按照国家和本省有关规定执行。

从事商业性气象服务的组织和个人，应当遵守国家和本省有关规定。

第十七条　各级气象主管机构所属的气象台站应当进行气象情报、气象预报、灾害性天气警报、气候公报和服务技术方法的研究，应用先进的气象科学技术，提高气象信息的准确性和及时性。

第十八条　公众气象预报和灾害性天气警报实行统一发布制度。各级气象主管机构所属的气象台站应当按照职责向社会发布公众气象预报和灾害性天气警报，并根据天气变化情况及时补充或者订正。

需要向公众发布重要气象情报的，由县级以上气象主管机构所属的气象台站负责统一发布。

其他任何组织或者个人不得向社会发布公众气象预报和灾害性天气警报。

第十九条　县级以上人民政府指定的媒体和单位，应当安排固定的时间和频率、频道、版面、页面，每天播发或者刊登当地气象主管机构所属的气象台站统一发布的公众气象预报，适时播发或者刊登灾害性天气警报、重要气象情报。

县级以上气象主管机构所属的气象台站应当提高电视气象预报节目的制作质量，并按时传送；电视台站应当保证播出时间，并准时播出。广播、电视台站改变气象预报节目播出时间的，应当事先征得有关气象台站的同意。

第二十条 广播、电视、报刊、互联网、声讯、短信、电子屏幕和其他媒体向社会传播气象预报、灾害性天气警报，应当使用当地气象主管机构所属的气象台站直接提供的适时气象信息，并标明发布时间和气象台站名称。

前款规定的媒体通过传播气象信息获得收益的，应当与提供气象信息的气象台站签订协议，确定收益分配比例，用于发展地方气象事业。

第五章 气象灾害防御

第二十一条 县级以上人民政府应当组织有关部门编制气象灾害防御规划，制定气象灾害防御方案，并组织实施。

各级气象主管机构应当将重大灾害性天气情报和预报及时向本级人民政府报告，并负责重大灾害的气象成因鉴定。

第二十二条 县级以上人民政府应当加强对本行政区域人工影响天气工作的领导和协调，制订本行政区域人工影响天气工作年度计划，组织有关部门配合气象主管机构做好人工影响天气工作。

各级气象主管机构应当制定人工影响天气工作方案，管理、指导和组织实施本行政区域的人工影响天气作业。

实施人工影响天气作业造成的人身伤亡事故和财产损失，由所在地的县级人民政府按照有关规定处理。

第二十三条 利用飞机、高炮、火箭实施人工增雨(雪)、防雹作业,应当按照国家有关规定申请空域。未经批准,禁止作业。

从事人工增雨(雪)、防雹作业的组织应当具备省气象主管机构规定的条件。

人工增雨(雪)、防雹所使用的高炮、炮弹、火箭及其发射架的管理,按照《民用爆炸物品安全管理条例》的规定执行。省气象主管机构应当对本行政区域使用的高炮、火箭发射架定期组织质量安全检验。经检验不合格的,不得使用。

第二十四条 各级气象主管机构应当加强对本行政区域雷电灾害防御工作的组织管理,组织开展雷电灾害的科学技术研究、监测、预报预警、调查鉴定,会同有关部门指导雷电防护装置的检测工作。

第二十五条 各类建(构)筑物、场所和设施安装雷电防护装置应当符合国家有关防雷标准的规定。新建、改建、扩建建(构)筑物、场所和设施的雷电防护装置应当与主体工程同时设计、同时施工、同时投入使用。

第二十六条 雷电防护装置应当每年检测一次,其中易燃易爆场所的雷电防护装置应当每半年检测一次。

雷电防护装置检测机构应当具备国家规定的资质,在资质等级范围内从事检测活动。

第二十七条 房屋建筑、市政基础设施、公路、水路、铁路、民航、水利、电力、核电、通信等建设工程的主管部门,负责相应领域内建设工程的防雷管理。

油库、气库、弹药库、化学品仓库、烟花爆竹、石化等易燃易爆建设工程和场所,雷电易发区内的矿区、旅游景点或者投入使用的建(构)筑物、设施等需要单独安装雷电防护装置的场所,以及雷电风险高且没有防雷标准规范、需要进行特殊论证的大型项目,由县级以上气象主管机构负责雷电防护装置的设计审核和竣工验收许可。未经设计审核或者设计审核不合格的，不得施工；未经竣工验收或者竣工验收不合格的，不得交付使用。

第六章　气象行业管理

第二十八条　从事气象探测、预报、服务和气象灾害防御、气候资源开发利用、气象科学技术研究及其相关活动的组织和个人，应当接受气象主管机构的指导、监督和行业管理。

第二十九条　气象设施建设应当合理布局，有效利用，兼顾当前与长远需要，避免重复建设。

县级以上气象主管机构应当会同发展改革、自然资源、生态环境、交通运输、水利、农业农村等有关部门编制本行政区域内气象设施布局和建设规划，将各部门各行业自建的气象探测设施纳入气象观测网络，报本级人民政府批准后实施。

下列气象设施建设应当符合重要气象设施建设规划要求，在项目建议书和可行性研究报告批准前，征求国务院气象主管机构或者省气象主管机构的意见：

（一）气象雷达、气象卫星地面接收系统和其他大型探测设施；

（二）卫星通信等大型气象信息专用传输设施；

（三）进口国外大中型气象仪器、设备；

（四）省以上气象主管机构规定的其他气象设施。

第三十条　省气象主管机构应当对气象台站使用的计量器具和气象专用技术装备情况每两年组织检查一次，以保证仪器、设备、设施的完好和正常使用。

第三十一条　从事升放气球活动的单位应当取得相应的资质，并按照国家规定的技术操作规范作业。

升放气球不得妨碍气象探测活动和航空安全。

第七章　法律责任

第三十二条　违反本条例规定，有下列行为之一的，由县级以上气象主管机构责令限期改正，给予警告，可以并处五千元以上二万元以下的罚款；情节严重的，处以二万元以上五万元以下的罚款：

（一）非法向社会发布公众气象预报、灾害性天气警报的；

（二）广播、电视、报刊、互联网、声讯、短信、电子屏幕和其他媒体向社会传播公众气象预报、灾害性天气警报，未使用当地气象主管机构所属的气象台站直接提供的适时气象信息的。

第三十三条　违反本条例规定，在人工增雨（雪）、防雹作业中，有下列行为之一的，由县级以上气象主管机构按照权限责令改正，给予警告，可以并处五千元以上三万元以下的罚款；情节严重的，处以三万元以上十万元以下的罚款；造成人身伤害或者财产损失的，依法承担赔偿责任；构成犯罪的，依法追究刑事责任：

（一）不具备规定的条件的；

（二）使用未经检验或者检验不合格的高炮、火箭发射架作业的。

第三十四条　违反本条例规定，有下列行为之一的，由县级以上气象主管机构按照权限责令改正，给予警告，可以处一万元以上三万元以下的罚款；给他人造成人身伤害或者财产损失的，依法承担赔偿责任；构成犯罪的，依法追究刑事责任：

（一）应当安装雷电防护装置而未安装的；

（二）拒不接受雷电防护装置检测的。

第三十五条　违反本条例规定，不具备国家规定的资质从事雷电防护装置检测的，由县级以上气象主管机构责令改正，给予警告，可以处五万元以上十万元以下的罚款；给他人造成损失的，依法承担赔偿责任。

第三十六条 违反本条例规定，未取得资质从事升放气球作业的，由县级以上气象主管机构按照权限责令停止违法行为，处一万元以上三万元以下的罚款；给他人造成损失的，依法承担赔偿责任；构成犯罪的，依法追究刑事责任。

第三十七条 违反本条例规定，不按技术操作规范从事升放气球作业的，由县级以上气象主管机构按照权限责令改正，给予警告，可以处一万元以下的罚款；情节严重的，处一万元以上三万元以下的罚款；造成重大事故或者严重后果的，依照《中华人民共和国安全生产法》有关规定处罚；构成犯罪的，依法追究刑事责任。

第三十八条 违反本条例规定的其他行为，法律、法规已有处罚规定的，从其规定。

第三十九条 气象主管机构作出对个人五千元以上、对单位三万元以上罚款处罚的，应当告知当事人有要求举行听证的权利。

当事人对行政处罚决定不服的，可以依法申请行政复议或者向人民法院起诉。

第四十条 气象主管机构及其所属的气象台站的工作人员玩忽职守，导致重大漏报、错报公众气象预报、灾害性天气警报，丢失、毁坏原始气象探测资料、伪造气象资料的，依法给予处分；致使国家利益和人民生命财产遭受重大损失，构成犯罪的，依法追究刑事责任。

第八章　附　则

第四十一条 本条例自 2001 年 9 月 1 日起施行。

青海省气象灾害防御重点单位安全管理办法

（2023 年 11 月 18 日青海省人民政府令第 136 号公布，2023 年 11 月 13 日青海省人民政府第 21 次常务会议审议通过，自 2024 年 1 月 1 日起施行）

第一条　为了加强气象灾害防御重点单位的安全管理，避免、减轻气象灾害造成的损失，保障人民群众生命财产安全，根据《中华人民共和国气象法》《青海省气象灾害防御条例》等法律法规，结合本省实际，制定本办法。

第二条　本省行政区域内气象灾害防御重点单位的确定、气象灾害防御和监督检查等活动，适用本办法。

本办法所称气象灾害防御重点单位（以下简称重点单位），是指在发生干旱、暴雨、暴雪、寒潮、冰雹、霜冻、低温、高温、雷电、大风、沙尘暴、大雾、霾等灾害性天气时，可能直接或者间接造成较大人员伤亡、财产损失或者引发较严重生产安全事故的单位。

第三条　县级以上人民政府应当加强对重点单位气象灾害防御工作的组织领导和经费保障，建立健全重点单位气象灾害防御工作协调机制，及时解决工作中的重大问题。

县级以上气象主管机构应当加强对重点单位气象灾害防御工作的指导和监督检查。县级以上人民政府有关部门按照职责分工做好本行业、本领域重点单位气象灾害防御工作。

乡镇人民政府、街道办事处应当协助县级以上人民政府、气象主管机构和有关部门做好重点单位气象灾害防御工作。

第四条 县级以上人民政府应当组织气象主管机构和有关部门根据单位所处气象灾害风险区域，综合考虑单位位置、规模、工作特性和所处区域的地形、地质、地貌、气象、环境等条件，以及遭受灾害性天气时可能造成的损失程度，科学合理确定重点单位。

第五条 下列单位可以确定为重点单位：

（一）幼儿园、学校、医院、养老院、福利院、体育场（馆）、影剧院、旅馆、商场、餐饮场所、客运车站、国家公园、旅游景区等公众聚集场所的运营单位；

（二）易燃易爆物品、危险化学品、放射性物品等危险物品的生产、经营、储存、装卸单位；

（三）重大基础设施、大型工程、公共工程等在建工程的建设单位；

（四）大型生产、制造业企业、劳动密集型企业和矿山企业；

（五）铁路、公路、航空等运营单位；

（六）供水、供电、供气、信息通信、广播电视等单位；

（七）农业产业化龙头企业和太阳能、风能等清洁能源运营单位；

（八）水库、淤地坝、大型灌区等水利工程运营单位；

（九）易受气象灾害影响的村镇、社区；

（十）其他受气象灾害影响可能造成较大人员伤亡、财产损失或者发生较严重安全事故的单位。

第六条 县级以上气象主管机构应当会同有关部门，根据本办法第五条规定的范围拟定重点单位名录。曾经发生气象灾害或者次生、衍生灾害，造成较大人员伤亡、财产损失或者发生较严重安全事故的单位，以及易燃易爆物品、危险化学品、放射性物品等危险物品的生产、经营、储存、装卸单位，应当直接列入拟定的重点单位名录。

县级以上气象主管机构应当会同有关部门组织专家或者委托第三方专业机构对拟定的重点单位名录进行评审，评审结果报同级人民政府，由同级人民政府确定后向社会公布。

重点单位名录实行动态管理，每两年更新一次。

第七条 县级以上气象主管机构应当会同有关部门建立重点单位信息库。信息库内容包括单位名称、地址、法定代表人和实际控制人及其联系方式、所属行业、需要防御的灾害种类、防御责任人等，并根据重点单位变动情况及时更新。

第八条 重点单位应当履行气象灾害防御主体责任，将气象灾害防御工作纳入本单位安全生产责任制，制定完善应急预案，明确责任人及其职责，保障气象灾害防御工作所需经费，并接受气象主管机构和有关部门指导、监督和管理。

重点单位主要负责人是本单位气象灾害防御第一责任人，对本单位的气象灾害防御工作全面负责。

第九条 重点单位应当履行下列气气象灾害防御工作职责：

（一）制定完善气象灾害防御工作制度；

（二）根据易受影响的气象灾害种类，明确避灾路线和避灾场所，储备气象灾害防御应急物资，建设并维护气象灾害防御设施设备；

（三）定期对从业人员开展气象灾害防御知识培训；

（四）每年至少组织开展一次气象灾害防御应急演练；

（五）在灾害性天气影响或者气象灾害发生期间，开展气象灾害防御；

（六）气象灾害发生后，及时收集气象灾情并向气象主管机构和有关部门报送，配合做好灾情调查工作；

（七）法律法规和规章规定的其他气象灾害防御工作。

第十条 县级以上气象主管机构应当建立信息共享机制，与有关部门和重点单位之间实现预警信息、灾情信息等内容的互联互通。

县级以上气象主管机构应当提高气象灾害预警能力和水平，利用信息共享机制，及时向有关部门和重点单位发送气象灾害预警信息，并按规定做好叫应工作。

广播、电视、报纸、网络等媒体及通信运营单位应当建立健全重大气象灾害预警信息发布通道，及时、准确、无偿向社会实时传播重大气象灾害预警信息。

第十一条 重点单位应当结合本单位实际，建设气象灾害预警信息接收终端，实时获取气象灾害预警信息，并保障信息接收设施正常运行。

重点单位接收到气象灾害预警信息时，应当通过电话、短信、微信、显示屏、广播等有效方式在单位内部及时传播，并开展气象灾害防御工作。

第十二条 气象灾害预警信息有效期间，不同类别的重点单位应当按照国家和本省规定的标准规范或者防御指南，采取加固施工作业设施、切断危险电源、停止危险作业、应急疏散、向滞留人员提供临时安全避险场所等气象灾害防御措施，执行政府和有关部门依法发布的停课停工停运决定，避免、减轻人员伤亡和财产损失。

鼓励重点单位通过保险形式转移或者分散气象灾害风险。

第十三条 重点单位应当结合本单位实际开展气象灾害防御工作的定期检查，检查包括下列内容：

（一）气象灾害防御工作制度的制定和实施情况；

（二）气象灾害隐患排查、整改以及防范措施落实情况；

（三）雷电防护装置检测以及维护保养情况；

（四）气象灾害预警信息接收、传播情况；

（五）其他需要检查的内容。

检查以及处理情况应当如实记录，并由检查人员签字确认。

第十四条 县级以上气象主管机构应当对重点单位开展气象灾害防御工作组织专项检查或者抽查，必要时可以会同有关部门开展联合检查。

第十五条 县级以上气象主管机构和有关部门应当向重点单位宣传普及气象灾害防御知识，加强气象灾害应急预案编制、应急演练、气象灾害防御培训、隐患排查和应急处置等方面的指导服务，提高重点单位避险、避灾、自救、互救能力。

第十六条 重点单位可以根据气象灾害防御需求，设置相关的气象要素监测设施设备，按照规定开展气象要素监测活动，并依法向气象主管机构汇交所获得的气象监测资料。

第十七条 违反本办法规定的行为，法律法规已规定法律责任的，从其规定。

第十八条 重点单位未按照本办法规定开展气象灾害防御工作的，由县级以上气象主管机构或者有关部门责令改正；逾期未改正的，给予通报批评。

第十九条 各级人民政府、气象主管机构和有关部门及其工作人员在气象灾害防御工作中滥用职权、玩忽职守、徇私舞弊的，对直接负责的主管人员及其他直接责任人员依法给予处分；构成犯罪的，依法追究刑事责任。

第二十条 本办法自2024年1月1日起施行。

新疆维吾尔自治区气象灾害防御条例

（2023年11月23日新疆维吾尔自治区第十四届人民代表大会常务委员会第六次会议通过）

第一章 总 则

第一条 为了加强气象灾害的防御，避免、减轻气象灾害造成的损失，保障人民生命财产安全，促进经济社会高质量发展，根据《中华人民共和国气象法》、国务院《气象灾害防御条例》等法律、行政法规，结合自治区实际，制定本条例。

第二条 本条例适用于自治区行政区域内气象灾害的预防、监测、预报预警、应急处置等活动。

本条例所称气象灾害，是指暴雨、暴雪、风吹雪、大风、沙尘暴、寒潮、干旱、低温、高温、雷电、冰雹、霜冻、道路结冰和大雾等造成的灾害。

第三条 气象灾害防御工作坚持以人为本、科学防御，实行党委领导、政府主导、部门联动、分级负责、社会参与的原则。

第四条 县级以上人民政府应当加强对气象灾害防御工作的组织协调，建立健全以气象灾害预警为先导的部门应急联动机制和社会响应机制，将气象灾害防御纳入本级国民经济和社会发展规划以及政府绩效考核，所需经费列入本级财政预算。

第五条 县级以上气象主管机构负责本行政区域内气象灾害的监测、预报预警、普查、风险评估和气候可行性论证等气象灾害防御工作。

县级以上人民政府有关部门以及民航、空管、铁路、通信、电力、保险等相关单位，应当按照各自职责做好气象灾害防御相关工作。

第六条 乡镇人民政府、街道办事处应当开展气象灾害防御知识宣传、应急联络、气象灾害预警信息传递、灾情收集和报告等工作。

村（居）民委员会应当协助做好气象灾害防御的相关工作。

第七条 气象灾害防御工作涉及两个以上行政区域的，有关人民政府、有关部门应当建立联防制度和应急预案主动响应制度，加强信息沟通和监督检查。必要时，由上级人民政府或者有关部门组织协调。

第八条 自治区气象主管机构应当会同本级市场监督管理等部门建立健全气象灾害防御技术标准体系，指导和规范气象灾害防御工作。

第九条 公民应当学习气象灾害防御知识，关注气象灾害风险，增强气象灾害防御意识和自救互救能力。

广播、电视、报纸、互联网等媒体应当开展气象灾害防御知识的公益宣传。

鼓励社会组织、行业协会和志愿者队伍等社会力量参与气象灾害防御知识宣传、应急演练、灾害救援等气象灾害防御活动。

第十条 鼓励保险机构提供天气指数保险、巨灾保险等产品和服务，提高全社会抵御气象灾害风险能力。鼓励公民、法人和其他组织通过保险等方式减少气象灾害造成的损失。

气象主管机构应当为保险机构发展天气指数保险、巨灾保险等提供必要的技术支持。

第二章　预　防

第十一条　县级以上人民政府应当至少每10年组织气象主管机构和有关部门开展气象灾害普查，按照气象灾害的种类进行气象灾害风险评估并建立气象灾害数据库，根据气象灾害分布情况、风险点、易发区域、主要致灾因子等因素划定气象灾害风险区域，并及时向社会公布。

第十二条　县级以上人民政府应当组织气象主管机构和有关部门健全气象灾害有关的监测信息共享机制，加强气象灾害数据资源、信息网络和应用系统的安全保障。

第十三条　县级以上人民政府应当组织气象主管机构和有关部门，根据上一级人民政府的气象灾害防御规划，结合本地气象灾害特点，编制本行政区域的气象灾害防御规划。

气象灾害防御规划应当包括下列内容：

（一）气象灾害发生发展规律和现状；

（二）防御工作的指导思想、原则、目标和任务；

（三）气象灾害易发区域、时段和重点防御区域；

（四）防御措施和保障机制；

（五）防御设施建设和管理；

（六）应急处置措施；

（七）法律、法规、规章规定的其他内容。

编制能源、生态环境、交通、水利、农业、林业和草原、旅游等专项规划，应当与气象灾害防御规划的相关要求相协调。

第十四条　县级以上人民政府、有关部门应当根据本行政区域气象灾害防御规划，结合本地气象灾害的特点和可能造成的危害，组织制定本地区和本部门气象灾害应急预案，向社会公布，并报上一级人民政府、有关部门备案。

各级人民政府应当按照气象灾害应急预案，定期组织开展气象灾害应急演练。

第十五条 交通、电力、通信、广播、电视、供水、排水、供热、供气、供油、危险化学品生产储存等重要设施的经营、管理单位，学校、医院、机场、车站、旅游景区、大型商场等公共场所及其他人员密集场所的经营、管理单位（以下统称气象灾害防御重点单位），应当根据本单位特点开展风险隐患识别和评估，制定气象灾害应急预案，建立健全防御重点部位和关键环节检查制度，及时消除气象灾害风险隐患。

县级以上人民政府应当组织气象主管机构和有关部门确定气象灾害防御重点单位名录，并向社会公布。气象主管机构和有关部门应当对气象灾害防御重点单位的防御工作进行指导和监督检查。

第十六条 举办大型活动的，组织者、承办者、场所管理者应当联系当地气象主管机构，及时获取气象预报和气象灾害预警信息，将气象灾害预防纳入应急预案，适时调整活动方案或者采取安全保障措施。

第十七条 县级以上人民政府工业和信息化、住房和城乡建设、应急管理等部门对矿山、金属冶炼、建筑施工、烟花爆竹和危险化学品、民用爆炸物品生产等企业进行安全生产评价时，应当统筹考虑气象灾害对安全生产的影响。

第十八条 县级以上人民政府有关部门在编制国土空间规划、重点领域或者区域发展建设规划时，应当统筹考虑气候可行性和气象灾害的风险性，按照国家和自治区的相关规定进行气候可行性论证，并把论证结果作为项目可行性研究的重要内容。

第十九条 县级以上人民政府应当加强对人工影响天气工作的科学研究和资金投入，充分利用人工影响天气技术，组织开展增雨(雪)、防雹、消雨(雾)等工作。

第二十条 暴雪、风吹雪、大风、沙尘暴、寒潮、低温、霜冻等灾害多发地区的农业农村、林业和草原等部门应当引导农业、林果业、畜牧业生产者调整种植、养殖结构,加强防风防寒措施,加固种植、养殖设施设备。

公安、交通运输、住房和城乡建设等部门,应当加强交通、道路运输、高空作业等避风避险的规范管理。

电力、水利、通信、供水、排水、供热、供气等单位应当加强对自来水、排水、供热、供气管道以及供电、通信线路的巡查,采取防冻措施,做好积雪(冰)清除、管道疏通、线路维护等工作。

第二十一条 各级人民政府、有关部门和单位应当根据本地降雨情况,定期组织开展排水、避险设施检查,及时疏通河道和排水管网,加强对山洪、泥石流等灾害易发区和水库、堤防等重要险工险段的巡查,设置必要的警示标识。

第二十二条 县级以上人民政府、有关部门应当根据本地干旱状况,修建蓄水、引水和调水等抗旱工程,储备必要的抗旱物资,启用抗旱机井等措施,适时启动增雨(雪)作业,减轻干旱灾害的影响。

第二十三条 新建、扩建、改建建筑物、构筑物、场所、设施安装雷电防护装置,应当符合国家有关防雷标准的规定。

建筑物、构筑物、场所、设施所有权人或者管理人应当依法委托具有雷电防护装置检测资质的单位,对投入使用的雷电防护装置进行检测。爆炸和火灾危险环境场所的雷电防护装置每半年检测一次,其他场所的雷电防护装置每年检测一次。

第二十四条 县级以上人民政府有关部门在制定电力、通信、供水、排水、供热、供气、道路、桥梁、轨道交通等基础设施和其他建筑物、构筑物的工程建设标准时,应当依据气象灾害风险区域划分,充分考虑气象灾害风险。

第三章　监测、预报和预警

第二十五条　县级以上人民政府应当建立完善跨区域、跨部门、跨行业的气象灾害监测站网，并做好下列工作：

（一）建设气象移动应急观测系统、应急通信保障系统；

（二）加强山区、农牧区等监测站点稀疏区的监测设施建设；

（三）增加暴雨、暴雪、风吹雪、大风、沙尘暴、雷电、大雾易发地、融雪性洪水、地质灾害多发区气象监测站网布点密度；

（四）加强粮食、棉花、特色林果主产区、设施农业连片区、生态保护重点区、水资源开发利用和保护重点区的冰雹、干旱监测设施建设；

（五）加强交通和通信干线、重要输电线路沿线、重要输油（气）设施、重要水利工程、重点林区草场、旅游景区等气象监测设施建设。

有关部门和单位建设气象站点的，应当符合国家标准或者行业标准，并与现有气象监测站网规划布局相协调。

第二十六条　县级以上气象主管机构应当加强天气监测预警技术开发应用，提高气象灾害预报预警的准确率和时效性。

县级以上气象主管机构所属气象台站应当加强对暴雨、暴雪、风吹雪、大风、沙尘暴、雷电、冰雹等灾害性天气的风险研判，并将重要研判信息实时通报相关部门。

第二十七条　县级以上气象主管机构所属气象台站应当按照相关规定向社会统一发布灾害性天气预报和气象灾害预警信号。发布橙色或者红色预警信号的，应当同时通知本级人民政府、有关部门，有关部门应当及时反馈应对情况。

其他组织和个人不得向社会发布灾害性天气预警信息，不得向社会发布混淆气象灾害预警信号的近似信号。

第二十八条 广播、电视、报纸、互联网等媒体和通信运营企业，应当及时、准确、无偿地向公众播发或者刊登当地气象主管机构所属气象台站提供的适时灾害性天气预报和气象灾害预警信号。

对暴雨、暴雪、大风、沙尘暴等橙色、红色预警信号和雷电、冰雹等强对流天气的预警信号，广播、电视、互联网等媒体和通信运营企业应当采用滚动字幕、加开视频窗口、插播、预警信息精准推送等方式实时播发。

不得传播虚假和其他误导公众的气象灾害预警信息。

第二十九条 学校、医院、机场、车站、大型商场、高速公路、旅游景区、文化体育场馆等公共场所及其他人员密集场所的经营、管理单位，在收到气象灾害预警信息后，应当利用电子显示装置、广播等方式及时传播。

第三十条 县级以上人民政府、有关部门应当建立完善农牧区气象灾害预报预警信息传递机制，加强气象灾害预报预警信息接收终端建设，通过互联网、手机客户端、手机短信、广播、高音喇叭等方式，及时传递气象灾害预报预警信息。

第三十一条 自治区鼓励依法开展气象信息服务活动，支持与气象信息服务有关的科研开发和成果推广应用，引导和吸引社会资本支持气象信息产业发展。

第四章　应急处置

第三十二条 县级以上气象主管机构所属气象台站应当及时向本级人民政府及其有关部门报告灾害性天气预报和气象灾害预警信息。

县级以上人民政府、有关部门应当根据灾害性天气预报和气象灾害预警信号，按照气象灾害应急预案启动标准，作出启动相应级别应急响应的决定，并根据灾情变化及时调整响应级别或者解除应急响应。

第三十三条 县级以上人民政府、有关部门应当在气象灾害应急响应启动后，根据气象灾害发生情况，及时采取相应的应急处置措施。

乡镇人民政府、街道办事处应当开展气象灾害预警信息接收和传递、组织自救互救等应急处置工作，并及时向上级人民政府报告相关情况。

公民、法人和其他组织应当配合当地人民政府、有关部门采取应急处置措施，并开展自救互救。人民政府决定采取转移、疏散的，公民、法人和其他组织应当服从当地人民政府、有关部门的指挥和安排。

第三十四条 气象灾害防御重点单位应当根据灾害情况，加强对防御重点部位和关键环节的巡查，并按照应急预案组织做好本单位应急处置工作。

大型活动的承办者应当密切关注气象灾害预报预警信息，在气象灾害预报预警信息发布后，按照应急预案，立即采取相应的处置措施。

第三十五条 大风、沙尘暴预警信号生效期间，建筑物（玻璃幕墙）、构筑物、户外广告牌的所有权人、管理人或者使用人，应当采取措施避免附着物、搁置物、悬挂物脱落、坠落；建筑工地的施工单位应当加强防风安全管理，设置必要的警示标识，加固脚手架、围挡等临时设施。

暴雨预警信号生效期间，城市排水运行维护企业应当做好排水管网和防涝设施的运行检查与维护，保持排水通畅，并在立交桥、低洼路段等易涝点设置警示标识。遇有突发危及安全的情况，城市轨道交通等公共运输工具驾驶员、车站行车人员、地下空间管理等人员应当及时向主管部门报告，并可以先行采取停止运行、疏散人员等紧急安全防护措施。

暴雨、暴雪、风吹雪、大风、沙尘暴、道路结冰、大雾等引起局部地区出现交通安全隐患的，当地人民政府、有关部门应当采取限制通行等管制措施，并为受灾人员提供基本生活保障。

第三十六条 大风和暴雨蓝色、黄色预警响应期间，幼儿园和中小学校暂停室外教学活动；橙色预警响应期间，幼儿园和中小学校调整上下课时间或者停课。暴雪、沙尘暴橙色预警响应期间，幼儿园和中小学校做好停课准备；红色预警响应期间，幼儿园和中小学校停课。用人单位应当根据生产经营特点和防灾减灾需要，采取临时停产、停工、停业、停运或者调整工作时间等措施。

第三十七条 县级以上人民政府应当在重大灾害性天气结束后，组织气象等相关部门从预报预警、应急响应和救援保障等方面总结经验，制定改进措施。

第五章 法律责任

第三十八条 有下列情形之一的，由县级以上气象主管机构责令改正，给予警告，可以并处五万元以下罚款；构成违反治安管理行为的，由公安机关依法给予处罚：

（一）违反本条例第二十七条第二款规定，向社会发布混淆气象灾害预警信号的近似信号的；

（二）违反本条例第二十八条第三款规定，传播虚假和其他误导公众的气象灾害预警信息的。

第三十九条 违反本条例应当承担法律责任的其他行为，依照《中华人民共和国气象法》、国务院《气象灾害防御条例》等有关法律、法规执行。

第六章　附　则

第四十条　本条例自 2024 年 1 月 1 日起施行。

吐鲁番市大风灾害防御条例

（2023 年 9 月 7 日吐鲁番市第二届人民代表大会常务委员会第十二次会议通过，2023 年 11 月 23 日新疆维吾尔自治区第十四届人民代表大会常务委员会第六次会议批准，自 2024 年 1 月 1 日起执行）

第一条 为了加强大风灾害防御工作，减轻大风灾害损失，保障人民生命财产安全，根据《中华人民共和国气象法》《气象灾害防御条例》等法律法规，结合吐鲁番市实际，制定本条例。

第二条 本条例适用于吐鲁番市行政区域内大风灾害防御工作。

第三条 大风灾害防御工作实行党委领导、政府主导、部门联动、社会参与的原则，坚持以防为主，防抗救相结合，及时预警，及时响应，及时处置。

第四条 市、区（县）人民政府应当加强大风灾害防御工作的组织协调，建立健全大风灾害应急联动机制和社会响应机制。

第五条 市、区（县）气象主管机构负责本行政区域内大风灾害性天气的监测、预报预警、普查、风险评估和气候可行性论证等工作。

住房和城乡建设、工业和信息化、交通运输、农业农村、应急管理、旅游等有关部门按照各自职责做好大风灾害防御相关工作。

第六条 市、区(县)人民政府应当根据大风分布情况、致灾因子及风险点,划定大风灾害风险区域,并将三十里风区、百里风区、葡萄沟景区、交河故城及其他重点文物保护区、葡萄和红枣等特色林果及西甜瓜种植区,确定为大风灾害防御重点区域(以下简称重点区域),及时向社会公布。

前款规定的重点区域应当加强气象监测设施建设,增加大风灾害监测站点密度,实现监测精密、预报精准、服务精细。

第七条 市、区(县)气象主管机构应当为重点区域内的相关单位做好下列服务工作:

(一)指导制定大风灾害应急预案,开展大风灾害防御科普宣传和专业人员培训;

(二)为其获取大风预警和大风灾害预警信号提供便利。

第八条 市、区(县)人民政府、有关部门应当加强防风林建设与维护,采取措施保护城区外围荒漠植被,改善生态环境,减轻大风引起的沙尘危害。

第九条 市、区(县)气象主管机构所属的气象台站发布高级别大风预警信号的,应当同时叫应本级人民政府、有关部门;有关部门收到大风灾害预报预警信号后,根据天气变化及大风灾害发展趋势,应当对大风灾害影响进行分析,研究制定防御措施,并向气象台站反馈应对情况。

第十条 市、区(县)人民政府、有关部门应当根据大风天气预报和预警信号,作出启动相应级别应急响应的决定,依法采取应急处置措施。

第十一条 大风灾害应急响应启动后,重点区域应当采取下列措施,防止发生火灾事故:

(一)禁止室外使用明火、室内使用柴火灶;

(二)村庄、农舍、设施农业大棚储备消防用水;

(三)住宅小区和楼栋、设施农业大棚的消防通道保持畅通;

（四）乡（镇）、村（社区）消防队做好灭火救援准备；

（五）全方位、全天候开展巡查，禁止焚烧秸秆、杂草、垃圾、枯枝落叶等；

（六）法律、法规、规章规定的其他应急处置措施。

第十二条 市、区（县）人民政府应当组织协调有关部门建立大风灾害道路交通工作联动机制和信息共享机制，避免车辆在高速公路大量聚集，防止大风影响造成道路交通拥堵及引发次生、衍生灾害。

第十三条 大风灾害应急响应启动后，重点区域的公安机关应当采取车辆限行、道路封闭等交通管制措施；交通运输、应急管理、民政等部门应当加强路段巡查，对危险化学品运输车辆落实专用停车场停放措施及车辆管控，并组织滞留车辆和被困人员撤离。

第十四条 大风灾害应急处置工作结束后，市、区（县）人民政府应当组织有关部门进行大风灾情调查、评估。

乡（镇）人民政府、街道办事处应当配合做好灾情调查和评估工作，及时统计上报灾情信息。

任何单位和个人不得隐瞒、谎报大风灾害损失。

第十五条 造成严重灾害的大风天气结束后，市、区（县）人民政府应当组织气象主管机构以及住房和城乡建设、交通运输、民政等部门，对预报预警、应急响应和救援保障等方面进行分析总结，制定改进措施。

第十六条 违反本条例应当承担法律责任的行为，依照有关法律、法规执行。

第十七条 本条例自 2024 年 1 月 1 日起施行。

附录：

2023年1月1日至2023年12月31日应予废止的气象方面规章和规范性文件目录(11件)

序号	文件名称	文号与发文日期	说　　明
1	新时代气象高层次科技创新人才计划实施办法	(气发〔2019〕75号)2019年10月11日	已被(气发〔2023〕2号)2023年1月5日《新时代气象高层次科技创新人才计划实施办法》所代替
2	气象测报业务检查员管理办法	(中气测发〔2001〕14号)2001年5月25日	已被(气发〔2023〕22号)2023年2月15日《气象观测业务检查员管理办法》所代替
3	中国气象局重大业务工程负责人员管理办法(试行)	(气发〔2018〕34号)2018年5月7日	已被(气发〔2023〕23号)2023年2月15日《中国气象局重大业务工程负责人员管理办法》所代替
4	中央气象台气象灾害预警发布办法	(气预函〔2018〕70号)2018年12月7日	已被(气发〔2023〕34号)2023年3月17日《中央气象台气象灾害预警发布办法》所代替

续表

序号	文件名称	文号与发文日期	说　明
5	中国气象局工作规则	（气发〔2021〕148号）2021年12月20日	已被（气发〔2023〕71号）2023年7月5日《中国气象局工作规则》所代替
6	气象部门事业单位录用编外用工人员管理办法（试行）	（气发〔2011〕11号）2011年1月10日	已被（气发〔2023〕81号）2023年7月26日《气象部门事业单位公开招聘人员管理办法》所代替
7	气象部门事业单位公开招聘高校应届毕业生管理办法（试行）	（气发〔2015〕53号）2015年8月6日	已被（气发〔2023〕81号）2023年7月26日《气象部门事业单位公开招聘人员管理办法》所代替
8	中国气象局国内高级访问进修实施办法（试行）	（气发〔2010〕149号）2010年9月8日	已被（气发〔2023〕96号）2023年9月7日《中国气象局专家访问进修管理办法》所代替
9	气象部门会议费管理办法	（气发〔2018〕126号）2018年12月29日	已被（气发〔2023〕111号）2023年10月20日《气象部门会议费管理办法》所代替

续表

序号	文件名称	文号与发文日期	说　　明
10	中山市建筑物防雷设施管理办法	(中府〔1996〕69号)1996年5月28日	已被(中山市人民政府令第23号)2023年4月10日《中山市防御雷电灾害管理规定》所代替
11	珠海市防御气象灾害规定	(珠海市人民政府令第89号)2012年12月14日	已被(珠海市人民政府令第145号)2022年12月14日《珠海经济特区防御气象灾害规定》所代替